아동권리와 복지

머리말

아동권리와 복지 교재를 집필하며 가장 먼저 떠오른 장면은 21세기가 되면 새로운 세상이 열릴 것만 같았던 2000년 1~2월 추운 겨울입니다. 이때 저자들은 서울 소재 아동복지시설(보육원)들을 방문하여 영유아 및 초등학교 저학년 아동들을 대상으로 발달검사를 실시하는 연구에 참여하였습니다. 다큐 프로그램이나 뉴스에서만 보던 아동복지시설을 처음 가게 된 것이었습니다. 좋은 물리적 환경과 안정적인 분위기에 '뉴스에서 보던 것보다 괜찮구나'라는 생각이 드는 곳도 더러 있었지만, 춥고 열악한 환경 탓에 아동학을 공부하는 저자들의 마음을 무겁게 하는 곳들도 있었습니다.

지난 20년 동안 우리나라의 아동복지는 유엔아동권리협약을 바탕으로 관련 법과 정책들이 체계적으로 정비되었고, 많은 부분에서 비약적인 발전을 하였습니다. 즉 가정에서 적절한 보호를 받지 못하는 아동에 대한 최소한의 복지에서 더 나아가 모든 아동의 권리와 복지 증진을 목표로 아동이 어떤 가정환경에 놓여있든 간에 행복한 삶을 살아가고, 잠재력을 발휘하여 우리 사회의 귀중한 구성원이 되도록 노력하고 있습니다. 이러한 노력의 결과로 아동수당제도 도입, 아동 놀이·문화 환경 조성, 아동학대 예방 및 대처방안 개선 등 모든 아동을 대상으로 하는 보편적 복지가 자리잡게 되었고, 국내 입양 및 가정위탁 활성화, 아동복지시설의 인적·물적 환경 개선 등 국가와 사회의 적극적인 관심과 보호를 필요로 하는 아동에 대한 복지도 보다 실효성 있는 방향으로, 그리고 성인의 필요보다는 아동의 권리에 초점을 두어 개선되고 있습니다.

아동권리와 복지 교과목은 보육교사가 되고자 아동, 보육, 유아교육 관련 학과에 입학한 학생들이 반드시 이수해야 하는 필수 교과목입니다. 하지만 다른 교과목과 달리 보육교사의 어린이집에서의 직무와 직접적으로 관련이 없어 보이는 교과목이기도 합니다. 그러나 아동권리와 복지는 어린이집에 재원하는 영유아에만 한정하는 것이 아니라 우리나라의 모든 아동에 대한 권리와 복지를 이해하도록 함으로써 보육교사의 아동권리에 대한 인식과 시야를 넓혀주는 교과목이라 할 수 있습니다. 즉 우리가 미처 관심을 갖지 못했던 다양한 환경에서 생활하고 있는 아동들이 처한 상황에 대해 알아보고, 국가와 사회가 아동의 권리와 복지 증진을 위해 어떤 역할을 해야 하는지 폭넓게 생각해 보는 것이야말로 아동권리와 복지 교과목의 가장 중요한 수업목표일 것입니다.

이 책은 15주 수업에서 중간고사, 기말고사를 제외한 13주 수업을 염두에 두고, 총 13장의 내용으로 구성하였습니다.

1장부터 3장까지 아동권리와 복지의 개념을 시작으로 내용, 분류, 역사 등의 내용을 다룸으로써 아동권리와 복지의 기초를 정립할 수 있도록 하였고, 4장에서는 유엔아동권리협약에 기초하여 아동권리의 내용을 구체적으로 살펴봄으로써 이후 다루게 될 아동복지 실천 분야를 아동권리의 관점에서 조망할 수 있도록 하였습니다. 5장에서는 아동권리와 복지 관련 정책 및 행정 체계를 살펴보고, 6장부터 12장까지는 빈곤아동, 보육, 한부모 등 다양한 가족의 아동, 장애아동, 학대피해 아동, 시설보호 아동, 입양, 가정위탁보호 아동 등 국가와 사회의 적극적인 보호를 필요로 하는 아동복지 실천 분야의 내용을 구체적으로 살펴봄으로써 아동복지의 실제를 이해할 수 있도록 하였습니다. 마지막으로 13장에서는 아동권리와 복지 분야의 전망과 과제를 통해 아동권리와 복지에 대한 시야를 넓힐 수 있도록 하였습니다.

각 장을 첫머리에는 '생각해보기'를 통해 각 장의 내용에 대한 브레인스토밍을 할 수 있도록 하였고, 마무리에는 관련 뉴스나 연구 및 영상자료 등을 소개하여 다루었던 내용에 대한 이해를 보충할 수 있도록 하였습니다. 또한 2022년에 적용되는 정책을 최대한 반영함으로써 최신의 아동권리와 복지 정보를 파악할 수 있도록 하였습니다.

오랫동안 아동권리와 복지 강의를 해오면서 좋은 강의를 하기 위해서는 무엇보다 깊이 있는 이론과 최신의 정보를 담은 교재가 필요하다는 생각에 호기롭게 교재 집필을 시작하였지만, 출판을 앞두고 부족한 부분들이 보여 아쉬운 마음이 없지 않습니다. 교재의 부족한 부분은 유능한 교강사님들의 역량과 반짝반짝 빛나는 학생들의 참여로 채워질 수 있으리라 기대해 보며, 늘 빠듯한 일정으로 교재의 출간을 진행함에도 양해해주시고, 애써주신 파워북께 감사의 마음을 전합니다.

2022년 2월
저자 일동

차례

CHAPTER 01
아동권리와 복지의 개념
1. 아동의 개념 13
2. 아동복지의 개념 14
3. 아동복지의 필요성과 의의 16
    1) 아동복지의 필요성 16
    2) 아동복지의 의의 18
4. 아동복지의 이론적 근거: 브론펜브레너의 생태체계이론 20
    1) 브론펜브레너의 생태체계이론의 주요 내용 20
    2) 아동복지정책의 실천에서 생태체계이론의 함의 22

CHAPTER 02
아동권리와 복지의 내용과 분류
1. 아동복지의 대상 29
    1) 보호 대상 아동 29
    2) 일반아동 30
2. 아동복지 서비스의 유형 31
    1) 서비스 제공 장소에 따른 분류 31
    2) 서비스 기능에 따른 분류 32
3. 아동권리와 복지의 원칙 34
    1) 권리와 책임의 원칙 34
    2) 보편성과 선별성의 원칙 36
    3) 개발적 기능의 원칙 36
    4) 포괄성의 원칙 37
    5) 전문성의 원칙 37
4. 아동보호서비스의 기본 원칙 38
    1) 아동의 이익을 최우선적으로 고려 38
    2) 원가정 보호를 위해 최대한 노력 38
    3) 아동과 보호자의 참여 활성화 39
    4) 예방적 접근(통합적 서비스 제공) 39
    5) 수요자의 편의를 최대한 고려 39

CHAPTER 03
아동권리와 복지의 역사
1. 아동권리사상의 발전 45
1) 아동권리선언과 아동권리에 관한 제네바 선언 45
2) 유엔아동권리선언 46
3) 유엔아동권리협약 47
4) 우리나라 아동권리의 역사 48
2. 국외 아동권리와 복지의 발달 역사 49
1) 미국 49
2) 영국 51
3) 일본 55
3. 우리나라 아동권리와 복지의 발달 역사 57
1) 전통사회의 아동복지 57
2) 근대사회의 아동복지 57
3) 현대사회의 아동복지 58

CHAPTER 04
아동권리사상과 아동권리협약
1. 유엔아동권리협약 67
1) 유엔아동권리협약의 구성 67
2) 유엔아동권리협약의 일반 원칙 69
3) 유엔아동권리협약이 다루는 아동의 기본 권리 70
4) 유엔아동권리협약의 내용 71
2. 우리나라의 유엔아동권리협약 이행 73
1) 유엔아동권리협약의 이행에 대한 모니터링 73
2) 주제별 이행 내용 및 권고사항 75

CHAPTER 05
아동권리와 복지 정책 및 행정
1. 아동권리와 복지 관련 법 91
1) 아동복지법 91
2) 영유아보육법 92
3) 한부모가족지원법 94
4) 청소년 관련 법 95
5) 입양특례법 96
6) 장애아동 복지지원법 및 장애인 복지법 97

7) 건강가정기본법 98
8) 아동의 빈곤예방 및 지원 등에 관한 법률 98
9) 실종아동 등의 보호 및 지원에 관한 법률 98
10) 성폭력과 아동학대 관련 법 99
2. 아동권리와 복지 관련 정책 100
1) 사회보장제도 100
2) 아동복지정책 103
3. 아동복지 전달체계 108
1) 공공 아동복지 전달체계 109
2) 민간 아동복지 전달체계 113

CHAPTER
06

빈곤아동 보호서비스

1. 아동빈곤의 정의 119
1) 경제적 빈곤 119
2) 아동빈곤 측정 방법 121
3) 아동빈곤 및 빈곤아동의 개념 122
2. 빈곤이 아동에게 미치는 영향 123
1) 빈곤과 아동 발달 123
2) 빈곤과 아동 행복 125
3. 아동빈곤 현황 127
1) 기초생활보장 수급을 통해 살펴본 아동빈곤 현황 127
2) 아동종합실태조사를 통해 살펴본 아동빈곤 현황 129
4. 빈곤아동 보호서비스의 내용 132
1) 아동의 빈곤예방 및 지원 등에 관한 법률 132
2) 아동통합서비스 지원(드림스타트 사업) 133
3) 희망복지지원단 통합사례관리사업 135
4) 영양플러스 사업 136
5) 지역아동센터 136
6) 아동발달지원계좌(디딤씨앗통장) 137
5. 빈곤아동 보호서비스의 개선방향 138
1) 다차원적인 빈곤예방정책 마련 138
2) 빈곤아동에 대한 조기 개입 및 투자 139
3) 빈곤가정의 부모에 대한 심리 · 정서 지원 확대 139

CHAPTER 07

보육서비스

1. 보육의 개념 및 역사 145
1) 보육의 개념 145
2) 보육의 역사 147
2. 영유아 권리존중과 보육 156
1) 영유아 권리존중 보육의 개념과 중요성 156
2) 유엔아동권리협약의 기본원칙과 영유아 권리존중 보육 실천 158

CHAPTER 08

다양한 가족의 아동보호서비스

1. 다문화가족 169
1) 다문화가족의 개념 169
2) 다문화가족의 실태 169
3) 다문화가족 아동보호서비스의 내용 174
4) 다문화가족 아동보호서비스의 개선방향 175
2. 한부모가족 177
1) 한부모가족의 개념과 유형 177
2) 한부모가족의 실태 178
3) 한부모가족 아동보호서비스의 내용 182
4) 한부모가족 아동보호서비스의 개선방향 182
3. 조손가족 184
1) 조손가족의 개념과 유형 184
2) 조손가족의 실태 185
3) 조손가족 아동보호서비스의 내용 189
4) 조손가족 아동보호서비스의 개선방향 191
4. 북한이탈주민가족 193
1) 북한이탈주민가족의 개념 193
2) 북한이탈주민가족의 실태 193
3) 북한이탈주민가족 아동보호서비스의 내용 197
4) 북한이탈주민가족 아동보호서비스의 개선방향 198

CHAPTER 09

장애아동 보호서비스

1. 장애의 개념 및 정의 207

2. 장애아동 현황 208

1) 연도별 장애아동 현황 208
2) 장애영유아의 보육 및 교육 현황 211
3) 장애아동의 보육 및 교육 요구 214
4) 장애아동가족의 특성 215

3. 장애아동 보호서비스의 내용 217

1) 장애아동의 교육권 보호를 위한 법률 217
2) 장애아동의 복지 지원을 위한 법률 217
3) 장애인 거주시설의 운영 218
4) 장애아동수당 219
5) 장애아동 발달재활서비스 사업 220
6) 언어발달지원 사업 221
7) 장애아가족 양육지원 사업 222

4. 장애아동 보호서비스의 개선방향 223

1) 장애아동 조기 발견 체계 구축 223
2) 장애아동을 위한 보육 · 교육기관의 확충 224
3) 장애인 거주시설의 소규모 및 전문성 확대 225
4) 의료 및 재활 서비스 개선 226
5) 소득보장의 확대 227
6) 장애에 대한 차별 개선 및 장애아동권리 증진 228

CHAPTER 10

학대피해아동 보호서비스

1. 아동학대의 개념 및 유형 235

1) 신체학대 235
2) 정서학대 236
3) 성학대 237
4) 방임 238

2. 아동학대 현황 238

1) 아동학대 신고접수 현황 238
2) 학대피해아동 발견율 239
3) 아동학대 사례 유형 241
4) 피해아동의 성별과 연령 241

5) 학대행위자와 피해아동과의 관계 242
6) 학대행위자의 성별 및 연령 243
7) 신고자 유형 243
8) 학대피해아동 보호상황 244
3. 학대피해아동 보호서비스의 내용 245
1) 미국 아동학대 관련 법의 역사 245
2) 우리나라 아동학대 관련 법의 역사 246
3) 아동학대 담당 기관 247
4) 아동학대 대응체계 248
5) 아동학대 발견 및 신고 249
6) 학대피해아동 사례관리 및 심리치료서비스 지원 252
4. 학대피해아동을 위한 보호서비스의 개선방향 254
1) 아동학대에 대한 인식의 개선 254
2) 신고 의무자에서 신고의무 국민으로 확대 254
3) 분리보호를 위한 인프라 확충 255
4) 아동보호전문기관의 증설 및 심리치료서비스 강화 255

CHAPTER 11
시설아동 보호서비스
1. 시설아동 보호의 역사와 목적 261
2. 아동복지시설의 종류 262
1) 공동생활가정 263
2) 자립지원시설 264
3. 시설아동 보호 현황 265
1) 보호 대상 아동의 발생 원인과 조치 현황 265
2) 보호 대상 아동의 보호 절차 266
3) 아동복지시설의 아동 현황 268
4) 시설보호 아동의 특성 269
4. 아동복지시설 종사자의 기준 270
1) 종사자의 자격기준 270
2) 종사자의 배치기준 271
5. 시설아동 보호서비스의 내용 271
1) 아동복지시설 아동 치료재활 서비스 271
2) 자립 지원 프로그램 272

6. 시설아동 보호서비스의 개선방향 275
1) 내실화된 원가정 복귀 프로그램 마련 및 운영 275
2) 공동생활가정 및 가정위탁 등을 통한 가정형 보호 확대 276
3) 시설보호의 전문성 강화 276
4) 아동보호의 지역 편차 해소 276
5) 아동복지시설 종사자의 전문성 및 처우 개선 277

CHAPTER 12
입양 및 가정위탁 보호서비스
1. 입양아동 보호서비스 287
1) 입양의 개념 및 역사 287
2) 입양의 구성요소 289
3) 국내 입양 절차 294
4) 입양 현황 296
5) 입양 관련 법령 및 입양아동을 위한 복지서비스 298
6) 입양아동 보호서비스의 개선방향 302
2. 가정위탁 보호서비스 304
1) 가정위탁보호의 개념과 역사 304
2) 가정위탁보호의 대상 및 유형 305
3) 가정위탁보호의 현황 308
4) 가정위탁 관련 법령 및 가정위탁 보호서비스의 내용 309
5) 가정위탁보호서비스의 개선방향 312

CHAPTER 13
아동권리와 복지의 전망과 과제
1. 아동의 삶의 질 향상 및 현재의 행복 보장 319
2. 다양한 배경의 아동에 대한 존중 및 편견 개선 319
3. 아동의 기본생활 보장을 위한 통합적 소득지원체계 구축 321
4. 학대로부터 안전한 환경 조성 322
5. 위기아동 및 가족지원서비스 강화 324
6. 장애아동 건강지원 및 가족지원서비스 강화 325
7. 보호 대상 아동의 가정보호체계 구축 및 아동복지시설의 기능 전환 326

찾아보기 331

CHAPTER

01

아동권리와 복지의 개념

가족구조의 변화 및 양극화, 인구구조의 변화, 아동권리에 대한 인식의 변화 등 급격한 사회 변화에 따라 아동권리와 복지의 필요성이 더 높아지고 있다. 본 장에서는 아동과 아동복지의 개념, 아동복지의 필요성과 의의, 그리고 이론적 근거로 브론펜브레너의 생태체계이론에 대해 살펴보고자 한다.

생각해 보기

몇 살까지 어린이날 선물이나 크리스마스 선물을 받았는지 생각해보자. 아동은 몇 살까지의 사람을 의미할까? 초등학교 입학 전까지의 사람, 아기부터 초등학교 학생, 아기부터 중 · 고등학교 학생, 또는 초등학교 학생을 의미하는지 구체적으로 아동에 해당하는 연령 범위를 생각해보자.

1. 아동의 개념

발달단계 이론에 따라 영아기, 유아기, 청소년기와 구분하여 초등학교 시기를 아동이라고 구분하기도 하는데, 일반적으로 아동은 성장 과정에 있는 사람을 포괄하는 용어로 영유아기부터 청소년기까지를 일컫는다.

대표적으로 「아동복지법」(제2조)에서는 "아동이라 함은 18세 미만의 자를 말한다"라고 정의하고 있다. 또한 「한부모가족지원법」, 「입양특례법」에서도 「아동복지법」과 동일하게 아동을 18세 미만으로 규정하고 있다. 한편 「영유아보육법」과 「모자보건법」에서는 6세 미만을 영유아로 규정하고 「유아교육법」에서는 만 3세부터 초등학교 취학 전까지 어린이를 유아로 규정하고 있다. 청소년 관련 법을 살펴보면 「청소년보호법」에서는 19세 미만을, 「청소년기본법」에서는 9세 이상 24세 이하를 청소년으로 규정하고 있다.

표 1-1 아동 관련 법에서 아동의 정의

법률	정의
아동복지법	"아동"이란 18세 미만인 사람을 말한다.
한부모가족 지원법	"아동"이란 18세 미만(취학 중인 경우에는 22세 미만을 말하되, 병역법에 따른 병역 의무를 이행하고 취학 중인 경우에는 병역의무를 이행한 기간을 가산한 연령 미만을 말한다)의 자를 말한다.
입양특례법	"아동"이란 18세 미만인 사람을 말한다.
영유아보육법	"영유아"란 6세 미만의 취학 전 아동을 말한다.
유아교육법	"유아"란 만 3세부터 초등학교 취학 전까지의 어린이를 말한다.
모자보건법	"영유아"란 출생 후 6년 미만인 사람을 말한다.
청소년보호법	"청소년"이란 만 19세 미만인 사람을 말한다.
청소년기본법	"청소년"이란 9세 이상 24세 이하인 사람을 말한다.
아동 · 청소년의 성보호에 관한 법률	"아동 · 청소년"은 19세 미만의 자를 말한다.

이와 같이 아동 관련 법률의 특성에 따라 아동의 범위에 포함되는 대상을 영유아, 유

아, 아동, 청소년 등으로 구분하고 있고, 그 연령 범위도 관련 법의 목적과 취지에 따라 조금씩 차이가 있다. 그러나 '유엔아동권리협약' 제1조에서 아동을 18세 미만인 자로 규정하고 있고, 우리나라 「아동복지법」에서도 18세 미만을 아동으로 규정하고 있으므로 본 책에서도 아동을 만 18세 미만의 사람으로 규정한다.

2. 아동복지의 개념

복지를 뜻하는 'welfare'는 잘well 지내다, 잘 살아가다fare의 합성어이므로 편안히 잘 지내는 상태를 의미한다. 사전적 의미에서 아동복지는 '빈곤으로 인한 고통이나 정상적인 부모의 보호 또는 관심의 결핍으로 인해 고통받는 아동들의 육체적 · 사회적 · 심리적 복지에 관련된 봉사활동 및 제도'(브리태니커 온라인, 2012)로 정의되고 있다.

아동복지에 대한 개념은 학자마다 조금씩 다르게 제시하고 있다. 미국의 대표적인 사회복지학자인 카두신Kadushin은 아동복지를 좁은 의미와 넓은 의미로 구분하였는데, 먼저 좁은 의미는 미국 아동복지 연맹의 정의를 기초로 보호 대상 아동 중심으로 정의 내리고 있다. 아동복지는 부모가 아동 양육 책임을 이행할 수 없거나 지역사회가 아동 및 가족이 요구하는 자원과 보호를 제공하지 못할 때 그러한 아동이나 청소년에 대하여 사회봉사를 하는 것이라고 한다. 따라서 아동복지는 부모가 그 역할 수행에 어려움을 지니는 기능을 강화 · 보완 · 대리하는 것을 말한다. 한편 넓은 의미의 아동복지는 일반 아동과 그 가족의 복지를 포함하고, 지역사회 욕구와 조화를 이루어 아동의 생리적 · 심리적 · 사회적 가능성의 발전을 돕는 것이라고 정의한다.

국내 학자들은 '사회 구성원으로서 아동의 기본적인 욕구를 충족시키고 건전한 성장과 발달을 도모하기 위하여 여러 가지 활동을 가능케 하는 공적인 방법과 절차'(장인협, 오정수, 2003), 또는 '특수아동과 일반아동을 대상으로 모든 아동들이 가족 및 사회의 일원으로서 신체적 · 정신적 및 사회적으로 건전하게 성장 · 발달할 수 있도록 지역사회나 아동복지 분야에 있는 공 · 사단체, 기관들이 협력하여 아동의 권리에 필요한 사업을 계획하고 실행에 옮기는 조직적 활동(성영혜, 김연진, 2002)이라고 정의하였다.

아동복지의 정의는 시대에 따라서도 변화해 왔다. 즉 과거의 아동복지는 주로 기아, 미아, 비행이나 가출 아동, 빈곤이나 학대, 해체가정의 아동 등 구조적, 기능적으로 부적절한 가정환경에 처한 아동이나 신체·정서·행동적 장애를 지닌 아동 등 보호 대상 아동을 위한 복지 활동이 주를 이루었다. 그러나 복지에 대한 국가 책임을 강조하는 추세와 함께 아동복지에 대한 사회와 국가의 역할 강화 및 권리주체로서의 아동에 대한 인식이 강조되고 있다. 따라서 아동복지의 개념 역시 과거의 제한적, 협의의 의미보다 아동의 전인적 발달과 삶의 질 향상을 도모하는 포괄적이고 적극적인 의미로 받아들여지고 있다.

법적 측면에서 아동복지에 대한 개념은「아동복지법」에 규정되어 있다. 즉 "이 법은 아동이 건강하게 출생하여 행복하고 안전하게 자라나도록 그 복지를 보장함을 목적으로 하고 있다"(아동복지법 제1조)고 규정하고, 아동복지를 "아동이 행복한 삶을 누릴 수 있는 기본적인 여건을 조성하고 조화롭게 성장·발달할 수 있도록 하기 위한 경제적·사회적·정서적 지원"(아동복지법 제3조)이라고 정의함으로써, 보호가 필요한 아동뿐만 아니라 모든 아동의 안녕과 복지를 제도적으로 보장하고 있다. 따라서 아동복지란 "모든 아동과 그 가족을 대상으로, 국가 및 다양한 아동복지 주체들이 상호 협력하여 아동의 건강한 성장·발달과 삶의 질 향상을 위해 수행하는 총체적 활동"이라고 할 수 있다.

표 1-2 아동복지법에 명시된 법의 목적 및 아동복지의 정의

구분	내용
제1조 (목적)	이 법은 아동이 건강하게 출생하여 행복하고 안전하게 자랄 수 있도록 아동의 복지를 보장하는 것을 목적으로 한다.
제2조 (기본 이념)	• 아동은 자신 또는 부모의 성별, 연령, 종교, 사회적 신분, 재산, 장애 유무, 출생지역, 인종 등에 따른 어떠한 종류의 차별도 받지 아니하고 자라나야 한다. • 아동은 완전하고 조화로운 인격 발달을 위하여 안정된 가정환경에서 행복하게 자라나야 한다. • 아동에 관한 모든 활동에 있어서 아동의 이익이 최우선적으로 고려되어야 한다. • 아동은 아동의 권리보장과 복지증진을 위하여 이 법에 따른 보호와 지원을 받을 권리를 가진다.
제3조 (정의)	'아동복지'란 아동이 행복한 삶을 누릴 수 있는 기본적인 여건을 조성하고 조화롭게 성장, 발달할 수 있도록 하기 위한 경제적, 사회적, 정서적 지원을 말한다.

3. 아동복지의 필요성과 의의

1) 아동복지의 필요성

(1) 가족구조의 변화 및 사회 양극화

우리나라의 가족구조는 매우 빠르게 변화하고 있다. 맞벌이 가족의 증가뿐 아니라 1인 가구, 한부모가정, 조손가정, 다문화가정 등이 증가하고 있는데, 실제적으로 1인 가구(2000년 15.5% → 2010년 23.9% → 2018년 29.3%) 및 한부모와 미혼자녀로 구성된 가구(2000년 9.4%→ 2010년 12.3% → 2018년 14.6%)는 큰 폭으로 증가하고 있는 데 반해, 부부와 미혼자녀로 구성된 가구(2000년 57.8% → 2010년 49.4% → 2018년 44.4%)의 비율은 점차 감소하고 있다. 이와 같은 가족구조의 변화는 가족의 기능에 변화를 초래한다. 과거에는 가족 내에서 자녀양육이 이루어졌지만, 가족구조의 변화로 가정의 자녀양육 기능이 약화되어 부모에게만 자녀 양육의 책임을 부여하기보다는 국가 및 사회의 자녀양육에 대한 책임과 역할에 관심이 높아지고 있다. 하지만 우리나라의 아동, 가족 관련 법과 제도는 법률혼과 정상 가족 중심을 근간으로 하고 있어 다양한 가족과 아동에 대한 포용과 존중이 부족하다는 점에서 한계가 있다. 따라서 변화하는 사회와 가족구조에 발맞추어 국가와 지역사회가 다양한 가족구조 및 형태에 놓여 있는 아동양육 및 보호를 위해 적극적으로 개입해야 하겠다.

또한 사회경제적 위기로 양극화가 고착화되고 있다. 소득의 양극화는 단순히 빈곤층의 증가에 그치지 않고 빈곤의 세대 간 전이와 저소득층의 경제적 · 사회적 · 문화적 고립이라는 사회적 배제social exclusion를 강화하는 위험을 안고 있다. 사회 양극화의 문제는 동시에 위기가정의 양산을 가져오며, 위기가정은 아동양육의 문제를 안고 있다. 즉 실직이나 저소득으로 인한 가정 해체로 아동이 가정으로부터 적절한 보호를 받지 못하고 사회적 위험에 노출되거나 방치되는 일이 발생하고 있다. 이에 경제 위기 이후에 나타난 실업과 저성장, 사회 양극화의 새로운 사회 변화 속에서 발생하는 가족 및 아동문제에 대한 적극적인 대응이 요구된다.

(2) 저출산 및 인구구조의 변화

우리나라의 저출산, 고령화 현상은 매우 급속하게 진행되어 왔다. 적정한 인구규모 유지에 필요한 대체출산율(2.1명)을 감안할 때, 1980년대 이미 합계출산율이 인구대체수준 이하로 하락하였고, 최근 20년간 저출산 현상이 더욱 가속화되었다. 2017년(1.05명)까지는 1명대를 유지하다가 2018년 0.98명, 2019년 0.92명, 2020년 0.84명으로 하락하고 있으며, 2020년에는 출생아 수도 처음으로 30만 명 미만으로 급감하였다.

이에 우리나라에서는 저출산, 고령화로 인한 사회문제에 대응하기 위해 2005년부터 저출산・고령사회 기본계획을 수립하여 시행하고 있고, 2020년 4차 저출산・고령사회 기본계획(2021~2025년)을 통해 영아수당 신설, 임신・출산 진료비 지원 인상, 아동 출생 시 바우처 신규 도입 등 생애 초기 영아기에 집중 투자를 하고, 육아휴직을 확대하며, 더 나아가 청년 지원 정책을 통해 결혼과 육아하기 좋은 사회를 만들고자 노력하고 있다.

하지만 우리나라 정부 재정에서 가족 지출 수준은 GDP 대비 1.48%(2019년 추정)에 불과(OECD 평균 2.4%)한데, 특히 가족 지출 투자 확대를 통해 출산율 반등을 한 독일, 프랑스, 스웨덴 등과 비교하면 절반에도 미치지 못하는 수준이다. 한국 사회의 성장 잠재

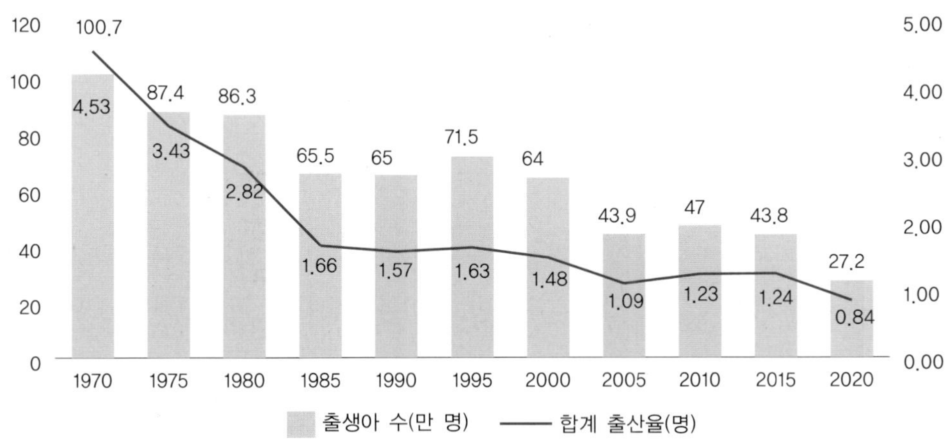

합계출산율: 가임여성(14~19세) 1명이 평생 출산하는 평균 자녀 수
대체출산율: 인구규모 유지에 필요한 출산율

그림 1-1 출생아 수 및 합계출산율의 변화(1970~2020)

출처 : e-나라지표(https://www.index.go.kr/potal/main/EachDtlPageDetail.do?idx_cd=1428)

력과 국가 발전의 동력은 우수한 인적 자원에 기반을 두고 있다는 점을 감안할 때, 미래사회에서 높은 수준의 인적 자원을 유지하고 개발하는 것은 국가 발전을 위해 무엇보다 중요하다. 따라서 인구대책과 국가발전 전략 차원에서 아동정책과 아동복지 서비스는 매우 핵심적인 국가적 과제가 되고 있다.

(3) 아동권리에 대한 인식의 변화

20세기 들어와 정신분석이론, 학습이론, 인지발달이론 등 다양한 관점에서 인간의 발달에 대한 연구가 이루어졌고, 그 결과 아동기의 중요성과 아동기 발달에 영향을 미치는 부모의 역할 등에 대해 관심을 갖게 되었다. 또한 애착이론은 기존의 시설보호 중심 아동복지를 가정위탁 등 가정형 보호 형태로 전환하도록 하는 데 지대한 영향을 미쳤다.

한편 1989년 UN에서 채택한 '아동권리협약'은 아동의 생존, 발달, 보호에 대한 내용을 폭넓게 포함함으로써 종전에 보호 대상 아동의 물질적 구호에 치중했던 아동복지 관점을 아동의 발달과 권리를 보장하는 방향으로 발전시켰다. 우리나라도 '유엔아동권리협약'에 가입하고, 국가 차원에서 아동권리 및 복지 증진을 위한 정책 수립과 관련 예산 확보를 통해 아동이 성장, 발달하기에 좋은 환경을 제공하기 위해 노력하고 있다. 즉 아동을 권리의 주체로 인식하는 변화와 더불어, 아동의 권리를 보장하기 위한 아동복지의 필요성이 더욱 강화되고 있다.

2) 아동복지의 의의

아동복지는 기본적 생활 보장과 건강한 발달을 지원하고, 사회 구성원으로서의 역할을 할 수 있는 능력을 갖출 수 있도록 도우며, 빈곤의 악순환 및 사회문제를 예방한다는 점에서 의의를 가진다.

(1) 아동의 기본적 생활 보장

인간이 자립하여 사회적 인간으로 생활하기까지는 장기간에 걸친 보호와 양육을 필요로 한다. 출생에서 2세 정도까지의 영아기에는 가장 기본적인 음식물 섭취와 배변 등을 혼자 힘으로 하기 어려워 타인의 도움을 받아야 한다. 유아기와 학령기에는 이러한 기초적인 생활은 가능하지만 외부의 위험에 안전할 수 없고 노동력도 없어서 의존적이다. 한편 청소년기는 신체적·지적 발달이 성인에 가까워지나 심리적으로 불안정하고 사회적으로 책임 있는 역할을 기대하기에는 아직 미숙하여 여전히 보호와 지도가 필요하다. 하지만 오늘날 가족의 구조가 다양하고 가족 기능이 약화되면서 아동 양육과 보호의 책임을 가족에서 담당하지 못하는 경우가 늘고 있다. 이에 자녀 양육과 보호 기능을 개별 가족의 차원에서 해결해야 할 것이 아니라 사회나 국가적인 차원에서 예방책과 대책을 세워야 한다는 견해가 지배적이다. 따라서 부모나 가족이 어떤 사유로 아동보호와 양육의 책임을 다하지 못할 때, 사회가 그 부모와 가족을 도와서 아동의 기본적인 생활을 영위할 수 있도록 보장하는 것이 아동복지의 의의이다.

(2) 국가 인력의 보호와 육성

아동은 미래 사회의 주역으로 아동을 어떻게 보호하고 양육하는가는 우리 사회의 장래와 밀접한 관련성이 있다. 아동기의 발달은 전 생애에 걸쳐서 기초가 되는 매우 중요한 시기로서 이 시기를 놓치면 성인기에 회복할 수 없는 부분이 있다. 즉 아동기 때 영양결핍으로 체격이 빈약한 경우 성인이 되어 영양이 충분해도 신장을 보충하기 힘들며 아동기에 주 양육자와 애착이 형성되지 못한 경우 성인기의 대인관계에서도 어려움을 겪을 수 있다. 따라서 국가 인력의 양성은 아동기부터 시작해야 한다. 특히 빈곤으로 교육, 의료, 문화 등에서 박탈을 경험하는 아동은 국가의 적절한 아동복지 대책이 없이는 인적 자원의 질이 향상되기에 어려운 실정이다. 우리나라의 경제적 어려움을 겪는 아동에 대한 공적부조나 영유아의 보호와 교육에 관한 제도는 아동을 미래사회의 주역으로 인식하고 이들을 보호·육성하려는 노력의 일환이라고 볼 수 있다. 따라서 아동복지는 아동을 유능한 사회 구성원으로 성장하도록 하는 사회제도로서의 의의가 있다.

(3) 사회문제의 예방

아동의 욕구가 적절히 충족되지 않으면 건전한 성장과 발달이 어려울 뿐만이 아니라 사회적인 문제를 야기할 수도 있다. 아동은 성인과 마찬가지로 생리적인 욕구를 가지고 있을 뿐 아니라 장난감을 갖고 놀거나 놀이터에서 놀이를 함으로써 즐거움을 누리고자 하는 욕구도 있다. 아동은 스스로 욕구를 충족할 수 없으므로 부모나 사회가 이를 충족해 주지 못하면 신체적으로 이상이 생기거나 정서적으로 불안정해지며 행동상의 문제가 나타날 수 있다. 아동기의 욕구좌절로 인한 어려움은 아동기에만 끝나는 것이 아니라 성인기에 이르기까지 영향을 미치는 것으로 알려져 있다. 즉 아동기의 경험이 성인기의 정신건강에도 영향을 줄 뿐만 아니라 욕구좌절로 인한 부정적인 행동의 반복은 성인으로서 사회 적응에 어려움을 발생시킨다. 따라서 아동의 욕구를 충족시키려는 사회적 노력인 아동복지는 이후 발생할지 모르는 사회문제를 미연에 방지하기 위해서도 중요하다.

4. 아동복지의 이론적 근거: 브론펜브레너의 생태체계이론

아동권리와 복지 실천에 기반이 되는 이론들은 매우 다양하다. 그중 환경과 인간의 상호작용을 강조한 브론펜브레너M. Bronfenbrenner의 생태체계이론은 아동복지의 초점을 종전의 개인의 내적 심리요인에서 개인을 둘러싼 외부 환경으로 이동시켜 인간의 문제를 총체적이고 통합적으로 접근하여 해결하고자 한다(이순형 외, 2006). 즉 기존의 사회 환경(예: 성별, 종교, 출생순위, 가족 규모, 한부모 여부, 부모 취업 여부, 사회계층 등)만을 강조한 관점이나 개인의 특성(자존감, 자기효능감 등)에만 초점을 두는 접근 방법과는 차이가 있다.

1) 브론펜브레너의 생태체계이론의 주요 내용

생태체계이론은 인간과 환경의 여러 요소들 사이에는 끊임없는 상호작용이 일어나며, 서로 영향을 주고 받는다고 가정한다. 즉 인간을 환경과 분리된 존재가 아니라 '상황 속의 개인person in situation'에 초점을 두고, 개인과 환경에 동등한 중요성을 부여한다. 이에 개인의 특성이나 문제를 해결하는 데 있어서 개인 그 자체의 문제뿐만 아니라 개인에 영향을 미치는 환경의 문제 또한 들여다보고자 한다. 생태체계이론은 인간과 인간에게 영향을 미치는 환경(체계)을 미시체계, 중간체계, 외체계, 거시체계, 시간체계의 다섯 가지로 분류하고, 각각의 환경체계가 어떻게 개인의 발달에 영향을 미치는지를 분석한다.

생태환경의 가장 안쪽에 위치하고 있는 미시체계micro system는 개인이 살고 있는 집의 크기, 근처의 시설물과 같은 물리적 특성과 가족, 친구, 학교, 어린이집, 놀이터와 같이 개인과 직접적으로 상호작용하는 가까운 환경체계를 의미한다. 이러한 미시체계 내의 관계는 양방향적인 성격을 띠며 대부분 직접적 상호작용이 이루어진다. 이와 같은 상호작용이 상호호혜성에 기반을 두고 있을 때 건강한 미시체계가 형성되며, 미시체계들 간에 상호작용이 적절하지 못하면 미시체계의 질은 떨어지게 된다.

중간체계meso system는 개인이 적극적으로 참여하는 둘 이상의 환경들 간의 상호관계로 이루어진다. 즉 부모와 교사 간의 관계, 이웃과 친구 간의 관계 등 개인을 둘러싼 둘 이상의 미시체계 간 상호관계로 이루어지며, 이 상호관계는 서로의 발달에 영향을 미친다.

외체계exo system는 개인이 관여하지 않으나 개인이 속한 환경에서 일어나는 일에 영향

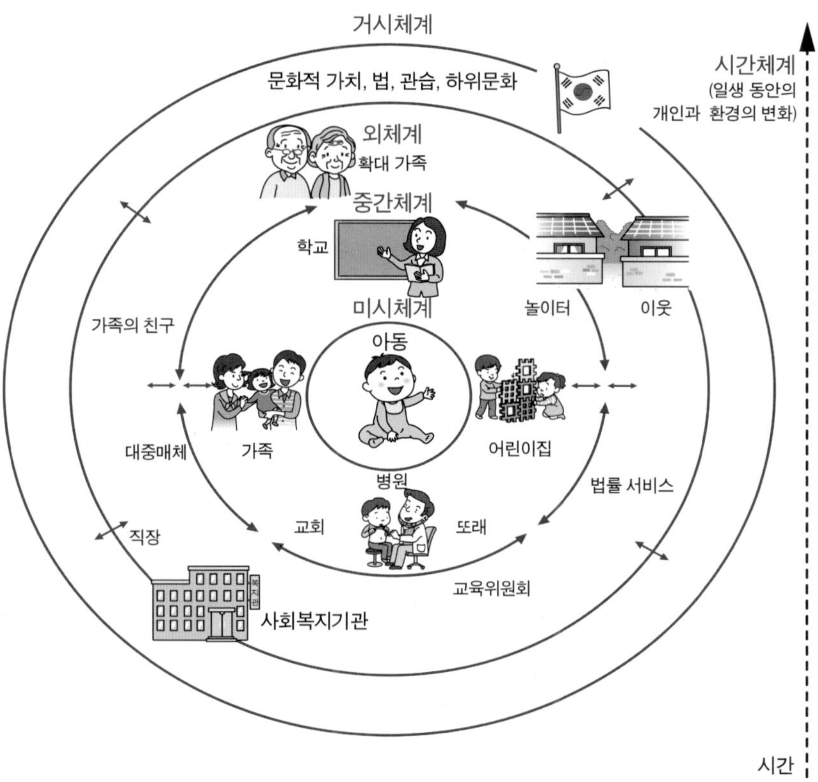

그림 1-2 브론펜브레너의 생태체계이론 모형

을 주거나 영향을 받는 사건이 발생되는 환경을 의미한다. 예를 들어 자녀에게 있어 부모의 직장, 근무조건, 소득수준 등은 그 자녀를 직접 둘러싸지는 않지만 자녀의 미시체계와 중간체계에 영향을 미칠 수 있다.

거시체계macro system는 미시체계, 중간체계, 외체계에 개인이 살고 있는 문화적 환경까지 포함하는 광범위한 사회적 맥락을 의미하며 일반적으로 문화, 정치, 사회, 법, 종교, 경제, 교육, 공공정책 등을 포함하는 개념이다. 거시체계는 간접적이지만 개인에게 강력한 영향력을 행사한다.

시간체계는 전 생애에 걸쳐 일어나는 변화와 사회역사적 환경을 포함하는 개념으로 시간의 흐름에 따른 개인의 심리적 · 사회적인 변화를 뜻한다. 예컨대, 아동이 성장함에 따라 겪게 되는 부모의 죽음과 같은 외적인 사건이나 심리적 변화 등의 내적인 사건이 시간체계의 구성요소가 된다.

2) 아동복지정책의 실천에서 생태체계이론의 함의

생태체계이론은 개인과 환경을 통합적으로 조망하고 변화를 모색하는 방향으로 패러다임을 확립하였다는 점에서 의의를 가진다. 생태체계이론은 패러다임의 변화를 통해 아동복지정책과 관련하여 다음과 같은 시사점을 제공한다. 첫째, 생태체계이론은 개개인의 미시적 부분에만 초점을 맞추던 이전의 모델과는 달리, 사회체계 전체를 포괄하는 광범위한 관점과 관심 영역을 문제의 대상으로 제시함으로써 관련 문제에 대한 전체적인 이해 및 해결방안 모색의 틀을 제공한다. 둘째, 생태체계이론은 아동복지 대상의 문제에 개입할 때 개인과 전체 환경 모두의 변화를 제시하기 때문에 정책 개입 후 문제 해결 및 그 효과의 지속성 측면에서도 기존의 관점보다 효과적이라고 할 수 있다.

구체적으로 아동학대 예방정책과 관련하여 생태체계이론은 매우 유용하다. 아동학대 발생요인과 관련된 국내외 많은 선행 연구들은 그 원인을 어떤 한 요인에 국한시키기 보다는 가해자, 가정환경, 지역사회의 복합적인 상호작용에 있다는 데 의견을 같이하며 생태학적 관점을 지지하고 있다. 생태체계이론은 아동학대의 원인을 가해자의 병리적 특성이나 스트레스, 혹은 잘못된 자녀양육 방법 속에서 찾으려는 시도는 문제의 원인을 개인이나 가족 체계 내에 한정시키는 한계를 가지고 있을 뿐만 아니라 아동학대의 다양한 원인과 그 원인 간의 복합적인 상호작용을 반영하지 못한다고 본다. 이에 반해 생태체계이론은 아동과 부모를 둘러싼 다양한 요인들의 상호관계성에 의해 아동학대가 발생된다고 본다. 즉 개인, 가족, 사회, 문화, 제도에 이르기까지 복잡한 요소들이 생태적으로 연계되어 아동학대가 발생된다고 보는 것이다. 구체적으로 아동학대에 영향을 미치는 개인 변인으로는 부모의 부적절한 양육태도 및 양육방법, 스트레스 및 고립, 중독, 성격 및 기질 문제, 어린 시절 피학대 경험 등이 해당될 수 있고, 가족 변인으로는 사회경제적 수준, 가족 형태, 부부 불화, 갈등적인 가족 관계, 지역사회 변인으로는 사회적 지지망 결여, 문화적 변인으로는 사회의 폭력 및 아동 체벌에 대한 관용적 태도 등이 해당될 수 있다. 따라서 아동학대 예방을 위해서는 부모 또는 일부를 대상으로 하는 아동복지 접근보다는 아동학대에 영향을 미치는 생태체계 영향 요인에 대한 다각적 검토와 대응이 효과를 발휘할 수 있겠다.

더 알아보기

제4차 저출산·고령사회 기본계획(안)(2021~2025)

생애주기별 지원대책
제4차 저출산·고령사회 기본계획

1 영아기 집중투자

- 영아수당 2022년도 출생아부터 2025년부터는 매월 50만 원 지급
- 첫만남 꾸러미 임신 시 100만 원, 출산 시 200만 원 신규 지급(2022년)

2 촘촘하고 질 높은 돌봄체계

- 강화된 공보육 국공립어린이집 등 공보육 이용률 2025년까지 50% 달성
- 온종일 돌봄 학교 안팎의 다양한 자원연계를 통한 돌봄 지속 활동
- 초등교육 혁신 놀이, 쉼, 창의적 교육과정, 개발학습지원 등
- 아동의 기본권 보장 출생통보제 도입, 학대아동 가정방문 의무화

3 청년기 삶의 기반 강화

- 청년의 주거걱정 낮추고 청년맞춤형 임대주택 24만호 공급, 임차가구 금융지원 40만 가구
- 청년의 소득자원 높이고 청년내일채움공제, 청년저축계좌 확대 등
- 성·재생산권 보장 평등 관점의 성교육, 젠더 폭력으로부터 안전, 건강검진 및 종합상담 제공

4 일하는 모두의 육아휴직 권리확대

- 육아휴직 확대 여성, 대기업 근로자 ▶남성, 중소기업근로자, 특고, 예술인 등 확대
- 부모 모두 3개월 + 3개월 육아 휴직제 생후 12개월 내 부모 모두 3개월 육아휴직 시, 각각 최대 월 300만 원
- 결혼·출산·육아 불이익 없는 성평등한 노동 성평등 경영공표제, 노동위원회 성차별 피해 구제절차 신설 등

5 다자녀 가구 지원 강화

2자녀 가구 이상 다자녀 주거지원
- 다자녀 지원 대상 기준 완화(3명 → 2명)
- 공공임대주택 넓은 평형 이주 시 우선권 부여

3자녀 이상은 모두 국가장학금 지원
- 3자녀 이상 시 3자녀 모두 대학등록금 국가장학금 지원
- 셋째 자녀부터는 등록금 전액지원(중위소득 200% 이하)

6 신중년의 품격 있고 활기찬 일·사회 참여확대

신중년이 오래 일할 수 있는 환경조성
- 계속고용장려금 + 신중년 적합직무고용장려금 등 일하는 곳에서 계속고용 지원

인생 3모작 지원
- 퇴직 후 고용·창업의 기회 확산
- 일자리·사회서비스 일자리 확충

신중년부터 소득을 튼튼하게
- 기초연금 확대 등으로 다층 노후 소득보장체계 마련
- 신탁 종합재산관리 활성화 등 자산보호방안 추진

7 건강하고 능동적인 고령사회

지역사회 계속 거주를 통한 통합돌봄
- 고령자 중심의 지역사회 돌봄 전국 확산
- 방문형 건강관리 및 의료서비스 활성화

고령친화적 거주환경조성
- 고령자 복지주택 공급 등
- 한국형 은퇴복합단지 및 고령자 서비스 연계주택 모형 개발

존엄한 삶의 마무리 지원
- 생애 말기 자기결정권 강화
- 호스피스 서비스 접근성 확대

출처: 관계부처합동(2020). 제4차 저출산고령사회 기본계획(2021~2025)

참고문헌

조형숙, 백소영, 이수민, 이은형(2018). 아동권리와복지. 정민사.

류정희, 이상정, 전진아, 박세경, 여유진, 이주연, 김지민, 송현종, 유민상, 이봉주(2019). 2018 아동종합실태조사. 한국보건사회연구원.

이봉주, 김선숙, 안재진, 유조안, 유민상, 최창용, 이연정, 이주연(2013). 쉽게 알아보는 한국 아동의 삶의 질에 관한 종합지수 연구. 서울대학교 사회복지연구소, 세이브더칠드런.

이순형 외(2006). 아동복지 이론관 실천. 학지사.

관계부처합동(2020). 제4차 저출산고령사회 기본계획(2021~2025).

정익중, 오정수(2021). 아동복지론. 학지사

여진주(2008). 아동학대 발생요인에 대한 생태학적 분석 · 경상북도 동부권 아동을 대상으로 –. 보건사회연구, 28(1), 3–26.

CHAPTER

02

아동권리와 복지의 내용과 분류

아동복지의 대상을 결정하는 것은 복지의 수혜 범위를 결정하는 일차적 단계라 할 수 있으며, 아동복지의 대상에 따라 아동복지 서비스의 내용과 방식이 달라질 수 있다. 본 장에서는 아동복지의 대상, 아동복지 서비스의 유형, 아동권리와 복지의 원칙에 대해 살펴보고자 한다.

생각해 보기

우리나라 아동수당은 부모의 소득 수준에 상관없이 모든 만 8세 미만(2022년 기준)의 아동에게 매월 일정 금액을 지급하는 "모든 아동"을 위한 복지 정책이다. 이와 같이 모든 아동을 대상으로 하는 아동복지 정책과 서비스에는 어떤 것들이 있는지 생각해보자.

1. 아동복지의 대상

아동복지의 대상은 「아동복지법」에 근거하여 18세 미만의 모든 아동이다. 과거의 아동복지는 18세 미만의 아동 중 고아, 기아 등 가정에서 보호할 수 없는 아동 중심의 선별주의적 아동복지 기조를 오랫동안 유지하였다. 그러나 1981년 아동복리법을 아동복지법으로 개정하면서 아동복지 대상은 모든 아동으로 확대되었다. 모든 아동은 일정 기간 타인의 돌봄 없이는 생존할 수 없다는 점에서 보호 대상 아동과 일반 아동을 구분하는 것은 원칙적으로 불가능하지만, 보호 대상 아동과 일반 아동은 처한 개별적 환경의 특성이 달라 각기 다른 사회적 요구와 도움을 필요로 할 수밖에 없다. 이에 아동복지 대상은 모든 아동으로 규정하지만, 아동복지 행정 편의상 보호 대상 아동과 일반아동으로 구분한다.

1) 보호 대상 아동

보호 대상 아동이란 「아동복지법」 제3조에 "보호자가 없거나 보호자로부터 이탈된 아동 또는 보호자가 아동을 학대하는 경우 등 그 보호자가 아동을 양육하기에 적당하지 아니하거나 양육할 능력이 없는 경우의 아동"으로 규정되어 있다. 다시 말해 보호자가 역할을 하지 못하여 문제 상황에 처한 보호가 필요한 아동이다. 넓은 의미로는 빈곤이나 부모의 수감·실직 등으로 경제적·정서적 어려움 등을 겪고 있거나 어려움에 처할 위험이 높은 취약 아동을 포괄하는데(보건복지부, 2021), 취약 아동에는 빈곤 가구 아동, 저소득 한부모·조손 가구, 부모의 수감·알코올 중독·약물중독 등으로 인해 방임되고 있거나 방임 위기에 있는 아동, 저소득 다문화 가정 아동 등이 포함된다.

보호 대상 아동은 아동복지의 가장 우선적인 대상이며 보호 대상 아동을 위한 아동복지사업으로는 가정위탁, 입양, 시설보호, 공동생활가정 서비스와 빈곤가정 및 한부모가정 아동 지원, 학대아동에 대한 상담·치료·보호 서비스 제공 등이 해당된다.

2) 일반아동

아동복지의 대상은 모든 아동으로 보호 및 지원 대상이 아니더라도 그 대상이 된다. 일반 아동은 당장은 보호받을 문제가 없으나, 예방적 차원에서 아동복지 서비스가 필요하다. 일반아동을 위한 복지사업은 아동의 행복과 사회적응을 위해 심리적, 사회적 발달과 타고난 잠재능력의 육성을 지원하는 제반 활동이라 할 수 있다. 일반 아동을 대상으로 하는 복지서비스의 예로 부모교육 및 가족기능 강화사업, 안전한 사회 환경 조성, 무상보육, 초중등 의무교육, 무상급식, 아동수당, 놀이시설 확충, 아동권리 증진활동 등 다양한 사업이 포함된다.

표 2-1 일반 대상 아동복지 서비스

구분	내용
가족기능 강화 측면	• 가족기능 강화를 위한 부모교육, 부모 및 가족상담 • 건강가정지원센터, 육아종합지원센터 프로그램
건강 · 안전 측면	• 임산부, 영유아 대상 보건지도 및 모자보건 사업 • 급식지원센터 • 유해한 매체 환경에 대한 사회적 감시체계 강화와 유해환경 개선 • 아동(성)범죄 예방 및 보호, 아동 안전사고 예방 · 홍보
교육 · 돌봄 측면	• 초중등 의무교육 • 취학 전 아동을 위한 보육사업 • 학령기 아동에 대한 방과후 아동지도사업 및 지역아동센터 • 아이돌봄서비스
경제적 측면	• 아동수당 • 양육수당: 어린이집, 유치원을 이용하지 않는 만 0~5세 영유아 지원 • 보육료 지원: 어린이집을 이용하는 만 0~5세 영유아 지원 • 유아학비 지원: 유치원을 이용하는 만 3~5세 유아 지원
놀이적 측면	• 아동전용시설 확충 및 다양한 활동 프로그램 운영 사업 • 어린이공원, 어린이놀이터, 어린이과학관 등
아동권리 및 보호 측면	• 아동안전과 권리강화의 정책목표를 달성하기 위한 아동복지사업 • 어린이헌장, 청소년헌장, 어린이날, 가정의 달을 제정하거나 국제적으로 세계아동의 해, 아동의 권리에 관한 국제협약 비준을 통해 아동권리 보호사업을 실시하는 활동 • 아동권리보장원, 아동보호전문기관 등의 아동권리 보호활동

2. 아동복지 서비스의 유형

아동복지 서비스는 일반적으로 서비스가 제공되는 장소, 서비스가 수행하는 주요 기능에 따라 분류되고 있다. 이러한 분류기준에 따라 각 서비스 내용을 살펴보면 다음과 같다.

1) 서비스 제공 장소에 따른 분류

아동복지 서비스는 서비스 제공 장소에 따라 재가 서비스in-home service와 가정 외 서비스out-of service로 구분될 수 있다(장인협, 오정수, 2001)

(1) 재가 서비스

재가 서비스는 아동이 가족구성원과 함께 생활하면서 필요한 서비스를 제공받는 형태로서, 가정에서의 양육의 중요성이 인식됨에 따라 점차 중시되고 있다. 가족의 구조적 결손은 없지만 심각한 스트레스나 역기능의 위험 요소를 가지고 있을 때, 혹은 한부모가족이나 조손가족과 같이 구조적 결손을 경험하면서 가족기능의 원활한 수행이 어려울 경우에 제공된다. 재가 서비스는 원가정의 기능 중 결핍된 부분을 지지하거나 보충해줌으로써 원가정의 해체를 막아 주는 기능을 수행하며, 아울러 해당 가정의 강점을 지원하며 특정 시점에서의 위기를 극복할 수 있는 자원을 제공할 수도 있다.

(2) 가정 외 서비스

가정 외 서비스는 아동이 자신의 원가정을 떠나 일정 기간 동안 시설이나 위탁가정 등에서 생활하면서 제공받는 양육 및 보호서비스를 의미한다. 또한 원가정에서 생활하지만 특정 시간 동안 가정 밖의 시설에서 양육과 보호를 받는 것 역시 가정 외 서비스에 해당된다. 예컨대 부모가 직장에 있는 동안 어린이집에서 아동에 대한 보호, 양육 서비스를 제공하는 형태가 포함된다.

2) 서비스 기능에 따른 분류

아동복지 서비스 기능에 따른 분류는 가정의 역할을 중심으로 가정에 대하여 서비스가 어떤 기능을 하는지에 따라 구분하는 것이다. Kadushin과 Martin(1988)은 아동복지 서비스를 기능에 따라 지지적 서비스support service, 보완적 서비스supplementary service, 대리적 서비스substititute service의 3S 모형으로 구분하였다. 이는 아동 양육기능의 1차적 책임은 부모에게 있으며, 부모가 아동양육의 책임을 다하지 못할 때 그 정도에 따라 국가나 사회가 부모의 양육을 보완하거나 대리할 수 있다는 시각을 반영한 것이다. 지지적 · 보완적 · 대리적 아동복지 서비스는 부모역할에 대한 '최소 개입'으로부터 '최대 개입'을 의미한다.

표 2-2 아동복지 서비스 기능별 분류

서비스 유형	개요
지지적 서비스	아동 욕구 충족을 위해 부모 능력을 지지 및 강화하는 서비스
보완적 서비스	부모의 부적절하거나 제한된 보호를 보상하고 아동에게 보호를 보충하는 서비스
대리적 서비스	아동 개별 욕구에 따라 부모의 보호를 일부 또는 전체를 대신하는 서비스

출처: Kadushin & Martin(1988). Chlid Welfare Services. N. Y.: Macmillan Publishing., Inc.

(1) 지지적 서비스

지지적 서비스는 아동과 부모가 역할을 다하도록 지원하는 서비스이다. 지지적 서비스는 주로 가정 내 서비스로 가족체계가 구조적으로 손상되지는 않았지만 아동과 부모와의 관계에 있어서 어려움을 겪어 도움이 필요한 경우에 제공된다. 예를 들어, 가정 내 스트레스가 지속될 경우 가족해체와 같은 구조적 결손이 발생할 수 있으므로 이를 예방하기 위해 가족의 강점을 지원하고 강화시키는 것이다. 특별한 욕구와 문제를 지닌 아동에게 의료, 교육, 상담서비스와 같은 적절한 지원을 제공하는 것도 지지적 서비스에 속한다. 지지적 서비스는 부모들이 자신의 역할을 이행할 수 있도록 부모들을 강화하고 지지하는 서비스이지 부모의 책임을 대신하는 것은 아니다. 지지적 서비스의 종류에는 아동 및 가족상담, 부모교육, 자조집단, 부모-자녀 참여 프로그램 등이 포함된다.

(2) 보완적 서비스

보완적 서비스는 부모가 양육의 역할에 있어 부족함이 있을 경우 이를 보완하는 서비스이다. 지지적 서비스와 달리 가족 내 서비스가 아닌 사회적 체계 안에서 이루어진다. 이 서비스에서 사회는 아동이 가정으로부터 분리되지 않은 상태로 부모와 생활하면서 사회가 일부 역할을 보완해 주는 특징이 있다.

보완적 서비스의 종류에는 소득 보완, 보육, 홈메이커 서비스, 일시 돌봄서비스 등이 포함된다. 소득 보완은 부모의 실직이나 장애, 사망으로 적정 소득이 상실된 가족에 대한 경제적 지원(공적 부조와 사회보험)으로 가정의 소득을 보완한다는 의미에서 중요한 보완적 서비스이다. 보육서비스는 취업부모의 양육부담을 덜어준다는 면에서 보완적 서비스에 해당된다. 홈 메이커 서비스는 아동보호 및 가사노동에 관련된 전통적인 어머니 역할 부재를 보완한다. 예를 들어 훈련받은 도우미를 도움이 필요한 가정에 파견하여 아동을 가정 내에서 보호할 수 있다(Mather & Lager, 2000). 주 부양자가 가사노동을 수행하기 어렵거나 아동에게 장애가 있어 도움이 필요한 경우 혹은 주 부양자가 입원, 수감되어 부모의 일시적 부재로 아동을 보호할 수 없는 긴급상황에서 사용되어 왔다. 공보육, 교육 외의 시간이나 부모의 긴급한 사유로 인해 일시적 돌봄이 필요한 가정에 제공되는 아이돌봄서비스, 장애아동의 양육이나 가족문제로 인해 부모의 스트레스가 높을 때 기관에서 일정 기간 아동돌봄서비스를 제공하는 경우도 보완적 서비스에 해당된다.

(3) 대리적 서비스

대리적 서비스는 부모 역할의 전부가 상실되었을 경우 아동에게 부모를 대신하여 양육·보호를 제공하는 서비스를 의미한다. 즉 아동의 원가정이 해체되어 일시적·영구적으로 부모가 아동에게 보호와 양육 기능을 수행할 수 없을 때 다른 가정이나 시설이 이 기능을 대신하는 서비스를 제공하는 것이다. 이 서비스는 아동을 위한 최후의 대책이라고 할 수 있는데, 아동이 원가족을 떠나 타인의 보호를 받도록 조처하는 것으로 가정위탁, 입양, 공동생활가정, 시설보호 등이 포함된다.

한편, 아동복지 서비스는 사업이 수행되는 방어선line of defence의 위치에 따라 제1차 방어선, 제2차 방어선, 제3차 방어선으로 구분되기도 한다(Zuckerman, 1983). 제1차 방어선이란 아동이 자신의 가정에 거주하면서 서비스를 제공받도록 하는 사업을 말한다. 카두신의 서비스 기능에 따른 분류에서 지지적 서비스와 보완적 서비스가 제1차 방어선에 해당된다. 제2차 방어선이란 아동이 자신의 가정을 대리한 가정에서 보호를 받으면서 서비스를 제공받도록 하는 사업을 말한다. 카두신의 서비스 기능에 따른 분류에서 대리적 서비스 중 가정위탁, 입양이 해당된다. 제3차 방어선이란 아동이 자신의 가정이나 대리가정이 아닌 집단적인 수용시설을 보호를 받으며 서비스를 제공받도록 하는 사업을 말한다. 카두신의 서비스 기능에 따른 분류에서 대리적 서비스 중 공동생활가정, 시설보호가 해당된다. 우리나라의 아동복지는 그동안 최후의 수단으로 간주되어야 하는 제3차 방어선에 머물렀던 특징이 있다. 제1차 방어선과 제2차 방어선에 해당하는 아동복지 서비스를 보다 확대할 필요가 있겠다. 또한 제2차 방어선과 제3차 방어선에서 아동의 가족 재결합을 최우선 목표로 하여 제1차 방어선을 지지해주는 체계를 이룸으로써, 각 방어선 사이에 활발한 움직임이 있도록 개선이 필요하다.

3. 아동권리와 복지의 원칙

아동이 건강하게 출생하여 행복하고 안전하게 자라도록 하기 위해서는 여러 가지 아동복지 서비스가 필요하다. 아동복지 서비스를 전개할 때 고려할 원칙으로는 다음과 같은 다섯 가지 원칙, 즉 권리와 책임의 원칙, 보편성과 선별성의 원칙, 개발적 기능의 원칙, 포괄성의 원칙, 전문성의 원칙이 있다(이순형 외, 2006; 장인협, 오정수, 2004; 한미현 외, 2016). 이를 구체적으로 살펴보면 다음과 같다.

1) 권리와 책임의 원칙

아동권리와 복지의 주체는 모든 국민이다. 모든 국민을 구체적으로 언급하면 아동, 부모(보호자), 국가와 지방자치단체 등의 사회인데, 아동복지는 이 세 주체가 각자의 권리와 책임을 바탕으로 상호작용과 협력 속에서 수행되어야 바람직한 방향으로 나아가게 된다.

(1) 아동의 권리와 책임

20세기에 들어 아동을 보호의 대상에서 권리의 주체로 인식하게 된 것은 아동에 대한 관점의 변화와 함께 아동복지 서비스에도 큰 영향을 미치게 되었다. 아동은 생존과 발달을 위해 의식주를 제공받고 안정된 생활을 누리며, 학대와 착취로부터 보호되고, 교육받을 권리와 함께 놀이활동에 참여하고 자신의 견해를 표현할 권리를 지닌다. 한편 아동은 부모나 사회가 규정한 질서를 지키고 자녀로서 부모의 양육과 보호에 따름으로써 제 몫을 다하는 사회의 구성원으로 성장할 책임이 있다.

(2) 부모의 권리와 책임

사회변화와 함께 전통적으로 가정 내에서 수행되어 온 많은 기능들이 사회화되었음에도 불구하고 아동의 양육 및 보호을 위한 일차적 책임은 부모에게 있다. 부모는 자녀를 양육하고 보호하며 건강한 발달을 도와야 한다. 자녀의 친권자로서 자녀의 삶에 영향을 미치는 중요한 사항들에 대한 의사결정권을 가질 뿐만 아니라 자녀를 사회의 구성원으로서 올바르게 성장하도록 지원할 의무와 책임을 진다. 부모로서의 역할 수행에 어려움이 있을 경우 사회적 지원과 개입이 이루어지며, 양육역할에 현저한 문제가 있을 경우에는 아동의 최선의 이익을 위해 부모의 권리가 제한될 수도 있다.

(3) 국가와 사회의 권리와 책임

국가는 아동복지정책을 개발하고 대책을 수립할 권리와 책임이 있다. 아동권리협약(18조)에 의하면, 국가는 부모가 양육 책임을 잘 수행할 수 있도록 적절한 지원을 제공하고 아동에게 보호시설을 지정해야 하며 부모의 아동을 보호하기 위해 적절한 조치를 취해야 할 책임이 있다. 국가는 의무교육을 통해 아동의 교육권을 보장하고 아동에게 술과 담배를 파는 행동을 금지하는 등 유해환경으로부터 아동을 보호하며, 부모가 아동을 학대하는 등 부모로서의 역할에 현저한 문제가 있을 때에는 이들 아동을 위탁가정이나 시설보호를 받도록 조치해야 한다. 아동의 권리에 대한 사회적 인식의 증대와 더불어 아동복지에 대한 국가의 책임과 역할이 증가하였다.

2) 보편성과 선별성의 원칙

아동권리와 복지 원칙에서 중요하게 고려되는 사항이 바로 보편성과 선별성의 원칙이다. 보편성의 원칙이란 전체 아동을 대상으로 급여나 서비스를 제공하는 원칙이다(장인협, 오정수, 2001). 즉 계층, 인종, 민족, 장애 유무, 부모 유무 등의 조건에 상관없이 모든 아동에게 동등한 급여와 서비스를 제공하는 것을 말한다. 이 원칙은 사회문제란 불완전하고 불공평한 사회체계에서 기인하는 것으로 개인의 결함이나 잘못에 의해 발생하는 것이 아니라는 기본 관점에서 출발하며 아동수당, 무상 의무교육 등이 포함된다.

반면 선별주의는 빈곤계층의 아동이나 가장 욕구가 큰 아동들에게 급여나 서비스를 제공하는 원칙으로, 그 성격에 있어서 시혜적 · 범주적이고, 열등처우의 원칙이 불가피하며 낙인으로 인한 수치감을 초래할 수 있다(장인협, 오정수, 2001). 아동복지에 있어서 선별성의 원칙은 빈곤가정의 자녀, 질병이나 장애, 학대 위험 등과 같은 범주화에 기초하여 보호 대상 아동에게 우선적으로 복지서비스를 제공하는 것을 말한다. 선별성의 원칙에 의해 제공되는 급여나 서비스는 문제의 원인이 자발적이든 비자발적이든 간에 개인에게 있다는 전제 하에 문제를 보완하거나 해소하기 위한 최소한의 보호로서, 일시적, 보완적, 잔여적 성격이 강하다.

3) 개발적 기능의 원칙

아동권리와 복지 측면에서 중요한 원칙은 아동에게 어려움이 발생하기 전에 이를 예방하는 것이다. 아동기에 겪는 여러 가지 문제들은 아동에게 큰 상처를 남길 수 있기 때문에 이를 사전에 예방할 수 있도록 아동복지 서비스 제공이 필요하다. 이러한 노력에도 불구하고 아동에게 문제가 발생할 경우에는 치료성의 원칙에 따라 이를 해결해야 한다. 아동복지에서 개발적 기능의 원칙이란 사후대책적인 기능이 주가 되는 아동복지체계에서 나아가 적극적이고 예방적이며 의도적 변화를 가져올 수 있는 개발지향적 아동복지체계를 형성함을 말한다. Kendall(1973)에 의하면, 사회복지의 개발적 기능이란 "목적에서 적극성을 띠고 접근방법에서 포괄성을 가지며 대상인구의 각 부문에 관여해야 하며, 치료적 혹은 미시적 수준에서 거시적 수준까지 제 복지기능이 관여하는 것"이라 한다(장인협, 오정수, 2001). 가족을 둘러싼 생태학적 환경의 변화와 이에 따른 아동의 복지욕구를 예측하여 바람직한 변화를 가져올 수 있도록 의도적, 예방적인 차원의 아동복지정책 개발이 이루어지고 시행되어야 함을 의미한다.

4) 포괄성의 원칙

포괄성의 원칙이란 아동복지 서비스 제공 시에 아동뿐만 아니라, 아동을 둘러싸고 있는 환경과 당면 문제들에 대해 포괄적으로 접근해야 한다는 원칙이다. 즉 아동복지를 달성하기 위해서 경제, 교육, 보건, 주택, 노동 등 여러 분야의 포괄적인 대책이 아동 관련 정책과 서비스에 수반되어야 함을 말한다. 아동의 신체, 정서, 인지, 사회발달은 각각 분리된 것이 아니라 상호 관련되어 역동적으로 발달하므로 아동의 욕구에 대해 통합적으로 다룰 필요가 있다(공계순, 박현선, 오승환, 이상균, 이현주, 2003). 장애아동에게 의료, 교육, 심리, 직업 재활 프로그램과 부모·가족 지원 프로그램을 종합적으로 제공하는 사업 등이 그 예라 할 수 있다. 대상 아동의 욕구가 포괄적으로 다루어질 수 있도록 아동복지 관련 부서 간의 유기적 협조체계가 요구된다.

5) 전문성의 원칙

아동복지 서비스는 여러 가지 전문적인 분석과 접근을 통해 이루어질 필요가 있다. 아동은 발달단계상 변화가 빠르게 일어나기 때문에, 아동을 이해하는 데 있어서는 전문적 지식이 필요하다. 아동은 발달단계에 따라 욕구와 사고 및 행동의 차이를 보이며, 특히 급격한 사회변화와 가정환경의 변화 속에서 아동이 갖는 문제 역시 보다 다양하고 복잡해지는 양상을 보이고 있다. 따라서 아동과 아동을 둘러싼 환경에 대한 이해를 바탕으로 전문적인 지식과 기술을 적용할 수 있는 아동복지 전문가 및 전문기관에 의해 아동복지 서비스가 계획되고 실천되어야 한다.

4. 아동보호서비스의 기본 원칙

우리나라는 아동보호서비스에 있어서 다음을 기본 원칙으로 삼고 있다(보건복지부, 2021).

1) 아동의 이익을 최우선적으로 고려

아동복지법(제2조 제3항)에 따라 아동에 대한 상담, 보호조치 결정 등 아동보호 전 과정에 걸쳐 아동의 이익을 최우선적으로 고려하여야 한다. 또한 아동보호는 '시급성'과 '시의 적절성'이 무엇보다 중요하므로 긴급한 보호가 필요한 아동이 있는 경우 '선 보호 후 행정 처리' 원칙에 따라 보호 원칙을 적용한다.

2) 원가정 보호를 위해 최대한 노력

아동의 경우 대부분 원가정 안에서 성장할 때 아동의 이익이 가장 잘 충족될 수 있으므로 원가정 보전을 위해 최대한 노력하여야 한다. 원가정에서 아동이 보호될 수 있도록 정부는 취약 아동(가구) 등 사각지대 발굴을 위해 노력하여야 하며, 발굴된 가구에 대해서는 상담, 복지 급여 및 서비스 연계 · 지원 등을 통해 가족 해체를 예방하여야 한다. 이에 보호자가 아동을 아동복지시설 입소나 입양을 희망하는 경우에도 일률적으로 시설 입소나 입양기관 의뢰 등 절차를 진행하기 보다는 우선 원가정에서 보호 가능한지 여부를 살펴보고, 가능한 경우 최대한 원가정에서 보호될 수 있도록 필요한 조치를 취해야 한다.

- 아동의 보호는 최대한 아동의 입장에서 실시되어야 함
- 보호자의 요구가 아동의 이익에 부합한다고 인정되는 경우 보호자의 배치 요구를 수용하되, 보호자의 요구가 아동 보호에 현저히 부적절하다고 판단되는 경우 아동의 이익에 보다 부합하는 방향으로 보호조치 결정

아동을 가족의 보호로부터 분리할 때는 가능하다면 일시적이고 최소한의 기간에 한해

야 하며, 아동에 대한 분리 보호 시에도 해당 아동이 최대한 조속히 원가정에 복귀할 수 있도록 원가정에 대한 지원은 지속적으로 실시해야 한다.

아동의 '원가정 보호' 원칙

국가와 지방자치단체는 아동이 태어난 가정에서 성장할 수 있도록 지원하고, 아동이 태어난 가정에서 성장할 수 없을 때에는 가정과 유사한 환경에서 성장할 수 있도록 조치하며, 아동을 가정에서 분리하여 보호할 경우에는 신속히 가정으로 복귀할 수 있도록 지원해야 한다(아동복지법 개정, '16. 3. 22. / '18. 3. 23. 시행).

3) 아동과 보호자의 참여 활성화

아동을 보호조치하는 경우 보호 대상 아동의 의사를 존중하여야 하고, 아동 및 보호자가 상담, 아동보호 계획 수립 및 보호 등 전 과정에 참여할 수 있도록 지원하여야 하며, 아동에 대한 보호조치 후 보호자와 연락이 단절되지 않도록 주의해야 한다.

4) 예방적 접근(통합적 서비스 제공)

취약 아동(가구)의 경우 빈곤, 질병, 이혼 등 복합적 욕구가 있는 경우가 대부분이므로, 취약 아동(가구)에 대한 보호조치 요청이 있는 경우, 단순 신청에 의한 급여 제공에 그치지 않고, 사례관리 등을 통해 아동 및 가족에 대한 위험도를 종합적으로 평가하여 필요한 복지 서비스를 통합적으로 제공할 필요가 있다. 또한 복지 사각지대 취약계층(단전, 단수, 단가스, 사회보험료 체납 등), 아동학대 정보, 의무 교육 미취학 및 장기 결석 자료 등 공공 빅데이터를 활용하여 위기 아동을 상시적으로 발굴 · 예방할 수 있는 체계를 구축하여 운영한다(e아동행복지원시스템, 2018년 3월).

5) 수요자의 편의를 최대한 고려

보호자 등의 신청 또는 사각지대 발굴 등을 통해 보호 대상 아동(가구)을 발견한 경우 담당자가 해당 가구를 직접 방문하거나 통합 상담을 실시하는 등 보호자가 읍 · 면 · 동

(또는 시 · 군 · 구)에 방문을 최소화하는 방안을 강구하도록 한다. 아동보호를 위해 불가피하게 여러 번의 상담이 필요한 경우 보호자 등에게 절차 등을 사전에 설명하여 양해를 구하고, 보호자가 희망하는 시간 · 장소 등을 최대한 반영한다. 또한 아동을 보호조치하는 경우 가족과의 접촉 및 재결합 가능성을 촉진하고 아동의 생활에 대한 훼손을 최소화하기 위해서 아동이 살아온 가정에서 최대한 가까운 환경에서 보호하도록 한다.

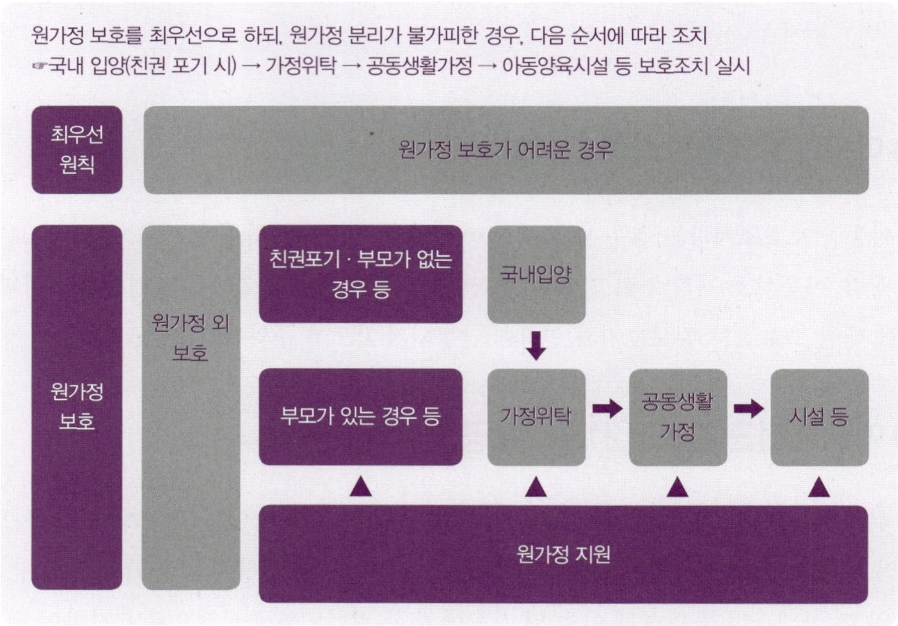

그림 2-1 아동보호조치의 기본원칙

출처: 보건복지부(2021). 2021 아동보호서비스 업무 매뉴얼. p. 12

더 알아보기

아동수당 이후 교육비 비중 34% 늘렸다…"아동발달에 긍정적"

2018년 9월 소득 하위 90% 가구 아동을 대상으로 처음 도입된 아동수당은 2019년 4월부터 소득 기준을 폐지하고 보편 지급 제도로 개편됐다. 지급 연령도 종전 6세 미만에서 2019년 9월 7세 미만으로 확대되면서 도입 당시 195만 1000명이었던 지급 인원은 지난해 12월 기준 248만 명까지 늘었다. 복지부는 2022년부터 지급 대상을 만 8세 미만까지 확대하기로 하고 올해보다 약 1,821억 원 증액한 2조4040억 원을 내년도 아동수당 예산으로 국회에 제출했다.

2018~2019년 가계동향조사를 통해 아동수당 도입 전후를 분석한 결과, 만 6세 미만 아동이 있는 가구의 가처분소득은 3개월마다(분기별) 약 35만 원 증가한 것으로 나타났다. 강 교수는 2018~2019년 가계금융복지조사 자료를 토대로 분석한 지출 변화에 주목했다. 가계 지출에서 식료품비 등 지출이 차지하는 비중을 나타내는 엥겔지수 등은 유의미한 변화가 없었다. 변화가 확인된 건 가계 소비 지출에서 자녀 교육비가 차지하는 엔젤지수로, 도입 이전보다 약 34% 증가했다. 강 교수는 "주거비, 교통비 등 다양한 영역을 살펴봤는데 교육비 지출만 유의미하게 증가하는 것을 발견했다"며 "전체 지출 대비 교육비 비중을 봤을 때 엔젤지수도 아동수당 도입 대비 약 34% 증가한 것으로 나타났다"고 말했다. 이런 분석 결과를 두고 강 교수는 "다른 지출은 변화가 없었는데 교육비 지출이 증가했다는 건 아동 가구의 1차적 욕구가 교육에 있다는 걸 방증한다"며 "아동에게 교육 기회를 제공해줄 수 있는 긍정적인 측면이 있고 더 나아가 아동 발달에 긍정적인 영향 미칠 것으로 기대하고 있다"고 분석했다. 교육비를 제외한 지출에 변화가 없었던 점과 관련해선 강 교수는 "유추하기론 지출에 쓰이지 않고 저축에 쓰일 가능성이 굉장히 크다고 생각한다"고 했는데 실제 지난해 인식조사 결과 가구의 17.5%가 저축이나 보험에 아동수당을 사용한다고 답한 바 있다.

다만 장기적으로는 아동수당과 같은 현금 급여뿐 아니라 다양한 서비스와 여러 가지 지원을 결합할 필요가 있다고 강 교수는 지적했다. 강 교수는 "아동수당이 보편적으로 도입된 것은 의미가 있지만 빈곤층에게 10만 원과 고소득층에게 10만 원은 굉장히 다른 의미일 수 있다"면서 "보편주의라고 하면 모든 사람에게 똑같은 금액을 지불해야 한다고 생각하는데 소득별 급여액을 다르게 한다든지 취약계층을 중심으로 급여 패키지를 고민할 수 있다"고 말했다.

양성일 복지부 1차관은 "OECD(경제협력개발기구) 국가 중 29개 국가가 아동수당을 15세, 또는 그 이상으로 지급하고 있지만 우리나라는 아직 만 7세 미만에 그치고 있다"며 "내년도 예산안에는 아동수당 지급 연령을 만 8세 미만까지로 확대하는 내용을 반영했다"고 말했다.

출처: 뉴시스(2021.9.18.) 아동수당 이후 교육비 비중 34% 늘렸다…"아동발달에 긍정적"
(https://newsis.com/view/?id=NISX20210917_0001588595&cID=10201&pID=10200)

참고문헌

보건복지부(2021). 2021 아동보호서비스 업무 매뉴얼.

장인협, 오정수(2001). 아동・청소년복지론. 서울대학교 출판부.

한미현 외(2016). 아동복지. 창지사.

Kadushin & Martin(1988). Chlid Welfare Services. N. Y.: Macmillan Publishing., Inc.

뉴시스(2021.9.18.) 아동수당 이후 교육비 비중 34% 늘렸다…"아동발달에 긍정적"
(https://newsis.com/view/?id=NISX20210917_0001588595&cID=10201&pID=10200)

CHAPTER

03

아동권리와 복지의 역사

아동복지는 19세기 자본주의 발달 과정에 있어 수난으로부터 아동과 아동의 생활을 수호하려는 노동, 교육, 아동보호운동 가운데서 싹이 터서 20세기에 이르러 꽃 피게 된 아동권리 확인의 결과물이라 할 수 있다. 본 장에서는 아동권리 사상의 발전 과정을 살펴보고, 미국, 영국, 일본, 그리고 우리나라의 아동권리와 복지 역사에 대해 알아보고자 한다.

생각해 보기

영국의 신데렐라법(Cinderella Law)에 대해 찾아보자. 이 사건을 계기로 부모가 자녀를 방임하거나 정서적 학대를 하는 경우에도 최대 10년형까지 처벌을 받을 수 있게 되었다.

2014년 영국에서 알코올과 마약에 찌든 엄마 아만다 허친이 네 살짜리 아들 함자 칸을 굶겨서 죽음에 이르게 하였는데, 사망 당시 칸은 너무 말라 고작 9개월 무렵의 아기 옷을 입고 있었고, 극심한 영양실조 상태였다.

1. 아동권리사상의 발전

모든 아동은 적절한 의식주를 제공받으며 건강하고 위생적인 삶을 향유하며 문화적인 생활을 누릴 수 있는 복지권을 가진다. 또한 모든 아동은 폭력과 공포, 학대나 방임으로부터 보호받을 권리를 가지며, 자신의 의견을 주장하고 결정할 수 있는 권리와 자신이 원하는 각종 활동에 참여할 수 있는 권리를 갖는다. 하지만 역사적으로 아동은 성인의 축소판이나 부모의 소유물, 또는 종족의 유지나 국가의 방위를 위한 수단으로 간주되기도 하였다. 아동이 독자적 인격체를 가진 무한한 잠재력을 가진 존재라는 인식은 20세기 들어서 국제적 관심을 받게 되었고, 수동적인 아동보호에서 벗어나 능동적인 아동권리 보장이라는 적극적인 아동권리사상이 발달하게 되었다. 그러나 아동이 보호의 대상에서 권리의 주체로 인식의 전환이 이루어지기에는 아직도 장애물이 많으며, 본질적으로 아동이라는 계층이 '사회적 소수자'라는 점에서 근본적으로 권리의 보장에 한계를 가지고 있다.

1) 아동권리선언과 아동권리에 관한 제네바 선언

아동권리사상의 출발점이 된 성문화된 아동권리선언Declaration of the Rights of the Child은 1922년 아동복리회Save the Children Fund의 창설자인 에글렌타인 젭Eglantyne Jabb 여사

그림 3-1 에글렌타인 젭(Eglantyne Jabb) 여사

그림 3-2 제1차 세계대전 이후, 전쟁으로 헐벗고 굶주린 아이들을 돕자는 1920년 3월 4일자 영국 The Times에 실린 아동복리회(Save the Children Fund) 광고

출처: Save the Children(https://m.sc.or.kr/mobile/news/storyView.do?NO=29814)

에 의하여 작성되었다. 아동권리선언은 아동의 신체적, 도덕적, 정서적 발달을 돕는 것을 국가적 의무로 규정하였다. 아동권리선언은 법적 효력을 갖지 못하지만, 아동의 권리에 대한 최초의 선언문으로서 의미가 있다. 이 선언은 이후 아동권리 발전에 영향을 주었고 1924년 9월 국제연맹이 전문과 5개조로 구성된 「아동의 권리에 관한 제네바 선언 Declaration of Geneva」을 채택하였다.

아동의 권리에 관한 제네바 선언

"모든 나라의 남성과 여성은 인류가 아동에 대하여 최선의 것을 주어야 할 의무를 진다는 것을 인정하고 인종 · 국적 또는 신념에 관한 어떠한 사유에 관계없이 모든 아동에게 다음과 같은 사항을 보장할 것을 선언하고 또한 자신의 의무로서 수락한다."

- 아동에게는 정상적인 발달을 위하여 필요한 물질적, 정신적 수단들이 제공되어야 한다.
- 굶주린 아동에게는 음식이 제공되어야 하고, 아픈 아동은 치료를 받아야 하며, 비행아동은 교정을 받을 수 있어야 하고 고아와 집이 없는 부랑아동에게는 주거와 원조를 제공하여야 한다.
- 아동은 위험에 처했을 때 가장 먼저 구제되어야 한다.
- 아동은 생계를 유지할 수 있는 상황을 보장받아야 하며, 모든 형태의 착취로부터 보호되어야 한다.
- 아동은 자신의 능력이 모든 인류를 위하여 도움이 되어야 한다는 인식을 가지고 자라서 재능을 개발할 수 있도록 해야 한다.

2) 유엔아동권리선언

국제연합은 아동의 특별한 요구를 다루는 별도의 선언이 필요하다는 입장에서 전문과 10개항으로 구성된 「아동권리선언Declaration of the Rights of the Child」(1959)을 발표하였는데, 이는 각국의 아동복지의 기본 사상이 된 것으로 평가되고 있다. 이 선언의 주요 내용은 차별받지 않을 권리, 건전한 성장, 이름과 국적 취득권, 적절한 영양 · 주거 · 의료 혜택을 받을 권리, 심신장애아의 특수교육과 보호, 애정과 도덕적 · 물질적으로 보장이 되는 환경에서 양육될 권리, 의무교육과 여가, 우선적 보호, 학대 · 방임 · 고용으로부터 보호받을 권리 등으로 구성되어 있다.

유엔아동권리선언

아동 모두가 행복한 생활을 지내며, 자신과 사회의 복지를 위해서 다음과 같은 권리와 자유를 누릴 수 있어야 함을 요청하고 있다.

- 인종, 종교, 태생 또는 성별로 인한 차별을 받지 않을 권리
- 신체적 정신적 도덕적 영적 및 사회적으로 발달하기 위한 기회를 가질 권리
- 이름과 국적을 가질 권리
- 적절한 영양, 주거, 의료 등의 혜택을 누릴 권리
- 심신장애 어린이는 특별한 치료와 교육 및 보살핌을 받을 권리
- 애정과 도덕적 물질적 보장이 있는 환경 아래서 양육될 권리
- 의무교육을 받을 권리, 놀이와 여가시간을 가질 권리
- 전쟁이나 재난으로부터 제일 먼저 보호받고 구조될 권리
- 학대, 방임, 착취로부터 보호받을 권리
- 인간 상호 간 우정, 평화 및 형제애 정신으로 양육될 권리

3) 유엔아동권리협약

1979년 유엔은 '세계 아동의 해'를 맞아 아동권리협약 초안을 준비하고 약 10여 년간의 협의 끝에 1989년 11월 유엔총회에서 「아동권리협약Convention in the Rights of the Child: CRC」을 채택하고, 1년 후인 1990년 9월에 20개국 이상의 비준의 받아 국제법으로 공포하였다. 같은 해 9월 뉴욕에서 '아동을 위한 세계정상회담'(1990)을 개최하여 '1990년대 아동의 생존, 보호, 발달을 위한 세계선언'과 '국가행동계획'을 만장일치로 채택함으로써 아동권리에 관한 국제협약 내용이 실행되기에 이르렀다(유니세프한국위원회 홈페이지, 2012).

유엔아동권리협약은 전 세계적으로 가장 많은 국가의 비준을 받은 국제법으로, 협약을 비준한 당사국은 협약의 내용을 이행해야 할 의무를 진다. 또한 협약의 이행과 관련된 내용에 대해서 협약 비준 후 2년 내, 그 이후에는 매 5년마다 국가보고서를 제출해야 하며 유엔아동권리위원회는 보고서를 심의하고 그에 대한 제안 및 권고를 할 수 있다.

4) 우리나라 아동권리의 역사

(1) 소파 방정환과 아동권리공약

유럽에서 아동권리에 대한 관심이 시작된 1920년대 초와 비슷한 시기에 우리나라에서는 소파 방정환을 중심으로 소년운동이 일어났는데, 이는 전통적인 가부장적 질서 속에서 억압받고 소외당해온 아동들에게 권리를 찾아 주자는 아동권리 운동으로 볼 수 있다(이재연, 1999). 일제 강점기의 어두운 시대 상황 속에서 소파 방정환은 나라의 희망을 어린이로부터 찾고 어린이에게 꿈과 희망을 주고자 노력하였다. 1923년 5월 1일 어린이날 기념식장에서 아동권리공약을 선포하고 어린이를 인격적으로 대우하고 어린이에 대한 노동을 폐지하며 어린이가 배우고 놀 수 있는 환경을 제공할 것을 주장하였다. 「아동권리공약 3장」은 「아동권리에 관한 제네바 선언」(1924)보다 1년 앞서 선언된, 최초의 아동권리선언으로서의 의의가 있다.

(2) 대한민국 어린이헌장의 제정

어린이헌장(1957. 5.5)은 아동권리공약, 아동권리에 관한 제네바선언 등의 내용을 종합하여 9개 조항으로 제정되었다가 1988년 11개 조항으로 개정되었다. 전문과 11개 조항으로 구성된 어린이헌장은 무차별의 원칙과 인간의 존엄성에 기초하여 가정에서의 보호, 영양, 교육, 문화, 놀이와 오락, 학대와 노동으로부터의 보호, 장애아동의 보호 등에 대한 권리가 명시되어 있다. 어린이헌장은 소파 방정환의 정신이 그대로 반영된 것이기는 하지만 선언적인 의미에 그치는 한계가 있다. 한편 청소년이 누려야 할 기본적 권리와 책임에 대해서는 「청소년헌장」(1990년 제정, 1998년 개정)에 제시되어 있다. 「청소년헌장」은 청소년의 주체적인 삶과 자율적 참여를 보장하여 기성세대와 함께 만들어가는 21세기 공존의 원리를 제시하였다.

역사채널e - The history channel e_소파 방정환

2. 국외 아동권리와 복지의 발달 역사

1) 미국

(1) 미국의 아동복지 역사와 법률

미국은 기본적으로 정부가 국민의 개인 생활을 개입하지 않아야 한다는 원칙과 각 주 정부의 자율권을 강화한다는 원칙을 가지고 있다. 이에 미국의 아동복지정책은 모든 아동을 대상으로 하는 보편적 복지보다는 가정에서 보호를 하지 못하는 아동 중심의 선별적 복지에 초점을 두고 있다. 문제 접근에서도 예방적 노력보다는 문제 발생 후 사후개입 차원에서 접근하는 보완적 성격을 가지고 있다. 그리고 연방과 주(州), 지방정부의 입법과 재정 지원 및 감독하에 다양한 민간단체가 사회서비스의 제공을 담당하는 구조로 공공의 역할보다 민간과 시장의 역할이 강하고, 공급자들 간의 경쟁 관계 속에서 수혜자의 선택권이 강조된다는 특징이 다른 나라와 구별되는 부분이다. 미국의 아동복지는 시설보호에서 가정보호로, 아동 중심에서 가족 중심 방향으로 아동복지 관련 법과 정책들이 진행되었다. 즉 초기에는 아동 중심의 정책에서 최근에는 가족의 책임을 강조하면서 아동을 지원하는 동시에 아동이 가족 내에서 보호받을 수 있도록 지역사회와 국가가 보조하는 방식으로 전환하였다.

미국에서 국가적으로 아동에 대해 관심을 갖게 된 계기는 대규모 시설에서 아동과 양육자 간의 애착이 형성되지 않아 사회·정서 발달 문제의 심각성이 제기되면서부터이다. 이를 계기로 1909년 제1차 백악관회의가 소집되었다. 백악관회의White House Conference on Children, Youth, and Families는 연방정부에서 3년마다 아동·청소년을 위해 진행하는 회의로 대통령이 소집하며, 국가재정담당자를 포함 주(州) 및 지방정부 대표자, 청소년 현장전문가, 청소년과 일반 시민들이 참가한다. 제1차 백악관 회의를 통해 가난하다는 이유만으로 아동이 가정에서 분리되서는 안 되며, 불가피하게 가정으로부터 분리될 경우 위탁가정이나 소규모 시설에서 보호되어야 한다는 원칙이 제시되었다. 제1차 백악관 회의를 계기로 아동문제를 전담하는 아동국Children's Bureau이 설립되어 연방정부 차원에서 아동복지에 대한 책임을 인식하였다는 점에서 의의가 있다.

미국 최초의 아동 관련 법률은 1875년 아동법The Children's Act이다. 이 법은 아동들이 빈민가나 구빈원에서 비참하게 생활하는 것을 방지하기 위해 어떠한 이유에서든지 3세부터 16세까지는 구빈원에 감금하는 것을 금하였다. 또한 1915년 아동복지법The Child Welfare Act을 통해 16세 미만의 자녀를 둔 한부모가정에 대한 보호체계를 마련하였다. 미국의 아동복지사업의 국가적 체계가 갖춰진 것은 1935년 사회보장법이 제정되면서부터이다. 이 법에 따라 AFDCAid to Families with Dependent Children가 도입되었는데, 부양 아동이 있는 한부모 가족을 대상으로 경제적 원조를 제공하는 미국의 대표적인 아동복지 서비스이다. 이 법은 경제적 어려움 해소라는 긍정적 기능도 있지만, 수혜자들에 대한 낙인 등 사회문제를 야기하여 1990년대 복지개혁을 통해 한시적 보호제도인 TANFTemporary Assistance to Needy Families로 대체되었다. 이후 아동학대 예방과 치료법(Child Abuse Prevention and Treatment Act, 1974), 청소년비행예방법(Juvenile Justice and Delinquency Prevention Act, 1974), 장애아동교육법(Education for All Handicapped Children Act, 1975), 입양부조 및 아동복지법(Adoption Assistance and Child Welfare Act, 1980), 미국청소년법(The Young American Act, 1990), 아동청소년법(Children and Young Persons Act, 1993), 아동낙오방지법(No Child Left Behind, 2001), 가출·노숙 청소년법(Homeless Young People, 2003)을 통해 보호 대상 아동뿐만 아니라 모든 아동의 권리와 복지를 증진하고 있다. 미국은 이외에도 주정부별로 다양한 법률체계가 존재한다.

(2) 미국의 아동복지정책

첫째, 미국의 아동을 위한 소득보장정책은 모든 아동보다는 저소득 가정의 아동보호에 초점을 두고 있는데, TANF가 대표적이다. 미국은 보편적 복지 프로그램이 빈곤층의 의존 의식을 강화시킨다고 보기 때문에 모든 아동 대상의 아동수당제도가 없다. 그리고 현금보다는 현물을 지원하는 정책이 많은데, 이는 현물을 지급하여 미국의 국내 생산물의 소비를 촉진하는 동시에 빈곤층이 현금을 생활비 이외의 다른 곳에 전용하는 것을 막기 위한 불신이 반영되어 있다.

둘째, 미국은 시설보호보다는 가정보호를 지향하고, 따라서 가정위탁과 입양이 발달되어 있다. 20세기 초반 시설보호의 많은 부작용으로 탈시설화운동이 강력히 대두되면서 시설의 한계를 극복하기 위한 대안으로 지역사회 중심의 가정위탁보호를 활성화하였다. 아동이 장기간 가정위탁에 머무르는 것을 지양하기 때문에 가정위탁보호는 단순히 양육만을 제공하는 것이 아니라 아동과 관련된 문제를 해결하고 가족 재결합이나 영구가정을 찾는 서비스를 실시하는 장소가 된다. 미국은 1981년부터 이미 정원 25명 이상의 공립 아동복지시설에는 연방보조금을 지급하지 않아 현재 한국의 보육원 같은 대규모 시설은 없으며, 소규모 그룹케어가 주를 이루고 있다. 소규모 그룹케어는 장애가 있거나 치료적 환경이 필요한 아동을 위한 시설로서 단기적 전문치료 시설의 형태를 띠고 있다.

셋째, 미국의 대표적 아동복지정책으로 빈곤가정 아동 및 가족 대상의 'Head Start Program'을 꼽을 수 있다. 아동 빈곤은 이후 성인 빈곤으로 이어져 결국 사회적 비용 부담을 증가시키고, 국가발전과 사회통합을 저해한다는 문제 인식에 따라, 1964년 존슨 대통령의 '빈곤과의 전쟁War on Poverty' 일환으로 프로그램이 시작되었다. 헤드스타트 프로그램은 전체 예산의 약 75% 정도를 연방정부에서 지원하고 약 25%는 지방정부나 사업수행기관에서 부담하는 체계로 연방정부가 적극적으로 지원하는 프로그램이다. 헤드스타트 프로그램은 1965년부터 실시하고 있는 3~5세 유아 대상으로 교육 및 보건 서비스 등을 제공하는 헤드스타트Head Start: HS 프로그램과 1995년부터 실시하고 있는 임산부~2세 빈곤아동을 위한 조기헤드스타트Early Head Start Program 프로그램으로 구성되어 있다. 3~5세 유아 대상의 헤드스타트는 빈곤 아동에게 학습뿐만 아니라 인지 및 언어 발달 서비스, 의료 · 치과 · 정신보건 서비스, 영양, 사회서비스 등을 포괄적으로 제공한다. 임산부 및 영아 대상의 조기헤드스타트는 헤드스타트 센터 또는 가정에서 산전태아건강, 영유아발달, 건강한 가족기능 증진 등 세 가지 대표 프로그램을 운영한다.

2) 영국

(1) 영국의 아동복지 역사와 법률

영국은 전통적으로 가정의 영역에서 발생하는 일과 관련해서는 최소한의 간섭으로 사회질서를 유지해 온 국가로, 미국이나 호주와 함께 비개입주의non-interventionist 혹은 최소개입주의minimalist inverventionist 유형의 대표적인 예로 언급되어 왔다(Daly, 2010). 여기에서 최소한의 간섭이란, 사회정책이 사회문제를 사전에 예방하는 것을 목표로 한다기보다는 가족의 극빈 퇴치와 같이 긴급하게 국가적 간섭이 필요한 경우를 우선으로 하는 것을 의미한다.

영국은 이미 400년 전인 1601년 구빈법Poor Law을 제정하여 전 세계에서 아동보호 원칙을 가장 먼저 수립하고, 아동복지에 대한 국가의 책임을 규정하였다. 그러나 산업혁명을 거치면서 아동 빈곤, 아동 노동 문제 등이 심각한 사회문제로 대두됨에 따라, 1834년 구빈법 개정을 통해 9세 이하 아동의 노동을 금지하고, 13세 이하 소년의 노동을 주당 48시간 내로 제한하였으며, 1874년 출생신고 의무화, 1989년 아동학대방지법을 제정하는 등 19세기부터 아동권리와 복지를 위한 법과 정책들이 마련되었다.

제2차 세계대전 이후 아동복지정책이 보다 본격화되었는데, 보호 대상 아동에 대한 대책을 검토한 1946년 커티스 위원회Curtis Committee 보고서를 기초로 1948년 아동법Children Act을 제정하고, 지방정부 행정체계에 아동국Children's Department을 설치하게 되었다. 1948년 아동법은 부모가 돌볼 능력이 없거나 돌보지 않는 모든 아동들에게 발달에 적절한 기회를 제공하는 것이 지방정부의 책임이라고 규정하였으며, 보호 대상 아동에 대한 보호와 함께 예방의 중요성도 부각되었다. 또한 영국은 1945년 가족수당법 제정을 통해 부모의 사회적 · 경제적 지위에 관계없이 한 가정에 자녀가 둘 이상인 경우 16세 미만의 아동에게 매주 수당을 지급하는 경제적 원조를 실행하였다.

1989년 제정된 아동법The Children Act은 분산되었던 기존 아동 관련 정책과 제도를 단일법 체계로 통합했으며, 아동의 안전과 복지를 위한 부모의 책임Parental Responsibility을 명문화했다. 지방정부가 아동과 그 가족의 안전 보장 및 복지 증진을 위해 필요한 정책 서비스를 제공, 지원해야 한다는 점 또한 강조하였다. 제정 당시 현 시대의 가장 포괄적이고 획기적인 아동보호 관련 법으로 평가되었으며, 현재까지 영국 아동정책의 근간이 되고 있다. 이후 개정된 2004년 아동법에서는 지방정부의 권한과 책임을 보다 강화하였고 지방정부가 지역 자원을 융통성 있게 활용할 수 있도록 개선하였다. 이 법의 주요 원칙은 다음과 같다.

- 아동의 복지는 최우선으로 고려되어야 한다.
- 아동은 자신의 가정에서 최선으로 양육될 수 있으며, 절대적으로 필요한 경우에만 가정으로부터 격리되어야 한다.
- 아동에 관한 결정은 지체 없이 이루어져야 하며, 필요한 경우에는 법원의 개입 없이 이루어져야 한다.
- 지방정부는 아동 및 그들의 부모와의 협력하에 업무를 수행하여야 한다.
- 부모는 법원의 소송과 명령 등 아동에 관한 결정 과정에서 발언권을 가진다.
- 부모는 아동을 다른 사람이 돌볼 경우를 포함하여 아동에 대한 책임을 진다.
- 지방정부는 다른 사람이 아동을 돌볼 경우에도 가족이 아동과 접촉을 유지할 수 있도록 도와야 한다.
- 아동과 가족에 대한 서비스는 인종, 지역, 문화, 언어, 장애를 고려하여야 한다.

그 외 아동 관련법으로는 아동수당법(Child Benefit Act, 1975), 입양법(Adoption Act, 1976 제정, 2002 개정) 등이 있다. 이후 아동에 대한 국가적 차원의 정책 지원이 보다 집중되기 시작한 것은 1990년대 후반으로 1999년 3월에는 이러한 정책들을 바탕으로 아동빈곤율을 2004년까지 25%, 2010년까지 50% 줄여 2020년에는 아동빈곤을 완벽히 뿌리 뽑겠다는 구체적인 정치적 어젠다를 발표하였다(Blair, 1999). 아동복지에 대한 강조와 새로운 접근은 블레어 수상이 1999년 영국 복지국가의 아버지, 베버리지(W. H. Beveridge) 경 기념식에서 한 연설에 잘 나타나 있다. 이와 같이 영국에서는 아동과 아동기의 사회 투자 가치가 증가함에 따라 아동빈곤 문제에 대한 논의가 활발하게 이루어지고 있다.

우리의 역사적 소명은 아동빈곤을 타파하는 첫 번째 세대가 되는 것입니다…. 아동인구는 전 인구의 20%에 불과하지만, 이들이 우리 미래의 100%입니다…. 인생의 기회는 타고난 재능(talent)과 노력(effort)에 의해야지 누구에게서 태어났느냐에 따라 결정되어서는 안 됩니다. 그리고 보상을 결정하는 것도 재능과 노력이 되어야 합니다. 이것이 사회정의(social justice)입니다. 허물어져가는 농가에서 태어난 아이도 도시 근교의 부촌에서 태어난 아이처럼 건강하고 잘 교육받을 동등한 기회를 반드시 가져야 합니다(Blair, 1999).

(2) 영국의 아동복지정책

영국의 아동을 위한 소득보장정책은 모든 아동을 대상으로 하는 아동수당제도이다.

아동수당은 부모의 소득과 저축 등에 관계 없이 16세 미만 아동에 대하여 청구할 수 있는 급여이다. 아동 연령이 16세 이상이더라도 교육이나 훈련 중이면 20세까지 적용 대상이다. 수당 액수는 출생 순위별로 다른데, 첫째 아동은 주당 20파운드, 그 이후 아동은 아동 1인당 13.20파운드가 적용된다.

둘째, 영국 역시 시설보호보다는 가정위탁보호가 활성화되어 있다. 19세기 이후 탈시설화 영향으로 보호 대상 아동들을 빈민이나 부랑인 시설에서 따로 분리하여 수용하기 시작하였다. 현대적 의미의 가정위탁제도는 1948년 아동법The Children Act 제정의 기초가 된 커티스 위원회The Curtis Committee 보고서의 영향을 받았다. 이 보고서는 보호 대상 아동을 위한 서비스로서 가정위탁보호가 시설보호보다 우월하다고 주장함으로써 정상적인 가정생활의 조건을 선호하였다. 영국의 고아원을 설립했던 바나도스Barnado's 단체는 대규모 수용시설의 단점을 발견하고 1969년부터 고아원을 폐쇄하기 시작하여, 1980년까지 90개를 폐쇄하고 각종 가정위탁프로그램을 개발하기 시작했다(박영숙, 1999). 1950년대에는 보호 대상 아동 중 약 35%가 위탁가정에서 보호받고 있었으나 1995년에는 약 65%로 가정위탁보호를 받는 아동들이 매년 증가하였다. 특히 10세 미만 아동의 경우는 약 90%가 위탁가정에서 보호받고 있다(Sellick, 1996: 허남순, 1998).

셋째, 아동의 건강보호를 위한 영국의 독특한 프로그램으로 아동보건 감시 서비스CHS, Child Health Surveillance가 있다. 아동보건 감시 서비스는 지역사회의 의사와 간호사로 구성된 기초보건보호팀이 가정을 방문하거나 지역사회 보건시설을 방문하여 아동 보건을 관리하고 가정을 지원하는 프로그램이다.

넷째, 영국에서는 저소득 가정 아동의 출발선을 끌어 올려주어 빈곤의 대물림을 막고, 적극적 기회평등 정책의 일환으로 1998년부터 슈어 스타트 지역프로그램Sure Start Local Programs을 대대적으로 시행하고 있다. 슈어 스타트 프로그램의 대상은 임신 중인 태아와 그 가족부터 최대 14세(장애인의 경우는 16세)까지이다. 2015년 기준 영국 전역에 2,677개 아동센터와 524개 지역 프로그램SSLP이 운영되고 있고, 방문간호사, 교사(보육/초등), 사회복지사 등의 수행인력이 보육, 교육, 보건과 부모 지원 서비스 등을 제공하고 있다.

표 3-1 슈어 스타트 서비스 내용

구분	내용
아웃리치와 가정방문	생후 2개월 미만 아동이 있는 모든 가정에 대해 정기적 방문이 원칙
가족과 부모에 대한 지원	양육 관련 정보 및 조언 제공
양질의 놀이와 학습	질적으로 높은 수준으로 제공하며, 탁아의 경우 종일 보육서비스 제공
아동 및 가족건강, 발달에 대한 보건서비스	산전산후 관리, 모유수유, 위생, 영양, 안전 등 정보 제공, 정신건강 및 생활습관 등 지원
특수서비스를 필요로 하는 대상 지원	학습장애 및 장애아 부모를 위한 프로그램, 한부모 및 10대 부모 지원 프로그램

3) 일본

(1) 일본의 아동복지 역사와 법률

일본은 제2차 세계대전 이후 혼란한 상황에서 국민의 최저 생활을 보장하기 위해 1946년 종전의 '구호법', '모자보건법'을 통합한 '구생활보호법'을 제정하였다. 전후 일본에서는 수많은 기아와 고아들이 발생했으며, 정부는 이들의 구제를 위해 노력을 했으나 당시 경제적 여력에 한계가 있어 민간 차원에서 구호사업을 주도하는 형편이었다.

1947년 '아동복지법' 제정으로 모든 아동에 대한 국가와 지방정부의 공적 책임을 명확하게 규정하였고, 이후 1947년 '학교교육법', 1949년 '신체장애자복지법', 1950년 '생활보호법'을 제정함으로써 일본 복지의 기틀을 마련하였다. 1951년 제정된 '아동헌장'은 전문에 "아동은 인간으로서 존중되며, 사회 일원으로서 중시되고 좋은 환경에서 양육되어야 한다"고 선언하고 이를 구현하고자 12항목으로 구성된 아동의 권리보장을 위한 원칙을 규정하였다.

1950년대 일본이 고도성장기에 접어들면서 경제성장과 함께 아동 관련 다양한 법이 제정되었는데, 1965년 '모자보건법', 1971년 '아동수당법'이 제정되었다. 일본은 1994년 유엔아동권리협약에 가입하여 아동의 권리보장을 도모하였다. 그럼에도 불구하고 아동 및 가정을 둘러싼 환경의 변화, 가정과 지역사회의 양육기능의 저하로 인하여 아동학대,

등교 거부 등 다양한 아동문제가 급증하자 1997년 아동복지법을 50년 만에 전면 개정하여 보육소(어린이집)의 선택 이용시스템 도입, 시설 입소 아동의 개별적 자립 지원 강화, 모자가정의 자립 지원을 위한 고용정책 확충 등의 내용을 포함하였다. 또한 2000년에는 아동학대 방지에 대한 법률을 제정하였다.

일본의 아동복지정책은 선별적 복지에서 출발하여 모든 아동을 대상으로 하는 보편적 복지로 변화하고 있는데, 우리나라보다 일찍이 겪은 저출산의 영향으로 출산과 양육을 지원하는 정책을 확대하는 방향으로 발전하였다.

(2) 일본의 아동복지정책

일본의 아동복지정책 중 선진적인 제도로서 보편적 아동수당제도를 꼽을 수 있다. 1971년 "아동을 양육하고 있는 사람에게 아동수당을 지급함으로써 가정생활의 안정에 기여함과 동시에 다음 세대의 담당자인 아동의 건전한 육성과 자질의 향상에 이바지할 것"을 목적으로 일본의 아동수당법이 제정되었고, 아동수당제도가 구체화되기 시작했다. 당시 지급 대상 아동은 의무교육 종료 이전의 셋째 자녀부터였고, 가정의 소득과 무관하게 지급액은 1인당 3000엔이었다. 피용자의 재원은 사업주가 10분의 7, 국가가 10분의 3을 부담하고, 피용자 이외의 자에 대해서는 일정 수준 이상 소득을 가진 자의 갹출과 국가 및 지방자치단체의 부담으로 충당하였다. 이처럼 최초 제도 도입 이후 일본의 아동수당은 고용주가 재원의 일부를 부담하는 노동정책으로서 현재까지 지속적으로 발전해 왔다. 여러 번의 개정을 거치면서 지급 대상이 셋째 자녀, 둘째 자녀, 1991년에는 첫째 자녀부터로 확대되었고, 지급 연령도 초등학교 졸업 이하 아동에서 중학교 졸업 이하 아동으로 확대되었다. 현재는 중학교 졸업 이하의 아동을 양육하는 가정을 대상으로 3세 미만 각 아동에 대해서는 월 1,5000엔, 3세 이후 초등학교 학생 첫째와 둘째 자녀 10,000엔, 셋째 이후 자녀는 15,000엔, 중학생은 10,000엔을 지급하는 방식으로 연령과 출생 순위에 따라 차등을 두는 아동수당제도를 운영하고 있다(정익중, 오정수, 2021).

3. 우리나라 아동권리와 복지의 발달 역사

우리나라의 아동복지는 조선시대 이전 전통사회의 아동복지와 그 이후로부터 해방 전까지 근대사회의 아동복지 그리고 해방 후 오늘에 이르는 현대사회의 아동복지로 구분할 수 있다. 전통사회에서부터 현대사회에 이르기까지 아동복지의 이념, 원리, 서비스 형태 그리고 법과 제도 등이 보호 대상 아동 중심에서 일반 아동 대상으로 확대 · 발전되어 왔다.

1) 전통사회의 아동복지

오늘날의 아동복지사업과는 그 성격이 다르지만, 국가가 고아의 양육사업을 시작한 것은 삼국시대 때이다. 삼국사기에 의하면, 신라 제3대 유리왕(서기 28년) 때에 부모가 없는 아동을 조사하여 이들에게 급여를 제공하고 양육하는 일을 처음으로 실시하였다(구자헌, 1968). 고려시대에는 절이나 일반 가정에서 전쟁과 흉년으로 생긴 기아와 고아를 수용 및 양육하여 승려 또는 사역승으로 양성하거나 양자녀 또는 노비로 삼기도 하였다. 제6대 성종(13년) 때에는 왕명에 의해 돌보아 줄 친족이 없고 나이 어린 고아는 10세까지 관에서 수용하되, 10세가 지나면 본인의 희망에 따라 거주하도록 하였는데 이것이 국가가 고아를 수용 · 보호한 아동복지사업의 시초라고 볼 수 있다. 이와 같이 수용 · 보호는 일반적으로 어느 시대나 사회에서 우선적으로 실시되었던 아동보호의 한 형태라고 할 수 있다. 이들 아동복지사업은 아동복지 증진을 위한 성격이라기보다는 자선적이고 임시조치의 성격이 강하였다.

2) 근대사회의 아동복지

이 시기는 조선조 말엽부터 일제 강점기를 거쳐 해방 이전까지의 기간을 의미한다. 우리 나라에서 근대적 의미의 아동복지사업이 시작된 것은 1888년(고종 25) 3월 프랑스 신부에 의해 서울 명동에 천주교회 고아원이 설립되면서부터이다. 그 뒤 1895년 3월 인천 천주당 교회 내에 '해성보육원'이 설립되었다. 당시의 아동복지사업은 주로 시설보호의 형태로 이루어졌는데, 이러한 아동보호시설들은 서구 선교사들의 포교 활동의 일환으로서 설립된 것이었다.

한편, 우리나라 사람에 의해 설립된 것으로는 1906년 3월 이필화가 설립한 경성고아원이 그 효시이다. 이후 경성고아원이 조선총독부에서 운영하는 사회사업기관인 제생원 사업의 일부로 흡수되었다. 일제강점기의 아동복지사업은 제생원을 비롯한 아동양육시설 외에도 임산부 상담보호시설(조산시설), 아동건강상담소(아동상담소), 탁아시설, 빈곤아동 교육시설, 불량아 감화교육시설, 특수아동 교육시설(맹아학교) 등 시설보호 중심으로 시행되었는데, 그 수가 점차 확대되어 1934년 27개 소, 1939년 60개 소로 늘어났다. 시설 중심의 아동복지사업이 확대되어감에 따라 조선총독부는 이들에 대한 통제 및 지도를 하기 위하여 1932년부터 사회과를 설치・운영하였다. 1944년에는「조선총독부 구호령」이 제정・공포되었는데, 이는 제2차 세계대전 중 보호 대상자가 급격하게 증가한 데 따른 조처였다. 이는 생활이 빈곤한 임산부와 13세 이하의 아동을 대상으로 가택 구호를 원칙으로 한다고 규정하였다. 그러나 제2차 세계대전 말 극심한 어려움 때문에 일본은 제대로 구호 활동을 펴지 못하였고, 명목적인 수준에 머물렀다(윤혜미 외, 2005).

이 시대의 아동복지사업은 대체로 아동에게 최소한의 생활을 유지하도록 하기 위한 매우 제한적이며 초보적인 구빈사업에 머물렀다. 더욱이 일제 강점기의 아동복지사업은 식민지 지배를 효과적으로 하기 위한 통치 수단의 일환으로 실시되는 측면이 강하였다.

3) 현대사회의 아동복지

현대사회의 아동복지는 해방 이후부터 현재까지의 기간을 의미하며, 다음과 같이 크게 사회구호 단계, 선별주의 아동보호 단계, 보편주의 아동복지 단계로 구분할 수 있다. 전통사회나 근대사회에 비해 아동 권리 보장을 중시하기 시작하였고, 아동의 복지에 대해 국가 및 사회의 책임이 보다 확고해짐으로써 점차 조직적이고 체계적으로, 선별주의에서 모든 아동을 대상으로 하는 복지로 발전하였다.

첫째, 사회구호 단계(1945~1960년)에는 해방 후 한국전쟁으로 인한 수많은 전쟁고아, 기아 및 부랑아가 발생되면서 이들에 대한 보호대책이 정부의 큰 과제였고, 이로 인

그림 3-3 1950년 서울 수송동에 마련된 임시보육원 모습

출처: https://www.joongang.co.kr/article/14371947#home

그림 3-4 1952년 6월 27일 기독교세계봉사회에서 나눠준 음식을 먹고 있는 어린이들 모습

출처: 대한민국 정책브리핑(www.korea.kr)

해 정부 및 국내 · 외 민간단체에서 많은 아동보호시설을 설립하여 응급 구호적 차원의 복지사업이 실시되었다. 아동보호시설의 지도 육성과 통제를 위한 정부의 지침이 없어 임시 구빈적인 차원을 벗어나지 못하는 형편이었는데, 1950년 2월 「후생시설 설치기준」을 제정하여 보호가 필요한 아동에 대한 시설보호를 강화하였다. 이 시기에는 주로 응급 구호적인 법 · 제도가 계속되면서 그 재정적 지원은 외국 단체들에 의존하였다. 아동보호시설은 급속하게 증가하여 1960년 당시 아동복지시설은 전국에 472개소로 전체 사회복지시설 592개소의 약 80%에 달하였다(보건사회통계연보, 1980). 요약하면 1960년 이전까지 아동복지는 국가책임의 원칙이나 전문화된 서비스의 제공이 이루어지지 않았고 외원의 원조에 의존해 빈곤 아동을 대상으로 한 일시적인 사회구호 형태로 운영되었다.

둘째, 선별주의 아동보호 단계(1961~1980년)에는 보호 대상 아동문제에 대한 국가책임의 원칙이 처음으로 법제화되었다. 1960년대 중반 산업화로 경제가 성장하면서 1970년대부터는 외원이 철수하기 시작하였으며, 따라서 국가보호가 증가하였고 선별주의 원칙에 입각하여 보호 대상 아동에 대한 서비스가 이루어졌다. 구체적으로 1961년 12월에 「아동복리법」을 제정 · 공포하였는데, 이 법은 약 20년 간 아동복지사업의 기본법이 되었다. 아동복리법을 기반으로 보호 대상 아동을 위한 시설수용 보호, 후원사업,

해외 입양 등을 중심으로 하는 소극적인 복지정책이 주를 이루었다. 또한 같은 해 「고아의 후견직무에 관한 법률」과 「고아입양특례법」을 1969년에는 「아동복리시설 설치기준령」을 제정함으로써 최소한의 보호 수준을 확보하기 위한 제도가 마련되었다. 1970년에는 「사회복지사업법」이 제정·공포됨으로써, 아동복지사업을 사회복지사업의 일환으로서 포괄하는 종합법이 확립되었다. 1976년에는 불우아동을 자력으로 국내에서 건전하게 보호·육성하기 위한 불우아동건전육성대책을 마련하여 '불우아동결연사업'을 실시하고, 1976년 「입양특례법」을 제정하여 국내입양사업 등을 적극적으로 전개하기에 이르렀다. 경제성장에 따라 절대적 빈곤이 어느 정도 해소되어가던 1970년대 후반부터는 상대적 빈곤 문제가 제기되었다. 보호 대상 아동의 유형에도 변화가 있었는데, 1960년대에 중심을 이루었던 고아, 기아, 미아 등의 보호 대상 아동은 감소한 반면, 산업화·도시화 등 사회구조 변화와 가족 해체로 인한 가출 아동, 비행 아동, 결손가정 아동, 소년소녀 가장 등 다양한 형태의 보호 대상 아동이 증가하게 되었다.

표 3-2 아동복리법 및 아동복지법의 목적

법령	제정/시행	제1조(목적)
아동복리법	1961. 12. 30. 제정 1962. 1. 1. 시행	본 법은 아동이 그 보호자로부터 유실, 유기 또는 이탈되었을 경우, 그 보호자가 아동을 육성하기에 부적당하거나 양육할 수 없는 경우, 아동의 건전한 출생을 기할 수 없는 경우 또는 기타의 경우에 아동이 건전하고 행복하게 육성되도록 그 복리를 보장함을 목적으로 한다.
아동복지법	1981. 4. 13. 전부 개정	이 법은 아동이 건전하게 출생하여 행복하고 건강하게 육성되도록 그 복지를 보장함을 목적으로 한다.
		현행) 이 법은 아동이 건강하게 출생하여 행복하고 안전하게 자랄 수 있도록 아동의 복지를 보장하는 것을 목적으로 한다.

셋째 보편주의 아동복지 단계(1980년대 이후)에는 1981년 아동복리법을 아동복지법으로 전면 개정함으로써 보호 대상 아동뿐만 아니라 모든 아동의 복지를 증진하는 것을 목적으로 하고, 아동복지의 서비스의 전문화와 다양화를 추구하게 되었다. 1990년대에 우리 나라는 선진국의 일원이라고 할 수 있는 OECD(경제협력개발기구)에 가입하였고, 1990년에는 유엔아동권리협약에 가입함으로써 1991년부터는 협약의 당사국이 되었다.

따라서 우리나라도 이제는 국제적으로 협의된 아동복지 수준을 준수해야 하는 의무를 갖게 된 것이다.

시대 변화에 따라 아동복지법을 개정하여 대규모 시설보호 중심의 아동보호에서 공동생활가정 등의 소규모 시설보호로 전환하고, 가정위탁 및 국내입양 확대를 통해 가정과 같은 환경에서 아동이 성장할 수 있도록 지원하고자 하는 노력이 이루어지고 있다. 한편 빈곤가정 및 부적절한 환경에서 성장하는 아동 및 그 가족을 지원함으로써 최대한 아동이 원가정에서 성장할 수 있도록 하는 방향으로 아동복지정책이 추진되고 있다. 특히 2000년대 이후에는 아동학대 등 아동 안전과 같은 전반적인 아동 권리가 중요한 사회적 이슈로 등장하게 되었다. 이에 아동보호전문기관 확대 설치, 2014년 9월 29일 「아동학대 범죄의 처벌 등에 관한 특례법(약칭 아동학대처벌법)」 제정, 2019년 아동권리보장원 설립 등을 통해 아동학대 문제에 국가가 적극적으로 개입하기 시작하였다. 또한 국가 단위의 아동에 대한 중장기 종합대책을 수립하게 되어, 2005년부터 저출산 · 고령사회 기본계획, 2015년부터 아동정책기본계획을 5년마다 수립 · 시행함으로써 아동의 보육, 교육, 문화, 여가, 안전, 건강, 복지 등 포괄적이고 체계적인 아동복지정책을 추진하고 있다.

그림 3-5 아동권리보장원

출처: 아동권리보장원 홈페이지(https://www.ncrc.or.kr/)

표 3-3 우리나라 아동복지의 발전방향

구분	발전방향
보호의 이념	사회구호 → 선별주의 → 보편주의
책임의 주체	가족책임 → 국가책임
보호의 형태	시설보호 → 가정과 지역사회 보호
보호시설의 크기	집단적 대규모 수용보호 → 소규모 수용보호
다양성	단순한 수용보호 → 다양한 형태의 분화된 서비스
전문성	비전문적 서비스 → 전문화된 서비스
보호대상	일부 보호 대상 아동 → 모든 아동

출처: 정익중, 오정수(2021). 아동복지론. 학지사

더 알아보기

미국 일리노이, 만 14세 미만 혼자 두면 아동학대…새해부터 시행

미국 일리노이 주가 만 14세 미만 어린이를 보호자 없이 혼자 둘 수 없도록 하는 초강력 아동보호법을 곧 발효할 예정이어서 논란이 일고 있다.

28일(현지시간) 시카고 언론에 따르면 일리노이 주는 오는 1월 1일 자로 200여 개의 새로운 법을 발효하며, 이 가운데 어린이가 보호자 없이 혼자 있을 수 있는 나이를 만 14세로 규정한 법이 포함되어 있다. 만 14세 미만의 어린이가 혼자 있다가 눈에 띄면 경찰은 법에 따라 어린이를 보호센터로 데려갈 수 있고, 부모는 아동학대(방임) 혐의로 처벌받을 수 있다. 이 법은 "만 14세를 넘지 않은 어린이가 정신적 · 신체적 건강, 안전, 복지를 책임질 수 있는 부모 또는 보호자 없이 불합리한 시간 동안 남겨지는 것은 방임에 해당한다"고 밝히고 있다.

비영리조직 일리노이 정책연구소(IPI)는 이에 대해 "미국에서 가장 엄격한 아동보호법"이라며 일정 연령 이하의 어린이를 장시간 혼자 두는 것은 안 될 일이지만, 특정 연령을 법으로 명시한 주는 많지 않고 특히 만 14세를 제한 연령으로 둔 주는 일리노이뿐이라고 전했다. 콜로라도, 델라웨어, 미시시피 등 3개 주는 만 12세, 미시간 주는 만 11세, 뉴멕시코, 오리건, 테네시, 워싱턴 등 4개 주는 만 10세, 노스다코타 주는 만 9세, 조지아, 메릴랜드, 노스캐롤라이나 등 3개 주는 만 8세, 캔자스 주는 만 6세부터 보호자 없이 혼자 집에 있는 것을 허용한다. 나머지 주들은 최저 연령을 정해놓지 않았으나 아이를 혼자 두었다가 사고가 발생하면 부모는 엄중한 처벌을 받게 된다.

IPI는 "상식적으로 대부분의 만 13세 어린이는 방과후 부모가 일터에서 돌아올 때까지 집에 혼자 있을 수 있다"면서 이 법이 저소득층, 편부 · 편모 가정에 더 큰 영향을 미칠 수 있다고 지적했다. 그러면서 "경찰이 보호센터로 어린이를 데려가는 것이 오히려 충격이 될 수 있고, 굴욕감 또는 침해받는 기분을 느끼게 할 수 있다. 또 부모가 양육을 잘하지 못하고 있다는 메시지를 자녀에게 줄 수 있다."며 어린이를 보호하기 위한 법이 오히려 어린이들에게 상처를 안길 수 있다고 우려했다.

이어 "법 조항에 사법 당국과 정부 관계자들을 위한 15가지 처벌 기준이 나열되어 있으나 '불합리한 시간' 등에 대한 설명이 부족하다"면서 "부모들을 위한 보다 구체적인 가이드라인이 제시되어야 한다"고 덧붙였다.

출처: 연합뉴스(2017.12.29.). https://www.yna.co.kr/view/AKR20171229068000009

참고문헌

정휘경(2008). 한국 아동복지의 변천과정에 관한 연구. 청주대학교 대학원 석사학위논문.

이상훈(2001). 1970년대 이후 영국 복지개혁과정에 대한 연구 · 사회보장제도를 중심으로–. 연세대학교 대학원 석사학위논문.

김동민(2018). 복지선진국의 아동 · 청소년 복지정책 전달체계가 우리나라에 주는 시사점–독일, 미국을 중심으로. 한양대학교 공공정책대학원 석사학위논문.

신복기(2004). 한국과 미국의 보호를 필요로 하는 아동보호체계 비교연구. 부산대학교 대학원 석사학위논문.

임은희 (2005). 아동위탁보호의 국가 간 비교를 통한 한국 가정위탁보호사업의 개선방안 연구 · 한국, 미국, 영국 제도를 중심으로 –. 대구가톨릭대학교 대학원 석사학위논문.

김성아, 김태완(2017). 일본의 아동수당과 한국의 가정양육수당 비교. 보건복지포럼(2017.6.).

서울시여성가족재단(2017.6.14.). 찾아가는 복지 서비스 해외 사례–영유아가정을 중심으로. 젠더 브리프.

유선우(2020). 영국 브렉시트 시대의 아동빈곤. 국세사회보장리뷰, 12, 70–89.

정익중, 오정수(2021). 아동복지론. 학지사

CHAPTER

04

아동권리사상과 아동권리협약

전 세계 196개국(2021년 1월 기준)이 비준한 유엔아동권리협약(Convention on the Rights of the Child; CRC)은 18세 미만의 아동이라면 누구나 마땅히 누려야 할 권리를 담고 있는 국제사회의 약속이다. 유엔아동권리협약에 비준하는 것은 국내법과 동일한 효력을 가지므로, 비준한 국가의 아동의 삶을 개선시킬 수 있는 중요한 기제가 되고 있다. 우리나라도 1991년 11월에 유엔아동권리협약에 비준하였다. 본 장에서는 유엔아동권리협약에서 다루고 있는 아동의 기본 권리와 원칙을 알아보고, 협약을 이행하기 위해 지금까지 걸어온 우리나라의 노력과 그로 인해 개선된 중요한 변화들, 그리고 앞으로 나아갈 방향을 짚어보고자 한다.

생각해 보기

2014년 UN은 '지속가능발전을 위한 교육의 범지구적 실행 프로그램(Global Action Programme in Education for Sustainable development)을 발표하였다. 지속가능발전이란 현 세대의 필요를 충족시키는 발전에서 머물지 않고 미래세대가 미래사회를 살 자신들의 요구를 충족시킬 능력을 저해하지 않는 정도의 발전을 뜻한다.

유니세프 아동의회 1기는 2020년에 「기후위기로부터 아동권리를 지켜요」라는 주제로 아동정책 제안서를 발간하였다. 이에 따르면 첫째, 기후위기 관련 정책을 만들거나 실행할 때 아동의 의견을 반영해야 한다. 둘째, 아동은 적절한 기휘위기교육을 받아야 하며 환경과 관련된 정확한 정보를 제공받아야 한다. 셋째, 모든 시민이 기후위기의 심각성을 인지하고 이를 해결하기 위한 행동을 할 수 있도록 관련 규정을 보완하거나 신설해야 한다. 넷째, 기업이 지속 가능한 제품을 생산하고 일회용 포장재를 줄일 수 있도록 촉구해야 한다. 다섯째, 정부는 유해환경오염물질 배출을 감소하는 대책을 세워야 한다.

미래세대의 주체로서, 그리고 자라나는 아동 · 청소년 세대의 권리옹호자로서, 우리 사회의 지속가능한 발전을 위한 기후위기 대응방안으로 어떠한 정책 제안을 하고 싶은지 생각해보자.

1. 유엔아동권리협약

1) 유엔아동권리협약의 구성

그림 4-1
유엔아동권리협약

아동권리선언 40주년, 그리고 세계 아동의 해 10주년이 된 1989년 11월 20일, 유엔총회에서 유엔아동권리협약(이하 협약)이 만장일치로 채택되었다. 협약이 발효된 1990년 9월에는 '아동을 위한 세계정상회담'이 유엔본부에서 최초로 개최되었다. 협약은 아동을 권리의 주체로 인정한 최초의 국제협약으로, 세계적으로 가장 많은 국가가 비준한 국제법이다. 2021년 1월 기준 미국을 제외한 유엔의 모든 가입국(196개국)이 비준하였고, 우리나라도 1991년 11월에 협약에 비준하였다(당시 국내법과 저촉되는 3개 조항은 유보하고 비준하였다). 미국은 독립적인 주가 연합하여 이루어진 형태의 국가여서 연방법과 주법이 충돌하면 주법을 우선해야 한다는 단서조항이 많은데, 이 단서조항과 관련하여 '청소년 사형제도'가 협약 비준을 막고 있다(오미희, 임명희, 김윤희, 이세나, 강현영, 2020).

협약은 전문과 3부의 총 54개 조항으로 구성되어 있다(그림 4-1 내용 참조). 전문에서는 보편적 인권으로서 아동의 권리를 규정하고 있으며, 협약의 목적과 특정 조항을 더 잘 이행하기 위하여 2002년 유엔총회에서 2개의 선택의정서가 채택되었다. 그것은 「아동권리협약의 아동매매, 성매매 및 아동음란물에 관한 선택의정서Optional Protocol to the Convention on the Rights of the Child on the Sale of Children, Child Prostitution and Child Pornography」와 「아동무력분쟁 참여에 관한 선택의정서Optional Protocol to the Convention on the Rights of the Child on the Involvement of Children in Armed Conflicts」로서 아동매매, 아동매춘, 아동 포르노그래피로부터 아동을 보호하기 위해, 그리고 19세 미만의 의무징집을 금지하기 위해 각각 채택되었다. 우리나라는 2004년 9월 24일 두 의정서를 동시에 비준하였다.

이후 2011년에 3번째로 「개인청원절차에 관한 선택의정서Optional Protocol for the Communication Procedure on CRC」가 채택되었는데, 당사국이 아동권리침해문제에 대해 적절히 구제하지 못할 경우 아동이나 대리인이 아동권리위원회에 직접 청원할 권리를 가지도록 보장하는 것을 목적으로 한다. 이 마지막 선택의정서에 대해서 아직 우리나라는 비준

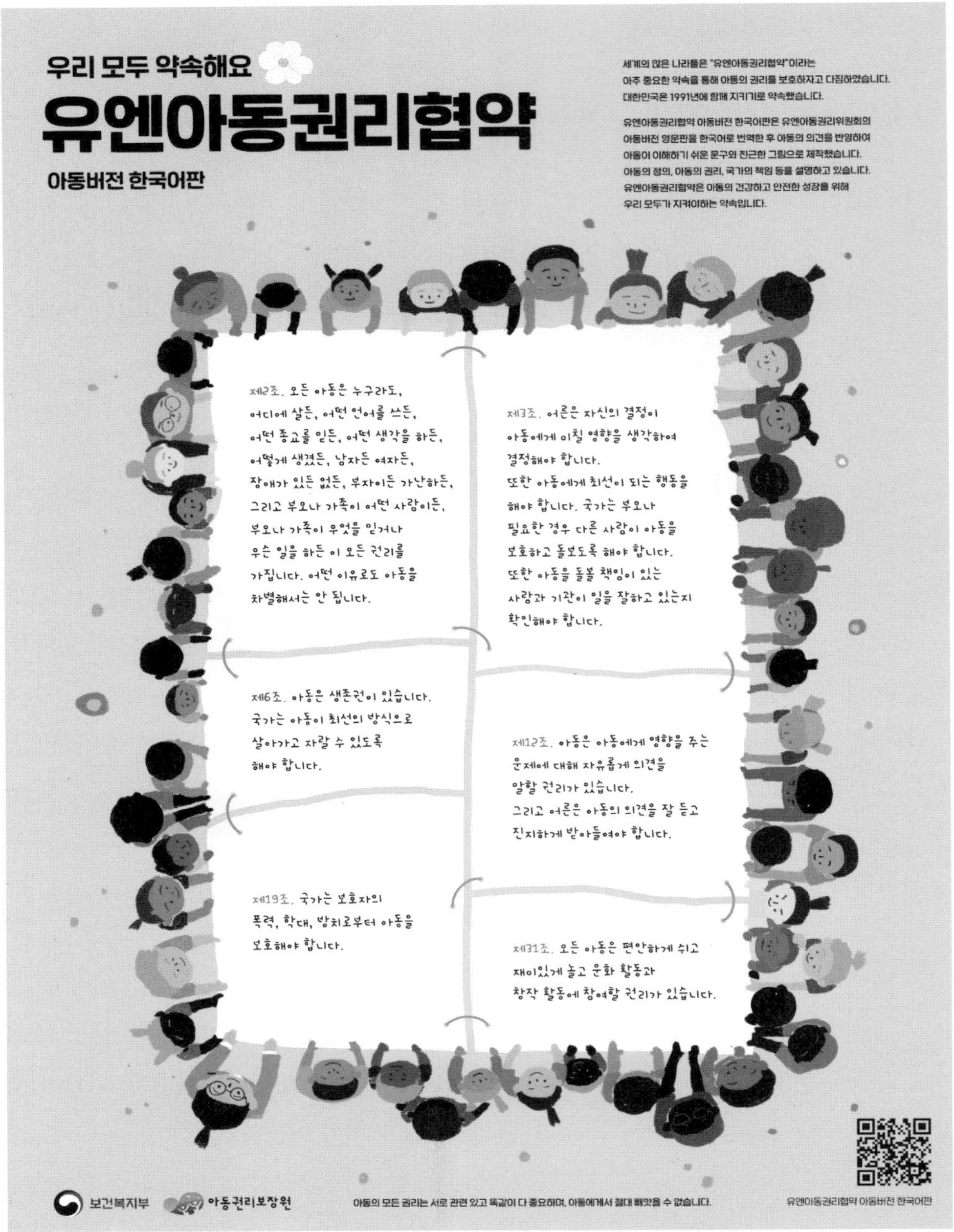

그림 4-2 유엔아동권리협약 아동 버전 한국어판 포스터

출처: 아동권리보장원 홈페이지(https://www.ncrc.or.kr)

하지 않았다.

협약에 비준하는 것은 국내법과 동일한 강제력을 발생시킨다는 점에서 세계 아동의 권리 보장에 있어 중요한 법적 기준이 된다. 우리 헌법 제6조에서는 헌법에 의하여 체결・공포된 조약과 일반적으로 승인된 국제법규는 국내법과 동일한 효과를 지님을 명시하고 있다. 미국을 제외한 영국, 캐나다, 스웨덴, 노르웨이 등의 선진국과 그 지방정부는 자신들의 법, 제도, 정책, 그리고 아동과 관련된 교육과 문화 전 방면에 걸쳐 협약의 조항들을 녹여내어 적용해왔다. 협약은 이 세상 모든 아이들의 인권을 보호하고 증진하고 실현하기 위해 세계가 함께 한 약속이기 때문이다. 우리나라도 협약에 비준한 이래 아동인권의 가치를 국가의 법과 제도, 그리고 지역사회, 학교 현장, 더 나아가 가정환경 속에 녹여내기 위해 노력해왔다.

협약은 아동이 자신의 모든 권리를 향유할 필요가 있음을 이해하게 해준다는 점에서 중요하다. 자기의 권리를 잘 알아야 그 권리를 잘 지킬 수 있기 때문이다. 〈그림 4-2〉는 아동들에게 유엔아동권리협약에 대해 알려주는 포스터이다. 협약은 성인들에게도 아동이 권리를 가진 존재임을 보여줄 수 있고, 세계 어느 곳에 있든 상관없이 모든 아동에게 적용된다는 점에서도 중요하다. 협약에 비준한 국가들이 아동권리 증진을 위해 얼마나 노력하고 있는지를 정기적으로 유엔에 보고하고 평가받아야 하는 의무(협약 제44조)는 아동의 권리를 해당국이 존중하도록 압력을 가한다는 점에서 아동권리에 대한 인식을 넘어 실천까지 이어질 수 있도록 해준다.

2) 유엔아동권리협약의 일반 원칙

권리의 주체자로 아동을 천명하고 있는 협약에서 기본을 이루는 가치를 '일반 원칙'이라고 하며 총 4가지 일반 원칙이 있다. 아동은 어떤 조건에서도 차별받지 않아야 하고(무차별의 원칙), 아동의 이익을 최우선으로 고려하여야 하며(아동 최선의 이익의 원칙), 아동 고유의 생명권과 발달이 보장되어야 하고(생존과 발달 보장의 원칙), 아동의 자유로운 의사표현이 존중되어야 한다(아동 의사 존중의 원칙). 일반 원칙을 다루고 있는 협약의 조항은 〈표 4-1〉과 같다.

표 4-1 유엔아동권리협약에서 추구하는 일반 원칙

원칙	조항
무차별의 원칙	당사국은 아동이나 그 부모, 법정 후견인의 인종, 피부색, 성별, 언어, 종교, 정치적 의견, 민족적 · 인종적 · 사회적 출신, 재산, 장애 여부, 태생, 신분 등의 차별 없이 이 협약에 규정된 권리를 존중하고, 모든 아동에게 이를 보장해야 한다. 당사국은 아동이 부모나 법정 후견인 또는 다른 가족의 신분과 행동, 의견이나 신념을 이유로 차별이나 처벌을 받지 않도록 모든 적절한 조치를 취해야 한다(협약 제2조).
아동 최선의 이익의 원칙	공공 · 민간 사회복지기관, 법원, 행정당국, 입법기관 등은 아동과 관련된 활동을 함에 있어 아동에게 최선의 이익이 무엇인지 가장 먼저 고려해야 한다(협약 제3조).
생존과 발달 보장의 원칙	당사국은 모든 아동이 생명에 관한 고유의 권리를 가지고 있음을 인정한다. 당사국은 아동의 생존과 발달을 최대한 보장해야 한다(협약 제6조).
아동 의사 존중의 원칙	당사국은 자신의 의견을 형성할 능력을 갖춘 아동에게는 본인에게 영향을 미치는 모든 문제에 대해 자유롭게 의견을 표현할 권리를 보장하고, 아동의 나이와 성숙도에 따라 그 의견에 적절한 비중을 부여해야 한다. 당사국은 아동에게 영향을 미치는 사법적 · 행정적 절차를 시행함에 있어 아동이 직접, 또는 대리인이나 적절한 기관을 통해 의견을 진술할 기회를 국내법 준수의 범위 안에서 갖도록 해야 한다(협약 제12조).

3) 유엔아동권리협약이 다루는 아동의 기본 권리

협약에서 말하는 아동은 미성숙하여 보호받아야 하는 객체가 아니라 불완전하나 자기결정권이 보장된 적극적 권리 행사 주체이다. 이는 아동을 '보호의 대상'에서 '권리의 주체'로 관점을 전환시키는 데 협약이 중요한 역할을 하고 있음을 말해준다. 협약이 보장하고 있는 아동의 기본 권리는 생존권, 보호권, 발달권, 참여권으로 각 권리의 내용과 협약의 관련 조항은 〈표 4-2〉와 같다.

그림 4-3
아동권리보장원의 '아동의 4대 권리'

표 4-2 유엔아동권리협약이 다루는 아동의 기본 권리

권리 유형	권리 내용	관련 조항
생존권	적절한 생활수준을 누릴 권리, 안전한 주거지에서 살아갈 권리, 충분한 영양을 섭취하고 기본적인 보건서비스를 받을 권리 등, 기본적인 삶을 누리는 데 필요한 권리	제 6, 7, 8, 9, 19, 20, 21, 23, 24, 26, 27, 30, 32, 33, 34, 35, 38조
보호권	모든 형태의 학대와 방임, 차별, 폭력, 고문, 징집, 부당한 형사처벌, 과도한 노동, 약물과 성폭력 등 어린이에게 유해한 것으로부터 보호받을 권리	제 2, 7, 10, 11, 16, 19, 20, 21, 23, 25, 32, 33, 34, 35, 36, 37, 39, 40조
발달권	잠재능력을 최대한 발휘하는 데 필요한 권리. 교육받을 권리, 여가를 즐길 권리, 문화생활을 하고 정보를 얻을 권리, 생각과 양심과 종교의 자유를 누릴 수 있는 권리 등	제 5, 6, 9, 10, 11, 12, 13, 14, 15, 17, 24, 28, 29, 31조
참여권	자신의 생활에 영향을 주는 일에 대해 의견을 말하고 존중받을 권리. 표현의 자유, 양심과 종교의 자유, 평화로운 방법으로 모임을 자유롭게 열 수 있는 권리, 사생활을 보호받을 권리, 유익한 정보를 얻을 권리 등	제 12, 13, 15, 17, 18조

출처: 배화옥(2019. 11). p. 16

4) 유엔아동권리협약의 내용

협약 조항의 내용은 8개 주제로 분류되는데, 협약 당사국들은 이 분류에 맞추어 국가보고서를 작성해서 제출한다. 그 주제는 ① 협약 이행을 위한 일반조치, ② 아동의 정의, ③ 일반 원칙, ④ 시민적 권리와 자유, ⑤ 가정환경 및 대리보호, ⑥ 기초보건 및 복지, ⑦ 교육, 여가 및 문화활동, ⑧ 특별보호조치이다. 주제별 세부 조항은 〈표 4-3〉과 같다.

표 4-3 유엔아동권리협약의 내용 구성

주제	조항
협약 이행 조치	당사국, 위원회의 의무에 관한 규정(제 4, 42, 44–46조)
아동의 정의	18세 미만인 자(제1조)
일반 원칙	• 무차별의 원칙(제2조) • 아동 최선의 이익의 원칙(제3조) • 생존과 발달 보장의 원칙(제6조) • 아동 의사 존중의 원칙(제12조)

주제	조항
시민적 권리와 자유	• 이름과 국적을 가질 권리(제7조) • 신분 유지의 권리(제8조) • 표현의 자유(제13조) • 사상, 양심, 종교의 자유(제14조) • 결사 및 집회의 자유(제15조) • 사생활의 보호(제16조) • 정보접근권(제17조) • 고문 및 기타 비인도적 취급을 받지 않을 권리(제37조 1항)
가정환경 및 대리보호	• 부모의 지도와 책임(제5조, 제18조 1, 2항) • 최선의 이익 시 부모로부터의 분리(제9조) • 가족의 재결합(제10조) • 아동을 위한 양육비 회수(제27조 4항) • 가정의 보호를 받지 못하는 아동을 위한 특별한 보호(제20조) • 아동의 이익이 가장 먼저 고려되는 입양(제21조) • 불법 해외 이송 및 미귀환 방지(제11조) • 아동학대, 유기 및 신체적, 심리적 회복과 사회복귀(제19, 39조) • 양육 및 보호기관에 대한 심사(제25조)
기초보건 및 복지	• 보건서비스(제24조) • 장애아동(제23조) • 사회보장 및 아동보호시설(제26조, 18조 3항) • 발달에 맞는 생활수준을 누릴 권리(제27조 1, 2, 3항)
교육, 여가 및 문화활동	• 교육을 받을 권리(제28조) • 아동교육이 지향해야 하는 목표(제29조) • 여가, 오락 활동 및 문화적 활동(제31조)
특별보호조치	• 법적 분쟁상의 아동 권리: 소년형사행정(제40조), 자유가 박탈된 아동(제37조 2, 3, 4항), 아동 사형 및 종신형 금지(제37조 1항), 사회복귀 지원(제39조) • 착취 상황 하의 아동 권리: 경제적 착취(제32조), 마약(제33조), 성적 착취와 학대(제34조), 기타 형태의 착취(제36조)

출처: 김현자, 이명숙, 노성향, 박선영, 이지영(2017). pp. 23-24

2. 우리나라의 유엔아동권리협약 이행

1) 유엔아동권리협약의 이행에 대한 모니터링

협약에 가입한 국가는 협약의 내용을 준수할 의무가 있다. 당사국들은 협약의 내용에서 규정한 아동의 권리를 실현하기 위해 모든 행정적 · 법적 조치를 취하고, 이행사항에 대한 보고서를 작성하여 유엔에 정기적으로 제출함으로써 세계에 알려야 한다. 유엔아동권리위원회는 당사국들의 국가 및 민간 수준에서 제출한 보고서를 심의한 후 제안하고 싶은 내용을 권고사항으로 담아 당사국들에게 다시 전달한다. 전달받은 권고사항을 이행하기 위해 당사국들은 지속적인 노력을 기울이고 5년 후 그동안의 이행사항을 기록한 보고서를 다시 유엔에 제출하는데, 이러한 과정을 협약 이행에 대한 모니터링 과정이라고 말한다.

최초의 보고서는 협약에 비준한 2년 내에 제출해야 하며, 그 이후에는 5년마다 제출해야 한다. 우리나라는 1991년에 3개의 조항을 유보한 채 협약에 비준하였고, 1994년 1차 국가보고서, 2000년 2차 국가보고서, 2008년 3 · 4차 국가보고서, 2017년 5 · 6차 국가보고서를 제출하였다. 이에 대한 유엔의 권고는 1996년, 2003년, 2011년, 2019년에 우리나라에 전달되었다. 우리나라가 협약 비준 시 유보한 3개의 조항 및 사유는 〈표 4-4〉와 같다.

표 4-4 1991년 협약 비준 당시 우리나라가 유보한 조항 및 사유

유보 조항	유보 사유
부모면접교섭권 (제9조 3항)	「민법」 제837조 2항에 부모의 면접교섭권만 보장되어 있고 아동, 특히 이혼 가정 자녀가 부모를 만날 권리가 법적으로 보장되어 있지 않았음
당국의 입양허가 (제21조 (a)항)	정부의 허가 없이 입양이 성립될 수 있었음
상소권 (제40조 2항 (b) (V)항)	형사피의자가 된 모든 아동이 판결의 재검토를 법적으로 요청할 수 있는 권리를 보장해야 하나, 우리나라에서는 「계엄법」 제10조 제1항에 따라 비상계엄하의 군사재판에서는 단심제만 허용됨

지금까지 이루어진 국가보고서 제출 및 이행에 대한 권고사항들을 간략하게 시간순으로 정리해보면 〈표 4-5〉와 같다.

표 4-5 유엔아동권리협약 가입 이후 이행 동향

연도	제출 및 심의	주요 권고 내용
1994년	1차 보고서 제출	▶ 무차별 포함 32개항 권고 무차별, 아동 최선의 이익, 아동의 의사 존중 등을 포함한 협약의 원칙과 조항에 충분히 부합되도록 할 것 등
1996년	유엔아동권리위원회 권고사항	
2000년	2차 보고서 제출	▶ 체벌금지 포함 63개항 권고 국내법이 협약의 원칙과 조항에 완전히 부합하도록 모든 필요한 조치를 취할 것 등
2003년	유엔아동권리위원회 권고사항	
2008년	3 · 4차 보고서 제출	▶ 청소년 이익 포함 148개 권고 전반적인 협약 조항들을 이행하기에 국내법이 충분하지 않고 당사국의 법원이 협약을 직접 인용하는 경우가 매우 드물다는 사실을 우려, 청소년 미혼모가 안전하게 낙태할 수 있도록 권고, 관련법이 협약의 아동 최선의 이익에 부합되도록 개정되어야 함을 촉구 등
2011년	유엔아동권리위원회 권고사항	
2017년	5 · 6차 보고서 제출	▶ 아동권리 예산 증액 포함 50여 개 권고 차별금지법 제정, 아동 자살의 근본 원인을 제거하기 위한 노력 강화, 형사 미성년자 연령의 만 14세 미만 유지, 가습기 살균제 피해자에 대한 충분한 구제 · 배상, 베이비박스 금지와 그 대안으로 익명 출산제 검토 등
2019년	유엔아동권리위원회 권고사항	
2024년	7차 보고서 제출 예정	

출처: 오미희 등(2000), p. 38

1994년 제출된 1차 국가보고서는 유엔아동권리협약을 우리나라의 국내법에 직접 적용할 수 있고 법원에서도 인용될 수 있음을 명확히 하였다는 점에서 큰 의미가 있다. 2000년 제출된 국가보고서에는 협약의 이행을 위해「가정폭력범죄의 처벌 등에 관한 특례법」제정(1997년),「청소년 보호법」제정(2000년), 국가인권위원회 설립(2001년) 등의 노력이 포함되었다. 2003년 유엔아동권리위원회는 이러한 노력을 높이 평가하면서도 상설 아동권리조정기구의 미설립, 아동권리협약의 홍보 미흡 등 1차 보고서 심의에서 이미 지적된 권고사항의 이행이 미흡한 점에 대해 우려를 표하였다. 3 · 4차 보고서에 대한 심의 결과 권고사항은 148개로 늘어났으며, 국가위원회 산하 아동권리소위원회

설치, 포괄적인 체벌 금지, 아동의 학업 스트레스를 줄이기 위한 교육정책 제고, 입양 시 반드시 청소년 미혼모의 동의를 얻는 것 등 다양한 권고를 하였다. 우리나라는 권고사항을 이행하기 위해 「난민법」 제정(2012년), 「아동학대처벌법」 제정(2014년), 아동수당 도입(2018년) 등의 노력을 취하였고, 이러한 내용이 담긴 5 · 6차 보고서에 대해 긍정적인 평가를 받았다. 그러나 우리나라의 아동 관련 예산이 GDP(국내총생산) 대비 여전히 낮고, 아동 자살률이나 아동학대 발생률은 높으며, 지나치게 경쟁적인 교육환경 등에 대해 우려하였다. 그에 따른 권고사항으로 아동 관련 예산의 증액, 차별금지법의 제정, 아동 자살의 근본적인 원인을 없애기 위한 노력 강화, 이민자 수용소에 아동 구금 금지, 성매매 연관 아동에 대한 보호처분 폐지 및 피해자 대우 등이 있었다(보건복지부, 2019).

2) 주제별 이행 내용 및 권고사항

여기서 협약의 8가지 주제의 내용별로 우리나라가 협약을 지키기 위해 이행한 사항과 그에 대한 유엔아동권리위원회의 권고사항을 정리해볼 필요가 있다. 왜냐하면 이를 통해 우리나라가 그동안 아동권리를 증진하고 아동을 권리 주체로 보장하기 위해 어떠한 행정적, 법적, 사회적 노력을 취해왔는지를 알 수 있으며, 동시에 앞으로 개선되어야 할 과제에 대해서도 고민해볼 수 있기 때문이다.

(1) 협약 이행을 위한 일반조치

유엔아동권리위원회는 1994년 1차 보고서 내용의 '협약 이행을 위한 일반조치' 주제에서 우리나라가 아동권리 증진을 위해 수행한 노력들 중 아동을 위한 국가행동계획(1992~1996년)을 수립한 것에 대해 가장 높이 평가하였다. 그러나 우리나라는 협약 체결 당시 아동의 부모면접교섭권 보장, 입양허가제, 군사재판 단심제의 국내법과 상충되는 3개 조항을 유보한 상태로 가입하였다. 이에 위원회는 3개 유보조항을 철회할 것을 권고하였고, 영구적인 조정기관의 부재, 아동 관련 통계지표 생산 및 수집체계 미비에 대해 해결할 것을 권고하였다.

2000년 2차 보고서 제출에는 유엔아동권리위원회의 지난 권고사항을 반영하기 위해 정부에 아동권리조정위원회를 구성하고, 아동권리 관련 지표 개발을 연구하는 한국아동권리학회를 발족하였다는 내용이 담겼다. 그러나 여전히 3개 조항이 유보되고 있어 이에 대해 철회할 것을 권고하였고, 2001년 발족된 국가인권위원회가 아동권리 전문성이 부족하다는 점을 들며 아동 관련 정책을 총괄하는 상설 중앙기구를 설립할 것을 권고하였다. 추가로 18세 미만의 아동에 대한 통계가 제대로 수집되지 못하고 있어 아동권리지표 개발을 서둘러 완료할 것을 권고하고 또한 아동권리를 증진하는 데 필요한 중앙 예산이 감소한 것에 대해서는 아쉬움을 표하였다.

2008년 제출된 3 · 4차 보고서는 협약을 반영하기 위해 국내법 개정 등 적극적인 개선을 이루었기에 위원회로부터 높은 평가를 받았다. 위원회에서 가장 환영한 개선 내용은 바로 아동의 부모면접교섭권을 보장하기 위해 2007년 민법을 개정한 것이다. 또한 지난 권고사항을 반영하여 2004년 아동정책조정위원회를 신설하고 2009년 국가인권위원회 내 아동인권전문위원회를 설립하였다. 아동권리 및 아동 · 청소년과 관련된 인권지표가 개발되었고, 2011년에는 아동 관련 예산이 증액되었다. 그럼에도 불구하고 여전히 2개 조항이 유보되어 있어 위원회는 이에 대해 철회할 것을 권고하였으며, 아동권리에 관련된 예산을 더욱 확대하고 통계자료도 보다 종합적이고 일관성 있게 생산하도록 요청하였다. 무엇보다 한국 사회에 만연되어 있었던 아동 체벌을 전면적으로 금지하고, 스트레스를 유발하는 교육정책에 대한 진지한 검토와 더불어, 청소년과 미혼모의 낙태를 법적으로 금지한 부분에 대해서도 개선을 권고하였다.

2017년에는 5 · 6차 보고서가 제출되었는데, 여기서는 아동권리 증진을 위해 국내에 많은 법들이 제정된 내용이 담겼다. 2012년 난민법 제정, 2014년 아동학대특례법, 공교육정상화법, 양육비이행지원법, 학교밖청소년지원법 제정이 그것이다. 무엇보다 2011년 입양특례법이 개정되면서 입양허가제가 도입되어 유보조항이 추가적으로 철회되는 진전이 있었다. 아동권리에 대한 예산은 GDP 대비 3% 정도로 증액되었고, 종합적이고 일관된 아동 · 청소년 관련 통계자료 구축을 위해 아동 · 청소년종합실태조사, 학교폭력실태조사, 아동 · 청소년인권실태조사가 정기적으로 실행되도록 개선되었다. 또한 2015년에 모든 교육과정에 인권교육이 포함되었고, 2017년에는 인권교육지원법이 제정되어 아동권리교육을 제도화시키는 발전을 이루었다. 그러나 〈그림 4-4〉에서 보듯이 우리나라 아동 · 청소년들의 아동권리협약에 대한 인지도와 아동권리 교육경험은 아직 낮은 수준이

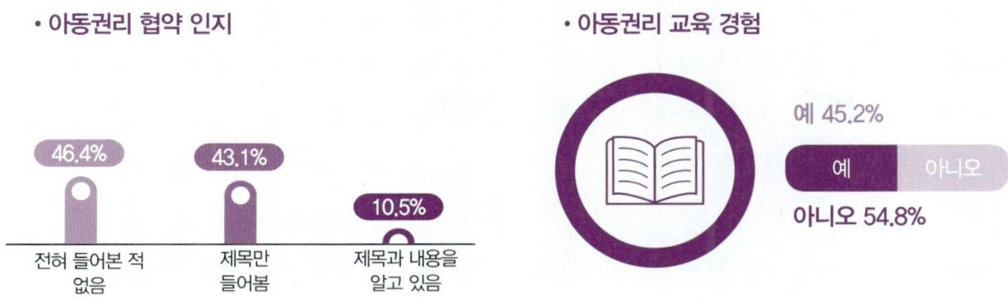

그림 4-4 2020 아동권리인식조사에서 아동응답자의 아동권리협약 인지 및 아동권리교육 경험 여부

출처: 아동권리보장원 홈페이지(https://www.ncrc.or.kr)

다. 2019년 제정된 낙태금지법에 대해서는 환영하였다.

그럼에도 불구하고 위원회는 여전히 유보된 채 남아있는 군사재판 단심제에 대해서는 철회할 것을 요구하였다. 그리고 아동사회예산을 GDP 증가분에 맞추어 함께 증액할 것을 권고하였고, 보다 통합적인 데이터 수집 시스템 구축, 국가인권위원회 산하가 아닌 독립적인 아동인권위원회 구성을 권고하였다. 아동인권교육에 대해서는 진행하고 있는 사항에서 더 나아가 전국적으로 교육이 실시되어야 한다는 점도 권고하였다. 2018년 12월에는 아동권리 실현을 중점적으로 다루는 독자적인 기구인 아동권리보장원(https://www.ncrc.or.kr)이 설립되었다.

(2) 아동의 정의

아동권리 증진을 위해 기본적으로 아동을 몇 세로 정의할 것인가에 대한 주제에 대해 1994년 1차 보고서부터 유엔아동권리위원회는 우리의 민법에 혼인가능최소연령으로 남자는 만 18세, 여자는 만 16세 이상으로 되어 있는 조항에서 성별차를 없앨 것을 권고해왔다. 혼인가능최소연령 성별차에 대한 개정은 2008년 보고서에 드디어 담기게 되었는데, 민법 개정을 통해 남녀 모두 만 18세 이상으로 통일하여 조정하였다.

2017년 5·6차 보고서에는 성년 연령을 20세에서 19세로 낮추는 민법 개정(2011년)의 내용이 담겼다. 민법에서 성년의 의미는 민법상 책임과 의무가 주어지는 나이로, 부모 등 후견인의 보호로부터 벗어나 독립적인 법률행위가 가능해지는 연령이다. 예를 들어 자신의 명의로 부동산 계약을 하거나 신용카드를 발급받을 수 있고, 부모의 동의 없이 결혼이나 약혼을 하거나 독자적으로 다른 나라 국적을 취득할 수 있다. 독일, 프랑스, 미국, 중국 등 대부분의 나라는 18세를 성년으로 규정하고 있다.

(3) 일반 원칙

유엔아동권리협약은 무차별, 아동 최선의 이익, 생존과 발달 보장, 아동 의사 존중의 4가지 일반 원칙을 협약에 담고 있다. 먼저 무차별의 원칙에서 보면 1차 보고서 이후 유엔아동권리위원회의 권고사항은 지속적으로 장애아동, 혼외출생자녀, 한부모가정, 이주민아동, 탈북아동, 저소득층 아동, 농촌아동, 다문화아동 등에 대한 사회적 · 법적 차별을 없애는 방향으로 권고해왔다. 이에 대해 우리나라는 1994년 의료법 개정으로 남아선호사상에 따른 태아 성감별을 금지하고, 국가인권위원회법과 장애인차별금지법을 아동권리 측면에서 적용시키며, 미혼모의 학습권을 보호하는 것을 점검하도록 하는 조치와 문화다양성보호증진법률 제정의 이행을 해왔다. 그럼에도 불구하고 위원회는 차별금지법을 강력하게 적용하고 다양한 상황에 놓인 모든 아동들에 대한 차별 지양을 위해 더욱 노력할 것을 권고하고 있다.

2020년 현재 한국의 초 · 중 · 고등학생 연령의 아동 · 청소년은 〈그림 4-5〉에서처럼 여전히 21~25% 정도가 성, 연령, 학업성적, 외모 및 신체조건에 따른 차별을 경험하고

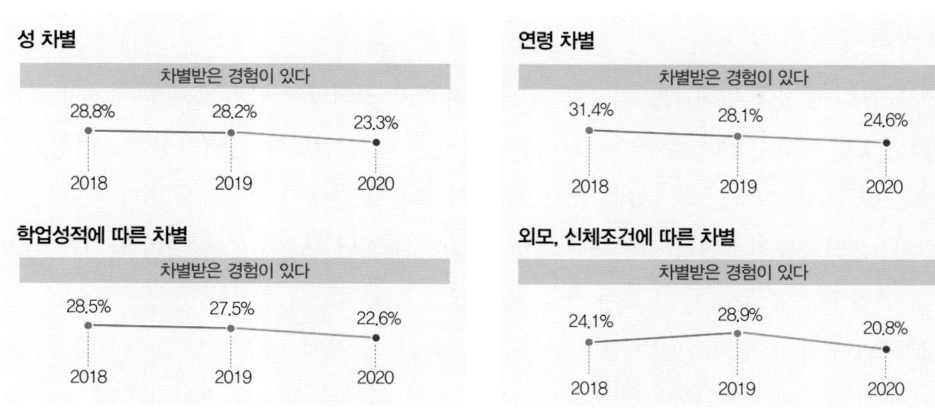

그림 4-5 2020 아동·청소년 인권실태조사에서 나타난 아동·청소년의 차별 경험

출처: 김영지 등(2020). p. 28

있는 것으로 나타났다(김영지, 황세영, 최홍일, 이민희, 김진호, 2020). 이는 앞으로 우리 사회가 아동·청소년의 차별 경험을 줄이기 위한 보다 적극적인 노력이 필요함을 말해준다.

아동 의사 존중의 원칙에 대해서는 입양특례법 개정으로 15세 이상의 입양아동에게는 동의를 구하도록 함으로써 유보조항을 철회하는 발전을 이루었다. 2000년 2차 보고서에 대해 위원회에서는 아동복지법을 개정하여 정책, 사업, 아동에 미치는 영향평가를 촉구하였다. 이에 우리나라는 2016년 아동복지법에 아동정책영향평가 조항을 신설함으로써 권고사항에 대한 이행의 노력을 하였다. 더 나아가 2011년 초중등교육법 시행령을 개정하여 학교규칙을 제·개정할 때 학생의 의견을 수렴하고, 2014년 보호소년처우법률 시행규칙에 아동의 진술 기회를 부여하도록 반영하였다. 또한 2017년 가사소송법 개정 법률안에 아동의 소송능력을 인정하고 13세 미만 모든 아동의 진술을 청취할 것을 담았다. 이에 위원회는 특정 사안에 대해서만이 아니라 모든 사안에 아동의 의견 표현을 보장할 것과 가사소송법에 아동의 소송능력 인정에서의 제한 연령을 폐지할 것을 권고하였다.

생존과 발달 보장 원칙에 있어서 우리나라는 2011년 자살예방법률을 제정하는 노력을 하였지만 여전히 높은 아동·청소년 자살률에 대해 위원회는 아동자살률 저하방안을 강구하라는 권고를 하였다. 이에 2012년 자살예방 및 생명존중문화 조성을 위한 법률을 제정하였다. 이 외에도 아동의 생존과 발달을 보장하기 위해 2014년에는 어린이제품안전특별법과 학교밖청소년지원법률을 제정하였다. 그러나 가습기 피해아동 실태조사를 촉구하는 위원회의 권고에 대해서는 앞으로의 이행 노력이 요구되는 상황이다.

(4) 시민적 권리와 자유

국적과 관련해서는 한국인 모에게서 태어난 혼혈아동의 무국적 발생 가능성을 방지할 것을 권고하였고 이에 대해 1997년 민법과 국적법이 개정되면서 부가 외국인일 경우 모의 성과 본을 따를 수 있도록 개선하였다. 출생신고와 관련해서는 2008년 국가보고서에 대해 위원회에서 모든 아동의 출생신고가 가능하도록 권고하였고, 2017년 출생신고 누락 방지를 위한 조치(다양한 국가 전산망을 통해 인터넷 신고 가능하도록)를 하였다. 그러나 위원회에서는 부자가정의 출생신고절차를 간소화하고, 종교재단의 베이비박스를 폐지하는 동시에 비밀병원출산을 고려하여 아동의 출생신고가 누락되지 않도록 조

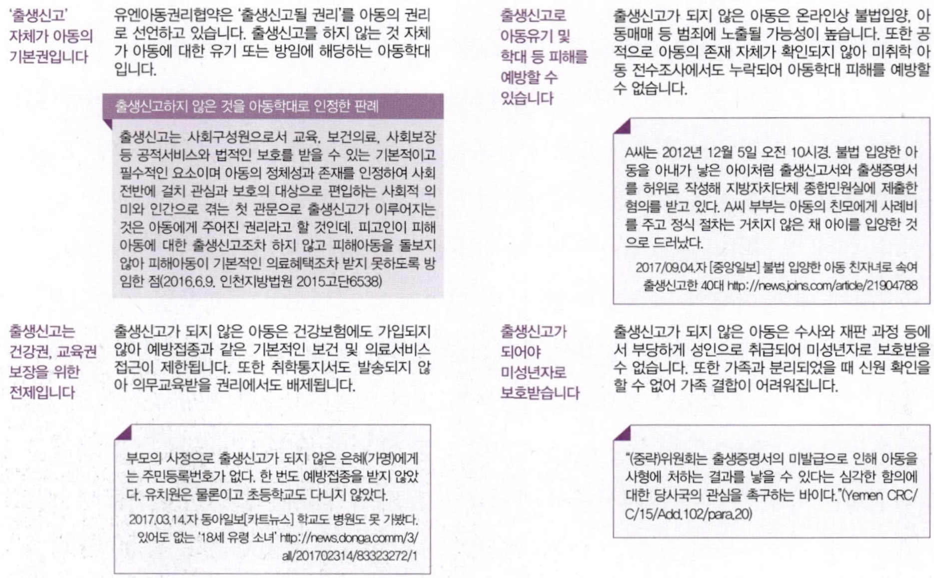

'출생신고' 자체가 아동의 기본권입니다

유엔아동권리협약은 '출생신고될 권리'를 아동의 권리로 선언하고 있습니다. 출생신고를 하지 않는 것 자체가 아동에 대한 유기 또는 방임에 해당하는 아동학대입니다.

출생신고하지 않은 것을 아동학대로 인정한 판례

출생신고는 사회구성원으로서 교육, 보건의료, 사회보장 등 공적서비스와 법적인 보호를 받을 수 있는 기본적이고 필수적인 요소이며 아동의 정체성과 존재를 인정하여 사회 전반에 걸친 관심과 보호의 대상으로 편입하는 사회적 의미와 인간으로 겪는 첫 관문으로 출생신고가 이루어지는 것은 아동에게 주어진 권리라고 할 것인데, 피고인이 피해아동에 대한 출생신고조차 하지 않고 피해아동을 돌보지 않아 피해아동이 기본적인 의료혜택조차 받지 못하도록 방임한 점(2016.6.9. 인천지방법원 2015고단6538)

출생신고는 건강권, 교육권 보장을 위한 전제입니다

출생신고가 되지 않은 아동은 건강보험에도 가입되지 않아 예방접종과 같은 기본적인 보건 및 의료서비스 접근이 제한됩니다. 또한 취학통지서도 발송되지 않아 의무교육받을 권리에서도 배제됩니다.

부모의 사정으로 출생신고가 되지 않은 은혜(가명)에게는 주민등록번호가 없다. 한 번도 예방접종을 받지 않았다. 유치원은 물론이고 초등학교도 다니지 않았다.

2017.03.14.자 동아일보[카트뉴스] 학교도 병원도 못 가봤다. 있어도 없는 '18세 유령 소녀' http://news.donga.comm/3/all/201702314/83323272/1

출생신고로 아동유기 및 학대 등 피해를 예방할 수 있습니다

출생신고가 되지 않은 아동은 온라인상 불법입양, 아동매매 등 범죄에 노출될 가능성이 높습니다. 또한 공적으로 아동의 존재 자체가 확인되지 않아 미취학 아동 전수조사에서도 누락되어 아동학대 피해를 예방할 수 없습니다.

A씨는 2012년 12월 5일 오전 10시경, 불법 입양한 아동을 아내가 낳은 아이처럼 출생신고서와 출생증명서를 허위로 작성해 지방자치단체 종합민원실에 제출한 혐의를 받고 있다. A씨 부부는 아동의 친모에게 사례비를 주고 정식 절차는 거치지 않은 채 아이를 입양한 것으로 드러났다.

2017/09.04.자 [중앙일보] 불법 입양한 아동 친자녀로 속여 출생신고한 40대 http://news.joins.com/article/21904788

출생신고가 되어야 미성년자로 보호받습니다

출생신고가 되지 않은 아동은 수사와 재판 과정 등에서 부당하게 성인으로 취급되어 미성년자로 보호받을 수 없습니다. 또한 가족과 분리되었을 때 신원 확인을 할 수 없어 가족 결합이 어려워집니다.

"(중략)위원회는 출생증명서의 미발급으로 인해 아동을 사형에 처하는 결과를 낳을 수 있다는 심각한 함의에 대한 당사국의 관심을 촉구하는 바이다."(Yemen CRC/C/15/Add.102/para.20)

그림 4-6 보편적 출생신고제도의 필요성에 대한 유니세프 한국위원회의 이슈 브리프

출처: https://www.unicef.or.kr/data/upload/ebook/crc-publications/772/

치를 취할 것을 권고하였다. 2021년 5월 3일 법무부는 보편적 출생등록제도를 위한 출생통보제를 도입하겠다고 밝혔으나 아직 구체적인 실행계획은 발표되지 않은 상황이다. 〈그림 4-6〉은 보편적 출생신고제도의 필요성에 대한 내용이다.

훈육의 목적으로 이루어지는 체벌에 대해 허용해왔던 한국 사회에 대해 위원회는 모든 형태의 체벌을 명백하게 금지하라고 지속적으로 권고하였고 그 결과 2011년 신체적 체벌이 전면 금지되는 진전을 이루었다. 그러나 2017년 5·6차 보고서를 검토한 위원회는 모든 형태의 간접적·훈육적 체벌을 금지하라고 재차 권고하였고, 이에 2021년 1월 8일 이후 가정 내 모든 자녀체벌을 금지하는 자녀체벌금지법이 통과되었다. 그러나 〈그림 4-7〉에서 보듯이 여전히 우리나라 아동·청소년의 1/4 정도는 1년에 1회 이상의 체벌을 부모로부터 경험하고 있다(김영지 등, 2020).

아동학대와 관련해서도 2008년 보고서에 대해 신고자의 법적 의무를 강화하라는 권고를 하였고, 이에 2014년 아동학대특례법을 제정하고 2016년 개정함으로써 신고의무자

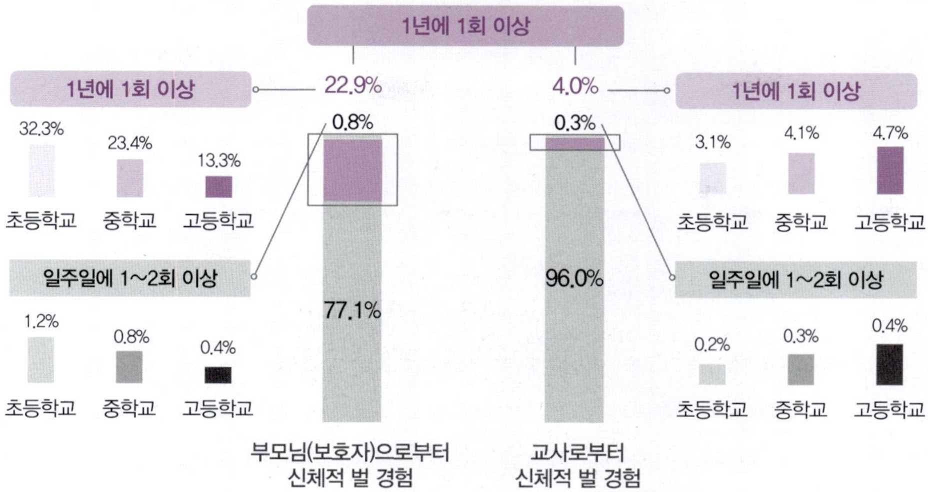

그림 4-7 2020 아동 · 청소년 인권실태조사에서 나타난 아동 · 청소년의 체벌 경험

출처: 김영지 등(2020). p. 31

의 법적 의무를 강화하고 미신고자에게 과태료를 증액하는 이행을 실천하였다. 위원회는 앞으로 모든 형태의 아동학대 및 폭력사례에 대해 국가DB를 구축할 것을 권고하고 있다. 2020 아동학대 주요통계(보건복지부, 2021)에 따르면 약 3만여 건이 아동학대로 판단되었는데, 피해아동 발견율을 놓고 보면 미국의 8.9%에 비해 우리나라는 4.02%에 불과하며 아동학대를 신고한 사람들 중에서도 신고의무자는 28.2% 정도이다. 아동들도 스스로 폭력과 학대를 당하지 않을 권리와 성폭력이나 성학대 등으로부터 국가가 아동을 보호할 책임이 있으며, 해로운 정보로부터 모든 아동이 보호받아야 한다는 사실에 대해 본인이 인식하는 것과 실제로 체감하는 것 사이에 가장 차이가 나는 것으로 인식하고 있다(보건복지부, 아동권리보장원, 2020). 이는 아직 우리 사회가 아동을 폭력과 학대, 유해한 환경으로부터 보호하는 것에서 개선될 부분이 많음을 보여준다(그림 4-8 참조).

최근에는 청소년의 성적 등의 개인정보를 사전 동의를 구하지 않고 제공하거나 소지품 검사를 하는 등 스마트폰이나 개인정보 등에 대해 청소년의 사생활 보호를 위한 조치를 취할 것을 권고받아 이에 대한 개선이 필요한 상황이다.

아동의 아동권리 인식도-체감도 차이가 크게 나타난 문항

순위	내용	점수 차이 (인식도-체감도)
1	모든 아동은 절대로 폭력과 학대를 당하지 않아야 한다.	42.50
2	국가는 성폭력이나 성학대, 성매매 및 기타 성적인 목적으로 신체를 촬영하는 등의 행위로부터 아동을 보호할 책임이 있다.	35.00
3	모든 아동은 해로운 정보(폭력적이거나 선정적인 글, 이미지, 영상 등)로부터 보호받을 권리가 있다.	32.50
4	국가는 학대나 폭력, 전쟁이나 강제 노동 등으로 아동이 고통을 당했을 경우 신체적, 심리적 회복을 지원할 의무가 있다.	27.50
5	모든 아동에게 생명에 대한 고유한 권리가 있다.	27.50

그림 4-8 2020 아동권리인식조사에서 아동응답자의 아동권리 인식도와 체감도 차이가 크게 나타난 상위 5개 문항들

출처: 아동권리보장원 홈페이지(https://www.ncrc.or.kr)

(5) 가정환경 및 대리보호

유엔아동권리위원회는 우리나라의 높은 해외입양률을 우려하며 국가 간 입양에 관한 1993년 헤이그협약 비준을 지속적으로 권고해왔다. 헤이그협약은 국제입양된 아동의 인권을 보호하고 입양으로 비롯될 수 있는 유괴 · 인신매매를 방지하기 위한 조약으로, 입양절차를 공적으로 관리 · 감독하고, 경제적 보상을 금지하며, 국내 입양을 우선으로 한다는 것을 주요 내용으로 하고 있다. 우리나라는 2013년 협약에 서명은 했지만 아직까지 비준하지 못한 상황이나 2011년 입양특례법 전면 개정으로 입양숙려제(1주일)의 운영, 입양동의 철회권 보장, 입양아동의 입양정보 공개청구권을 보장하며 이행의 노력은 지속하고 있다. 그럼에도 13세 미만 아동입양 시 아동의 의사를 청취하고, 미혼모 자녀 입양 시 미혼모로부터 동의를 구하지 않은 부분에 대해서는 여전히 우려를 표명하고 개선을 권고하고 있다.

시민권에서 다루어진 아동학대 관련 내용과 더불어 가정환경 및 대리보호 주제에서도 아동학대 관련 내용이 다루어지고 있다. 위원회가 아동학대 및 가정폭력 조기신고제

도 확립, 아동학대예방센터 설립 노력, 가해자 및 피해자 통계수집체계 마련 등에 대해 지속적으로 권고한 것에 대해 우리나라는 아동복지법을 개정하여 신고의무자, 긴급전화, 전문아동보호기관 신설 및 증설 등의 노력을 이행해왔다.

대안적 가정환경 제공에 대해 2000년 보고서에 대한 위원회의 권고에 그룹홈, 위탁양육가정에 대한 지원제도를 증대하고, 공공・민간시설 수용 실태에 대해 정기적으로 조사하는 것이 포함되었다. 이에 2008년 국가보고서에 17개 가정위탁지원센터를 운영하고 있고, 아동공동생활가정을 3년마다 평가하고 있다는 이행의 내용이 포함되었다. 한부모가정 자녀를 위한 양육비 공제제도를 도입하라는 위원회의 권고에 대해서는 2014년에 양육비 이행확보 지원법률을 제정하고, 한시적으로 9개월치 양육비를 긴급지원할 수 있도록 제도적으로 조치하였다. 2013년 영유아 무상보육・교육이 실시된 것에 대해서는 국적에 관계 없이 모든 아동이 어린이집에 다니거나 재정지원을 받을 수 있도록 영유아보육법을 개선할 것을 권고받아 이에 대한 개선이 남아있다.

(6) 기초보건 및 복지

유엔아동권리위원회에서는 지속적으로 장애아동의 권리 보장과 통합교육 등의 지원서비스 개선, 차별문화 근절을 권고해오고 있다. 모자보건에 있어서도 아동・청소년의 권리 증진을 위한 노력을 지속적으로 권고하였고, 2012년 18세 이하 청소년산모 대상의 출산비 지원에 대해 개선하였고, 앞으로 이주민 아동의 예방접종을 개선하는 등의 과제가 남아있다. 청소년의 흡연, 음주, 불법약물 사용 증가, 고열량・저영양 식품에 대한 광고 금지, 인터넷 중독 및 스마트폰 과다 사용 대응방안, 청소년임신교육, 출산, 부모교육, 육아 등에 대한 지원방안을 강구하는 것도 앞으로의 과제이다.

이 주제에서 무엇보다 관심을 기울여야 하는 부분은 아동・청소년의 높은 자살률이다. 앞서 생존과 발달 보장 원칙에서도 우리 사회의 높은 아동・청소년의 자살률에 대한 위원회의 권고가 현재까지 지속되고 있는데, 정신건강의 차원에서도 여아의 높은 우울증 비율이나 자살률 등에 대해서는 조치가 필요해 보인다. 2015년 학생자살예방대책을 정부 차원에서 수립했으나 〈그림 4-9〉에서와 같이 아직까지 1/4이 넘는 아동・청소년이 죽고 싶다는 생각을 해본 적이 있으며, 특히 여학생의 경우에는 1/3이 넘고 있다(김영지 등,

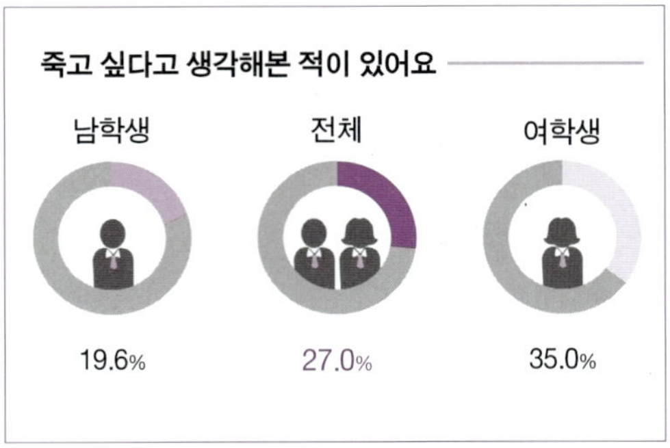

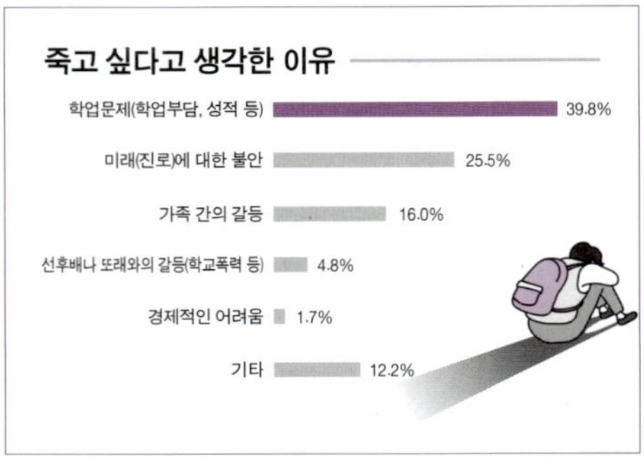

그림 4-9 2020 아동 · 청소년 인권실태조사에서 나타난 아동 · 청소년의 죽고 싶다는 생각과 그 이유

출처: 김영지 등(2020). p. 33

2020). 문제는 죽고 싶다고 생각한 이유의 40%가 학업부담과 성적 등 학업문제로 인해서였고, 25%가량이 미래나 진로에 대한 불안 때문이었다는 점에서(김영지 등, 2020), 아동 · 청소년의 자살문제는 우리 사회의 교육문제와 뗄 수 없는 관계임을 말해준다.

(7) 교육, 여가 및 문화활동

유엔아동권리위원회는 1994년 1차 보고서 제출에 대한 권고에서 한국의 사회경제적 발전의 원동력으로 교육을 중요하게 생각하는 인식에 대해 긍정적 평가를 하였다. 동시에 위원회는 우리 사회의 극도의 경쟁적 교육제도에 대해서는 우려의 목소리를 지금까지도 지속적으로 표명하고 있다. 지나친 학업부담, 수면시간 부족, 과도한 스트레스를 낳는 경쟁적 교육환경이 결과적으로 청소년 자살률을 증가시키고 있다는 관점이다. 이를 해결하기 위해 위원회에서는 공교육 수준을 향상시키며 사교육을 축소시킬 것, 학생 간 괴롭힘을 방지할 수 있는 조치를 취할 것, 정규과목을 다양화할 것 등을 권고하고 있다. 이에 대해 우리나라에서는 2011년에 전국 모든 학교에 대해 방과후 학교 프로그램을 실행하였고, 2016년에는 자유학기제가 본격적으로 시행되었다. 2017년에는 취약계층 학생을 일정 비율로 선발하는 사회통합전형과 고른 기회전형을 확대하여 교육격차를 감소시키고자 하였고, 여가 · 문화활동을 지원하기 위해 2015년에 학교체육 · 예술교육 강화 지원 계획을 수립하였다.

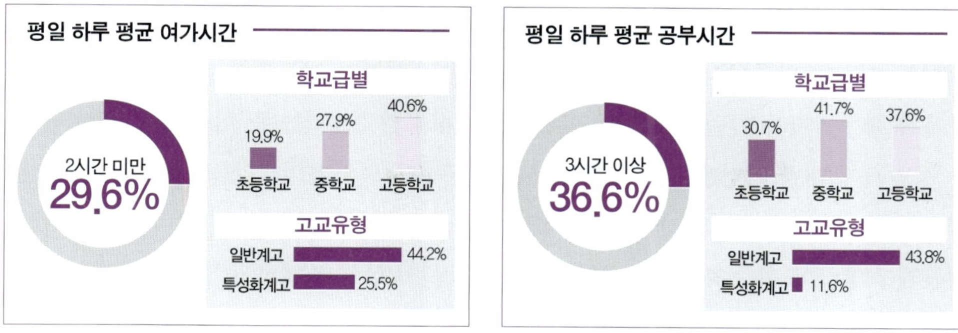

그림 4-10 2020 아동 · 청소년 인권실태조사에서 나타난 아동·청소년의 하루 평균 여가시간 및 공부시간

출처: 김영지 등(2020). p. 36

2020년 아동 · 청소년 인권실태조사(김영지 등, 2020)에 따르면(그림 4-10 참조), 우리나라 아동 · 청소년의 평일 하루 평균 여가시간이 2시간 미만인 경우가 30%에 다다랐고, 고등학생은 40%에 육박했다. 그에 반해 평일 하루 평균 공부시간은 3시간 이상인 경우가 37%에 달하는데, 중학생의 경우에는 42%가 여기에 속했다. 이는 여전히 많은 우리의 아동 · 청소년들이 여가 및 문화활동보다 학업활동에 많은 시간을 쏟아붓고 있고 이는 자살률, 우울감, 불행감 등의 정신건강 차원의 문제를 유발할 가능성이 높은 상황임을 보여준다.

(8) 특별보호조치

'특별보호조치' 주제에서는 난민아동나 이주자 자녀 등 특별보호가 필요한 아동의 권리와 노동착취 및 성착취에 대한 특별보호 내용을 다루고 있다. 유엔아동권리위원회에서는 이주자 자녀, 망명신청아동 및 난민아동의 권리보장을 위해 출생등록을 허가하거나 교육접근 등을 보장하라는 권고를 하였고, 이에 우리나라는 2014년 출입국관리법을 개정하면서 난민아동 및 무국적 아동을 특별보호 대상으로 정의하게 되었다.

아동노동과 관련해서는 1997년 근로기준법 개정으로 취업제한연령을 15세로 상향 조정했지만 위원회에서는 그 기준을 더 상향 조정하고 근로아동의 휴게시간을 준수할 것을 권고하였다. 이에 2014년에 청소년근로권 보호 추진방안이 수립되고 2015년 청소년근로권익센터를 설치하여 이행의 노력을 하고 있다.

아동 성폭력 및 성착취에 대해서 위원회는 관련 통계를 효율적으로 수집함과 동시에 국가적 행동계획을 마련하라고 2차 보고서에 대해 권고하였는데, 이에 대해 2016년 아동 성범죄에 대한 처벌을 강화하는 내용을 담은 성폭력처벌특례법을 개정하는 이행 노력을 보였다. 위원회는 여기서 더 나아가 아동권리 보장을 위해 성학대나 성착취 관련 성관계 허용금지 아동의 연령을 현행 18세 미만에서 상향 조정하고 그루밍을 범죄 개념으로 정의할 것을 요구하고 있다.

더 알아보기

아동친화도시

유니세프 아동친화도시란 유엔아동권리협약에 담긴 아동의 권리를 온전히 실현하고 아동이 보다 나은 삶을 살 수 있도록 아동에게 친화적인 환경을 보유한 지자체를 말한다. 유니세프 아동친화도시 개념은 1996년 이스탄불에서 열린 인류 거주 문제에 대한 제2차 유엔정주회의(Habitat Ⅱ)에서 시작되었다. 회의에 모인 각국 대표는 '아동의 안녕'이야말로 건강한 도시, 민주적 사회, 굿거버넌스의 평가지표이며, 도시의 아동들이 보다 나은 삶을 누릴 수 있도록 정부, 지방정부, 지역사회, NGO가 함께 노력해야 한다는 유니세프의 제의를 결의안으로 채택하였다. 현재 전 세계적으로 40여 개의 국가(프랑스, 스위스, 독일, 핀란드, 캐나다, 아이슬란드, 브라질, 몽골 등)가 유니세프 아동친화도시를 추진하고 있다. 한국의 유니세프 아동친화도시 이니셔티브는 2013년 11월, 유니세프 한국위원회가 서울 성북구를 첫 번째 유니세프 아동친화도시로 인증하면서 시작되었다. 2021년 10월 현재 58개 지방자치단체가 유니세프 아동친화도시로 인증받았으며, 112개 지방자치단체가 아동권리협약 실현을 위한 공공시스템을 재정비하며 유니세프 아동친화도시 인증을 받기 위한 준비를 하고 있다.

그림 4-4

유니세프 아동친화도시 우수사례 전주시 동영상

유니세프 아동친화도시의 10가지 구성 요소

출처: 유니세프 아동친화도시 홈페이지(http://childfriendlycities.kr/index.html)

참고문헌

김영지, 황세영, 최홍일, 이민희, 김진호(2020). 2020 아동·청소년 권리에 관한 국제협약 이행 연구 – 한국 아동·청소년 인권실태: 총괄보고서. 한국청소년정책연구원 연구보고 20-R10.

김현자, 이명숙, 노성향, 박선영, 이지영(2017). 아동권리와 복지(개정판). 경기도: 어가.

배화옥(2019. 11). 유엔아동권리협약 30년: 한국의 아동권리는 증진되었는가? 2019년도 한국아동권리학회 추계학술대회 주제발표, 부산.

보건복지부(2021). 2020 아동학대 주요통계.

보건복지부 보도참고자료(2019. 10. 4). 유엔, 제 5·6차 국가 보고서에 대한 최종 견해 전달.

보건복지부, 아동권리보장원(2020). 2020 아동권리 인식도 조사.

오미희, 임명희, 김윤희, 이세나, 강현영(2020). 아동의 행복을 지향하는 아동권리와 복지. 경기도: 파워북.

유니세프한국위원회(2021. 5. 5). [성명서] 진정한 어린이날을 바라며, 보편적 출생등록제도의 도입을 촉구한다! https://www.unicef.or.kr/what-we-do/news/137463?category=A022에서 2021년 10월 31일 인출.

유니세프 한국위원회. 보편적 출생신고 이슈 브리프. https://www.unicef.or.kr/data/upload/ebook/crc-publications/772/에서 2021년 10월 31일 인출.

유니세프한국위원회(2020). 기후위기로부터 아동권리를 지켜요: 아동정책제안서(유니세프 아동의회 1기). https://drive.google.com/file/d/1Qa8OXvgClFloorYZN3sy51zyVGsjV7CA/view에서 2021년 10월 31일 인출.

CHAPTER

05

아동권리와 복지 정책 및 행정

아동복지 관련 법은 아동복지 서비스를 계획하는 아동복지정책의 근거가 되며, 아동복지 관련 법과 정책은 전달체계를 통해 집행된다. 법률과 정책을 기반으로 행정적 전달체계가 규정되고 전달체계를 거쳐 아동복지 서비스가 이루어진다. 아동복지법과 아동복지정책 및 아동복지 전달체계는 서로 영향을 주고받으므로 아동복지를 효과적으로 실행하기 위해서는 법률, 정책, 전달체계를 잘 이해하는 것이 필요하다. 본 장에서는 우리나라 아동복지 관련 법의 주요 내용을 살펴보고 아동복지정책의 유형과 아동복지 서비스의 전달체계를 이해하고자 한다.

생각해 보기

아동권리의 존중 및 실현 추진과제 중 하나인 생활 속 아동권리 실현을 위해 아동복지정책의 결정 과정에 아동이 참여하도록 아동참여위원회를 모집하고 있다. 아동이 정책에 참여하는 경우의 장단점에 대해 생각해보자.

1. 아동권리와 복지 관련 법

아동복지 관련 법은 아동복지사업 실시의 기초가 되는 것으로, 아동복지를 보장하기 위한 사회적 책임을 명문화한 것이다. 따라서 아동에 대한 사회적 태도를 반영한 것이므로, 아동 권리 및 복지의 수준을 파악할 수 있는 중요한 단서가 된다. 여기에서는 아동복지법, 영유아보육법, 한부모가족지원법, 청소년 관련 법, 입양특례법, 장애아동 및 장애인복지법, 건강가정기본법, 아동의 빈곤예방 및 지원 등에 관한 법률, 실종아동 등의 보호 및 지원에 관한 법률, 성폭력과 아동학대 관련 법에 대해 살펴본다.

1) 아동복지법

아동복지법은 아동복지와 관련된 정책들의 방향을 설정하는 근거가 되는 주요한 법이다. 1961년 12월 제정된 아동복리법이 1981년 4월 전면 개정되어 아동복지법으로 명칭이 변경되었다(국가법령센터 https://www.law.go.kr).

아동복리법은 아동이 그 보호자로부터 유실 · 유기 또는 이탈되었을 경우, 그 보호자가 아동을 양육하기에 부적당하거나 양육할 수 없는 경우, 또는 아동의 건전한 출생을 기할 수 없는 경우에 아동이 건전하고 행복하게 육성되도록 그 복리를 보장하기 위해 제정되었다. 역사적으로 이 법은 한국전쟁으로 발생한 고아, 빈곤 아동, 부랑아 등 사회적 보호가 필요한 아동에 대한 복지정책의 기본이 되었다.

1980년대 산업화, 도시화, 핵가족화, 여성취업률 증가 등의 사회적 변화와 함께 아동복지법도 개정되었다. 종전의 아동복리법은 구호적 성격의 복지 제공에 중점을 두고 있어 그동안의 경제 · 사회의 발전에 따라 발생한 사회적 복지요구에 부응하지 못하고 있었다. 이에 보호가 필요한 아동뿐만 아니라 일반아동을 포함한 전체 아동의 복지를 보장하고 특히 유아기에 있어서의 기본적 인격 · 특성과 능력개발을 조장하기 위한 여건 조성을 위한 목적에서 전면 개정되었다. 이는 결손 및 빈곤가정의 아동 위주에서 벗어나 모든 아동의 잠재적 문제까지 아동복지 서비스를 확대할 필요성이 제기되었다고 볼 수 있다.

아동복지법은 2000년 1월 전면개정을 통해 학대아동에 대한 보호 및 아동안전에 대한 제도적 지원을 공고히 하기 위해 아동복지지도원을 별정직 공무원에서 사회복지 전담 공무원으로 그 신분을 변경하고, 아동학대에 대한 정의와 금지유형을 명확히 규정하며, 아동학대에 대한 신고를 의무화하는 등 기타 현행 규정의 운영상 나타난 일부 미비점을 개선 · 보완하고자 하였다. 2005년에는 일부 개정되어 아동학대에 대한 신고의무화, 관련 전문기관의 설치와 종사자들에 대한 법적 조치, 기존의 아동복지법의 내용을 보다 확대하였다. 2007년에는 성폭력예방교육 및 성폭력 피해아동에 대한 지원, 2008년에는 실종유괴예방교육 실시, 2012년에는 아동종합실태조사와 아동정책기본계획 수립, 2019년에는 학대 피해아동에 대한 지원이 강화되었고, 초등학생의 방과후 돌봄서비스 지원이 신설되었다. 2020년에는 학대 고위험군 아동을 예측하는 e아동행복지원 시스템을 구축해 아동학대를 예방하고 아동보호체계를 강화하기 위한 대책을 마련하고자 하였다.

아동복지법의 구성과 내용

• 구성

전문 75조와 부칙으로 구성

• 주요 내용

제1장 총칙

제2장 아동복지정책의 수립 및 시행

제3장 아동에 대한 보호서비스 및 아동학대의 예방 및 방지

- 제1절 아동보호서비스
- 제2절 아동학대의 예방 및 방지

제4장 아동에 대한 지원서비스

- 제1절 아동 안전 및 건강지원
- 제2절 취약계층 아동 통합서비스지원 및 자립지원
- 제3절 방과후 돌봄서비스 지원

제5장 아동복지시설

제6장 보칙

제7장 벌칙

2) 영유아보육법

보육에 관한 독립된 입법의 필요성이 제기됨에 따라 1991년 1월 영유아보육법을 제

정하고 1991년 8월 시행령 및 시행규칙을 제정하였다(국가법령센터 https://www.law.go.kr). 영유아보육법은 0세부터 초등학교 취학 전까지 영유아의 보육에 관한 사항을 규정하는 법으로, 여성의 사회적 진출에 따른 양육기능의 약화를 고려하여 제정되었다. 이로 인해 보육사업 주관 부처를 보건복지부로 일원화하였고, 종전의 단순 '탁아'사업에서 보호와 교육을 통합한 '보육'사업으로 확대 · 발전시켰다.

영유아보육법의 목적과 정의

• 목적

영유아의 심신을 보호하고 건전하게 교육하여 건강한 사회 구성원으로 육성함과 아울러 보호자의 경제적 · 사회적 활동이 원활하게 이루어지도록 함으로써 영유아 및 가정의 복지 증진에 이바지함

• 정의

- 영유아는 6세 미만의 취학 전 아동으로 정의
- 보육이란 영유아를 건강하고 안전하게 보호 · 양육하고 영유아의 발달 특성에 맞는 교육을 제공하는 어린이집 및 가정양육지원에 관한 사회복지 서비스를 의미

영유아보육법에서는 영유아보육의 목적 및 정의, 이념, 책임에 대한 내용뿐만 아니라 어린이집의 설치, 보육교직원, 어린이집의 운영, 건강 · 영양 · 안전, 비용, 지도 및 감독에 관한 사항을 정하고 있다. 영유아보육법 제정 이후 10년이 지나면서 보육에 대한 정부의 참여 확대와 보육서비스 수준 향상 요구가 높아지자 2004년 영유아보육법의 전면 개정이 이루어졌다. 이에 따라 보편주의적 보육이념이 도입되고 보육서비스의 질적 수준 향상과 보육의 공공성 강화 등을 통해 보육사업이 획기적으로 발전할 수 있는 계기가 마련되었다(성미영 외, 2019).

2013년에는 보육정보센터 기능에 가정양육 기능을 추가해 육아종합지원센터로 변경하였고, 보육교사 자격 취득을 위한 교육과정을 강화하였다. 2015년에는 아동학대 방지 및 안전에 대한 내용이 강화되면서 어린이집의 CCTV 설치 및 관리에 대한 내용이 추가되었다. 2019년에는 어린이집 보육시간을 기본보육과 연장보육으로 구분하고 연장보육 전담교사를 배치하도록 내용이 개정되었다.

3) 한부모가족지원법

한부모가족지원법은 모자복지법으로 1989년 4월 제정되어, 2002년 12월 모 · 부자복지법으로 개정되었고, 2007년 10월 한부모가족지원법으로 명칭이 변경되었다(국가법령센터 https://www.law.go.kr).

모자복지법은 도시화 · 공업화 · 핵가족화로 인해 배우자와의 사별 · 이혼 · 유기 · 별거 등의 사유로 배우자가 없거나 배우자가 있어도 폐질 · 불구 등으로 장기간 근로능력을 상실하여 여성이 생계 책임을 지는 모자가정이 증가하고 있어 모자가정이 자립자활할 수 있도록 생계보호 · 교육보호 · 생업자금융자 · 주택제공 등을 통해 건강하고 문화적인 생활을 보장하기 위해 제정되었다.

그런데 모자복지법에서는 배우자를 상실한 여성, 노동능력을 상실한 배우자를 가진 여성, 미혼여성, 기타 보건복지부령이 정하는 여성이 세대주인 모자가정에 대해서만 국가 등이 경제적 · 사회적 지원을 하도록 하고 있어, 같은 조건의 남성이 세대주인 부자가정에 대한 지원을 위해 2002년 모 · 부자복지법으로 개정되었다.

이후 인적 자본이 취약한 한부모가족의 경제적 문제, 건강문제, 자녀양육 문제 등에 종합적인 지원을 하기 위해 2007년 10월 한부모가족지원법으로 개정하였다. 자녀가 취학 중인 경우 자립능력이 갖추어지지 않은 상태로 학비 등으로 인한 생활비 지출이 증가될 수 있는 시기라는 점을 고려하여 자녀가 취학 중인 때에는 22세 미만까지 확대하여 지원하도록 하며, 65세 이상의 고령자들과 손자녀로 구성되어 있는 조손가족의 경우도 이 법에 따른 보호대상자로 포함함으로써 조손가족의 생활안정과 복지증진을 도모하였다.

한부모가족지원법의 목적과 정의

• 목적

한부모가족이 건강하고 문화적인 생활을 영위할 수 있도록 함으로써 한부모가족의 생활 안정과 복지 증진에 이바지함

• 정의

모 또는 부: 배우자와 사별, 이혼, 배우자로부터 유기된 자, 정신 또는 신체의 장애로 장기간 노동 능력을 상실한 배우자를 가진 자, 교정시설 치료감호시설에 입소한 배우자 또는 병역복무 중인 배우자를 가진 자, 미혼자(사실혼 관계에 있는 자 제외) 등 아동인 자녀를 양육하는 자

한부모가족지원법은 한부모가족 지원에서 국가의 책임, 한부모가족의 권리와 책임, 한부모가족 지원대상자의 범위, 한부모가족복지단체에 대한 지원, 한부모가족복지에 대한 내용과 실시, 한부모가족복지시설 등에 대한 사항을 주요 내용으로 한다. 2011년부터 일부 개정이 이루어지고 있는데, 2020년 10월에는 외국인도 혼인 여부와 관계없이 대한민국 국적의 아동을 양육하면 한부모가족 지원 대상이 될 수 있도록 내용을 개정해 다문화 한부모가족 지원의 사각지대를 해소하였다.

4) 청소년 관련 법

(1) 청소년 기본법

청소년 기본법은 청소년의 권리 및 책임과 가정 · 사회 · 국가 · 지방자치단체의 청소년에 대한 책임을 정하고 청소년정책에 관한 기본적인 사항을 규정함을 목적으로 1991년 12월 제정되었다. 이 법은 9세 이상 24세 이하의 사람인 청소년이 사회구성원으로서 정당한 대우와 권익을 보장받음과 아울러 스스로 생각하고 자유롭게 활동할 수 있도록 하며 보다 나은 삶을 누리고 유해한 환경으로부터 보호될 수 있도록 함으로써 국가와 사회가 필요로 하는 건전한 민주시민으로 자랄 수 있도록 하는 것을 기본이념으로 한다.

2004년 청소년 관련 법을 체계화하고 청소년 활동 · 청소년 복지 · 청소년 보호에 대한 정책적 지원이 유기적이고 종합적으로 이루어지도록 하기 위해 전면 개정되었다. 청소년 기본법에서 규정하고 있던 청소년활동에 관한 사항은 청소년활동진흥법으로, 청소년의 복지에 관한 사항은 청소년복지지원법으로 별도 제정하고 청소년기본법에는 청소년 육성의 기본원리와 정책적 근간에 관한 사항 중심으로 규정하고 있다.

(2) 청소년 보호법

청소년 보호법은 청소년에게 유해한 매체물과 약물 등이 청소년에게 유통되는 것과 청소년이 유해한 업소에 출입하는 것 등을 규제하여 청소년을 유해한 환경으로부터 보호 · 구제함으로써 청소년이 건전한 인격체로 성장할 수 있도록 함을 목적으로 1997년 3월 제정되었다. 이 법의 보호 대상이 되는 청소년은 만 19세 미만인 사람을 말한다.

(3) 소년법

소년법은 반사회성이 있는 소년의 환경 조정과 품행 교정을 위한 보호처분 등의 필요한 조치를 하고, 형사처분에 관한 특별조치를 함으로써 소년이 건전하게 성장하도록 돕는 것을 목적으로 1958년 7월 제정되었다. 이 법에서 소년이란 19세 미만인 자를 말한다.

(4) 보호소년 등의 처우에 관한 법률

보호소년 등의 처우에 관한 법률은 1958년 8월 소년원법으로 제정되어 2007년 12월 보호소년 등의 처우에 관한 법률로 명칭이 변경되었다(국가법령센터 https://www.law.go.kr).

소년원법은 소년원을 설치하여 보호처분을 받고 송치된 범죄소년이 재생의 길과 사회활동에 적응할 수 있도록 이들을 수용하고 교정교육을 담당하도록 하며, 그 운영에 관한 사항을 정하기 위해 제정되었다. 이후 소년원·소년분류심사원의 다양한 임무와 기능을 포괄할 수 있도록 명칭을 변경하고, 인권보호의무 규정 등 처우 관련 규정을 신설하여 보호소년 등의 인권보장을 강화하며 소년사법체계 개선을 위한 소년법의 개정 추진과 연계하여 관련 규정을 정비하기 위해 개정되었다. 보호소년 등의 처우에 관한 법률은 보호소년 등의 처우 및 교정교육과 소년원 및 소년분류심사원의 조직, 기능 그리고 운영에 관해 필요한 사항을 규정함을 목적으로 한다.

5) 입양특례법

입양특례법은 요보호아동의 입양에 관한 요건 및 절차 등에 대한 특례와 지원에 필요한 사항을 정함으로써 양자가 되는 아동의 권익과 복지를 증진하는 것을 목적으로 1976년 12월 제정되었다(국가법령센터 https://www.law.go.kr). 1995년 1월 입양 촉진 및 절차에 관한 특례법으로 전면 개정되었다가 2011년 8월 입양특례법으로 다시 전면 개정되었다.

입양 촉진 및 절차에 관한 특례법으로 전면 개정한 것은 국내입양을 활성화하기 위하여 종전의 절차 중심의 입양제도를 요보호아동의 권익보호를 위한 실질적인 복지서비스로 발전시키고 입양아동 등에 대한 복지시책을 강구하기 위함이었다. 그러나 아동입양의 절차가 아동의 복리를 중심으로 이루어질 수 있도록 국가의 관리·감독을 강화하고, 최선의 아동 보호는 출신 가정과 국가 내에서 양육되어야 한다는 것을 기본 패러다임으로 국가 입양 정책을 수립할 필요성이 제기됨으로 인해 현행 입양특례법으로 개정하게 되었다.

6) 장애아동 복지지원법 및 장애인 복지법

(1) 장애아동 복지지원법

장애아동 복지지원법은 국가와 지방자치단체가 장애아동의 특별한 복지적 욕구에 적합한 지원을 통합적으로 제공함으로써 장애아동이 안정된 가정생활 속에서 건강하게 성장하고 사회에 활발하게 참여할 수 있도록 하며, 장애아동 가족의 부담을 줄이는 데 이바지함을 목적으로 2011년 8월 제정되었다. 이 법에서 장애아동이란 18세 미만의 사람 중 장애인 복지법 제32조에 따라 등록한 장애인을 말한다. 다만, 6세 미만의 아동으로서 장애가 있다고 보건복지부장관이 별도로 인정하는 사람을 포함한다.

(2) 장애인 복지법

장애인 복지법은 1981년 6월 심신장애자복지법으로 제정되어, 1989년 12월 심신장애자들이 자립자활할 수 있도록 필요한 법적 지원을 개선하려는 목적에서 심신장애자라는 용어를 장애인으로 변경하고 명칭을 장애인복지법으로 전면 개정하였다.

이 법은 장애인의 인간다운 삶과 권리보장을 위한 국가와 지방자치단체 등의 책임을 명백히 하고, 장애 발생 예방과 장애인의 의료·교육·직업재활·생활환경 개선 등에 관한 사업을 정하여 장애인복지대책을 종합적으로 추진하며, 장애인의 자립생활·보호 및 수당 지급 등에 관하여 필요한 사항을 정하여 장애인의 생활안정에 기여하는 등 장애인의 복지와 사회활동 참여 증진을 통하여 사회통합에 이바지함을 목적으로 한다. 이 법에서 장애인이란 신체적·정신적 장애로 오랫동안 일상생활이나 사회생활에서 상당한 제약을 받는 자를 말한다.

7) 건강가정기본법

건강가정기본법은 건강한 가정생활의 영위와 가족의 유지 및 발전을 위한 국민의 권리 · 의무와 국가 및 지방자치단체 등의 책임을 명백히 하고, 가정문제의 적절한 해결방안을 강구하며 가족구성원의 복지증진에 이바지할 수 있는 지원정책을 강화함으로써 건강가정 구현에 기여하는 것을 목적으로 2004년 2월 제정되었다. 가정은 개인의 기본적인 욕구를 충족시키고 사회통합을 위하여 기능할 수 있도록 유지 · 발전되어야 함을 기본이념으로 명시하고 있다.

건강가정기본법을 통해 전담부서를 설치하고, 가족 관련 법과 정책 확대에 영향을 미치고 있으며, 건강가정지원센터 등 가족정책의 전달체계 수립과 건강가정사 등 전문종사자를 통해 건강한 가정 확립에 기여하고 있다.

8) 아동의 빈곤예방 및 지원 등에 관한 법률

아동의 빈곤예방 및 지원 등에 관한 법률은 빈곤아동이 복지 · 교육 · 문화 등의 분야에서 소외와 차별을 받지 않고 한 사회의 구성원으로 건강하게 자랄 수 있도록 제도적 기반을 마련하는 것을 목적으로 2011년 7월 제정되었다. 이 법은 빈곤아동이 부모의 사회적 · 경제적 지위와 상관없이 태어나서 자립할 때까지 충분한 역량을 갖출 수 있도록 균형 있고 조화로운 성장과 건강하고 행복한 삶을 누릴 수 있도록 하는 것을 기본이념으로 해 아동빈곤예방법이라고도 불린다. 아동이란 아동복지법 제3조 제1호에 따른 아동을 말한다. 빈곤아동이란 생활여건과 자원의 결핍으로 인한 복지 · 교육 · 문화 등의 격차를 해소하기 위하여 지원이 필요한 아동을 말하며, 그 구체적인 기준은 보건복지부령으로 정한다.

9) 실종아동 등의 보호 및 지원에 관한 법률

실종아동 등의 보호 및 지원에 관한 법률은 실종아동 등의 발생을 예방하고 조속한 발견과 복귀를 도모하며 복귀 후의 사회 적응을 지원함으로써 실종아동 등과 가정의 복지

증진에 이바지함을 목적으로 2005년 5월 제정되었다. 실종아동법이라고도 불리는 이 법에서 아동 등이란 실종 당시 18세 미만인 아동, 장애인복지법 제2조의 장애인 중 지적장애인, 자폐성 장애인 또는 정신장애인, 치매관리법 제2조 제2호의 치매환자 중 어느 하나에 해당하는 사람을 말한다. 또한 실종아동 등이란 약취 · 유인 또는 유기되거나 사고를 당하거나 가출하거나 길을 잃는 등의 사유로 인하여 보호자로부터 이탈된 아동 등을 말한다.

10) 성폭력과 아동학대 관련 법

(1) 아동 · 청소년의 성보호에 관한 법률

아동 · 청소년의 성보호에 관한 법률은 청소년의 성보호에 관한 법률로 2000년 2월 제정되어 2009년 6월 아동 · 청소년의 성보호에 관한 법률로 전면 개정하였다.

청소년의 성보호에 관한 법률은 청소년의 성을 사는 행위, 성매매를 조장하는 온갖 형태의 중간 매개행위 및 청소년에 대한 성폭력 행위를 하는 자들을 강력하게 처벌하고, 성매매와 성폭력 행위의 대상이 된 청소년을 보호 · 구제하는 장치를 마련함으로써 청소년의 인권을 보장하고 건전한 사회구성원으로 복귀할 수 있도록 하는 한편, 청소년을 대상으로 하는 성매매 및 성폭력 행위자의 신상을 공개함으로써 범죄 예방효과를 극대화하려는 이유에서 제정되었다.

아동 · 청소년의 성보호에 관한 법률은 아동도 이 법에 따른 보호대상임을 명확히 하고, 아동 · 청소년을 대상으로 한 유사 성교 행위 및 성매수 유인행위 처벌 규정을 신설하며, 성범죄 피해자 및 보호자에 대한 합의 강요행위를 처벌하는 규정을 신설하도록 하여 아동 · 청소년의 성보호를 더욱 강화하였다. 또한 아동 · 청소년 성범죄자는 재범 가능성 및 범죄의 경중 등을 고려하여 정보통신망을 통하여 신상정보를 공개하도록 함으로써 아동 · 청소년 성범죄에 대한 경각심을 제고하고, 양벌규정을 보완하며, 의무의 실효성 확보를 위한 과태료를 신설하는 등 제도 전반의 미비점을 개선하고 보완하려는 이유에서 전면 개정되었다.

이 법은 아동 · 청소년 대상 성범죄의 처벌과 절차에 관한 특례를 규정하고 피해아동 · 청소년을 위한 구제 및 지원 절차를 마련하며 아동 · 청소년 대상 성범죄자를 체계적으로 관리

함으로써 아동 · 청소년을 성범죄로부터 보호하고 아동 · 청소년이 건강한 사회구성원으로 성장할 수 있도록 함을 목적으로 한다. 이때 아동 · 청소년이란 19세 미만의 자를 말한다.

(2) 성폭력범죄의 처벌 등에 관한 특례법

성폭력범죄의 처벌 등에 관한 특례법은 성폭력범죄의 처벌 및 그 절차에 관한 특례를 규정함으로써 성폭력범죄 피해자의 생명과 신체의 안전을 보장하고 건강한 사회질서의 확립에 이바지함을 목적으로 2010년 4월 제정되었다. 성폭력범죄의 처벌 및 피해자 보호 등에 관한 법률은 성폭력범죄의 처벌 등에 관한 특례와 성폭력범죄의 피해자 보호 등에 관한 사항을 함께 규정하고 있어 각 사항에 대한 효율적 대처에 한계가 있으므로 성폭력범죄의 처벌에 관한 사항을 분리하여 이 법을 제정하였다.

(3) 아동학대범죄의 처벌 등에 관한 특례법

아동학대범죄의 처벌 및 그 절차에 관한 특례와 피해아동에 대한 보호절차 및 아동학대 행위자에 대한 보호처분을 규정함으로써 아동을 보호하여 아동이 건강한 사회 구성원으로 성장하도록 함을 목적으로 2014년 1월 제정되었다. 아동학대범죄에 대해서는 이 법을 우선 적용한다. 다만, 성폭력범죄의 처벌 등에 관한 특례법, 아동 · 청소년의 성보호에 관한 법률에서 가중처벌되는 경우에는 그 법에서 정한 바에 따른다.

2. 아동권리와 복지 관련 정책

1) 사회보장제도

사회보장제도란 인간다운 삶을 추구하기 위한 기본적인 권리를 의미함과 동시에 이를 실천하기 위한 제도 및 규범적 실천 활동 모두를 포함하는 개념이다. 질병 · 장애 · 노령 · 실업 · 사망 등 각종 사회적 위험으로부터 모든 국민을 보호하고 빈곤을 해소하며 국민생활의 질을 향상시키기 위하여 제공되는 사회보험, 공공부조, 사회복지서비스 및 관련 복지제도를 말한다(사회보장위원회 https://www.ssc.go.kr).

(1) 사회보험

살아가는 동안 실업 · 질병 · 노쇠 · 출산 · 상해 · 사망 등의 각종 사고에 의해 노동능력이 일시적 혹은 영구적으로 상실되고 임금이나 소득의 획득이 중단 · 상실되는 일이 발생한다. 사회보험은 이러한 경우에 생활보장을 목적으로 보험기술을 이용해서 급부를 행하고 이것에 의해 위험을 분산하고 사고에 따르는 가계비를 사회적으로 상호 부담하는 국가에 의한 강제적 보장제도의 총칭이다. 사회보험은 기본적으로 미래에 직면할 수 있는 사회적 위험에 대비하여 사전에 대비하는 제도를 말하며, 민영보험과 마찬가지로 가입자의 기여금(보험료)을 재원으로 가입자에게 발생하는 위험(보험사고)을 분산하는 보험원리를 이용하고 있지만, 영리를 목적으로 하는 민영보험과는 다른 성격을 가지고 있다. 우리나라의 사회보험은 국민연금, 건강보험, 고용보험, 노인장기요양보험, 산업재해보상보험으로 구성되며 법적인 근거는 다음과 같다.

표 5-1 사회보험의 법적 근거

법률	내용
사회보장기본법	제3조 제2호에서 사회보험을 국민에게 발생하는 사회적 위험을 보험 방식으로 대처함으로써 국민의 건강과 소득을 보장하는 제도라고 정의
국민연금법	국민의 노령 · 폐질 또는 사망에 대하여 연금급여를 실시함으로써 국민의 생활안정과 복지증진에 기여함을 목적으로 연금이 도입되어 노후의 기본적인 생활을 위한 토대가 마련됨
국민건강보험법	국민의 질병 · 부상에 대한 예방 · 진단 · 치료 · 재활과 출산 · 사망 및 건강증진에 대하여 보험급여를 실시함으로써 국민건강을 향상시키고 사회보장을 증진함을 목적으로 제정
노인 장기요양보험법	고령이나 노인성 질병 등의 사유로 일상생활을 혼자서 수행하기 어려운 노인 등에게 제공하는 신체활동 또는 가사활동 지원 등의 장기요양급여에 관한 사항을 규정하여 노후의 건강증진 및 생활안정을 도모하고 그 가족의 부담을 덜고자 하는 취지로 제정
고용보험법	실업의 예방, 고용의 촉진 및 근로자의 직업능력의 개발과 향상을 꾀하고, 국가의 직업지도와 직업소개 기능을 강화하며, 근로자가 실업한 경우에 생활에 필요한 급여를 실시하여 근로자의 생활안정과 구직 활동을 촉진함으로써 경제 · 사회 발전에 이바지하는 것을 목적으로 제정
산업재해 보상보험법	산업재해보상보험제도는 우리나라 최초의 사회보험제도로서 산업재해를 입은 근로자에 대한 치료와 생활보장의 기능을 수행해 왔으며, 산업재해보상보험법은 근로기준법의 재해보상제도를 기초로 하여 보험급여를 통한 재해보상제도를 꾸준히 발전시켜 옴

출처: 사회보장위원회 https://www.ssc.go.kr

(2) 공공부조

공공부조는 생활능력이 없는 국민에게 국가의 책임 하에 직접 금품을 제공하거나 무료혜택을 주는 제도로서 국민의 최저생활을 보장하는 최후의 안전망 기능을 수행하는 제도이다. 공공부조의 기본적인 특징은 조세를 재원으로 하며, 자산조사에 의한 개별적인 욕구의 측정과 확인을 근거로, 빈곤한 사람에게 부족한 만큼의 생계는 보충해 준다는 점에서 생존권의 논리에 기초하고 있다. 우리나라의 공공부조는 생계급여, 의료급여, 주거급여, 교육급여로 구성되며 법적인 근거는 다음과 같다.

표 5-2 공공부조의 법적 근거

법률	내용
사회보장기본법	제3조에서 국가 및 지방자치단체의 책임 하에 생활 유지 능력이 없거나 생활이 어려운 국민의 최저생활을 보장하고 자립을 지원하는 제도라고 정의
국민기초생활 보장법	저소득 국민, 영세 도시빈민, 실업자 등을 지원하여 빈곤문제에 대한 사회안전망의 기초를 튼튼히 하는 한편, 빈곤가구별로 자활지원계획을 수립하고 그에 맞는 자활급여를 실시함으로써 빈곤의 장기화를 방지하기 위하여 제정
의료급여법	국민기초생활 보장법 외에도 재해구호법 등의 법률에 따라 생활이 어려운 사람에게 의료급여를 제공하도록 하기 위해 제정
주거급여법	생활이 어려운 사람에게 주거급여를 실시하여 국민의 주거안정과 주거수준 향상에 이바지함을 목적으로 국가와 지방자치단체가 주거급여 관련 정책을 수립하도록 하기 위해 제정

출처: 사회보장위원회(https://www.ssc.go.kr)

(3) 사회서비스

사회복지서비스는 종래의 사회보장체계에서 일반적으로 사회사업으로 불리던 것들이 사회복지서비스 또는 사회서비스로 변경된 것이며, 각 사업법에 근거하여 다양한 사회서비스의 형태로 존재하고 있다. 우리나라의 사회서비스는 노인복지서비스, 장애인복지서비스, 아동복지서비스, 가정복지서비스로 구성되며 법적인 근거는 다음과 같다.

표 5-3 사회서비스의 법적 근거

법률	내용
사회보장기본법	제3조 제3항에서 사회서비스란 국가 · 지방자치단체 및 민간부문의 도움이 필요한 모든 국민에게 복지, 보건의료, 교육, 고용, 주거, 문화, 환경 등의 분야에서 인간다운 생활을 보장하고 상담, 재활, 돌봄, 정보의 제공, 관련 시설의 이용, 역량 개발, 사회참여 지원 등을 통하여 국민의 삶의 질이 향상되도록 지원하는 제도라고 정의
사회복지사업법	사회복지사업에 관한 기본적인 사항을 규정하여 그 공정한 운영을 기함으로써 사회복지의 증진을 도모하고자 제정
사회서비스 이용 및 이용권 관리에 관한 법률	사회서비스란 사회복지사업법 제2조 제4호에 따른 사회복지서비스, 보건의료기본법 제3조 제2호에 따른 보건의료서비스, 그 밖에 이에 준하는 서비스로서 대통령령으로 정하는 서비스라고 정의
노인복지법	노인복지시설의 설치 근거 및 노령수당 지급 근거를 마련

출처: 사회보장위원회 https://www.ssc.go.kr

2) 아동복지정책

아동정책기본계획은 아동복지법에 따라 5년마다 수립하는 중장기 계획으로 정부의 포괄적인 아동정책 방향을 정립하는 역할을 한다(아동권리보장원, 2020). 아동정책기본계획은 아동의 발달주기에 따라 직 · 간접적으로 고려되어야 하는 가족 · 보육 · 교육 · 문화 · 여가 · 체육 · 건강 · 안전 · 복지 · 산업 등 모든 영역을 포괄한다. 2012년 개정된 아동복지법에서는 범정부 차원의 아동정책기본계획을 수립하도록 명시하고 있으며, 중앙정부와 지방자치단체는 아동정책 목표와 기본방향, 주요 추진과제를 수립하고 공동으로 시행 · 관리해야 한다. 이에 우리나라에서는 2015년 1차 아동정책기본계획을 수립해 연차별 아동정책계획을 5년간 추진하였고, 2020년에는 2차 아동정책기본계획을 수립하였다.

아동복지법 제7조(아동정책기본계획의 수립)

- 보건복지부장관은 아동정책의 효율적인 추진을 위하여 5년마다 아동정책기본계획(이하 "기본계획"이라 한다)을 수립하여야 한다.
- 기본계획은 다음 각 호의 사항을 포함하여야 한다.
  - 이전의 기본계획에 관한 분석 · 평가
  - 아동정책에 관한 기본방향 및 추진목표
  - 주요 추진과제 및 추진방법
  - 재원조달방안
  - 그 밖에 아동정책을 시행하기 위하여 특히 필요하다고 인정되는 사항

(1) 1차 아동정책기본계획(2015~2019년)

① 배경

먼저 아동인구 감소로 가족형태의 다양성 증가, 여성의 경제활동 증가 등으로 아동 돌봄 · 양육 등 전통적 가족기능의 상당 부분이 사회로 이전되어 이러한 사회적 변화를 고려한 양육지원 방안과 일 · 가정 양립문화 조성이 필요하다. 또한 아동 삶의 질과 관련하여 OECD 국가 중 최하위를 기록하였으며, 아동권리에 관한 아동 및 어른의 인식 수준이 낮은 단계에 있어, 유엔아동권리협약을 준거로 아동 최우선의 관점에서 우리나라 아동 삶의 모든 영역을 진단하고 개선방안을 모색 · 실천하는 노력이 시급하다. 학교폭력, 아동 성폭력, 소년범죄, 스마트폰 중독 등의 위험이 저연령화 추세를 보이고 있고, 청소년 유해업소 증가 등 발달 환경의 위기 심화가 예상된다. 따라서 아동의 건강한 성장발달을 위해 환경적 위해요인을 적극 규제하고, 문화 · 체육 · 예술 · 여가 · 놀이활동 기회를 늘릴 수 있는 정책적 고려가 필요하다. 아동의 발달주기를 고려한 범정부 차원의 종합적인 정책 개발 · 추진이 부족한 상황으로, 아동이 직면하는 발달위기의 해결뿐 아니라 미래세대 육성 관점에서 아동기 핵심역량을 규정하고, 부처별 · 기능별로 수행 중인 아동정책의 통합 · 조정을 위한 노력이 필요하다.

② 내용

1차 아동정책기본계획은 2013년 아동종합실태조사에서 확인된 아동의 상황을 토대로 행복한 아동, 존중받는 아동을 비전으로 수립하였다. 핵심목표는 아동행복도 증진과 아

동 최우선의 원칙 실현기반 조성이며 이에 따라 미래를 준비하는 삶, 건강한 삶, 안전한 삶, 함께하는 삶의 4대 추진영역과 16개 중점과제를 제시하고 있다. 구체적인 내용은 〈그림 5-1〉과 같다.

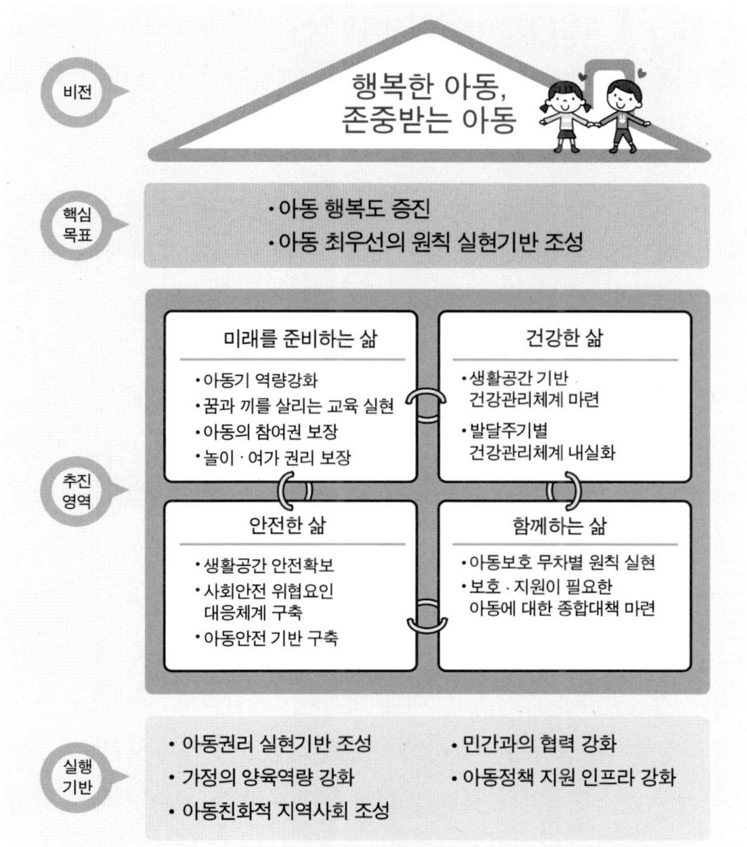

그림 5-1 제1차 아동정책기본계획

출처: 관계부처합동(2015). 제1차 아동정책기본계획. p.25

③ 주요 성과

1차 아동정책기본계획은 아동정책 전반을 포괄한 최초의 중기계획으로서 체계적 정책의 틀을 제시하였다는 데 의의가 있다. 그동안 분절적이고 단편적으로 추진되던 아동정책을 범부처 국가정책 차원에서 체계화하였고, 이를 통해 아동 삶의 질과 행복, 아동권리 존중에 대한 중요성을 명시하고, 중앙정부와 지방정부의 아동정책 수립과 실행의 추진 기반을 마련하였다.

또한 아동권리 · 행복에 대한 국민 관심을 환기하고, 아동정책 확대의 계기를 마련하였다. 2018년 아동수당 도입, 2019년 아동의료비 경감정책과 고교 무상교육제도를 실시하는 등 보편적 아동정책 발전과 사회적 돌봄의 공공성 강화 토대를 마련하였다.

④ 개선 필요사항

1차 아동정책기본계획은 아동 관점에서 내용을 추진하는 데 한계가 있었으며, 기본계획 추진에 있어 아동권리 실현을 위한 법적 기반이 미흡하고 아동에 대한 재정 투입 역시 낮다는 한계를 확인하였다.

첫째, 아동 행복도 증진 등 아동 고유 특성을 고려하고자 하였으나 각 부처 176개 과제를 나열하는 경향이 나타나 아동 행복이라는 패러다임 전환과 체계적 연계가 미흡하였다. 따라서 정책 개발 시 아동 중심적 접근에 대한 필요성이 제기되었다. 둘째, 아동정책기본계획 전반에 걸쳐 아동을 정책 대상으로 객체화하는 경향이 나타나 아동을 주체적으로 바라보는 관점이 미비하였다. 이에 아동 주체성 향상, 아동권리 인식 개선에 대한 필요성이 제기되었다. 셋째, 아동 중심, 아동권리 실현을 위한 법적 기반이 미흡하였다. 아동 관련 법령의 경우 아동복지법, 청소년기본법, 영유아보육법 등으로 세분화되어 있어 아동정책 전체상과 기본방향을 제시하고, 이를 체계화 · 종합화하는 법령은 부재하기에 아동정책 전반에 아동 중심, 권리 주체로서의 아동에 대한 고려가 필요하다. 넷째, 아동-가족에 대한 적극적인 재정투자가 필요하다. 아동수당 도입 등 보편적 복지 확대로 아동에 대한 재정투자가 증가하는 추세이나 여전히 OECD에 비해 낮은 수준이며, 노인 등 다른 연령층과 비교하였을 때 아동에 대한 재정 투입도 향상에 대한 필요성이 제기되었다.

(2) 2차 아동정책기본계획(2020~2024)

① 배경

제1차 아동정책기본계획에 이어 아동의 행복수준 향상을 위한 아동 중심의 정책 추진 필요성이 제기되었다. 이에 아동을 보호 · 양육 대상이 아닌 권리 주체로 인식하고, 이에 따른 아동 중심의 정책 추진이 필요하다. 또한 2019년 5월 포용국가 아동정책 수립에 따라 아동권리 보장, 보호 필요 아동에 대한 국가책임 확대 등의 새로운 방향을 설정함에 따라 아동정책 관련 공적 책임 강화에 따른 정책적 변화가 필요하다. 코로나19와 같은 대규모 감염병 재난 발생으로 인한 사회적 변화에 대한 고려가 필요하다. 코로나19 유행에 따른 경제위기 장기화, 비대면 일상화 등 여러 사회적 변화가 대두되었고, 아동권리 4대 원칙(건강권, 발달권, 보호권, 참여권)에 따른 적절한 대응 및 선제적 예방조치가 필요하다. 따라서 아동 중심, 권리 주체에 대한 인식이 범국민적으로 확산될 수 있으며, 코로나19와 같은 재난상황이 아동의 삶에 미치는 부정적 영향을 최소화할 수 있도록 제2차 아동정책 기본계획을 수립하였다.

② 내용

2차 아동정책기본계획의 비전은 아동이 행복한 나라이며, 아동권리의 존중 및 실현, 아동이 현재 행복을 누릴 수 있는 환경 조성을 목표로 한다. 이에 권리주체 아동권리 실

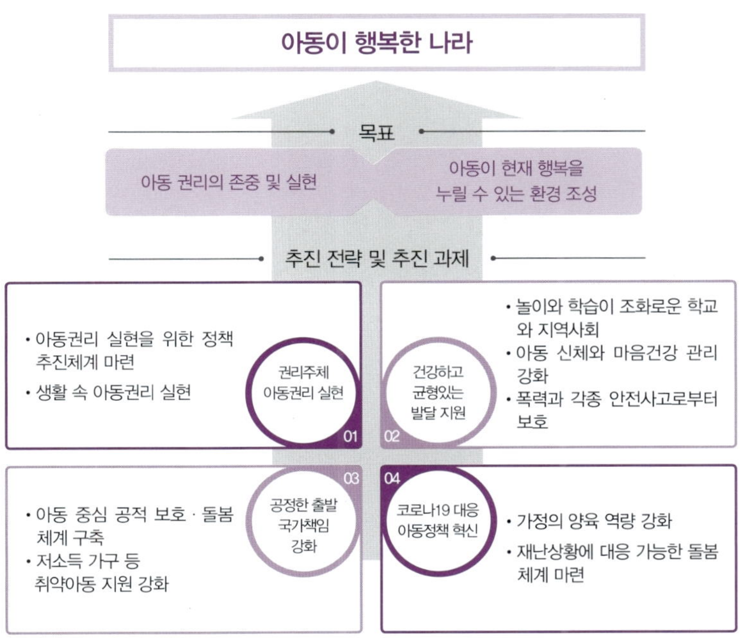

그림 5-2 제2차 아동정책기본계획

출처: 관계부처합동(2020). 제2차 아동정책기본계획. p.24

현, 건강하고 균형있는 발달 지원, 공정한 출발 국가책임 강화, 코로나19 대응 아동정책 혁신의 4개 추진 전략과 9개 중점 추진과제, 73개 세부과제를 제시하고 있다. 구체적인 내용은 〈그림 5-2〉에 제시되어 있다.

③ 기대효과

첫째, 아동이 권리주체로 존중받고 자존감과 행복감이 높아진다. 각종 정책에 아동을 고려하는 제도적 토대가 마련되고 아동 스스로 의견을 제시할 기회가 많아지며, 아동권리를 토대로 한 아동 중심의 보호가 이루어진다. 둘째, 놀이와 학습이 균형 잡힌 환경에서 아동의 몸과 마음이 건강해진다. 아동은 다양한 문화시설과 놀거리를 자유롭게 이용할 수 있고, 아동 대상 범죄와 위험에서 아동이 안전하게 보호받는다. 셋째, 모든 아동이 차별없이 평등하고 공정하게 출발할 수 있다. 보호가 필요한 아동이 가정과 유사한 환경에서 보호받고, 저소득가정 아동이 건강한 성장・발달을 위한 충분한 서비스를 제공받는다. 넷째, 코로나19 등 재난상황에서 아동이 안전하게 보호된다. 아동수당이 아동가구의 든든한 버팀목이 되고, 아동이 더 많은 시간을 부모와 함께할 수 있다.

3. 아동복지 전달체계

아동복지 전달체계란 급여(각종 수당, 바우처 등) 또는 서비스를 효율적으로 아동과 가족에게 전달하기 위해 어떤 조직을 통해 실천할 것인가에 대한 전략을 선택하는 것으로 중앙정부에서 지방정부로, 일선의 서비스 전달로 이어진다. 국가는 아동을 건전하게 육성할 공적인 책임을 지며, 지방자치단체에서는 국가의 정책에 호응하면서 지역 아동의 욕구 충족이나 문제 해결을 공적으로 다룬다. 민간단체나 지역주민은 자발적으로 보호가 필요한 아동을 보살피는 책임을 지는 주체가 될 수 있다(김석준 외, 2018). 아동복지 서비스의 전달체계는 운영주체에 따라 공공 전달체계와 민간 전달체계로 구분할 수 있다(이순형 외, 2013).

1) 공공 아동복지 전달체계

공공 전달체계는 중앙정부 및 지방정부나 공공기관이 직접 관리 · 운영하는 것을 의미한다. 사회보험은 주로 보건복지부와 고용노동부의 감독 하에 설립된 공공기관 및 그 지부를 통하여 전달하고 공공부조 및 사회서비스는 보건복지부에서 계획하여 지방자치단체의 행정체계를 통하여 전달한다.

(1) 중앙정부

중앙정부에서는 보건복지부를 중심으로 여성가족부, 교육부, 고용노동부, 법무부 등 많은 부서가 아동복지 서비스를 담당하고 있다. 〈그림 5-3〉의 보건복지부 조직도에 제시된 것처럼 아동복지 관련 업무는 인구정책실의 인구아동정책관에서 담당하고 있다. 인구아동정책관의 아동복지정책과, 아동권리과, 아동학대 대응과에서 아동복지 세부업무를 담당하고 있다. 구체적인 내용은 〈표 5-4〉에 제시되어 있다.

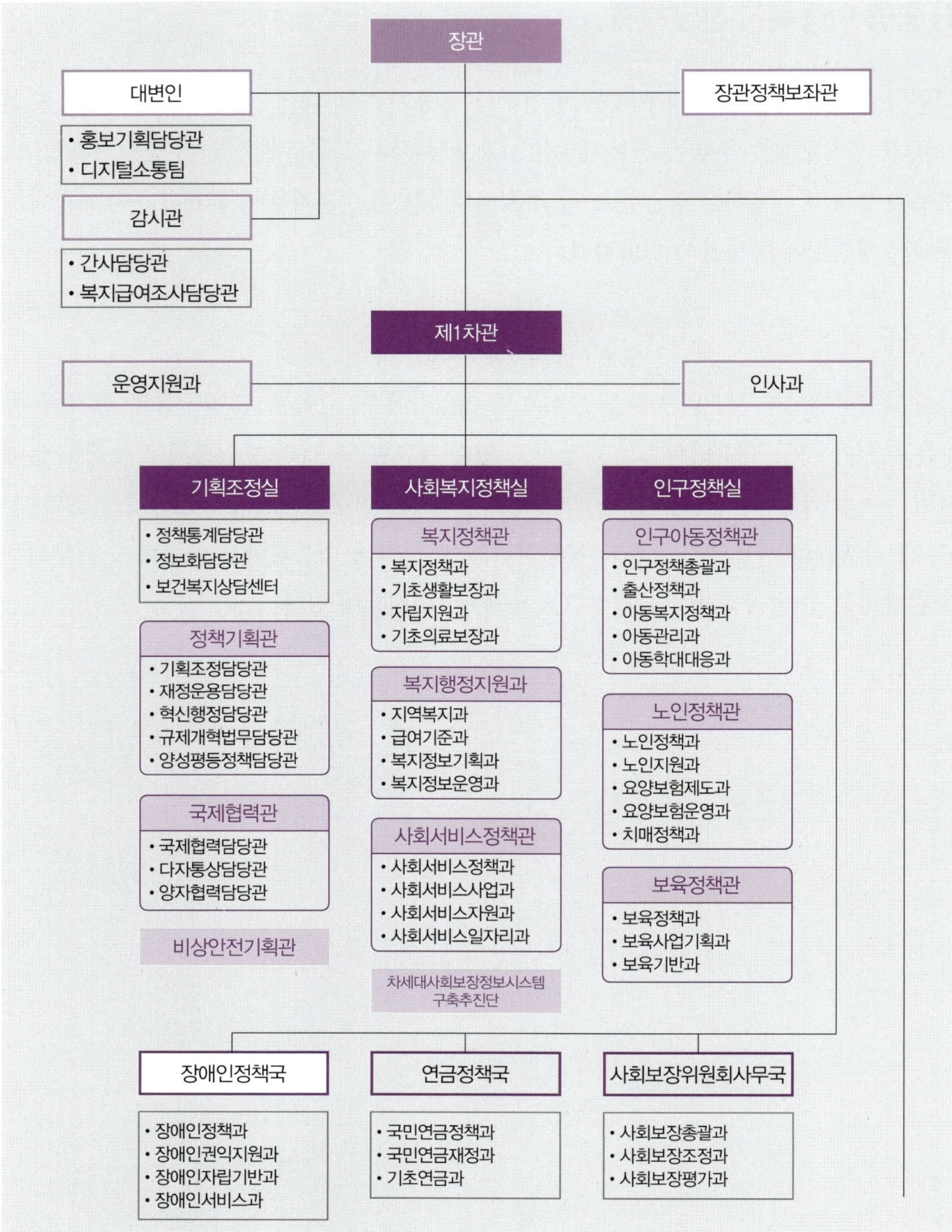

그림 5-3 보건복지부 조직도

출처: 보건복지부(http://www.mohw.go.kr)

표 5-4 인구아동정책관의 업무내용

부서명	업무 내용
아동 복지 정책과	1. 아동복지에 관한 정책 총괄 및 종합계획의 수립 · 시행 2. 아동복지법령 제정 · 개정에 관한 사항 3. 아동정책조정위원회에 관한 사항 4. 아동복지서비스 조사 · 연구 · 홍보 및 통계에 관한 사항 5. 아동복지 관련 업무의 중앙부처 및 지방자치단체 협의 · 조정 6. 빈곤아동종합대책의 수립 및 조정 7. 가정위탁, 소년소녀가정에 관한 사항 8. 아동복지시설, 그룹홈 등 운영 · 지원에 관한 사항 9. 입양특례법령 제정 · 개정에 관한 사항 10. 국내외 입양제도 개선 및 활성화 종합대책 수립 · 시행에 관한 사항 10의2. 국내외 입양 실태조사 · 연구 · 홍보 및 통계에 관한 사항 10의3. 헤이그국제아동입양협약에 관한 사항 10의4. 중앙입양원 및 입양 기관 · 단체에 관한 사항 11. 아동발달지원계좌에 관한 사항 12. 아동 관련 법인 및 단체에 관한 사항 13. 한국아동복지협회, 한국아동그룹홈협의회에 관한 사항
아동 권리과	1. 아동권리 증진 및 인권보호에 관한 사항 2. 아동권리 관련 국제협약 및 국제협력에 관한 사항 3. 아동 건강관리에 관한 사항 4. 결식아동 급식에 관한 사항 5. 실종아동보호 및 지원에 관한 사항 6. 실종아동등의 보호 및 지원에 관한 법령 제정 · 개정에 관한 사항 7. 아동에 대한 맞춤형 통합서비스 제공에 관한 사항 8. 지역아동센터, 방과 후 돌봄서비스에 관한 사항 9. 아동복지교사 파견 및 관리에 관한 사항 10. 어린이날, 어린이 주간 등 아동행사에 관한 사항 11. 아동안전에 관한 사항
아동 학대 대응과	1. 관계기관 협력을 통한 아동학대 예방 및 피해아동 보호대책의 수립 · 시행 2. 아동학대 관련 법령에 관한 사항 3. 아동학대 예방을 위한 중앙행정기관 및 지방자치단체와의 협력에 관한 사항 4. 아동학대 관련 범죄전력자 취업제한제도 운영에 관한 사항 5. 아동보호전문기관 및 학대피해아동쉼터의 설치 · 운영에 관한 사항 6. 피해아동에 대한 의료 및 법률 서비스 지원에 관한 사항 7. 아동학대 예방 관련 법인 및 단체에 대한 지원 8. 아동학대 예방 및 피해아동 보호 실태에 관한 조사 · 연구에 관한 사항 9. 아동학대 관련 통계의 생산 및 관리 10. 위기아동 조기발견시스템의 운영 및 관계기관 간 정보연계에 관한 사항

부서명	업무 내용
아동 학대 대응과	11. 국가아동학대정보시스템의 운영 및 아동학대 관련 정보제공에 관한 사항 12. 아동학대예방주간 운영 등 아동학대 예방을 위한 대국민 홍보에 관한 사항 13. 관계기관 협력을 통한 아동학대 신고의무자 교육 및 아동학대 예방교육에 관한 사항 14. 아동학대 예방교육 프로그램의 개발 · 보급 및 전문강사 양성 · 관리 15. 아동학대 현장점검 지원에 관한 사항 16. 아동학대 관련 해외 사례 조사 및 지원에 관한 사항

(2) 지방자치단체

중앙정부에서 기본정책과 계획을 수립해 이를 수행하기 위한 지침을 전달하고 지방자치단체(특별시, 광역시, 도 등 광역자치단체와 시, 군, 구 등 기초자치단체)는 지침업

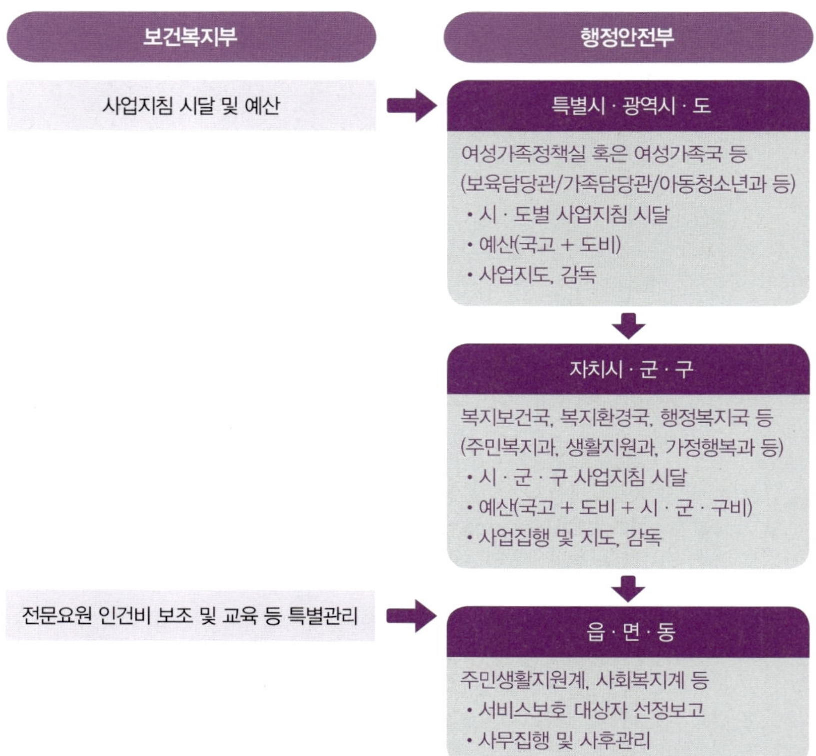

그림 5-4 지방정부의 아동복지 서비스 전달체계

출처: 이순형 외(2013), 아동복지-이론과 실천. p.180

무를 수행하는 전달체계로 구성되어 있다. 아동복지정책을 담당하는 지방자치단체의 조직은 광역시, 시 · 도 단위의 여성가족정책실 혹은 여성가족국 등의 명칭으로 구성되어 직무를 담당하고 있다. 또한 시 · 군 · 구 단위의 주민복지과, 생활지원과, 여성가족과, 복지정책과, 사회복지과, 가정행복과 등의 명칭으로 아동복지 관련 업무를 담당하고 있다. 중앙정부와 지방자치단체(광역자치단체와 기초자치단체)를 거친 대부분의 아동복지 서비스는 읍 · 면 · 동의 아동복지 관련 부서의 행정담당 공무원에 의해 아동 및 가정에 전달된다.

2) 민간 아동복지 전달체계

민간 전달체계는 민간이 직접 관리 · 운영하는 것을 의미한다. 아동복지법에 따른 아동복지시설인 아동양육시설, 아동일시보호시설, 아동보호치료시설, 공동생활가정, 자립지원시설, 아동상담소, 아동전용시설, 지역아동센터, 아동보호전문기관, 가정위탁지원센터, 아동권리보장원 등이 아동복지 서비스를 전달하는 핵심적인 민간 전달체계로 각종 사회단체가 주체가 되어 운영되고 있다.

더 알아보기

복지전달체계 개편

그간 정부는 복지사각지대 최소화, 생애주기별 맞춤형 복지 실현 및 국민의 복지체감도 제고를 위해 사회복지공무원을 확충하고, 찾아가는 서비스 및 민관 협력을 강화하는 등 복지전달체계 개편 · 발전 노력을 지속해 왔다. 특히, 2014년 동 복지기능강화 시범사업을 통해 방문상담 및 민간서비스 연계, 사례관리 등이 국민의 복지 체감도를 높이는 데 큰 성과가 있음을 확안하고, 전국 모든 읍면동에서 단순한 복지사업 신청 및 접수를 받는 것이 아니라, 보건소 · 유관기관 · 지역주민 등과 함께 협력하여 "찾아가는 보건복지 서비스"를 제공 중이다.

읍면동 찾아가는 보건복지서비스를 통해 위기상황에 처해 있음에도 복지제도를 잘 알지 못하거나, 도움을 청하지 못하는 주변의 어려운 이웃들에게 복지공무원이 복지통(이)장과 읍면동 지역사회보장협의체 위원 등 지역사회 주민들과 함께 찾아가 필요한 공적 급여지원과 전문적 통합사례관리 서비스 등을 제공하고, 소득 · 재산기준 초과 등으로 인해 공적 급여 및 서비스를 받지 못하지만 실질적인 생활의 어려움에 처해 계신 분들께는 지역사회 내 다양한 민간 자원을 찾아 서비스를 연계한다.

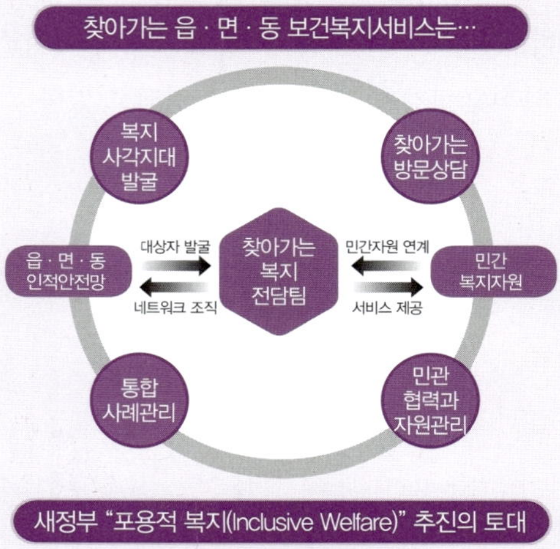

출처: 보건복지부 http://www.mohw.go.kr/react/policy/index.jsp?PAR_MENU_ID=06&MENU_ID=06350401&PAGE=1&topTitle=

참고문헌

관계부처합동(2015). 제1차 아동정책기본계획.

관계부처합동(2020). 제2차 아동정책기본계획.

김석준, 김현호, 박주현, 시옥진, 오선영, 이범석, 이화명, 정미현(2018). 아동권리와 복지. 파주: 양서원.

성미영, 유주연, 이세라피나, 임여정, 정현심(2019). 보육학개론. 서울: 학지사.

아동권리보장원(2020). 아동이 행복한 나라를 만들어갑니다. 아동권리 이슈 Brief, 12, 8-11.

이순형, 민하영, 이소은, 이완정, 황혜신, 이강이, 이영미, 이혜승, 한유진, 권혜진, 성미영(2013). 아동복지이론과 실천(6판). 서울: 학지사.

사회보장위원회 https://www.ssc.go.kr

보건복지부 http://www.mohw.go.kr

국가법령센터 https://www.law.go.kr

대한민국정책브리핑 www.korea.kr

CHAPTER

06

빈곤아동 보호서비스

아동기의 빈곤은 영양 섭취, 교육 투자, 주거 환경, 부모의 양육 태도 등에 영향을 미칠 뿐만 아니라 상대적 박탈감으로 인해 심리적, 사회적, 정서적 측면에도 영향을 미치는 등 아동 성장과 발달에 부정적인 영향을 미친다. 이러한 빈곤의 영향은 성인이 된 후의 직업, 사회생활에 지속적으로 영향을 미쳐 궁극적으로 빈곤의 악순환이 초래될 수 있다. 이에 빈곤아동에 대한 정책적 개입이 조기에 이루어져야 한다. 본 장에서는 아동빈곤의 정의, 현황, 빈곤아동 보호서비스의 내용 및 개선방향에 대해 살펴보고자 한다.

생각해 보기

올해 4인 가구 기준 중위소득을 찾아보자.

> 기준 중위소득
> 「국민기초생활보장법」 제20조의 제2항에 따라 중앙생활보장위원회 심의 · 의결을 거쳐 고시하는 국민 가구소득의 중위값을 의미한다.

1. 아동빈곤의 정의

빈곤poverty은 인류 역사가 시작된 이래 늘 중요한 사회 이슈였으며, 이를 해결하기 위해 수많은 학자와 정치가들은 빈곤에 대한 각자의 정의와 기준을 가지고 다양한 정책과 연구들을 제시해왔다. 빈곤의 개념을 명확히 정의 내리기는 어려우며 각 국가와 사회 그리고 개인이 갖고 있는 가치와 기준에 따라 달라질 수 있다. 이는 아름다움이 사람에 따라 다르게 보이듯이 빈곤 역시 가치판단의 문제이기 때문이다.

빈곤의 사전적 정의를 살펴보면 "기본 욕구를 충족시킬 수 있는 생활수단이 부족한 상태"로, 여기서 이야기하는 기본 욕구는 협의의 의미로는 생존을 위해 필수적인 욕구, 광의의 의미로는 공동체 내에서의 일반적인 생활 수준을 향유하기 위한 욕구라고 볼 수 있다(브리태니커, 2013). 이처럼 빈곤은 필요한 자원과 기본적인 욕구를 어떻게 설정하느냐에 따라 빈곤을 측정하는 방법이 달라지는데, 그동안 빈곤은 절대적 빈곤과 상대적 빈곤 그리고 주관적 빈곤으로 측정되어 왔다.

1) 경제적 빈곤

(1) 절대적 빈곤

절대적 빈곤은 역사적으로 가장 오래된 빈곤의 정의로서, 절대적 빈곤은 신체적 생존을 위해 기본적인 욕구로서 흔히 언급되는 의식주에서의 결핍 문제에 초점을 둔다. 대표적으로 의식주의 기본 욕구를 해결하는 데 드는 비용을 계산하는 최저생계비 계측을 통해 최저생계비 미만의 소득을 가진 가구를 빈곤 가구로 규정하는 방법이 있다. 그리고 음식비가 소득에서 차지하는 비율을 계산한 엥겔지수를 통해 높은 비율의 음식비를 사용하는 가구를 빈곤 가구로 선정하여 지원하는 방법 등도 해당된다.

그러나 기본적인 욕구를 충족시키기 위한 재화의 종류와 개념은 시대적 · 역사적 · 공간적 상황에 따라 달라질 수 있으므로, 절대적 빈곤 개념만으로는 빈곤을 명확히 정의 내리기 어렵다. 이에 신체적 생존을 위한 기본적 욕구뿐만 아니라 사회 전체 차원에서의 생활 수준과 더불어 비빈곤층과의 상대적인 위치를 염두에 두고 빈곤의 개념을 살펴봐야 한다는 의견이 제시되면서 상대적 빈곤 개념이 등장하게 되었다.

(2) 상대적 빈곤

상대적 빈곤은 절대적 빈곤과는 달리 한 사회의 전반적인 생활 수준에 무게를 두고, 전체 국민의 복지나 소득수준과 비교하여 상대적인 저소득층을 판단함으로써 빈곤을 정의 내린다. 상대적 빈곤의 측정 방법으로 먼저 평균 소득이나 중위소득의 비율을 보는 방법이 있다. 상대적 빈곤은 국가에 따라 다른 기준을 적용하는데, OECD 국가들은 대체로 중위 가구 소득의 50~60% 이하를 상대적 빈곤으로 규정하고 있다. 우리나라의 경우 그동안 수급자 선정 및 지원 기준으로 절대적 빈곤 개념인 최저생계비를 사용하다가 「국민기초생활보장법」 개정에 따라 "국민 가구소득의 중위값"으로 개편하여 상대적 빈곤 개념을 도입하였다. 기준 중위값에 따라 지원 내용에 차이가 있는데, 생계급여(기준 중위소득 30% 이하), 의료급여(기준 중위소득 40% 이하), 주거급여(기준 중위소득 45% 이하), 교육급여(기준 중위소득 50% 이하) 기준을 적용하고 있다.

(3) 주관적 빈곤

절대적 빈곤과 상대적 빈곤은 어느 정도 객관적인 수준을 갖고 빈곤을 정의 내리는 반면, 주관적 빈곤은 빈곤에 처한 당사자가 체감하는 수준에서 빈곤을 정의 내린다. 주관적 빈곤은 상대적 박탈감이나 행복감 등 개개인이 느끼는 욕구에 기반하는 것이며, 이러한 측면에서 각자가 느끼는 빈곤감은 각양각색으로 나타날 수 있다(여유진 외, 2005). 우선 사회조사에 의한 방법으로, 4인 가족(부모와 두 자녀)이 한 지역사회에서 살아가는 데 필요한 최소비용이 얼마인지를 설문하여 얻은 액수를 평균하여 산출한 금액을 빈곤선으로 결정하는 방법이 있다. 또다른 방법으로는 네덜란드의 라이덴대의 학자들이 개발한 라이덴 방식으로 개인의 상황을 고려하여 생활하는 데에 필요한 최소한의 소득mimum income이 얼마인가를 묻고, 응답한 최소 소득과 실제 소득actual income을 비교하여 최소 소득과 실제 소득이 일치하는 점을 빈곤선으로 결정한다.

살펴본 바와 같이 위의 빈곤 개념들은 각자 다른 개념의 빈곤을 정의하지만 실제 측정은 모두 소득 등의 화폐적인 접근을 활용하여 빈곤선을 정한다는 측면에서는 유사하다고 할 수 있다. 하지만 소득을 이용하여 빈곤을 측정하는 방식은 생활상의 수준을 반영하지 못한다는 점에서 한계가 있다. 즉 같은 경제적 수준이라 하더라도 실제 생활조건들은 다르게 나타나는데, 빈곤기준선을 넘는 소득이라 하더라도 어느 집단은 생활상의 자원 결핍으로 인해 빈곤한 상태일 가능성이 있다. 또한 생활하는 데 필요한 기본적인 자원을 모두 금전적으로 전환하는 것이 불가능하므로 화폐로 계산 불가한 차원까지 포함하여 빈곤 측정이 필요하다는 지적이 있다.

2) 아동빈곤 측정 방법

소득을 기준으로 하는 절대적 빈곤과 상대적 빈곤은 아동의 삶을 반영하지 못한다는 한계가 있다. 즉 빈곤한 가구의 아동은 교육, 주거, 의료 등 다양한 측면에서 자원의 결핍을 경험하지만 소득을 기준으로 한 빈곤 기준은 이를 반영하지 못한다. 따라서 아동빈곤을 파악하기 위해서는 소득을 포함한 가구의 경제활동 이외에도 주거비 부담 수준, 주거환경, 교육 및 보육 기회, 교육 박탈(도서 등), 식생활을 포함한 의료 및 건강, 놀이 및 문화 경험, 교육 및 양육, 가족관계 및 양육태도 등을 포함하여 다각적으로 살펴볼 필요가 있다.

아동빈곤을 다차원적인 측면에서 살펴보고자 UNICEF(2012)에서는 아동결핍지수 Child Deprivation Index를 활용하여 측정하였다. 아동결핍지수를 구성하는 항목은 경제적으로 더욱 발전한 사회에서 아동의 성장과 발달에 필요한 기준으로 고려될 수 있는 소유 possesstions, 서비스services, 기회opportunities의 결핍을 측정할 수 있도록 설계되었으며, 구체적으로 교육, 신체발달, 인지자극, 의생활, 식생활, 주거환경, 건강 및 놀이영역의 14가지 항목으로 구성되어 있다. 아동결핍지수는 전체 14개 항목 중 2개 이상의 항목에 '아니요'라고 응답한 아동의 비율을 의미한다.

표 6-1 유니세프의 아동결핍지수

번호	문항
1	하루에 세 끼를 먹는다.
2	하루 적어도 한 번은 육류 또는 생선을 섭취한다.(채식인 경우 콩류 및 두부류 포함)
3	신선한 과일이나 채소를 매일 섭취한다.
4	아동의 연령과 발달수준에 맞는 책을 보유하고 있다.(학교 교재 제외)
5	야외활동을 할 수 있는 기구들이 있다.(자전거, 스쿠터, 롤러스케이트 등)
6	정기적인 여가활동을 하고 있다.(수영, 악기, 태권도 등)
7	실내에서 즐길 수 있는 게임이나 기구들이 있다.(적어도 아동 한 명당 한 개씩 있으며, 교육적인 유아용 장난감, 보드게임, 블록, 컴퓨터 게임 등을 포함)
8	학교나 보육기관에서 주최하는 행사 또는 현장학습에 참가하기 위한 돈을 지불할 수 있다.
9	학교나 보육기관에서 내주는 과제나 책을 읽기 위해 충분한 면적과 적당한 채광이 되는 조용한 공간이 있다.
10	인터넷이 연결되어 있다.
11	다른 사람에게 물려받지 않은 새 옷이 있다.
12	적어도 두 켤레의 신발을 가지고 있다.
13	친구들을 집으로 초대하여 놀거나 식사를 같이 할 수 있는 기회가 종종 있다.
14	생일파티나 가족행사 등을 할 기회가 있다.

3) 아동빈곤 및 빈곤아동의 개념

2012년 시행된 「아동의 빈곤예방 및 지원 등에 관한 법률(약칭 아동빈곤예방법)」에서의 아동빈곤과 빈곤아동에 대한 정의는 다음과 같다.

표 6-2 아동의 빈곤예방 및 지원 등에 관한 법률에서의 정의

구분	내용
아동빈곤	아동이 일상적인 생활 여건과 자원이 결핍하여 사회적, 경제적, 문화적 불이익을 받는 빈곤한 상태
빈곤아동	생활 여건과 자원의 결핍으로 인한 복지 · 교육 · 문화 등의 격차를 해소하기 위하여 지원이 필요한 아동을 말하며, 그 구체적인 기준은 보건복지부령으로 정함

구체적으로 동법 시행규칙 제2조에 의하면, 빈곤아동의 기준은 다음의 어느 하나에 해당하는 아동으로 규정된다. 즉 「아동복지법」 제3조 제4호 및 제5호에 따른 보호 대상 아동 및 지원 대상 아동, 「국민기초생활보장법」 제2조 제2호에 따른 수급자인 아동, 「한부모가족지원법」 제4조 제2호에 따른 한부모가족 및 「다문화가족지원법」 제2조 제1호에 따른 다문화가족의 아동 등 복지 · 교육 · 문화 등의 격차를 해소하기 위하여 사회적 · 경제적 · 문화적 지원이 필요하다고 보건복지부장관이 인정하는 아동이다.

표 6-3 아동의 빈곤예방 및 지원 등에 관한 법률에서의 빈곤아동 기준

법	세부기준
아동복지법	• 보호 대상 아동: 보호자가 없거나 보호자로부터 이탈된 아동 또는 보호자가 아동을 학대하는 경우 등 그 보호자가 아동을 양육하기에 적당하지 아니하거나 양육할 능력이 없는 경우의 아동 • 지원 대상 아동: 아동이 조화롭고 건강하게 성장하는 데에 필요한 기초적인 조건이 갖추어지지 아니하여 사회적 · 경제적 · 정서적 지원이 필요한 아동
국민기초생활보장법	• 이 법에 따른 급여를 받는 수급자
한부모가족지원법	• 모자가족 또는 부자가족
다문화가족지원법	• 「재한외국인 처우 기본법」 제2조 제3호의 결혼이민자와 「국적법」 제2조부터 제4조까지의 규정에 따라 대한민국 국적을 취득한 자로 이루어진 가족 • 「국적법」 제3조 및 제4조에 따라 대한민국 국적을 취득한 자와 같은 법 제2조부터 제4조까지의 규정에 따라 대한민국 국적을 취득한 자로 이루어진 가족

2. 빈곤이 아동에게 미치는 영향

1) 빈곤과 아동 발달

빈곤가정에서 자란 아동의 경우, 그렇지 않은 아동보다 신체 · 정서 · 인지 발달 측면에서 낮은 수준의 성취를 보이는 것으로 보고되고 있다(Duncan &, Brooks-Gunn, 1997). 또한 빈곤가정의 아동은 사회의 구성원으로서 건강하게 성장하기 위한 경제적 · 사회적 기회의 박탈 가능성이 높아 빈곤의 부정적인 영향이 성인기에도 누적되어 빈곤의

대물림 가능성이 높다(Becker, 1993). 이러한 부정적인 영향은 연속적인 장기빈곤을 경험할수록 또는 빈곤을 경험한 연령이 더 어릴수록 커질 수 있다(김효진, 2008). 그런 측면에서 영유아기의 빈곤은 특히 주목할 필요가 있다. 영유아기는 짧은 시기에 커다란 변화와 발달을 경험하기 때문에 생애 초기에 경험한 빈곤은 이후 성장과 발달에 중요한 영향을 미친다.

빈곤이 아동발달에 미치는 과정을 설명하는 대표적인 이론은 인적자본투자이론과 가족과정모델이다(김효진, 2008). 우선 인적자본투자이론human capital investment theory은 아동의 인적 자본 형성에 기여하는 물질적 재화, 경험, 서비스를 구매할 수 있는 가족의 경제적 능력에 따라 아동의 발달 정도가 달라질 수 있음을 강조하여 부모의 경제적 지원 결핍은 아동의 발달 기회를 제한한다고 말한다. 즉 빈곤한 부모는 생계를 위해 자원의 대부분을 소비해야 하기 때문에 아동발달을 향상시키기 위한 시간 · 자본 · 에너지를 갖지 못하게 되고, 이러한 투자자원의 부족은 아동에게 부정적 영향을 준다.

다음으로 가족과정모델family process model은 아동의 삶에서 가장 많은 영향력을 미치는 가정과 주양육자인 부모에 초점을 맞추어 빈곤의 영향을 분석한다. 빈곤이 부모의 스트레스를 가중시키며, 아동에 대한 지원과 관심을 가질 부모의 능력을 감소시킨다고 말한

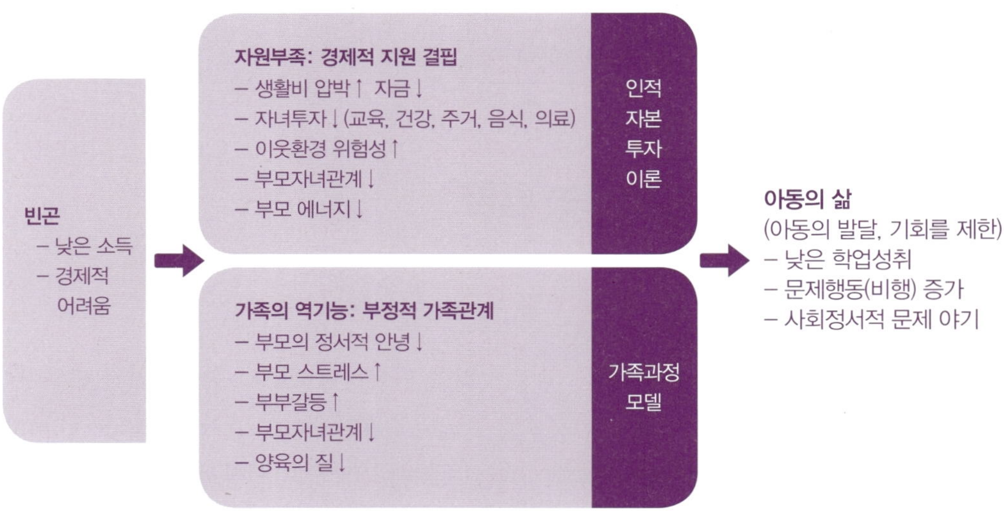

그림 6-1 아동빈곤의 영향 경로

출처: 김효진(2008)

다. 결국 이러한 부모의 능력 감소는 아동에 대한 좋지 않은 양육을 유발시키며 아동에 대한 교육적 · 사회적 기회를 제한한다. 즉 빈곤이나 경제적 어려움은 양육자인 부모의 스트레스나 부부간의 갈등을 야기하게 되며, 이로 인해 부모는 비일관적이고 혹독한 양육행동을 하게 되며, 잘못된 양육행동은 결과적으로 아동의 발달에 부정적인 영향을 미친다는 것이다.

2) 빈곤과 아동 행복

빈곤은 아동의 행복에도 영향을 미친다. 구체적으로 아동종합실태조사(2019) 데이터를 통해 빈곤에 따른 아동의 행복 격차를 살펴본 연구(유민상, 2020)에 따르면, 초등학생과 고등학생의 영역별 만족도가 가구소득에 따라 차이가 있다. 특히 가구의 사회경제적 배경에 따른 학업 등의 성취 정도 차이, 미래 삶에 대한 기대의 차이가 고등학교 시기에 더욱 뚜렷해지는 현상을 주목할 필요가 있다. 사회경제적 배경에 따라 아동의 삶의 질에 격차가 발생하고 아동들은 이미 미래 삶의 기회 등이 불균등하게 구성될 수 있음을 체감하고 있는 것으로 해석되는데, 빈곤가정 아동들이 미래에 대한 기대를 포기하는 것은 아

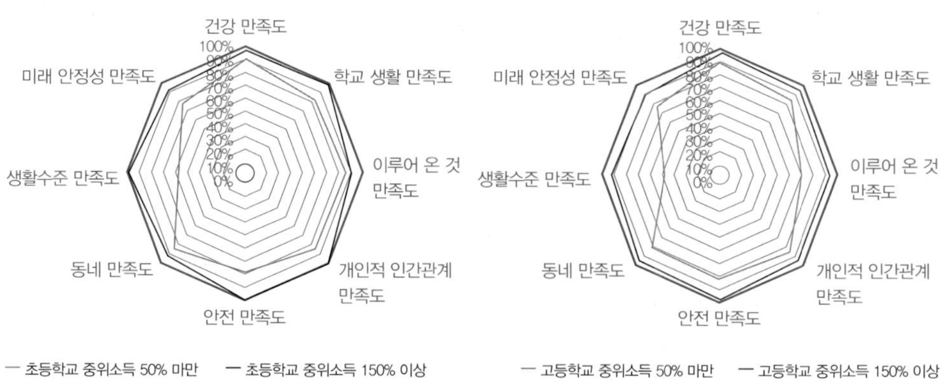

주: 0점에서 10점까지의 11점 척도임

자료: 보건복지부 · 한국보건사회연구원, 2018 아동종합실태조사(2019). 원자료를 이용하여 새로 분석한 결과임

그림 6-2 학교급별 사회경제적 배경에 따른 영역별 만족도 차이(초등학생과 고등학생의 비교)

출처: 유민상. 한국 아동들의 행복 격차. 보건복지포럼(2020. 5.)

닌지 국가와 사회의 장기적이고 예방적인 대책이 필요하겠다.

다음으로 아동종합실태조사(2013, 2019) 데이터를 통해 저소득층 아동과 일반 아동의 행복도 변화를 살펴본 결과(유민상, 2020)에 따르면, 저소득층 아동의 행복도가 일반 아동의 행복도보다 낮은 것으로 나타나 가구 소득에 따른 아동기 행복 격차가 확연하게 드러났다. 물론 저소득층 아동도 2013년 조사보다 2019년 조사에서 아동의 행복도 결과가 삶의 가장 나쁜 상태를 나타내는 0~2점으로 응답한 아동의 비율이 줄고, 삶의 좋은 상태를 나타내는 6~7점으로 응답한 아동의 비율도 증가하였다는 점에서 빈곤아동의 행복도가 개선되었다고 할 수 있다. 하지만 여전히 저소득층 아동의 행복도는 낮게 나타난다. 3~5점으로 응답한 빈곤 아동의 비율이 높게 나타나고 있고, 이 비율은 2013년과 2019년이 유사하게 유지되고 있다. 이는 전체적인 아동 행복도가 개선되는 추세 속에서도 저소득

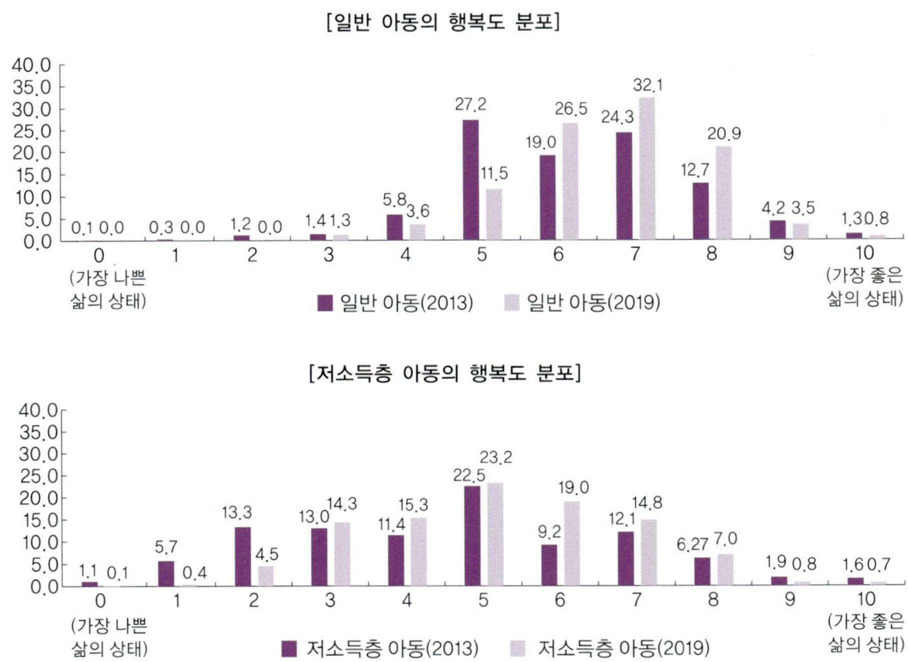

주: 0점에서 10점까지의 11점 척도임

자료: 보건복지부 · 한국보건사회연구원. 아동종합실태조사(2013). 원자료; 보건복지부 · 한국보건사회연구원. 2018 아동종합실태조사(2019). 원재료를 이용하여 새로 분석한 결과임

그림 6-3 사회경제적 배경과 행복 격차(2013년과 2019년 비교, 빈곤 · 비빈곤 아동 격차)

출처: 유민상. 한국 아동들의 행복 격차. 보건복지포럼(2020. 5.)

득 가구의 아동들은 자신의 삶에 대해 "나의 삶이 나쁜 상태에 있다"고 평가하는 경향이 있음을 의미한다.

3. 아동빈곤 현황

1) 기초생활보장 수급을 통해 살펴본 아동빈곤 현황

기초생활보장 수급자란 「국민기초생활보장법」에 따라 급여를 받는 자로서 소득인정액이 기준 중위소득 이하이고 부양의무자가 없거나, 있어도 부양능력이 없는 경우를 의미한다. 2000년 「국민기초생활보장법」 제정 및 제도 도입 이후 가정 해체, 빈곤, 실직 등으로 수급자 수가 증가하였으나 2010년부터 감소 추세를 보이다가 2015년 7월 맞춤형 급여로 개편하면서 수급자 수가 다시 증가하였다. 이후 안정화 추세를 보이다가 2017년 말부터 부양의무자 기준 폐지 등 제도 개선으로 인해 수급자 수는 다시 증가하는 추세이다. 가구유형별 수급 가구 수를 살펴보면 일반세대, 노인세대, 장애인세대, 모자세대 가정 순으로 수급자 수가 많은데, 이 중 아동빈곤과 관련하여 모자세대와 소년소녀가장세대의 빈곤에 주목할 필요가 있다.

표 6-4 가구유형별 수급 가구 수

구분	2015	2016	2017	2018	2019	2020
합계	1,014,177	1,035,435	1,032,996	1,165,175	1,281,759	1,459,059
노인세대	262,124	261,680	263,475	337,788	391,096	439,135
소년소녀가장세대	5,188	4,324	3,544	2,972	2,467	2,214
모자세대	123,497	132,277	130,506	135,862	143,810	163,950
부자세대	37,753	37,753	36,675	38,095	40,368	45,097
장애인세대	193,585	193,585	197,081	211,010	219,889	229,395
일반세대	328,282	328,282	322,918	340,597	359,017	407,012
기타	77,534	77,534	78,797	98,851	125,112	172,256

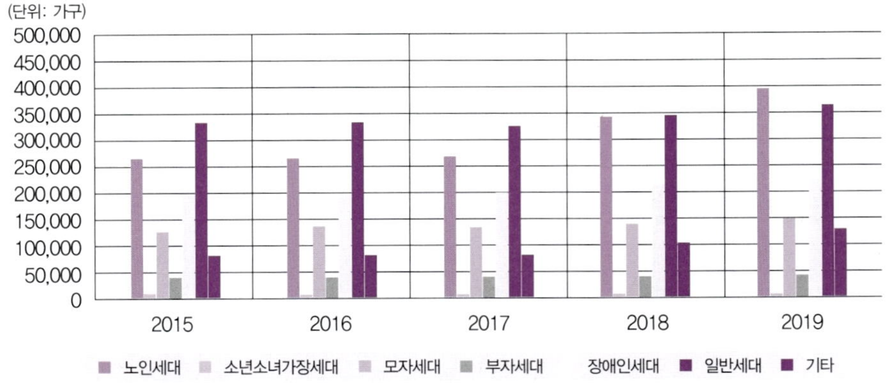

그림 6-4 가구유형별 수급 가구 수

출처: e-나라지표

한국보건사회연구원(2020)에 따르면 2019년 시장소득 기준, 가처분소득 기준 아동빈곤율은 12.1%, 10.6%로 나타났다. 노인, 장애인, 한부모 가구 등의 빈곤율에 비해서는 낮은 편에 해당하지만, 100명 12명 이상의 아동이 빈곤하다는 수치는 적극적인 정책적 개입이 필요함을 나타낸다고 할 수 있다.

표 6-5 인구유형별 상대적 빈곤율(중위 50% 기준)

(단위 : %)

구분		2016년	2017년	2018년	2019년
노인	시장소득	58.7	58.4	59.9	59.8
	가처분소득	43.6	42.3	42.0	41.4
아동	시장소득	15.5	14.5	13.1	12.1
	가처분소득	15.2	14.2	12.3	10.6
청년	시장소득	11.0	11.4	10.6	10.9
	가처분소득	10.4	10.6	9.5	8.9
장애인	시장소득	49.7	51.8	54.6	56.0
	가처분소득	40.6	40.3	41.5	42.0
취업자	시장소득	14.0	14.1	14.3	14.4
	가처분소득	12.0	11.8	11.4	10.8

구분		2016년	2017년	2018년	2019년
여성 가구주 가구	시장소득	43.6	43.3	43.4	44.0
	가처분소득	37.9	37.1	36.7	35.9
한부모 가구	시장소득	48.2	48.6	49.1	44.9
	가처분소득	42.3	38.7	38.6	30.1
1인 가구	시장소득	58.8	58.5	58.9	59.6
	가처분소득	54.0	52.1	52.7	51.8

출처: 한국보건사회연구원(2020). 2020년 빈곤통계연보

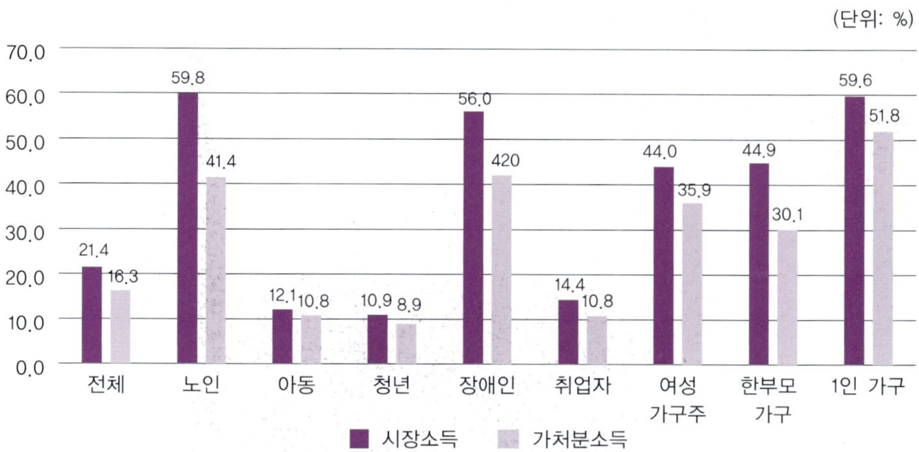

그림 6-5 인구 유형별 상대적 빈곤율(2019년 중위 50% 기준)

2) 아동종합실태조사를 통해 살펴본 아동빈곤 현황

아동종합실태조사에서는 소득 기준 아동빈곤율이 아동의 자원 결핍 그 자체만을 보여준다는 한계점을 보완하고 다차원적 아동빈곤의 특성을 더 포괄적으로 이해하기 위해 2013년부터 UNICEF(2012)의 아동결핍지수Child Deprivation Index를 활용하여 측정하였다.

2019년 분석 결과 만 0~17세 아동의 결핍지수는 31.5%로, 2013년의 54.8% 대비 큰

폭으로 감소하였다. 아동의 연령별 결핍 수준 차이는 크지 않았으며, 부모가 대신 응답한 만 0~8세 아동과 아동 자신이 직접 응답한 만 9~17세 아동의 결핍 수준은 31% 정도로 유사하게 나타났다. 결핍 문항 수의 분포를 살펴보면 결핍의 경험이 전혀 없는 아동의 비율은 0~8세가 더 높았으며, 아동 4명 중 1명이 1~2개의 결핍을 경험했다고 응답했다.

문항별로 살펴보면 14개 문항 중 취미 생활, 스포츠, 동아리 활동 등의 정기적인 여가

표 6-6 아동결핍지수와 연령별 아동의 분포

결핍 문항	0~8세 아동 결핍		9~17세 아동 결핍		0~17세 아동 결핍	
	명	%	명	%	명	%
0	997	54.8	1,343	53.5	2,340	54.1
1	253	13.9	372	14.8	625	14.4
2	215	11.8	278	11.1	493	11.4
3	132	7.3	201	8.0	333	7.7
4	104	5.7	123	4.9	227	5.3
5	44	2.4	64	2.5	108	2.5
6	19	1.0	34	1.4	53	1.2
7	11	0.6	29	1.1	40	0.9
8	13	0.7	17	0.7	30	0.7
9	7	0.4	24	1.0	31	0.7
10	8	0.4	12	0.5	20	0.5
11	10	0.6	7	0.3	17	0.4
12	2	0.1	3	0.1	5	0.1
13	2	0.1	1	0.0	3	0.1
14	3	0.2	2	0.1	5	0.1
합계	1,821	100.0	2,510	100.0	4,331	100.0
결핍지수	31.3		31.7		31.5	

주: 분석 결과는 표준화 가중치를 적용한 결과임

출처: 보건복지부, 한국보건사회연구원(2019). 2018 아동종합실태조사

생활 결핍이 26%로 가장 높았는데 특히 0~8세 아동에서 27.7%로 높게 나타났다. 친구들을 집으로 초대해 놀거나 식사를 하는 기회의 결핍(15.2%), 야외활동을 할 수 있는 기구의 결핍(15.1%)이 다음으로 높게 나타났다. 만 9~17세의 아동들 사이에서는 생일 파티나 가족 행사 등의 기회 및 신선한 과일 · 채소 섭취, 육류 또는 생선 섭취, 하루 세 끼 식사 등 식생활 관련 결핍이 상대적으로 높게 나타났다. 예컨대, 하루 세 끼를 먹지 않는다고 응답한 9~17세 아동이 7.5%로 전 연령대 아동 평균인 5.2%보다 높았으며, 매일 육류 또는 생선, 신선한 과일이나 채소 섭취 등 균형 잡힌 식생활을 하지 못하는 아동도 10~11%에 달했다. 반면, 가정에서 인터넷 활용이 가능하지 않다고 응답한 아동의 비율은 2.6%로 14개의 결핍 항목 중 가장 낮게 나타났다.

아동의 인구경제사회학적 특성별로 아동결핍 수준을 살펴보면, 기초생활수급 여부 및 낮은 소득 수준, 한부모 · 조손 가구 여부와 높은 상관관계를 보인다. 아동결핍지수는 저소득 수급 아동 표본에서 67%로, 일반 가구 아동의 29.9%보다 2.2배 높게 나타났다. 또한 소득계층의 무응답, 맞벌이 여부에서 기타 가구, 한부모 · 조손 가구의 아동이 50% 이상의 높은 결핍지수를 보였다. 다음으로는 중위소득 50% 미만 가구의 아동결핍지수가 높

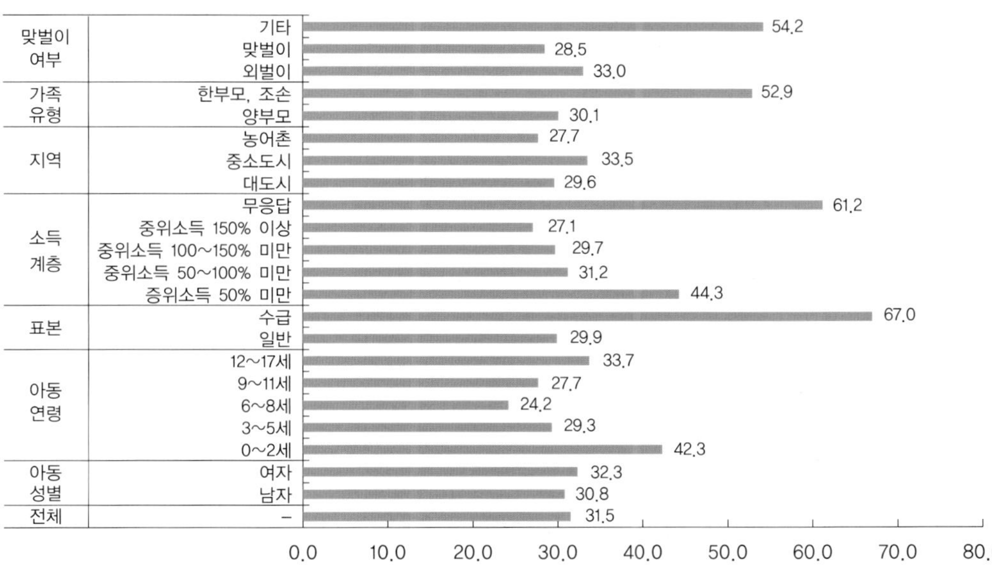

그림 6-6 아동특성별 아동결핍지수

출처: 보건복지부, 한국보건사회연구원(2019). 2018 아동종합실태조사

게 나타났다.

2019년 우리나라 아동결핍지수가 2013년에 비해 크게 향상되었음에도 불구하고, OECD 및 유럽 29개 국가들과의 비교 분석 결과는 우리 아동의 물질적 결핍 수준이 여전히 가장 높은 수준임을 보여준다. 시점 차와 대상 국가군의 차이를 고려하여 해석할 필요는 있으나, 2018년 우리나라 아동의 물질적 결핍 수준은 헝가리(31.9%)를 제외하고는 가장 높았다. 스웨덴, 핀란드, 영국, 독일 등 유럽 국가 대부분의 아동결핍지수는 10% 미만으로 낮았으며 폴란드, 포르투갈, 그리스 등의 국가가 20% 이상으로 아동결핍 수준이 높았다. 이러한 분석 결과를 통해 우리나라 아동의 소득 기준 아동빈곤율에 비해 다차원적 물질적 결핍을 경험하는 아동이 상대적으로 많다는 것을 확인할 수 있다.

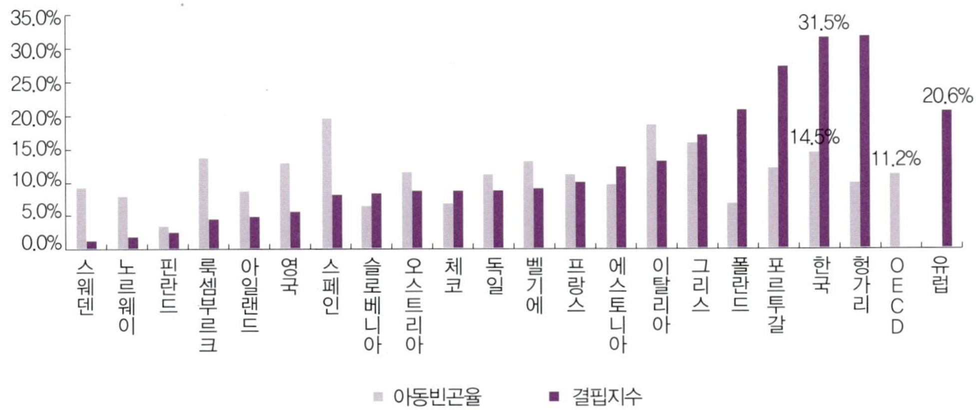

그림 6-7 상대적 아동빈곤율과 아동결핍지수의 국제 비교

출처: 류정희(2020).

4. 빈곤아동 보호서비스의 내용

1) 아동의 빈곤예방 및 지원 등에 관한 법률

빈곤아동과 관련한 대표적인 법은 2011년 7월 14일에 제정, 2012년 7월 15일부터 시행되고 있는 「아동의 빈곤예방 및 지원 등에 관한 법률(약칭 아동빈곤예방법)」이다. 이 법

은 경기침체로 인한 부모의 가출, 이혼, 별거, 질병 및 사망 등에 따른 가족해체로 빈곤 상황에 놓이는 아동이 급격하게 증가하고 있음에도 아동복지정책이 아동의 빈곤문제를 해결하지 못한다는 우려점에서 출발하여, 국가가 경제적 · 사회적 · 문화적 · 정서적으로 빈곤 상태에 있는 아동에 대한 통합적인 사회복지지원체계를 마련함으로써 모든 아동이 사회의 구성원으로 건강하게 자랄 수 있도록 법적 · 제도적 기반을 마련하려는 것에 목적을 둔다.

2) 아동통합서비스 지원(드림스타트 사업)

(1) 사업 목적 및 근거 법령

아동통합서비스 지원(드림스타트 사업)은 취약계층 아동에게 맞춤형 통합서비스를 제공하여 아동의 건강한 성장과 발달을 도모하고 공평한 출발 기회를 보장하여 빈곤의 대물림을 차단하고자 하는 목적을 가진다.

본 사업은 아동복지법에 근거를 두고 있는데, 아동복지법 제37조에 따라 "국가와 지방자치단체는 아동의 건강한 성장과 발달을 도모하기 위하여 아동의 성장 및 복지 여건이 취약한 가정을 선정하여 보건, 복지, 보호, 교육, 치료 등을 종합적으로 지원하는 통합서비스"를 제공한다.

(2) 지원 대상

지원 대상은 0세(임산부)에서 만 12세(초등학생 이하) 아동 및 가족으로 국민기초생활수급 및 차상위계층 가정, 법정 한부모가정(조손가정 포함), 학대 및 성폭력피해아동 등에 대한 우선 지원을 원칙으로 한다. 가정방문을 통해 파악한 대상 아동과 가족의 기초 정보 및 아동의 양육환경과 발달 정보를 기준으로 지역자원과 연계한 맞춤형 통합서비스를 제공하게 된다. 2019년 기준 약 15만 6천 명(초기 상담 79,881명, 사례관리 76,558명)이 지원을 받아, 0~12세 취약계층 아동 21만 명 대비 서비스 제공률 73%, 사례관리율 35.5%이었다.

표 6-7 지원현황

연도	사업 지역 (개소)	취약계층 (0~12세) 아동 수(A)	아동					
			계(명)	영아 (0~2세)	유아 (3~6세)	취학아동 (7~12세)	13세 이상	임산부
2017	229	226,991명	144,289	4,060	25,204	77,487	35,723	1,815
2018	229	219,851명	150,052	3,375	22,352	80,143	42,234	1,948
2019	229	215,842명	156,439	3,024	19,927	81,548	49,867	2,073

(3) 프로그램 구성

아동의 양육환경 및 발달상태 사정 결과에 따른 사례관리를 통해 건강, 기초학습, 사회성 함양, 부모교육, 가족지지 등 맞춤형 통합서비스를 제공한다.

표 6-8 아동통합서비스 지원(드림스타트 사업) 프로그램

서비스 영역	서비스 내용
신체/건강 서비스	• 건강검진 및 예방(신체 및 건강검진, 예방접종, 치과검진 및 관련교육, 건강교육, 클리닉, 응급처치 및 영양 관련 교육 등) • 건강관리(질병 관련 치료지원 등)
인지/언어 서비스	• 기초학습(기초학력 검사, 기초학력 배양, 독서지도, 경제교육 등) • 학습지원(교구재활용학습, 공부방, 도서관 운영, 보충학습, 예체능, 학습지 지원 등)
정서/행동 서비스	• 사회정서(사회성발달, 정서발달, 아동권리교육, 아동학대 예방, 성폭력 예방, 다문화관련교육, 소방 및 안전교육, 진로지도 등) • 심리행동(심리상담 및 치료, 인터넷 중독 상담 및 치료) • 보호(돌봄기관 연계, 야간보호 및 교육 등) • 문화체험(체험학습, 영화 및 공연관람, 캠프 등)
부모/가족지원 서비스	• 부모교육(상담 및 교육, 자녀발달, 양육, 자조모임 등) • 부모지원(취업지원, 자활상담, 가계경제 상담 등) • 양육지원(다문화가정 지원, 취미, 여가, 안전 및 건강 지원 등) • 산전산후관리 등

출처: 보건복지부 홈페이지(https://www.mohw.go.kr/)

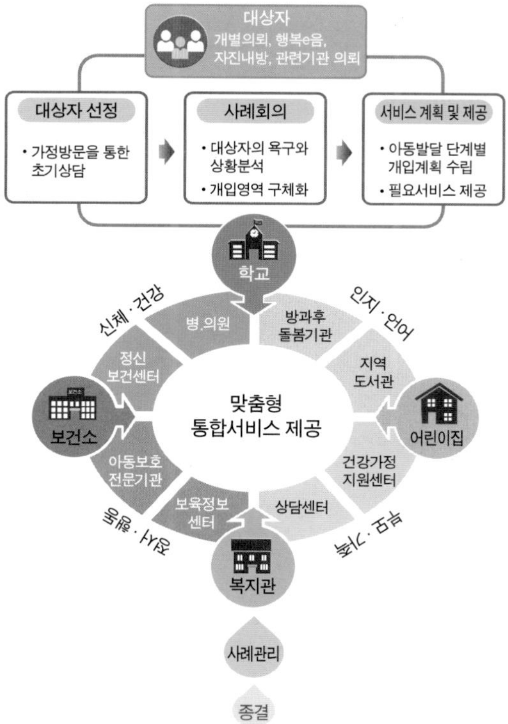

그림 6-8 아동통합서비스 지원(드림스타트 사업) 절차 및 프로그램

출처: 드림스타트 홈페이지(https://www.dreamstart.go.kr)

3) 희망복지지원단 통합사례관리사업

희망복지지원단 통합사례관리사업은 사회복지사업법에 근거하여 자활하고자 하는 가구에게 맞춤형 서비스를 제공하여 안정적인 삶을 지원 · 지지하고 빈곤을 예방하기 위한 사업이다. 지원 대상은 생계 · 의료 · 주거 · 교육급여 수급자 중 특히 신규 수급자, 생계 · 의료 · 주거 · 교육급여 수급 탈락자, 차상위 빈곤가구 등 통합사례관리 대상 가구를 기준으로 선정한다. 대상 가구의 자활, 자립을 위하여 공공서비스와 민간서비스를 제공하는 기관을 지원한다. 공공서비스 부문에서는 통합사례관리 대상을 발굴한 후 서비스 연계 전까지 필요한 복지서비스를 지원하는 것으로 가구당 생활지원비, 의료비 및 자활

그림 6-9 희망복지지원단 통합사례관리 사례

출처: 보건복지부 포스트 카드뉴스(https://post.naver.com/viewer/postView.nhn?volumeNo=30339716&memberNo=31572221&vType=VERTICAL)

촉진을 위한 교육훈련비 등 최대 50만 원 한도 내 현물서비스를 지원한다. 민간서비스 부문은 대상가구의 욕구조사 결과에 따라 필요한 맞춤형 서비스를 제공하고 지역사회와 연계하는 것을 의미한다.

4) 영양플러스 사업

지원 대상은 소득이 기준 중위소득의 80% 미만인 가구의 빈혈, 저체중, 성장부진, 영양섭취 불량 등 영양 위험 요인이 있는 임신부, 출산 · 수유부, 만 6세 미만 영유아이다. 지원내용은 개인별 영양상태에 따라 쌀, 감자, 달걀, 우유, 검정콩 등의 영양보충식품을 제공하고, 건강한 식생활 관리방법과 모유 수유를 촉진 지원하는 내용 등의 교육과 상담을 제공한다.

5) 지역아동센터

지역아동센터는 방과후 돌봄이 필요한 아동에게 보호 및 교육, 건전한 놀이와 오락의 제공, 보호자와 지역사회의 연계 등 종합 복지서비스를 제공하는 역할을 한다. 대상은 기초생활수급자 또는 차상위계층 가구이거나 가구의 소득이 기준중위소득 100% 이하인 장애인가족, 조손가족, 한부모가족, 다자녀가족, 맞벌이 가정의 초 · 중학생 아동이다. 2019년 기준 4,217개소 지역아동센터를 108,971명 아동이 이용하고 있다.

표 6-9 지역아동센터 프로그램

영역	세부 프로그램
보호	일상생활관리, 위생건강관리, 급식지도, 생활안전지도, 안전귀가지도, 5대 안전의무교육
교육	숙제지도, 교과학습지도, 예체능활동(미술/음악/체육), 적성교육(진로/독서/요리/과학 등), 인성 · 사회성 교육, 자치회의 및 동아리 활동
문화	관람 · 견학, 캠프 · 여행, 공연, 행사(문화/체육 등)
정서지원	연고자 상담, 아동 상담, 보호자교육, 행사 · 모임
지역사회 연계	기관홍보, 인적연계, 기관연계

출처: 보건복지부 홈페이지(https://www.mohw.go.kr/)

표 6-10 지역아동센터 현황

구분	2013	2014	2015	2016	2017	2018	2019
시설 수	4,061	4,059	4,102	4,107	4,189	4,211	4,217
일일 이용 아동	109,066	108,936	109,661	108,668	108,578	109,610	108,971

출처: 보건복지부(2020). 2020 보건복지통계연보

6) 아동발달지원계좌(디딤씨앗통장)

아동발달지원계좌(디딤씨앗통장)는 저소득층 아동의 자산 형성을 돕기 위해 2007년 도입된 제도이다. 보호자나 후원자가 후원하려는 아동이 만 18살이 될 때까지 일정 금액을 아동 명의의 통장에 저축하면, 정부가 2022년 기준 10만 원 범위 안에서 2배 금액을 적립한다. 적립금은 만 18살 이후가 되어 대학 학자금이나 취업을 위한 기술자격, 취업훈련, 창업, 주거 마련 등 자립 용도로만 인출 또는 해지할 수 있다. 만 24살부터는 용도 제한 없이 해지할 수 있다.

지원대상

- 보호 대상 아동: 만 18세 미만의 아동복지시설(아동양육시설, 공동생활가정) 보호아동, 가정위탁 보호아동, 장애인생활시설 아동, 소년소녀가정 아동
- 기초생활수급가구 아동: 중위소득 40% 이하의 수급 가구(생계, 의료 급여) 아동 중 만 12세 이상 ~ 만 18세 미만의 아동

표 6-11 아동발달지원계좌(디딤씨앗통장) 개설 현황

구분	2013	2014	2015	2016	2017	2018	2019
총 통장 개설 아동 수	63,924	70,240	76,342	86,962	94,540	108,047	1,324,828
저축 아동 수	27,314	28,194	29,771	31,469	36,619	40,944	43,741
1인당 월평균 저축액 (원)	35,172	36,601	38,247	39,196	42,416	46,970	52,515

출처: 보건복지부(2020). 2020 보건복지통계연보

5. 빈곤아동 보호서비스의 개선방향

빈곤아동 보호서비스의 개선방향은 다음과 같다(김효진, 2008; 류정희, 2020).

1) 다차원적인 빈곤예방정책 마련

아동의 빈곤은 부모, 가족, 친구, 지역사회 환경 등 아동을 둘러싼 복합적인 환경 요소들을 매개로 건강, 발달, 관계, 양육, 여가 및 문화, 안전, 주거 등 다차원적 영역에서 발생하고 있으며, 이는 신체 · 사회 · 정서 발달에 부정적인 영향을 미친다(류정희 외, 2019). 따라서 아동 삶과 성장의 조건을 평등하고 동등하게 만들기 위한 다차원적 아동 빈곤 예방정책을 수립하고 장단기 개입 전략을 세우는 것이 중요하다. 다차원적 아동 결핍 실태에 대한 분석 결과는 빈곤 아동의 가구 유형별 특성을 뚜렷하게 보여 준다. 구체적으로 저소득 가구, 한부모 · 조손 가구의 아동들은 소득 수준이 낮을 뿐만 아니라 사회

적 관계, 문화와 여가, 교육, 꿈과 기회 등 다차원적 차원에서 결핍과 차별을 일상에서 경험하고 있다. 한부모 · 조손 가구 등 취약가구의 아동과 가족을 위한 주거 지원, 교육 자원 및 문화 자본을 강화할 수 있는 지원을 확대하는 방안 등 다차원적 박탈지표의 구성요소가 되는 결핍을 보완하기 위한 정책이 필요하다.

2) 빈곤아동에 대한 조기 개입 및 투자

아동기 초기에는 아동의 인지적 및 사회, 정서적 기술이 빠르게 발달하며, 부모 및 가정학습 환경과 아동양육 환경, 보건시스템으로부터의 투입에 아주 민감하게 반응한다. 따라서 빈곤아동에 대한 개입 및 투자도 아동기 초기에 이루어질수록 그 효과 및 효율성이 높아진다. 한 예로 아동빈곤의 사회경제적 비용, 즉 빈곤의 부정적 영향으로 인한 공적 서비스 비용의 증가와 국가 경제성장을 제한하는 비용은 절대빈곤율 기준으로 총 55조 3,009억 원, 상대빈곤율 기준으로 총 99조 6,858억 원에 달하는 것으로 분석된다(김수정, 정익중, 2017). 즉 빈곤문제에 조기에 개입할수록 빈곤의 부정적 영향은 최소화될 수 있으며, 이러한 중재 요인들의 작용으로 빈곤의 영향에서 보호막을 만들어 줄 수 있다.

3) 빈곤가정의 부모에 대한 심리 · 정서 지원 확대

아동의 건강한 성장과 발달을 위해서는 바람직한 가정환경 속에서 적절한 부모역할이 제공되어야 한다. 그러나 빈곤가정의 부모는 장시간의 노동, 스트레스, 불안정한 생활, 양육지식의 부족 등으로 인하여 부적절한 양육태도를 보인다. 특히 빈곤한 부모의 스트레스, 우울 등의 사회정서문제는 그대로 양육태도에 영향을 미쳐서, 아동발달에 부정적 영향을 미친다. 따라서 빈곤아동의 올바른 성장을 위해서는 빈곤아동뿐 아니라 빈곤가정의 부모 또는 가정환경에 대한 개입이 무척 중요하다. 빈곤가정의 부모를 대상으로 정신건강 서비스가 필수적으로 제공되어야 하고, 아동의 발달단계별 부모-자녀 관계의 발달을 지지해주는 프로그램이 제공되어야 한다.

더 알아보기

아동급식카드, 제한품목 외에는 모두 사용가능하게 바뀐다

– 편의점 이용 시 구입제한품목만을 규정하여 아동급식카드 이용 불편 해소를 추진 –

앞으로는 아동급식카드로 살 수 있는 품목이 명확해진다. 국민권익위원회(위원장 전현희, 이하 국민권익위)와 보건복지부(장관 박능후)는 아동급식카드를 이용하는 아동들이 편의점에서 살 수 있는 물품을 명확히 알 수 있도록 관련 지침을 개선한다.

아동급식 지원사업은 18세 미만의 취학 및 미취학 아동을 대상으로 하는 지방이양사업이며, 2019년 기준 330,014명이 지원 대상이었다. 아동급식지원은 단체급식소, 도시락배달 그 외에 일반음식점 또는 편의점 등을 이용할 수 있는 아동급식카드를 발급하는 방식으로 지원이 이루어지고 있다. 이 중 아동급식카드로 편의점을 이용하는 경우 구입가능한 물품과 구입불가능한 물품은 「결식아동급식 업무 표준매뉴얼」에 규정되어 있고, 그에 따라 각 지방자치단체가 구체적으로 구입가능한 물품을 다시 정하여 편의점에 통보함으로써 구입을 제한하고 있다. 그런데 표준매뉴얼의 구입가능한 물품이 '도시락, 김밥, 샌드위치, 즉석밥, 세트메뉴 등 한 끼 식사로 충분한 식사 종류, 다만 식사 시 섭취할 목적으로 우유, 음료, 과일, 어묵, 컵라면 등을 도시락 등 식사종류와 함께 구매 가능'으로 되어 있어, 위에 명시적으로 규정되지 않은 품목들의 경우 구입이 가능한지 아동들이 명확히 알기 어려운 상황이었다. 또한 인접한 지방자치단체인 경우에도 구입가능 물품을 다르게 규정한 경우가 많았다. 이로 인해 아동들이 물품을 구매하려다 결제가 되지 않아 심리적 상처와 같은 낙인감을 받을 우려가 있었다.

- A구와 B구는 치킨상품 결제가 되는데 C구는 아동급식카드로 치킨상품 결제가 안 됨. 어떤 지자체에서는 치킨상품이 결제가 가능하고, 다른 지자체에서는 불가능하다는 것이 이해가 안 됨(2019. 7. 국민신문고)
- 현재 구별로 아동급식카드 결제 가능 소분류가 상이하여 구매 과정에서 아동들이 불편을 느끼고 있으며 이 부분 때문에 구매를 못하고 아동들이 퇴점하면 미안함을 느끼는 경우가 많음(2020. 3. 국민신문고)

이에 국민권익위와 보건복지부는 협업을 통해 편의점에서 구입가능한 물품을 명확히 할 필요가 있다는 점에 공감하고, 「결식아동급식 업무 표준매뉴얼」에 규정되어 있는 편의점 구입가능품목을 구입제한물품만 명시하는 네거티브(negative) 방식으로 전환하기로 하였다. 「결식아동급식 업무 표준매뉴얼」이 개정되면, 그에 따라 각 지방자치단체가 이를 고려하여 구입제한 물품들을 조정하는 과정을 거쳐 실제로 편의점에서 구입가능한 물품들이 명확해질 것으로 기대된다. 국민권익위 권석원 권익개선정책국장은 "미래세대인 아동들이 맘 편하게 성장할 수 있는 환경을 조성하는 것이 중요하다"라면서, "이번 제도개선을 통해 아동급식카드를 이용하는 아동들의 불편이 덜어지길 기대한다"라고 말했다. 보건복지부 고득영 인구아동정책관은 "어려운 상황에 처한 아동들이 급식을 이용하면서 마음의 상처를 받지 않고 건강하게 성장할 수 있도록 아동급식 지원제도를 면밀히 검토해 문제점을 지속적으로 개선해나가겠다"고 전했다.

출처: 보건복지부 보도자료(2020. 7. 1.). 아동급식카드, 제한품목 외에는 모두 사용가능하게 바뀐다

참고문헌

김효진(2008). 빈곤이 아동에게 주는 영향 분석. 보건복지포럼, 통권 제139호, 33-42. 한국보건사회연구원.

드림스타트 홈페이지(https://www.dreamstart.go.kr)

류정희(2020). 우리나라 아동의 다차원적 빈곤실태와 정책과제. 보건복지포럼, 통권 제283호, 8-21. 한국보건사회연구원.

보건복지부 보도자료(2020.7.1.). 아동급식카드, 제한품목 외에는 모두 사용가능하게 바뀐다.

보건복지부 포스트 카드뉴스(https://post.naver.com/viewer/postView.nhn?volumeNo=30339716&memberNo=31572221&vType=VERTICAL)

보건복지부, 한국보건사회연구원(2019). 2018 아동종합실태조사.

여유진, 김미곤, 김태완, 신현웅, 정해식, 김문길 등(2017). 제1차 국민기초생활보장제도 기본계획 및 종합계획 수립 연구. 보건복지부, 한국보건사회연구원.

여유진, 김미곤, 김태완, 양시현, 최현수(2005). 빈곤과 불평등의 동향 및 요인 분해. 한국보건사회연구원.

여유진, 김미곤, 류정희, 정은희, 강지원, 정희선(2017). 아동의 빈곤예방을 위한 정책 연구. 보건복지부, 한국보건사회연구원.

여유진, 김미곤, 정은희, 이주미, 정희선, 권지성(2016). 아동의 빈곤예방을 위한 실태 연구. 보건복지부, 한국보건사회연구원.

유민상(2020). 한국 아동들의 행복 격차. 보건복지포럼(2020.5.)

정은희, 최새은, 이상균, 하태정(2013). 우리나라 아동빈곤의 특성. 한국보건사회연구원.

Becker, G. S.(1993). Human Capital: A Theoretical and Empirical Analysis with Special Reference to Education. The University of Chicago Press.

Duncan, G. and J. Brooks-Gunn(1997). Consequences of growing up Poor. New York: Russell Sage Foundation.

UNICEF(2012). Measuring child poverty: New league tables of child poverty in the world's rich countries. Innocenti Report Card 10 was written by Peter Adamson.

CHAPTER

07

보육서비스

본 장에서는 영유아 보육의 개념을 살펴보고, 영유아 보육의 시작부터 현재에 이르기까지 그 역사적 변천과정과 시기별 보육사업 및 정책 내용에 대해 알아보고자 한다. 또한 영유아 권리존중 보육의 의미와 구체적 방법을 살펴봄으로써 보육현장에서 영유아 중심 보육 실천 방안을 모색해보고자 한다.

생각해 보기

다음 표는 인권적이지 않은 교사의 말실수 사례를 제시하고 있다. 교사가 영유아의 어떤 권리를 침해하고 있는지 유엔아동권리협약 4원칙을 기준으로 생각해보자.

교사의 말실수	침해된 권리	이유
• 힘들어도 참고 해. • (대소변 실수한 아이의 옷을 벗긴 채) 거기 그대로 있어봐.		
• 여기 선생님이 만들어놓은 걸 보고 따라서 만드는 거야. • 그건 오늘 꺼내서 놀 수 없어. 선생님이 꺼내주면 노는 거야.		
• 목말라도 조금만 참아. 동화 다 들으면 물 갖다 줄게. • 낮잠 안 자면 ○○이는 바깥놀이 안 데리고 갈 거야.		
• 남자친구가 여자친구를 때리면 안 되지! • 너는 얼굴이 까매서 밝은 색 옷이 안 어울려.		

출처: 서울특별시육아종합센터(2019). (좋은 교사되기 핸드북 II) “존중해 주세요. 영유아의 권리”

1. 보육의 개념 및 역사

1) 보육의 개념

우리나라의 보육은 초기에는 '탁아'라는 개념으로 저소득층 가정이나 맞벌이 가정의 자녀를 위한 보호에 초점을 두었으나, 1991년 1월 「영유아보육법」이 제정되면서 보호와 교육이 통합된 '보육'이라는 용어를 보편적으로 사용하기 시작하였다(민미희 외, 2020).

영유아보육법 제2조에서는 보육을 '영유아를 건강하고 안전하게 보호 · 양육하고 영유아의 발달 특성에 맞는 교육을 제공하는 어린이집 및 가정양육 지원에 관한 사회복지서비스'로 정의하고 있다. 이는 보육이 영유아에게 보호 · 양육 및 교육을 제공하는 종합적 서비스이자, 단순히 어린이집에서 제공되는 서비스를 넘어 가정에서 이루어지는 양육에 대한 지원 서비스까지 포괄하는 개념임을 의미한다.

보육의 대상인 '영유아'는 6세 미만인 취학 전 아동을 의미하며, 따라서 영유아 보육은 6세 미만의 영아와 유아에게 제공되는 돌봄과 교육을 의미한다. 보육의 개념은 출생 초기에 해당되는 신생아기에는 필요한 영양과 식사를 제공하고 목욕을 시키고 쉽게 잠들 수 있게 하는 돌봄에 국한된다(이순형 외, 2014). 그렇지만 아이가 성장하면서 주변의 사람들과 상호작용하고 주변 환경을 탐색하려는 요구를 드러내며, 발달적 요구가 증가하고 보다 다양해진다. 따라서 보육은 초기의 건강, 영양, 안전에 초점을 둔 돌봄에서 점차 타인 및 환경과의 상호작용을 포함한 신체적, 인지 · 언어적, 사회 · 정서적 발달을 지원하는 교육적 경험의 제공으로 확대된다.

영유아 보육의 목적은 '영유아의 심신을 보호하고 건전하게 교육하여 건강한 사회 구성원으로 육성함과 아울러 보호자의 경제적 · 사회적 활동이 원활하게 이루어지도록 함으로써 영유아 및 가정의 복지 증진에 이바지하는(영유아보육법 제1조)' 것이다. 영유아보육법 제정 당시에는 보육을 통해 '보호자가 근로 또는 질병 기타 사정으로 인하여 보호하기 어려운 영아 및 유아'에게 보호와 교육을 제공하여 '가정복지 증진'에 기여하는 것을 목적으로 하였다. 그러나 현재 보육은 일반 영유아 모두를 대상으로 하고 있으며, 보육서비스를 받는 1차적 대상인 영유아가 사회의 구성원으로 건강하게 성장할 수 있도록 지원하여 가정과 영유아 모두의 복지에 기여해야 함을 강조하고 있다.

보육에 있어서 가장 초점을 두어야 하는 주체는 영유아이다. 따라서 보육서비스의 제공은 그 무엇보다 영유아의 이익을 가장 최우선으로 해야 한다. 앞으로의 보육은 그 어떤 주체보다 영유아의 행복과 성장에 초점을 두어야 할 것이며, 영유아에 대한 권리 존중을 바탕으로 교사와 부모, 모든 보육 주체의 권리를 존중하는 보육이 실천될 수 있도록 노력할 필요가 있다.

표 7-1 영유아보육법을 통해 살펴본 보육의 개념과 목적

구분	개념	
시행 및 제/개정일	보육(제2조)	보육의 목적(제1조)
1991. 1. 14. 시행/제정	–	이 법은 **보호자가 근로 또는 질병 기타 사정으로 인하여 보호하기 어려운 영아 및 유아**를 심신의 보호와 건전한 교육을 통하여 건강한 사회성원으로 육성함과 아울러 보호자의 경제적 · 사회적 활동을 원활하게 하여 **가정복지 증진**에 기여함을 목적으로 한다.
2005. 1. 30. 시행 2004. 1. 29. 전부 개정	"보육"이라 함은 영유아를 건강하고 안전하게 보호 · 양육하고 영유아의 발달특성에 적합한 교육을 제공하는 **사회복지서비스**를 말한다.	이 법은 **영유아**를 심신의 보호와 건전한 교육을 통하여 건강한 사회성원으로 육성함과 아울러 보호자의 경제적 · 사회적 활동을 원활하게 함으로써 가정복지 증진에 기여함을 목적으로 한다.
2009. 7. 1. 시행 2008. 12. 19. 일부 개정	"보육"이란 영유아를 건강하고 안전하게 보호 · 양육하고 영유아의 발달특성에 맞는 교육을 제공하는 **보육시설** 및 **가정양육 지원에 관한 사회복지서비스**를 말한다.	이 법은 **영유아(嬰幼兒)**의 심신을 보호하고 건전하게 교육하여 건강한 사회 구성원으로 육성함과 아울러 보호자의 경제적 · 사회적 활동이 원활하게 이루어지도록 함으로써 가정복지 증진에 이바지함을 목적으로 한다.
2012. 2. 5. 시행 2011. 8. 4. 일부 개정 (~현재)	"보육"이란 영유아를 건강하고 안전하게 보호 · 양육하고 영유아의 발달 특성에 맞는 교육을 제공하는 **어린이집** 및 **가정양육 지원에 관한 사회복지서비스**를 말한다.	이 법은 영유아(嬰幼兒)의 심신을 보호하고 건전하게 교육하여 건강한 사회 구성원으로 육성함과 아울러 보호자의 경제적 · 사회적 활동이 원활하게 이루어지도록 함으로써 **영유아 및 가정의 복지증진**에 이바지함을 목적으로 한다.

출처: 법제처 국가법령정보센터(https://www.law.go.kr/)

2) 보육의 역사

선별적 복지사업으로 시작된 우리나라 보육사업은 현재 모든 영유아와 가정을 대상으로 하는 보편적 사업으로 변화하였다. 또한 보육에 대한 국가의 책임이 강조되면서 어린이집 보육과 가정양육에 대한 지원이 다방면으로 확대되어 왔으며, 보육서비스의 질적 수준 향상과 보육의 공공성 강화를 위해 노력하고 있다.

우리나라 보육사업은 1921년 태화기독교사회복지관의 탁아프로그램이 실시된 이후 현재까지 크게 4개의 시기로 구분하여 내용을 정리할 수 있다. 보육사업의 변화과정은 관련 법 체계의 제 · 개정 현황에 따라 '제1기(1921～1981)「아동복리법」시기', '제2기(1982～1990)「유아교육진흥법」시기', '제3기(1991～2003)「영유아보육법」초기', '제4기(2004～현재)「영유아보육법」전면 개정 이후'로 나눌 수 있으며(조복희, 강희경, 김양은, 한유미, 2013) 구체적 내용은 다음과 같다.

(1) 제1기(1921~1981):「아동복리법」시기

우리나라의 보육사업은 1921년 서울 태화기독교사회복지관에서 빈민아동을 위한 구제사업의 일환으로 시작되었다. 이후 1926년 부산공생탁아소와 대구탁아소의 2개 시설이 설치 · 운영된 것을 계기로 1939년에는 전국 11개 공 · 사립 보육시설에서 435명의 아동이 어린이집 보육을 받았다(강영욱, 2002). 본격적인 보육사업은 1961년의 아동복리법 제정을 계기로 시작되었으며, 종래의 구빈사업적 성격에서 벗어나 아동의 복리를 증진시키기 위한 사업으로 전환되었다. 아동복리법에서는 '탁아소'를 법정 아동복지시설로 인정하고 보육시설의 설치기준, 종사자 배치기준, 보육시간, 보호내용 등을 구체적으로 규정하여(김남식, 2009). 국가적 차원의 보육정책이 시작되는 기반을 마련하였다. 그러나 여전히 위탁과 보호를 목적으로 하는 구호적 차원의 탁아의 성격이 강했다(조복희 외, 2013).

1960년대 후반 경제개발 5개년 계획으로 여성 취업이 급격히 증가하면서 보육 수요에 대응하기 위한 방안으로 15년간 탁아증설계획이 수립되었으며, 그 결과 1962년부터 1981년까지 보건사회부가 주관하는 탁아사업은 어린이집 691개소 운영으로 증가하였다. 이후 1981년 4월「아동복리법」이「아동복지법」으로 전면 개정됨에 따라 탁아사업 역시 변화의 시기를 맞이하게 되었다(조복희 외, 2013; 이정원, 이윤진, 김희수, 2017).

(2) 제2기(1982~1990): 「유아교육진흥법」 시기

1982년 「유아교육진흥법」이 제정되기 이전까지는 보건복지부가 탁아관리를 맡고 있었다. 「유아교육진흥법」의 제정으로 기존의 어린이집, 새마을협동유아원 및 농번기 탁아소가 새마을유아원으로 흡수 · 통합하여 운영되었고, 법 제정 및 장학지도는 교육인적자원부에서, 시설운영 및 행정지도는 내무부에서, 보건의료는 보건사회부에서 담당하였다(이미화, 여종일, 엄지원, 2012).

새롭게 출범한 새마을유아원은 영유아의 교육과 보호를 동시에 충족시키는 이상적 시설로서 특히 저소득층 맞벌이 부부의 자녀를 위한 탁아기능을 담당한다는 목적으로 어린이집을 흡수 · 통합하여 확대해갔다. 그러나 설립 취지와는 달리 반일제 중심 운영, 영아보육 기피, 방학기간 운영 등 유치원과 유사한 형태로 운영되어 저소득층 맞벌이 부부의 보육 부담을 덜어주기에는 한계가 있었다. 「유아교육진흥법」에 따라 새로이 통합된 유아교육 체제인 새마을유아원이 국민의 보육 욕구를 충족시킬 수 없는 한계에 직면하게 되자 1990년 11월 내무부, 교육부, 보건복지부 3개 부처 장관들을 중심으로 새마을유아원을 1993년까지 교육법에 의한 유치원이나 보육시설로 전환하도록 합의하였다(김남식, 2002; 김남식, 2009)

한편 노동부는 1987년 「남녀고용평등법」을 제정하여 직장탁아제를 도입하였으며, 이

그림 7-1 사당 새마을유아원 개원(1981)

(http://photoarchives.seoul.go.kr)

그림 7-2 직장보육지원센터 홈페이지

(https://www.kcomwel.or.kr)

후 1989년에는 아동복지법시행령을 개정하여 1982년에 삭제된 탁아시설의 설치·운영 근거를 다시 규정함으로써 보건복지부에서 「아동복지법」에 의한 보육사업을 실시하게 되었다(이미화 외, 2012). 이 시기 보육수요 증가에 대처하기 위한 다양한 조치들이 마련되었지만, 보육사업의 관장 부서가 내무부, 노동부, 교육부, 보건복지부 등으로 다원화되어 있어 보육사업을 효율적으로 추진하기에 어려움이 있었다(조복희 외, 2013).

(3) 제3기(1991~2003): 「영유아보육법」 초기

효율적인 보육사업 추진을 위해 보육 주관부서의 일원화와 보육 관련 법령 제정이 필요하다는 인식이 대두되었으며, 1991년 「영유아보육법」 제정으로 보육의 체계화가 이루어지 시작하였다. 1991년 1월 「영유아보육법」을 제정하고, 1991년 8월 시행령 및 시행규칙을 제정하여 보육사업 주관부처를 보건복지부로 일원화함으로써 종전의 단순 '탁아'사업에서 보호와 교육을 통합한 '보육'사업으로 확대·발전되었다(이미화 외, 2012).

「영유아보육법」은 보육시설의 확대, 아동의 건전한 보호·교육 및 보호자의 경제적 사회적 활동을 지원하는 것을 목적으로 제정되었으며, 전통적인 아동의 가정 양육 원칙과 자유민주의 이념에 따라 보육정책 대상을 보호자가 보호하기 어려운 영유아로 한정하여 불필요한 국가 개입을 최소화하고자 하였다. 또한 그동안 계속되어온 '보호'냐 '교육'이냐는 논란에 종지부를 찍고 보호와 교육을 통합한 '보육'이라는 진일보된 개념으로 전환되었다. 이러한 기본이념에 따라 보육의 내용도 아동에 대한 교육, 영양, 건강, 안전 등 보호와 교육뿐만 아니라 부모에 대한 서비스와 지역사회와의 교류까지 포괄하는 종합적인 서비스를 제공하도록 하였다(강영욱, 2002; 이미화 외, 2012).

「영유아보육법」이 제정되면서 보육의 개념이 확립되었고, 기존의 일하는 여성을 위한 탁아 개념에서 벗어나 보육의 국가 책임을 일부 인식하게 되었다. 그러나 이 시기 보육사업은 보육시설의 양적 확충에 보다 중점을 두었고, 이는 보육시설의 급격한 증가로 이어졌다. 보육시설의 단순한 양적 팽창은 국가 미지원 민간보육시설의 확장으로 이어졌으며, 이로 인해 보육서비스의 질 저하 및 보육 공급 구조의 민영화가 촉발되는 문제를 야기하였다(이정원 외, 2017).

(4) 제4기(2004~현재): 「영유아보육법」 전문 개정 이후

2000년대에 들어오면서 보육시설의 양적 확충보다는 질적 수준의 향상에 대한 관심이 부각되었다. 이에 보육서비스의 질적 수준을 높일 수 있는 구체적인 방안들에 대한 논의가 활발하게 이루어졌으며, 논의된 개선방안들은 2004년 1월에 개정된 영유아보육법에 대부분 반영되었다(서문희, 백선희, 2004). 영유아보육법은 2004년 개정된 이후 일부 개정으로 제도를 부분적으로 보완해 오고 있으며, 개정된 영유아보육법을 기반으로 보육서비스의 질적 수준 향상과 보육의 공공성 확보, 보육에 대한 사회적 책임의 강화에 중점을 두고 보육정책이 발전되어 왔다.

① 2004년 전문개정 「영유아보육법」 내용

영유아보육법은 보편적 보육 이념으로의 전환, 영유아의 권리 및 이익 최우선의 원칙 적용, 국가와 사회의 책임, 의무 등 공공성 강화, 보육의 전문성 강화, 품질 향상의 제도적 기반 확대 구축 요구를 위해 전면 개정되었다. 2004년 개정된 영유아보육법은 보육의 대상을 요보호 아동 중심에서 모든 영유아로 확대하였고, 영유아의 이익 최우선의 원칙을 보육 이념에 추가하였다(한국보육지원학회, 2015). 영유아보육법의 주요내용을 정리하면 〈표 7-2〉와 같다.

표 7-2 「영유아보육법」 주요 개정 내용

목적		주요 내용
설치 기준 강화		어린이집 설치 신고제에서 인가제로 변경
보육의 전문성 강화	보육교직원	보육교사 및 원장의 국가자격증 제도 도입, 보수교육 강화
	보육과정 및 운영	표준보육과정 도입, 평가인증제 도입, 건강 · 영양 · 안전 분야 강화
부모 및 지역사회와의 협력 강화		어린이집운영위원회 설치
정부 비용보조 책임 강화		중앙정부, 지자체의 보육 비용 부담 원칙
보육지원체계 보완		보육정책조정위원회와 보육개발원 설치 및 보육정보센터 강화
체계적 보육정책 수립 지원		보육 중장기계획 수립, 보육실태조사 실시

그림 7-3 보육과정 웹사이트

(https://www.nccw.educare.or.kr)

그림 7-4 보육교직원 국가자격증 홈페이지

(https://chrd.childcare.go.kr)

② 중장기 보육계획 수립

「영유아보육법」 제11조에 정기적인 중장기 보육계획 수립 의무가 명시된 이후 우리나라 보육정책은 체계화되기 시작하였다. 2006년 7월 여성가족부의 「제1차 중장기 보육 기본계획(새싹플랜, 2006~2010)」 수립 이후 보건복지부 주도로 「아이사랑플랜(2009~2017)」, 「제2차 중장기보육 기본계획(2013~2017)」, 「제3차 중장기보육 기본계획(2018~2022)」을 수립하였다.

• 제1차 중장기보육 기본계획 '새싹플랜'(2006~2010)

「새싹플랜」은 가족구조의 변화 및 가정 내 돌봄 기능이 약화되고 있는 사회 구조, 출산율의 저하와 맞물려 보육의 국가 책임에 대한 인식으로 나온 한국 최초의 보육 중장기 계획이다(이정원 외, 2017). 새싹플랜의 정책목표는 '보육의 공공성 강화'와 '양질의 보육서비스 제공'이며, 이를 달성하기 위해 5개 정책분야, 20개 주요 정책과제를 추진하였다. 5개 정책분야는 보육의 공공성 강화를 위한 공보육 기반 조성, 부모의 육아부담 경감, 다양한 보육서비스 제공과 질 높은 보육서비스 제공을 위한 아동 중심의 보육환경 조성, 보육서비스 관리체계 강화 등이다(여성가족부, 2006).

• 제1차 중장기보육 기본계획 보완 '아이사랑플랜'(2009~2012)

우리나라의 첫 번째 중장기 보육계획이었던 「새싹플랜」이 2006년에 수립되었으나, 이명박 정부의 국정철학 및 보육정책 환경 변화를 반영하기 위하여 이를 수정 · 보완한 「아이사랑플랜」이 마련되었다. 「아이사랑플랜」은 참여정부의 공보육에서 진일보한 '국가책임보육'으로의 발전을 꾀하기 위하여 '능동적 복지'를 구현하기 위해 보육에 대한 국가책임을 강화하고 수요자 중심 보육정책으로 개편되었다(이미화 외, 2012).

「아이사랑플랜」은 '아이와 부모가 행복한 세상'을 비전으로 하여 영유아 중심, 국가책임제보육, 신뢰구축의 3대 추진방향을 설정하였다. 이에 부모의 비용부담 완화, 수요자 맞춤 지원, 보육시설 질 제고 및 균형 배치, 보육인력의 전문성 제고, 전달체계의 효율화, 보육사업 지원체계 구축의 6대 추진과제를 설정하였다(보건복지가족부, 2009).

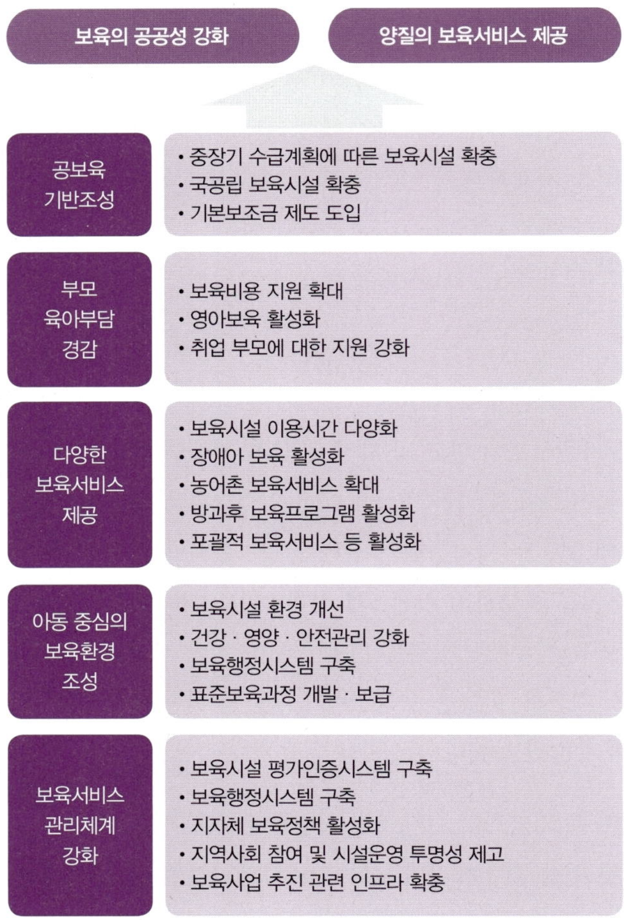

그림 7-5 새싹플랜 비전 및 정책과제

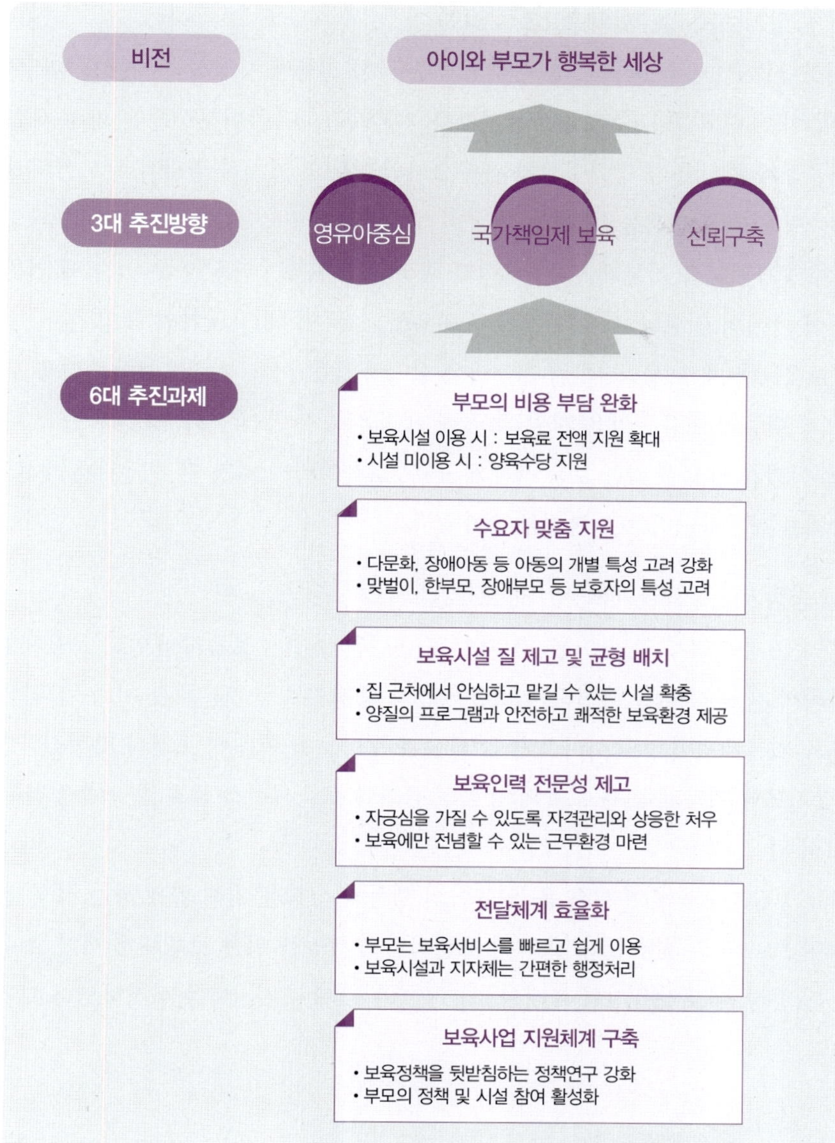

그림 7-6 아이사랑플랜 비전 및 정책과제

• 제2차 중장기보육 기본계획(2013~2017)

「아이사랑플랜」 이후 박근혜 정부의 공약과 국정 철학에 부합하는 「제2차 중장기보육 기본계획」이 마련되었다. 「제2차 중장기보육 기본계획」은 「아이사랑플랜」의 문제점을 보완하고 공급자 중심의 양적 확충보다는 수요자인 아동의 건전한 발달과 부모선택권을 높이는 맞춤형 지원에 역점을 두었다.

「제2차 중장기보육 기본계획」은 '아이가 행복하고 부모는 안심할 수 있는 세상'을 비전으로 하여 아이의 건강한 성장과 발달에 최우선, 보육에 대한 국가의 책임 실현, 참여와 신뢰의 보육 생태계 조성의 3대 추진전략을 설정하였다. 이에 부모의 보육·양육 부담 경감, 수요자 맞춤형 보육·양육 지원, 공공성 확대와 품질 관리 강화, 양질의 안심 보육 여건 조성, 신뢰가 있고 투명한 보육 생태계 구축, 보육서비스 재정 및 전달체계 개선의 6대 추진 과제를 설정하였다(보건복지부, 2013).

• 제3차 중장기보육 기본계획(2018~2022)

2017년 문재인 정부 출범 이후 2018년부터 5년간 추진될 보육사업으로 '보육·양육에 대한 사회적 책임 강화'를 실현하기 위한 「제3차 중장기보육 기본계획」이 수립되었다. 이전의 보육 기본계획이 보육서비스 공급 확충과 무상보육 확대에 초점이 맞춰졌다면, 「제3차 중장기보육 기본계획」은 보육의 공공성 강화와 보육서비스 품질 향상에 중점을 두었다(민미희 외, 2020).

「제3차 중장기보육 기본계획」은 '영유아의 행복한 성장을 위해 함께 하는 사회'를 비전으로 하여 보육의 공공성 강화, 효과적 보육서비스 제공을 위한 보육체계 개편, 보육서비스의 품질 향상, 부모양육지원 확대의 4대 목표와 14개 추진전략을 설정하였다(보건복지부, 2017).

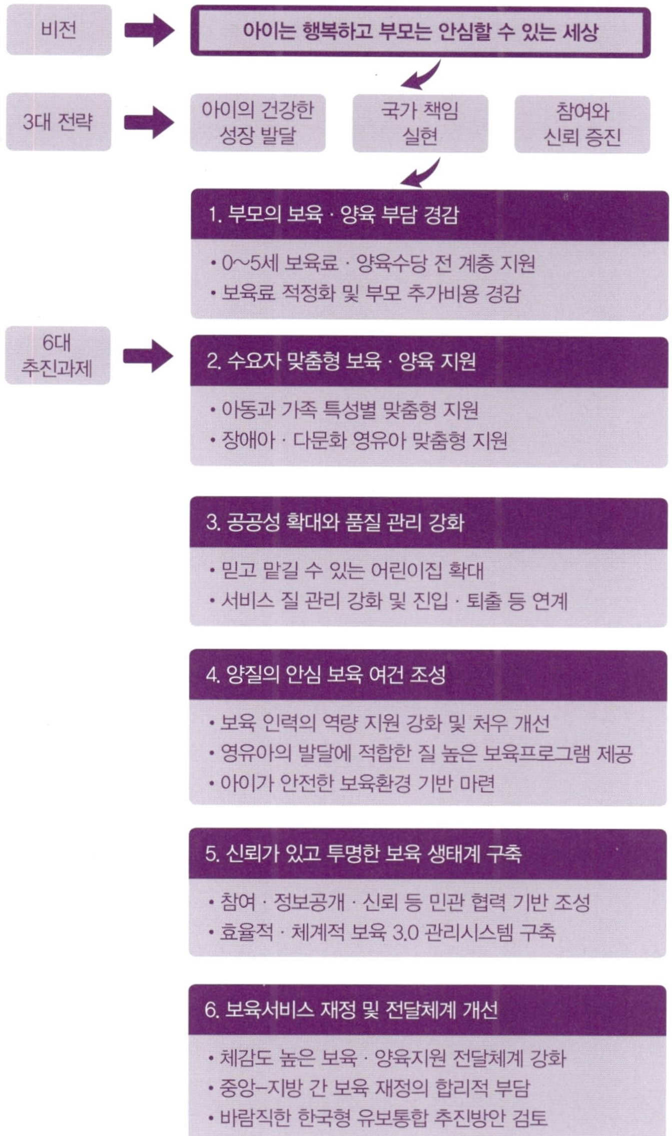

그림 7-7 제2차 중장기보육 기본계획 비전 및 정책과제

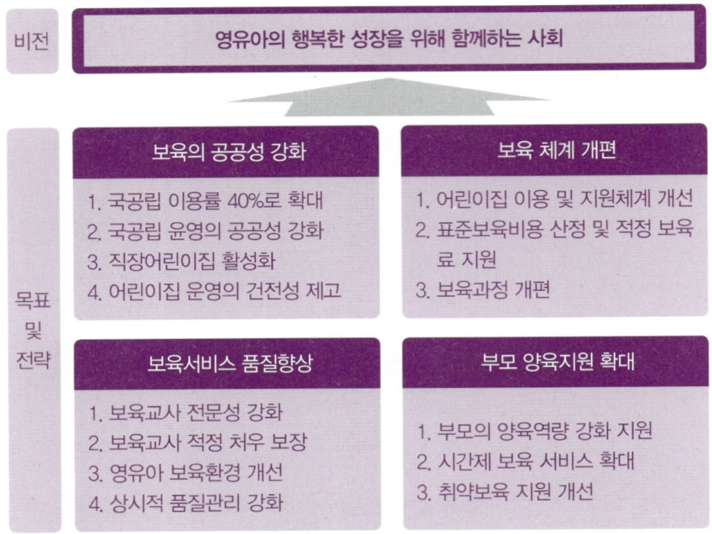

그림 7-8 제3차 중장기보육 기본계획 비전 및 정책과제

2. 영유아 권리존중과 보육

1) 영유아 권리존중 보육의 개념과 중요성

영유아의 권리는 영유아가 인간으로서 누려야 할 모든 기본적 권리를 의미한다. 영유아는 태어나면서부터 성, 언어, 종교, 인종, 피부색, 능력에 관계없이 인간으로서 가지는 기본적 권리와 영유아라는 생애의 시기적 특수성에 따라 특별한 보호와 배려를 받을 권리가 있다(김영명 외, 2019). 영유아기는 일생 동안 급속한 성장과 변화를 경험하며 가족과 타인과의 관계 속에서 자신의 개성과 능력을 키워나가는 시기로, 영유아는 발달특성에 맞는 적절한 양육을 통해 자신의 발달권을 보장받아야 한다. 이 시기는 아동권리 실현을 위한 결정적 시기로서, 영유아의 특별한 관심사나 경험 및 도전들을 존중하는 것은 영유아의 권리를 실현하는 시작점이 될 수 있다(국가인권위원회, 2020).

성인들은 영유아가 신체적으로 어릴 뿐 아니라 자신의 의사를 가지거나 그것을 표현하는 것도 미숙하다고 보기 때문에 영유아의 생각이나 요구를 중요하게 고려하지 않는 경우가 많다. 그러나 모든 영유아는 스스로 호기심을 가지고 주변을 끈기있게 탐색하는 존재이며 다른 사람과 관계를 형성하고 자기의 생각과 느낌을 나누기 좋아하는 사회적 존재이다. 영유아는 자신과 관련된 모든 일에 대해 의사를 자유롭게 표현할 수 있으며 이러한 영유아의 의사는 존중되어야 한다(서영숙, 김진숙, 서혜정, 2009). 영유아도 성인과 똑같이 자기 권리의 주체자이며, 성인과 동등한 권리를 가진다.

보육은 영유아가 건강하고 안전하고 행복하게 성장・발달하도록 보살피고 교육하는 공적・사회적 서비스이다. 영유아의 권리를 존중하는 보육은 영유아들의 성장권, 발달권, 교육권, 참여권을 보장하고 향상시키는 보육을 의미한다(서영숙 외, 2009). 영유아가 안전하게 보호되며, 자기를 좋아하는 사람이 자기가 원하는 바를 따뜻하게 채워주는 돌봄을 받고 있음을 충분히 느끼도록 보살펴주고, 자유롭게 탐색하고, 자신의 느낌과 생각을 잘 드러내도록 허용하고 북돋아주는 것이다. 또한 영유아의 목소리에 귀를 기울이고 존중하며, 자신의 생각과 느낌을 가지고 타인과 상호작용하며, 자신이 호기심을 느끼거나 자신의 이익에 관계되는 일에 대해 적극적으로 참여하는 권리의 주체자로 인정받는 것이다(서영숙, 2010).

영유아의 권리를 존중하는 보육은 어떤 특정한 시간이나 상황에서만 이루어져야 하는 것이 아니다. 어린이집의 일과 속에서 영유아가 일상생활을 편안하게 하고 놀이와 활동을 즐기는 모든 순간에 다양한 모습으로 드러날 수 있다. 그렇기 때문에 보육교사는 영유아 권리의 중요성을 분명하게 인식하고, 보육과정을 운영하는 전 과정에서 권리존중 보육을 실천할 수 있어야 한다.

영유아의 권리를 존중하는 보육을 실천하기 위해서 교사는 먼저 영유아에 대한 관점을 점검해 보아야 한다. 보육교사는 영유아가 엄청난 능력과 역량을 지니고 있음을 진심으로 신뢰해야 한다. 영유아는 성장환경과 유전적 특성으로 인해 다양성과 독특성을 지닌 존재로 이해되어야 하며, 전인적 발달적 요구와 개별적 요구를 가진 존재로 인정되어야 하며, 능동적이고 사회적 존재로 인정하고 격려하는 것을 필요로 하는 존재라는 인식을 가져야 한다(서영숙 외, 2009). 또한 교사는 이러한 관점과 인식을 바탕으로 실제 보육현장에서 권리존중 보육을 어떻게 적용할 수 있을지, 그 실천 방법에 대해서도 충분히 이해해야 한다.

부모 다음으로 영유아와 가장 많은 시간을 보내는 교사는 영유아의 교육과 발달 전반에 중요한 모델이 되며 밀접한 영향을 끼친다(김인숙, 현온강, 황소영, 정병수, 2011). 영유아에 대한 대리양육자로서 보육교사의 역할은 매우 중요하며, 어린이집에서 이루어지는 보육교사의 권리존중 보육은 그 무엇보다 중요하다. 성장 발달의 결정적 시기인 영유아기에 권리가 존중되는 환경 속에서 자랄 때, 영유아는 진정한 전인적 성장과 발달을 이루어나갈 수 있을 것이다.

보육교사가 영유아를 스스로 권리를 행사할 수 있는 적극적인 주체로서 인식하고 영유아의 권리를 존중하는 가치관과 태도를 가지며 교육환경 전반에 인권 존중 문화를 조성해 준다면 영유아 역시 자연스럽게 인권을 존중하는 태도를 본받게 될 것이다(김인숙 외, 2011). 보육교사는 보육을 통해 아동권리를 존중하는 아동권리 지킴이이자 길라잡이 역할을 해야 하며, 나아가 부모와 사회적 관계를 통해 아동권리의 옹호자, 대변자로서 역할을 하는 전문가(서영숙, 2010)가 되어야 한다.

보육교사의 인권 감수성

인권 감수성은 타인의 자유 · 평등 · 존엄 · 다양성에 공감하는 힘으로 타인을 배려하고 타인의 처지를 이해함으로 인간에 대한 외경심을 높이는 감성이다. 인권 감수성을 향상시킨다는 것은 인권의 의미를 '머리'가 아닌 '가슴'으로 느끼는 과정이며, 인권감수성이 풍부한 교사는 말이나 행동을 하기 전에 상대방의 입장을 먼저 생각해보게 된다.

예를 들어 유아들이 '더 놀고 싶은데…' 라고 말하는 것을 들었을 때, 인권 감수성이 있는 교사라면 이런 말에 더 민감하게 반응할 수 있다. 그 말에 귀 기울여 아이들의 놀 권리를 충분히 충족시켰는지 돌아보고, 아이들과 함께 하루 일과 중 놀이하는 시간에 대해 조정하는 시간을 가져볼 수도 있을 것이다. 교실 안에서 교사와 똑같은 권리를 가진 영유아에 대한 인권 감수성을 인지하는 교사는 영유아의 권리를 존중하는 보육환경을 조성하고, 영유아와 함께 만들어가는 보육과정을 보다 적극적으로 진행해 나갈 수 있을 것이다.

출처: 서울특별시육아종합지원센터(2019)

2) 유엔아동권리협약의 기본원칙과 영유아 권리존중 보육 실천

「아동권리협약」에서 말하는 아동권리란 어른과 마찬가지로 사람으로서 가지는 기본적인 권리에 더하여 아동은 신체적 · 정신적으로 발달하는 단계에 있기 때문에 어른이 될 때까지 건강하게 잘 자랄 수 있도록 특별한 보호와 보살핌을 받을 권리를 가지고 있음을 의미한다. 「아동권리협약」의 기본이 되는 가치를 일반원칙이라고 하며 차별금지(제2조), 아동 최선의 이익(제3조), 아동의 생존과 발달의 권리(제6조), 아동 의견 존중(제12조)의 네 가지 원칙이 있다(국가인권위원회, 2018). 유엔 아동권리협약에 근거한 권리존중 보육의 실천을 위해서는 네 가지 원칙이 영유아 보육의 상황과 어떤 연관성이 있는지 살펴보는 것이 중요하므로(김영명 외, 2019), 각 원칙이 보육상황에 어떻게 연결될 수 있으며 교사가 어떠한 보육 실천을 해야 하는지 살펴보고자 한다.

(1) 영유아 이익 최우선의 원칙

'영유아 이익 최우선의 원칙'은 영유아와 관련이 있고 영유아에게 영향을 미치는 모든 일을 결정할 때는 영유아의 이익을 최우선적으로 고려해야 한다는 원칙이다(김영명 외, 2019). 어린이집에서 보육과정을 운영하다 보면 다양한 상황에서 각 대상별로 이익이 첨예하게 대립되기도 한다. 그러나 이 모든 과정에서 무엇보다 영유아의 이익을 가장 우선으로 하고 있는지 고려할 필요가 있다. 영유아에게 바람직하지 않지만, 부모나 원장, 교사의 요구나 이익에 맞추어 결정하는 경우가 있지 않은지 생각해 볼 필요가 있다.

예를 들어, 발달이 유난히 늦은 영아가 관찰되었을 때, 부모의 마음이 상하거나 어린이집에 대해 부정적인 인식을 가질까 걱정하여 솔직하게 부모에게 말하기를 주저하는 경우가 발생할 수 있다. 그러나 영유아 이익 최우선의 원칙에 의하면 무엇보다 영유아를 위하여 최선의 대안을 찾을 필요가 있다. 발달 지연 등의 문제는 영유아의 일생에 심대한 영향을 미칠 수 있기 때문에 영유아의 입장에서 판단하고 대책을 마련해야 한다. 즉, 부모와 전문가 등의 협력이 필요하므로 성인의 관점에서 주저하기보다 부모와 먼저 적극적인 상담이 이루어져야 하며 부모를 설득하여 진단과 치료를 받을 수 있도록 해야 한다(김영명 외, 2019; 서울특별시육아종합센터, 2019).

(2) 차별금지의 원칙

'차별금지의 원칙'은 모든 영유아는 성, 장애, 인종, 신분, 종교, 사회·문화적 상태 등에 관계없이 동등한 권리를 누려야 한다는 원칙이다(김영명 외, 2019). 영유아가 무언가를 할 때 자신의 성별, 능력, 연령, 신체적 능력, 언어 · 민족 · 문화적 배경 등을 이유로 못 하는 일은 없어야 한다.

예를 들어 어떤 영유아가 어린이집에서 특정한 활동에서 반복적으로 제외되는 것이 있는지 살펴볼 필요가 있으며, 모두가 차별없이 공평한 기회를 누릴 수 있도록 노력을 기울여야 한다. 또한 장애아 통합보육을 할 때 흔히 비장애 영유아의 보육과정에 장애 영유아가 적응해야 한다고 생각할 수 있는데, 장애 영유아와 비장애 영유아가 동등하게 의미 있는 활동에 참여할 수 있는 방안을 모색할 필요가 있다. 장애 영유아가 경험해야 하는 환경과 보육과정을 먼저 설정한 뒤 비장애 영유아가 함께 경험하는 환경을 구성할 수도 있으며, 자유선택활동이나 실외놀이 시간을 확대하여 장애 영유아가 자신의 발달 수준과 흥미에 맞게 활동을 하면서 교사나 또래와 자연스럽게 상호작용을 할 수 있는 기회를 확대할 수 있을 것이다(김영명 외, 2019; 서울특별시육아종합센터, 2019).

(3) 생존 · 발달의 원칙

'생존 · 발달의 원칙'은 영유아는 특별히 생존과 발달을 위해 다양한 보호와 지원을 받아야 한다는 원칙이다(김영명 외, 2019). 영유아는 신체적, 정신적, 인지적, 사회적, 문화적으로 건강하게 발달해야 하는데, 외부의 위험으로부터 자신의 안전과 건강을 스스로 확보하기는 어렵다. 어린이집에서는 위생적인 급 · 간식, 영유아가 움직이기에 적당한 공간과 환경, 충분한 휴식, 세심한 보호와 양질의 놀이 등을 영유아에게 충분히 제공하고 있는지 확인해야 한다.

예를 들어 영유아가 바깥놀이를 충분히 할 수 있도록 배려하는 것은 영유아의 발달권을 보장해 주는 가장 중요한 일이다. 영유아기 감각과 운동 경험은 뇌 발달 과정에서 매우 중요하며, 감각과 운동 경험을 가장 효과적으로 제공해줄 수 있는 것이 바깥놀이이기 때문이다. 영유아는 편안한 일상생활과 놀이를 통해 세상을 경험하고 배워가며 자신의 능력을 최대한 발휘할 수 있으며, 민감하고 반응적인 성인과의 관계 속에서 최적의 발달을 이룰 수 있을 것이다(김영명 외, 2019; 서울특별시육아종합센터, 2019).

(4) 의사존중 및 참여의 원칙: 영유아의 견해와 감정에 대한 존중

'의사 존중 및 참여의 원칙'은 영유아가 자신의 의견을 표현하고 자신의 삶에 영향을 주는 문제들에 발언권을 가진다는 원칙이다(김영명 외, 2019). 영유아는 자신의 의견과 감정을 자유롭게 표현할 수 있어야 하는데, 특히 영유아는 말 외에도 몸짓, 손짓, 표정, 음성, 눈빛, 울음 등 온몸으로 표현한다. 성인과는 다른 방식으로 의견과 감정을 표현하기에 교사는 영유아의 표현에 담겨있는 의미에 귀 기울이고 공감해 주어야 한다.

예를 들어 견학지에 가서 무엇을 어떤 순서로 둘러볼지, 책상의 자리를 어떻게 정할지, 활동의 진행을 어떻게 할지는 교사 혼자만 정할 수 있는 것이 아니다. 이와 같은 것들은 영유아가 스스로 정하거나 교사와 영유아가 함께 정할 수 있을 것이다. 영아의 경우 말로 표현하기 어려우나 관찰을 통해 또는 손짓 등 간단한 의사소통을 통해 영아가 무엇을 원하는지 알 수 있다. 영유아는 때로는 혼자, 때로는 친구를 사귀며 놀이하는 것을 즐긴다. 어떤 놀이를 할지, 어떤 자리에서 어떤 소품을 사용할지, 누가 어떤 역할을 맡을지 등을 결정하기 위해 언어와 몸짓으로 상의하고 약속을 만들기도 한다. 놀이에서도 영유아의 의견이 존중되도록 아이에게 물어볼 필요가 있으며, 언제든 필요한 도움을 받을 수 있다는 점을 알려주어야 한다(김영명 외, 2019; 서울특별시육아종합센터, 2019).

생존 · 발달의 원칙 사례: 낮잠과 권리존중

낮잠을 자기 싫어 어린이집에 가기 싫다는 영유아가 많으며 특히 연령이 높아질수록 많아진다. 아이들이 낮잠을 자기 싫어할 때 어떻게 해결할 수 있을까?
○○반에는 감각이 유난히 예민하여 넓은 공간에서 많은 아이들과 함께 잠자는 것을 힘들어하는 유아들이 있었다. 이에 대한 대책을 찾기 위해 좁은 공간이기는 하지만 복도를 활용하여 어느 정도 시간이 지나도 낮잠을 이루기 힘든 아이들은 복도에 나와 있도록 했으며 누리 교사가 조용하게 책을 읽어주었다. 다른 반에서도 낮잠을 이루기 힘들어하거나 일찍 깨어난 친구들이 복도에 나와 책을 보거나 조용한 놀이를 하게 되었다. 평소 통로로 이용되고 있는 좁은 공간이지만 낮잠 시간에 비어있는 복도를 활용하여 낮잠을 자기 어려워하는 영유아의 어려움을 해결함으로써 낮잠에 대한 개별 영유아의 요구를 존중할 수 있었다.

의사존중 및 참여의 원칙 사례: 영역 이름 정하기(4~5세)

○○반에는 과학, 수 · 조작, 역할, 쌓기 등 7개 영역이 있는데, 교사는 유아들과 놀이 영역의 이름을 함께 정해보기로 하였다. 아이들이 의미를 알기에는 어려운 이름이 있어 이 영역들을 아이들이 정하는 이름으로 바꿔서 부르기로 한 것이다. 유아들이 정한 놀이 영역의 이름과 이름을 정한 이유는 다음과 같다.

- 과학영역: 과학박물관(관찰, 실험, 동식물을 키울 수 있어서)
- 미술영역: 알록달록 무지개방(색종이와 물감 때문에)
- 수 · 조작영역: 재미있는 게임방(재미있는 게임이 많아서)
- 역할영역: 변신 놀이방(내가 아닌 다른 사람으로 변신하여 놀이해서)
- 언어영역: 똑똑 책마을(책을 읽고 똑똑해질 수 있어서)
- 쌓기영역: 블록 나라(블록이 많아서)
- 음률영역: 소리 노래방(아름다운 소리가 나서)

이렇게 영역의 명칭을 자신들에게 쉽게 와닿는 이름으로 바꾸어 부름으로써 유아들은 의사결정에 참여함과 동시에 생활공간에서 주도성을 강화시켜 나갈 수 있었다.

출처: 김영명 외(2019) p. 96, 174, 175 사례 내용에서 발췌

위에서 영유아 권리존중 보육의 실천을 4가지 원칙과 권리에 근거하여 각각 살펴보았다. 그렇지만 영유아가 일상에서 접하는 개별적 상황에는 네 가지 원칙과 권리의 다양한 측면이 내포되어 있다. 낮잠의 예를 들어보자. 낮잠을 재우거나 재우지 않는 것은 영유아기가 충분한 수면을 취해야 하는 시기라는 점을 고려할 때 영유아의 발달권과 관련되어 있으며, 낮잠을 자지 않겠다는 영유아를 억지로 재우는 것은 영유아의 의사표현을 존중하지 않고 영유아를 의사결정에 참여시키지 않는 것과 관련된다. 또한 낮잠을 자기 싫은데 억지로 자야 하는 데서 영유아가 받는 스트레스는 심신의 발달에 부정적 영향을 미치므로 발달권과 관련이 있다(김영명 외, 2019).

이와같이 어린이집 일과 중 일어나는 다양한 상황들은 영유아의 권리와 관련이 되며, 교사는 각 상황들이 어떠한 영유아 권리와 관련되는지 신중하게 생각해볼 필요가 있다. 보육교사는 일상생활, 놀이, 활동에서 자신이 영유아의 권리를 존중하는 말과 행동을 하는지 스스로 자문해볼 필요가 있으며, 미흡한 점이 있다면 개선 방법을 마련해야 할 것이다. 또한 영유아 권리존중 보육 감수성과 실천 역량을 키워나가기 위해 교육에 참여하는 등 꾸준한 노력을 기울여야 할 것이다.

더 알아보기

보육교사의 아동권리존중 보육을 위한 부주의한 지도 체크리스트

	보육 중에 아래의 부주의한 지도 상황이 생긴 적이 있었나요?	거의 없음	종종 있음	자주 있음
무시	1. 영유아의 요구를 일부러 못 들은 척함 (예 영아가 좋아하는 반찬을 더 달라고 하는 요구를 무시)	0	1	2
	2. 교사의 도움이 필요한 상황에서 방관함 (예 영유아가 산책하다가 넘어져 우는데 선생님을 부를 때까지 돕지 않음)	0	1	2
	3. 영유아의 개별적 요구를 수용하지 않고 반 전체에 맞추라고 함 (예 낮잠 시간에 먼저 일어난 유아에게 일어나지 말고 다시 누우라고 함)	0	1	2
비난	4. 실수 행동의 책임을 영유아에게 돌려 수치심을 갖게 함 (예: "두 눈 똑바로 보고 다니지 않아서 넘어졌지!")	0	1	2
	5. 문제의 원인을 영유아에게 전가하여 죄책감을 갖게 함 (예 "네가 뭘 잘못 했으니까 안 놀아주지! 친구들이 괜히 그러겠니?")	0	1	2
	6. 발달에 부적합한 기대를 하여 영유아의 실수를 추궁함 (예 "이거 누가 흘렸어? 똑바로 앉아서 먹지 않은 친구 누구야?")	0	1	2
조롱	7. 교사들끼리 영유아의 미성숙을 비웃음 (예 "우리 반 큰 아기, 오늘 또 운다! 선생님 쟤 왜 또 울어요?")	0	1	2
	8. 다른 영유아들과 성취와 능력을 비교하며 비하함 (예 "친구들은 혼자 잘 하는데 너는 왜 선생님 올 때까지 안하고 기다리니?")	0	1	2
	9. 대집단 활동 시 영유아의 행동과 처벌에 대해 토론을 함 (예 "약속 어긴 친구들은 우리 반 아니었으면 좋겠지요?")	0	1	2
거짓 협박	10. 기대행동을 안하거나 못하면 기회를 박탈하겠다고 위협함 (예 "놀잇감 가지고 한 번 만 더 싸우면 다른 반에 가져다 줄 거야.")	0	1	2
	11. 서둘러 일을 해결하기 위해 조건을 걸어 강요함 (예 "열까지 셀 동안 정리하지 않으면 오늘 점심 못 먹는다.")	0	1	2

	보육 중에 아래의 부주의한 지도 상황이 생긴 적이 있었나요?	거의 없음	종종 있음	자주 있음
거짓 협박	12. 영유아 행동 통제를 위해 공포스러운 귀결을 예고함 (예 "낮잠 자야 엄마 오시지? 안 자면 엄마 오지 말라고 할 거야.")	0	1	2
차별	13. 영유아 개인의 특성에 대해 언급하며 비호감을 표시함 (예 "선생님! 얘 좀 달래 봐요! 얘는 나랑 코드가 안 맞어.")	0	1	2
	14. 다른 영유아와 비교하며 놀림 (예 "아기처럼 언제까지 기저귀 찰래? 기저귀 찬 친구는 별로야.")	0	1	2
	15. 발달이 늦은 영유아의 활동 참여 기회를 막음 (예 현장학습에 안전사고의 위험이 있다면서 참여하지 못하게 함)	0	1	2
거친 접촉	16. 영유아가 규범이나 지시를 따르지 않을 때 다소 거칠게 물리력을 행사함 (예 순서를 지키지 않는 아이에게 뒤로 가라고 손을 대는데 아이가 밀쳐짐)	0	1	2
	17. 영유아가 사용 중인 사물을 함부로 다루어 불쾌감을 느끼게 함 (예 낮잠시간에 영유아가 누워 있는 매트를 발로 밀며 이동시킴)	0	1	2
	18. 안전사고의 위험을 예방하기 위해 물리력을 행사함 (예 뛰면 위험하다고 이야기를 했는데도 계속 뛰어다녀서 손으로 확 잡음)	0	1	2

출처: 보건복지부, 한국보육진흥원(2021). 어린이집 아동학대 예방 및 대응 매뉴얼

참고문헌

강영욱(2002). 영유아 보육정책의 변천에 관한 사적 고찰. 한국행정사학지, 11, 293-332.

국가인권위원회(2018). 사이버인권교육 보조교재「유엔아동권리협약의 이해」.

국가인권위원회(2020). 유엔 인권조약기구 일반논평 및 일반권고: 아동권리위원회 일반논평.

김남식(2002). 우리나라 보육정책의 발전방안. 명지대학교 대학원 사회복지학 석사학위논문.

김남식(2009). 우리나라 보육정책 변천과정에 관한 연구. 21세기사회복지연구, 6(1), 1-18.

김영명, 복예은, 김미희, 곽현인, 우성정, 최분숙, 박혜림, 김경실(2019). 영유아 권리 존중 보육과 교육. 창지사

김인숙, 현온강, 황소영, 정병수(2011). 유아교사를 위한 인권교육 프로그램 개발 연구. 국가인원위원회.

민미희, 김정민, 김지현, 김유미, 박유정, 조우미(2020). 제4차 어린이집 표준보육과정을 반영한 보육학개론. 파워북.

보건복지가족부(2009). 아이사랑플랜.

보건복지부(2013). 제2차 중장기보육 기본계획.

보건복지부(2017). 제3차 중장기보육 기본계획.

보건복지부, 한국보육진흥원(2021). 어린이집 아동학대 예방 및 대응 매뉴얼.

서문희, 백선희(2004). 보육제도 개선을 위한 정책과제 대안 연구. 여성부

서영숙(2010). 아동권리와 보육교사의 전문성. 한국보육학회학술대회자료집, 13-37.

서영숙, 김진숙, 서혜정(2009). 아동권리협약과 함께 하는 아동청소년의 권리. 보건복지가족부.

서울특별시육아종합지원센터(2015). 서울시 어린이집 영유아 권리존중을 위한 자가 체크리스트

서울특별시육아종합지원센터(2019). (좋은 교사되기 핸드북 II) 존중해 주세요 영유아의 권리.

여성가족부(2006). 새싹플랜-제1차 중장기 보육계획(2006~2010)-.

이미화, 여종일, 엄지원(2012). 2013~2017 보육 중장기 발전방향. 육아정책연구소.

이순형, 이혜승, 이성옥, 황혜신, 이완성, 이소은, 권혜진, 이영미, 정윤주, 한유진, 성미영(2014). 보육학개론 4판. 학지사.

이정원, 이윤진, 김희수(2017). 2018~2022 보육중장기 발전방안 연구. 육아정책연구소.

조복희, 강희경, 김양은, 한유미(2013). 한국 보육의 역사 및 관련법과 현황. 한국보육지원학회지,

9(5), 391–405.
한국보육지원학회(2015). 2015 보육백서. 정민사.

참고사이트

법제처 국가법령정보센터(https://www.law.go.kr/)
보육교직원 국가자격증 홈페이지(https://chrd.childcare.go.kr)
서울사진아카이브(http://photoarchives.seoul.go.kr)
중앙육아종합지원센터 보육과정 웹사이트(https://www.nccw.educare.or.kr)
직장보육지원센터 홈페이지(https://www.kcomwel.or.kr)

CHAPTER

08

다양한 가족의 아동보호 서비스

가족구조의 다양화는 현대사회의 주요 특징 중 하나로 다양한 환경에서 생활하는 아동이 증가하고 있는 추세이다. 본 장에서는 현대사회의 변화로 인한 가족의 다양한 유형인 다문화가족, 한부모가족, 조손가족, 북한이탈주민가족의 개념과 실태, 그리고 이들을 위한 복지정책에 대해 살펴보고 나아가 앞으로의 개선방향을 제시하고자 한다.

생각해 보기

우리나라는 한부모가족에 대한 사회적인 인식을 바꾸고 필요한 정책을 지원하기 위해 2019년 한부모가족의 날을 제정하였다. 양부모와 자녀가 함께하는 가족 이외의 다양한 형태의 가족에 대해 생각해보자.

1. 다문화가족

1) 다문화가족의 개념

다문화가족이란 「다문화가족지원법」 제2조 제1호에 따라 결혼이민자·귀화자와 대한민국 국적취득자로 이루어진 가족을 말한다. 다문화가족지원법에 따르면 다문화가족이란 결혼이민자와 국적법에 따른 출생, 인지, 귀화를 통해 대한민국 국적을 취득한 자로 이루어진 가족이나 국적법에 따른 인지, 귀화를 통해 대한민국 국적을 취득한 자와 국적법에 따른 출생, 인지, 귀화를 통해 대한민국 국적을 취득한 자로 이루어진 가족을 의미한다.

표 8-1 대한민국 국적 취득 방법

구분	내용
출생	부 또는 모가 대한민국의 국민인 사람, 출생하기 전에 부가 사망한 경우 그 사망 당시에 부가 대한민국의 국민이었던 사람, 부모가 모두 분명하지 않은 경우나 국적이 없는 경우 대한민국에서 출생한 사람은 대한민국 국적을 취득함
인지	대한민국의 국민이 아닌 자로서 대한민국의 국민인 부 또는 모에 따라 인지된 자가 일정 요건을 모두 갖추면 법무부장관에게 신고함으로써 대한민국 국적을 취득할 수 있음
귀화	대한민국 국적을 취득한 사실이 없는 외국인은 법무부장관의 귀화허가를 받아 대한민국 국적을 취득할 수 있음

출처: 국적법 제2조, 제3조, 제4조

2) 다문화가족의 실태

(1) 다문화가족의 현황

2019년 다문화 혼인은 24,721건으로 전년(23,773건)보다 948건(4.0%) 증가하였다. 2019년 전체 혼인은 23만 9천 건으로 전년보다 7.2% 감소한 반면, 다문화 혼인은 4.0% 증가하였고, 전체 혼인에서 다문화 혼인이 차지하는 비중은 10.3%로 전년보다 1.1%p 증가한 것으로 나타났다.

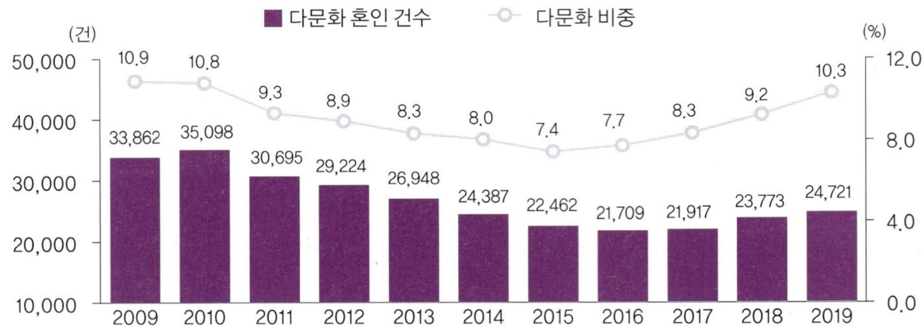

그림 8-1 다문화 혼인 건수 및 전체 혼인 중 다문화 비중 추이

출처: 통계청 보도자료(2020). 2019 다문화 인구동태 통계

다문화 결혼의 유형은 출생기준 한국인 남자와 외국인 여자의 혼인, 출생기준 한국인 여자와 외국인 남자의 혼인, 남녀 모두 또는 어느 한쪽이라도 귀화자인 경우로 구분할 수 있다. 유형별로는 외국인 아내의 혼인이 69.3%로 가장 많고, 외국인 남편(17.2%), 귀화자(13.5%) 순으로 많은 것으로 나타났다. 외국인 아내의 혼인은 전년 대비 7.6% 증가한 반면 외국인 남편은 2.7%, 귀화자는 4.0% 각각 감소하였다. 또한 다문화 혼인 중 외국인 아내의 비중은 전년보다 2.3%p 증가한 반면 외국인 남편의 비중은 1.2%p, 귀화자의 비중은 1.1%p 각각 감소하였다.

표 8-2 다문화 결혼 유형별 규모 및 비중 (단위: 건, %)

구분	2017		2018		2019		전년 대비	
		비중		비중		비중	증감	증감률
다문화	21,917	100.0	23,773	100.0	24,721	100.0	948	4.0
외국인 아내	14,245	65.0	15,933	67.0	17,136	69.3	1,203	7.6
외국인 남편	4,294	19.6	4,377	18.4	4,260	17.2	−117	−2.7
귀화자	3,378	15.4	3,463	14.6	3,325	13.5	−138	−4.0

출처: 통계청 보도자료(2020). 2019 다문화 인구동태 통계

(2) 다문화가족이 겪는 어려움

전국다문화가족 실태조사 연구에 따르면 결혼이민자 · 귀화자가 지난 1년간 한국생활에서 직면한 어려움에 있어서는 경제적 어려움을 지적한 이들이 26.2%로 가장 많으며 그 다음으로 외로움(24.1%), 언어문제(22.3%) 순이며, 29.9%는 어려운 점이 없다고 응답하였다. 2015년 결과와 비교하면 지난 1년간 한국생활 중에 어려운 점이 없다는 응답이 4.2%p 증가해 큰 어려움 없이 한국생활을 영위하는 결혼이민자 · 귀화자가 다소 늘어난 것으로 보인다. 그러나 다른 한편으로 외로움을 어려움으로 지적한 이들도 지난 3년간 5.6%p 증가했으며, 2018년 조사에 새롭게 포함된 친구 사귀기를 어려움으로 지적한 이들(7.1%)도 적지 않은 점 등을 고려하면, 한국생활 중에 사회적 관계 형성의 어려움이나 이와 관련된 정서적 문제에 직면한 이들이 늘어난 것으로 보인다.

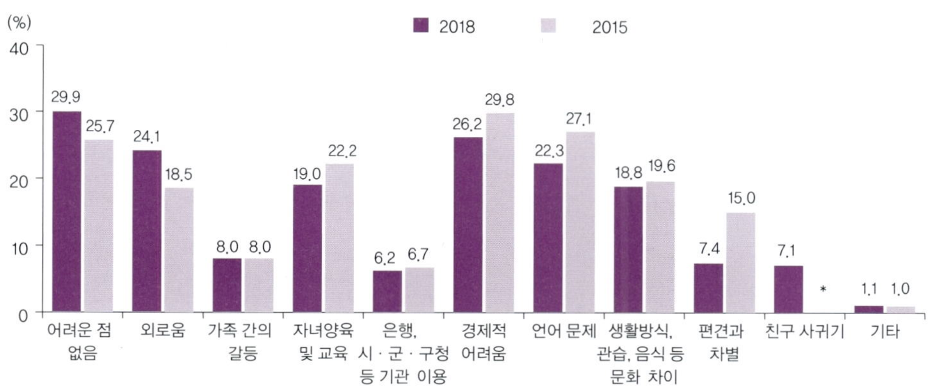

주: *는 2015년 조사의 응답 항목에 포함되지 않음

그림 8-2 결혼이민자·귀화자의 지난 1년간 한국생활의 어려움

출처: 여성가족부(2019). 2018 전국다문화가족 실태조사 연구

① 경제적 어려움

다문화가족은 일반가족에 비해 가구소득이 전반적으로 낮은 편으로, 2015년에 비해 300~400만 원을 기준으로 그 이상의 구간에서는 전반적으로 비율이 상승한 반면, 그 이하 구간에서는 비율이 하락한 것으로 나타났다. 2015년에 비해 훨씬 완만해지면서 전반적인 구간별 편차가 줄어들었음을 알 수 있다.

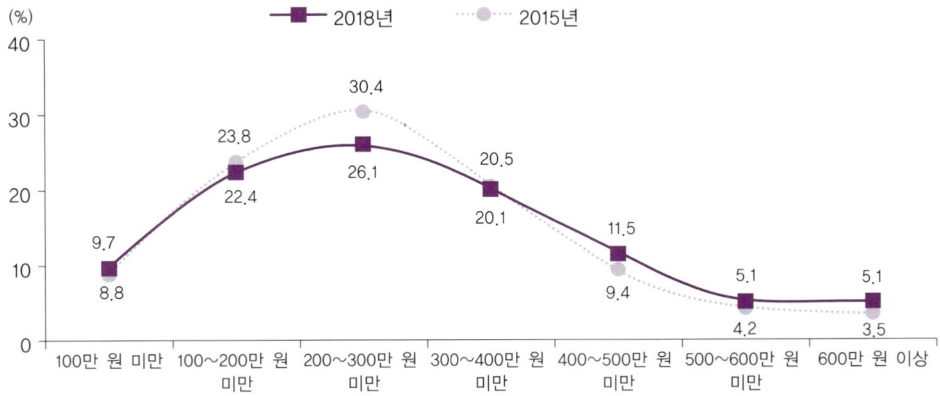

그림 8-3 다문화가족의 소득수준별 분포

출처: 여성가족부(2019). 2018 전국다문화가족 실태조사 연구

② 자녀 양육의 어려움

전국다문화가족 실태조사 연구에서 결혼이민자와 귀화자들이 부모로서 어떤 어려움을 겪고 있는지를 5세 이하 영유아 자녀가 있는 경우 가장 많이 지목한 어려움은 내가 바쁘거나 아플 때 자녀를 돌봐줄 사람을 찾기 어려워서(26.9%)이다. 그 다음은 자녀에게 한국어를 직접 가르치기 어려워서(26.3%), 양육 관련하여 배우자나 다른 가족과의 의견 차

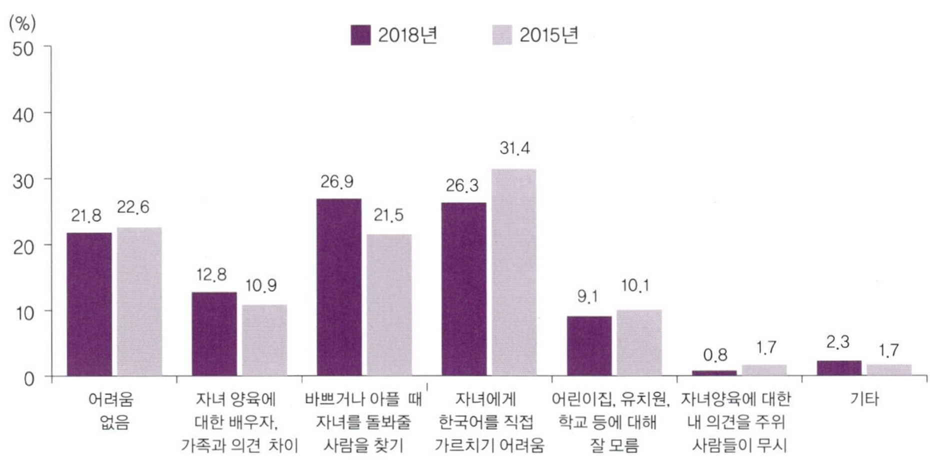

그림 8-4 결혼이민자 · 귀화자의 만 5세 이하 자녀의 부모로서 가장 어려운 점

출처: 여성가족부(2019). 2018 전국다문화가족 실태조사 연구

이(12.8%), 한국 어린이집, 유치원, 학교에 대해 잘 몰라서(9.1%) 등의 순이다. 한편 어려움이 없다는 응답은 21.8%이다. 결혼이민자 · 귀화자의 입장에서 직접적인 언어 장벽 그 자체가 가장 큰 어려움이었던 2015년과는 달리, 돌봄을 지원해주는 관계망의 부재나 부부간 또는 가족 간의 의견 차이가 5세 이하 자녀를 둔 부모들에게 어려움을 주는 요인으로 좀 더 부각되고 있다.

③ 학교생활 부적응

초 · 중등학교에 재학 중인 다문화가족 자녀를 중심으로 학교 적응 정도를 살펴보면, 전체 평균 4.33점으로 5점 척도 중 '잘 적응하는 편이다'인 4점을 상회하는 것으로 나타났다. 다문화 초 · 중등학생이 학교에 잘 적응하지 못하고 있다고 응답한 이유를 조사한 결과, 학교공부가 어려워서(62.4%)와 친구들과 잘 어울리지 못해서(54.9%)가 가장 큰 이유로 드러났다. 이를 2015년 실태조사와 비교해보면, 친구들과 잘 어울리지 못해서는 9.8%p 감소한 반면 학교공부가 어려워서는 17.2%p 증가한 것이다.

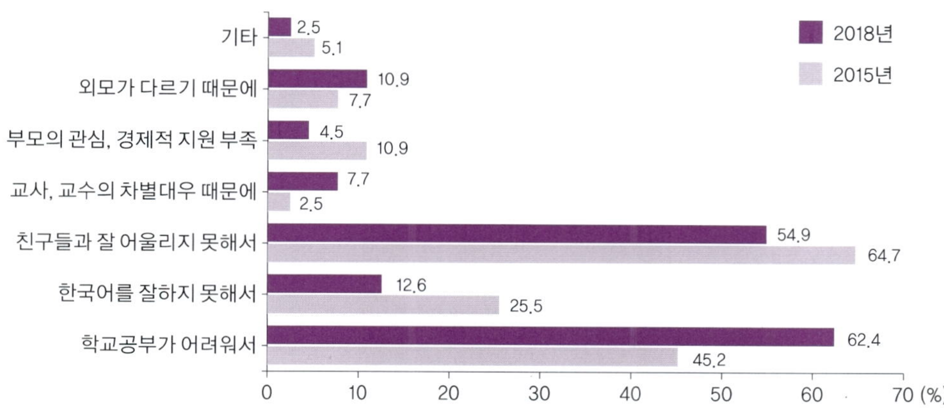

그림 8-5 다문화 초 · 중등학생의 학교 부적응 이유

출처: 여성가족부(2019). 2018 전국다문화가족 실태조사 연구

이러한 다문화가족 자녀의 학교생활에서의 부적응은 학업중단으로 이어지고 있다. 학교급별 취학률을 분석한 결과 실제 다문화가족 자녀는 고등교육 단계에서 취학률이 급격히 낮아지는 것으로 나타났다. 다문화가족 자녀의 취학률은 초등학교 98.1%, 중학교

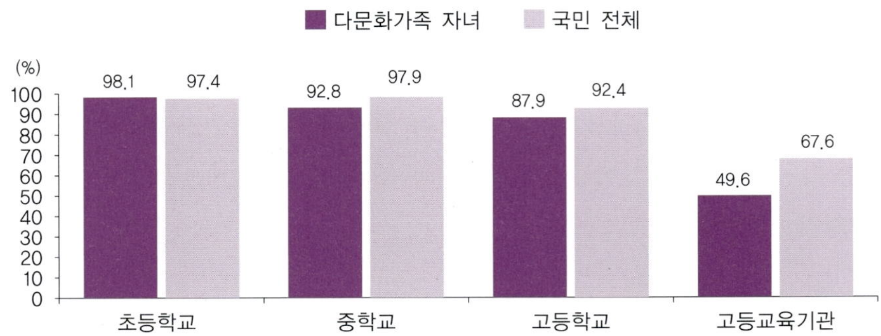

그림 8-6 다문화가족 자녀의 학교급별 취학률

출처: e-나라지표(http://www.index.go.kr/potal/main/EachDtlpageDetail.do? idx_cd=lt20)

92.8%, 고등학교 87.9%, 고등교육기관 49.6%로 나타난다. 이를 전체 국민의 취학률과 비교해 보면, 초등학교의 경우 전체 국민의 취학률은 97.4%로 다문화가족 자녀의 취학률이 0.7%p 더 높게 나타난다. 그러나 중학교부터는 다문화가족의 취학률이 전체 국민에 비해 눈에 띄게 낮은데, 중학교에서는 5.1%p, 고등학교에서는 4.5%p 낮고, 이러한 격차는 고등교육에서 극대화되어 고등교육의 경우, 국민 전체(67.6%)에 비해 다문화가족 자녀의 취학률은 18.0%p 낮다.

3) 다문화가족 아동보호서비스의 내용

다문화가족 지원 사업은 범부처 차원에서 여성결혼이민자가족의 사회통합 지원방안을 마련하고, 결혼이민자가족의 사회문화적 적응 지원체계 구축을 위하여 시・군・구별로 결혼이민자가족지원센터를 지정・운영하기로 한 것에서 시작되었다. 다문화가족지원법 제정 및 다문화가족지원센터로 명칭을 변경하고, 다문화가족지원법 개정으로 다문화가족 범위를 확대해 귀화・인지에 의한 국적취득자와 결혼이민자 등으로 이루어진 가족도 다문화가족에 포함하였다.

다문화가족에 대한 지원체제는 국가나 지방의 기관과 단체를 중심으로 운영되는 형태로, 중앙관리기관인 한국건강가정진흥원, 시・도의 거점센터, 전국 다문화가족지원센터를 들 수 있다.

한국건강가정진흥원은 전국 다문화가족지원센터에서 시행하는 사업에 대한 프로그램 및 매뉴얼 개발 · 보급, 인력 양성, 사업 관리 및 평가지원 등 전국 사업관리 기관으로 다양한 가족의 삶의 질을 제고하고 가족의 역량 강화를 위한 가족정책을 효율적이고 체계적으로 지원할 뿐만 아니라 건강한 가정생활의 영위와 가족의 유지와 발전을 위한 목적으로 설립되었다. 거점센터는 센터 설치지역을 광역단위로 구분하여 센터 · 관련기관 간 네트워크 구축, 방문교육지도사 교육, 관할지역 센터 사업지원 등을 수행하기 위해 지정 · 관리하는 센터이다. 다문화가족지원센터는 다문화가족지원법 제12조 제1항, 제2항에 의해 설치 · 운영되는 시 · 군 · 구 단위 센터로 다문화가족의 안정적인 정착과 가족생활을 지원하기 위해 가족 및 자녀 교육 · 상담, 통 · 번역 및 정보 제공, 역량강화 지원 등 종합적인 서비스를 제공하여 다문화가족의 한국사회 조기적응 및 사회 · 경제적 자립지원을 도모한다. 다문화가족지원센터는 건강가정지원센터와 기능을 통합해 건강가정 · 다문화가족지원센터로 운영되었고, 2021년 10월부터 가족센터로 명칭을 변경하였다.

4) 다문화가족 아동보호서비스의 개선방향

(1) 다문화가족에 대한 인식 개선

우리나라의 다문화사회 형성과정은 우리의 가치에 이주외국인을 동화시키려는 특징을 가지고 있어 다문화가족과 그 아동에 대한 사회적 인식이 한쪽으로 치우칠 수 있다(이재연 외, 2018). 따라서 타문화 이해와 존중, 편견 극복 및 관용, 문화수용성에 관한 내용이 포함되는 다문화교육이 필요하다(김재환 외, 2021). 특히 다문화가족 아동에 대한 편견과 차별 등은 교육을 통해 효과적으로 완화시킬 수 있어, 다문화에 대한 올바른 인식을 가질 수 있도록 어린이집과 유치원 및 초등학교의 정규교육과정에서 반편견교육을 강조할 필요가 있다(이소희 외, 2020). 최근에는 동영상과 온라인에서 활용할 수 있는 자료를 개발해 활용되고 있다.

또한 다문화가족을 대상으로 하는 교육은 다문화가족에만 국한할 것이 아니라 다문화 이해의 차원에서 다문화가족 이외의 일반가족에도 실시하여 문화수용능력을 강화하는 것이 바람직하다(김재환 외, 2021). 이를 위해 한국건강가정진흥원에서 다문화이해교육을 담당하는 전문강사를 양성하고 있다. 다문화에 대한 교사의 편견이나 인식이 다문화가족 아동에게 영향을 미치므로 교사의 다문화교육에 대한 인식과 반편견적 인식을 높이고 다문화가족 아동의 특성을 이해할 수 있도록 교육이 필요하다(이재연 외, 2018).

(2) 언어발달 지원

다문화가족의 부모와 아동은 각각 새로운 문화에 적응하는 속도와 언어습득 속도의 차이로 인해 가정 내 의사소통의 어려움을 겪기도 한다. 따라서 체계적이고 전문적인 언어발달 지원 서비스를 통해 다문화가족 아동이 건강한 사회구성원으로 성장할 수 있도록 대상의 다양화를 고려해 한국어교육과정을 개발할 필요가 있다.

특히 다문화가족의 자녀는 '다문화가족'이라는 단일한 하나의 집단으로서가 아니라, 성장배경이나 외국계 부모의 출신국적 등에 따라 이질적이고 다층적인 성격을 가진 집단으로 인식되어야 한다. 다문화가족 자녀의 성장배경은 다문화가족 자녀를 설명하는 중요한 요인으로 작용하므로 자녀들의 인구사회학적 배경에 대한 이해를 전제로 이중 문화 및 이중 언어에 대한 지원이 이루어질 필요가 있다.

(3) 교육 및 상담 지원

국가와 지방자치단체에서는 다문화가족을 지원하기 위해 다양한 부모교육프로그램을 개발해 부모에 대한 교육을 지원하고 있다. 부모교육 시 다문화가족 아동의 적응과 발달에 기초해 프로그램을 제공해야 하며, 아동의 발달단계에 적합한 부모역할 수행에 필요한 기본적인 지식뿐만 아니라 아동의 성장주기에 따른 맞춤형 지원을 강화해야 한다. 또한 다문화가족 아동의 부적응에 관한 예방적 차원에서 의사소통, 가족관계, 학교적응에 대한 프로그램이 실시되어야 하며 다문화가족 아동이 이중 언어로 소통할 수 있는 환경 조성을 위해 부모-자녀 프로그램을 활성화할 필요가 있다.

다문화가족 부모에 대한 상담은 문화적응, 언어적 의사소통, 사회적 네트워크 기반이 부족한 경우 자녀가 건강하게 성장하는 데 중요한 기회가 될 수 있다(이재연 외, 2018). 여성가족부에서는 다문화가족 지원 포털인 다누리(www.liveinkorea.kr)를 통해 상담을 위한 콜 서비스를 제공하고 있고, 가족센터에서도 상담과 치료가 제공되고 있으나 수요자들에게 현실적인 지원이 이루어지도록 개선할 필요가 있다.

(4) 학교 취학률 개선

다문화가족 자녀의 중학교에서부터 대학교로 이어지는 중등 및 고등교육에서의 취학률은 전체 국민과 비교해 큰 격차를 보이고 있어 중등 및 고등교육에 대한 정책적 관심이 보다 집중될 필요가 있음을 보여준다. 또한 낮은 중등 및 고등교육 학령기에서의 낮은 취학률은 학교 밖 청소년의 증가를 의미하므로 해 학교에 있지 않은 다문화 청소년들의 실태를 파악하고 이들의 교육 접근성을 가로막는 요인을 파악해 적절한 조치를 취하는 것이 필요하다. 뿐만 아니라 대학진학률이 70%를 넘는 우리나라에서 고등교육에 대한 낮은 취학률은 결과적으로 노동시장에서의 취약함으로 이어질 가능성이 높으므로 다문화가족 자녀의 중등 및 고등교육에서의 낮은 취학률과 그 원인을 면밀하게 분석하고, 이에 대한 적절한 대안을 강구할 필요가 있다(여성가족부, 2019).

2. 한부모가족

1) 한부모가족의 개념과 유형

(1) 한부모가족의 개념

한부모가족은 부모 중 어느 한부모와 자녀가 함께 생활하는 가족을 의미한다. 한부모가족지원법에서 제시하는 한부모가족의 부 또는 모의 범위는 다음과 같다(여성가족부, 2021).

① 배우자와 사별 또는 이혼했거나 배우자로부터 유기된 자
② 정신 또는 신체장애로 인하여 6개월 이상 장기간 근로(노동)능력을 상실한 배우자를 가진 자
③ 미혼모 또는 미혼부(사실혼 관계에 있는 자는 제외)
④ 배우자의 생사가 분명하지 않은 자
⑤ 가정폭력 등에 의한 배우자 또는 배우자 가족과의 불화 등으로 인하여 가출한 자
⑥ 배우자의 군복무로 인하여 부양을 받을 수 없는 자
⑦ 배우자의 장기복역으로 인하여 부양을 받을 수 없는 자
⑧ 국내에 체류하고 있는 외국인(출입국관리법 제31조에 따른 외국인 등록을 마친 자) 중 대한민국 국민과 혼인하여 대한민국 국적의 아동을 양육하고 있는 경우로서 ① ~ ⑦의 조건을 갖춘 자(③ 제외)

(2) 한부모가족의 유형

한부모가족은 모자가족 또는 부자가족을 말한다(한부모가족지원법 제4조 제2호). 모자가족이란 모가 세대주(세대주가 아니더라도 세대원을 사실상 부양하는 자 포함)인 가족을, 부자가족이란 부가 세대주(세대주가 아니더라도 세대원을 사실상 부양하는 자 포함)인 가족을 의미한다. 또한 한부모가족(부자가족 및 모자가족)의 조건을 갖춘 경우로 부나 모의 연령이 만 24세 이하인 경우에는 청소년 한부모가족으로 구분한다.

2) 한부모가족의 실태

(1) 한부모가족의 현황

2018년 한부모가족 실태조사에 따르면 가구구성은 모자로 구성된 가구가 51.6%로 가장 많았으며, 그 다음이 부자가구(21.1%), 모자와 기타 가구원으로 구성된 가구(13.9%), 부자와 기타 가구원으로 구성된 가구(13.5%)의 순으로 나타났다. 2012년과 2015년 실태조사들과 비교할 때 모자가구 및 부자가구의 비율은 상대적으로 증가하는 추세이며, 모자가구가 지속적으로 가장 높은 비중을 차지함을 알 수 있다.

(단위: %, 2012년:n=2,522, 2015년:n=2,552, 2018년:n=2,500)

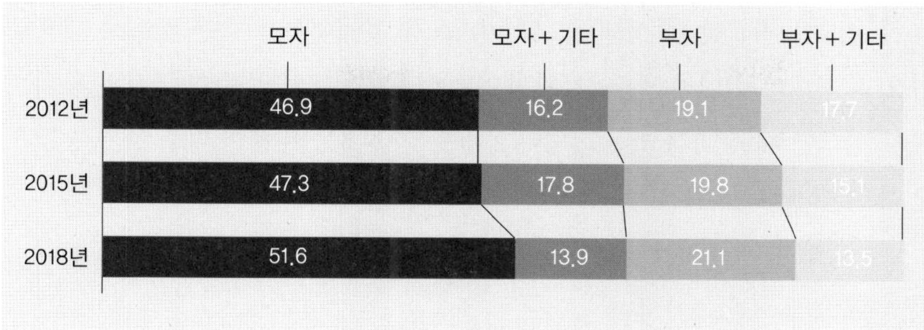

그림 8-7 한부모가족의 가구 구성

출처: 여성가족부(2018). 한부모가족 실태조사

한부모가족의 혼인상태는 이혼 77.6%, 사별 15.4%, 기타 7.0% 순으로 대부분 이혼인 상태인 것으로 나타났다. 2012년과 2015년의 실태조사와 비교할 때 사별 비율은 다소 줄고 이혼 및 기타 혼인상태 비율이 늘었으나 큰 변화는 발견되지 않았다.

(단위: %, 2012년:n=2,522, 2015년:n=2,552, 2018년:n=2,500)

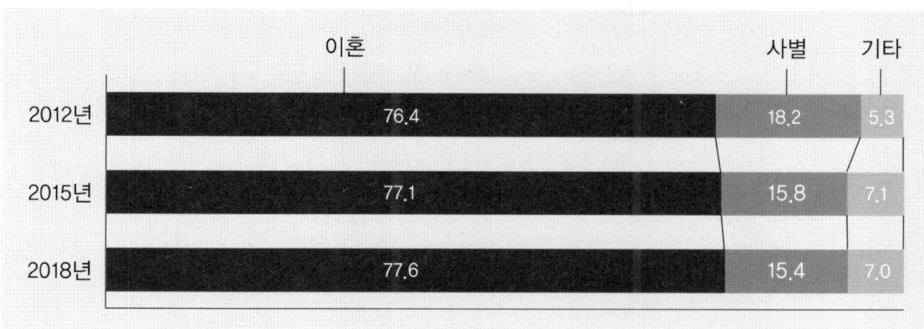

그림 8-8 한부모가족의 혼인상태

출처: 여성가족부(2018). 한부모가족 실태조사

(2) 한부모가족이 겪는 어려움

한부모가족 실태조사에 따르면 한부모가 된 후 달라진 점을 '부와 모의 역할 혼자서 감당'(4.1점), '집안일 부담 증가'(3.9점), '미래에 대한 부담 증가'(3.8점), '경제적 어려움'(3.7점) 등 돌봄과 가사로 인한 역할 과중과 경제적 부담 등 생활에서의 어려움이 여전히 큰 것으로 나타나고 있다.

2015년 조사와 비교할 때 상대적으로 어려움을 호소하는 비율은 줄어든 것으로 나타나고 있으나 '자녀와 긴밀해짐', '일가친척으로부터 자유로워짐' 등의 긍정적 지표는 2015년 조사와 비교할 때 상대적으로 '그렇다', '매우 그렇다'는 비율이 다소 증가한 것으로 나타났다. 특히 경제적인 어려움의 경우 모자가구에서 높게 나타났다.

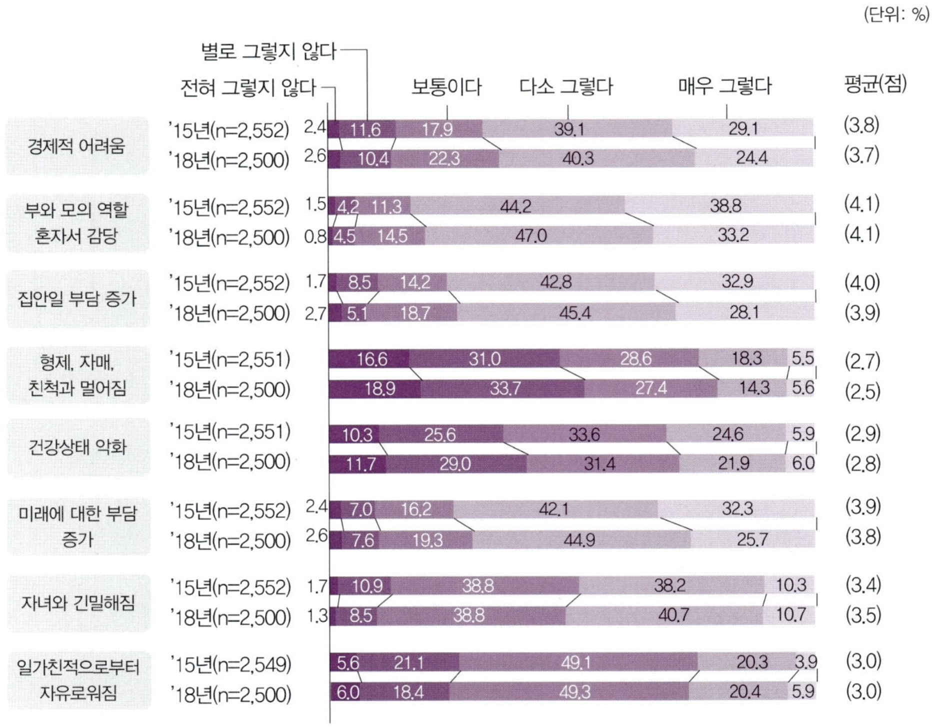

그림 8-9 한부모가 된 후 달라진 점

출처: 여성가족부(2018). 한부모가족 실태조사

① 자녀 양육의 어려움

한부모가족 실태조사에 따르면 미취학자녀의 경우 '자녀를 돌볼 시간의 부족'과 '자녀를 돌봐줄 사람을 구하는 어려움'이 있다는 응답이 많았고, 취학자녀의 경우 '양육, 교육 관련 정보 부족', '자녀진로 지도의 어려움' 등 교육과 관련된 어려움도 높게 나타나고 있다.

한부모는 배우자의 부재로 인해 혼자서 자녀 양육 시 기대되는 아버지의 역할과 어머니의 역할을 동시에 수행해야 하므로 한계를 겪기도 하고, 심리적인 어려움이 가중된다(황해익 외, 2016).

② 경제적 어려움

한부모가족 실태조사에 따르면 자녀를 양육하며 경험하는 한부모의 가장 큰 어려움은 '양육비 · 교육비 부담'으로 나타나 경제적 제약 또한 한부모가족의 어려움으로 부각되고 있다.

현재 취업상태인 응답자들의 평균 근로 · 사업소득은 202만 원으로, 100만 원 미만이 9.8%, 100~200만 원 미만이 45.0%, 200만 원 이상이 45.3%로 나타났다. 2012년과 2015년 조사에서는 평균 근로 · 사업소득은 각각 157만 4천 원과 173만 7천 원이었는데 2012년과 비교할 때 2018년의 명목 근로 · 사업소득은 평균 44만 6천 원 높은 수치를 나타냈으며, 2015년에 비해서는 28.3만 원 증가한 것으로 나타났다.

평균 근로 · 사업소득은 한부모의 성별 · 가구유형별 차이가 비교적 선명하게 드러나는데 모자가구는 169.4만 원, 모자기타가구는 174.6만 원인 데 반해 부자가구는 247.4만 원 그리고 부자기타가구는 266.1만 원으로 나타났다.

(단위: %, 2012년:n=2,184, 2015년:n=2,228, 2018년:n=2,106)

그림 8-10 한부모가족의 근로·사업소득

출처: 여성가족부(2018). 한부모가족 실태조사

③ 정서적 어려움

한부모가족의 아동은 한쪽 부모와 헤어지게 되면서 분노, 좌절, 우울 등 다양한 정서적 어려움을 경험할 수 있다. 부모의 이혼이나 별거, 사별과 같이 가족구조에 변화가 발생하는 과정에서 심리적 외상을 입을 수 있고, 거주지나 경제적 여건의 변화 등을 겪을 수 있다(황해익 외, 2016). 또한 부부가 함께 부모역할을 수행하는 경우 상호보완을 통해 지지, 격려받을 수 있는 부분에 대한 지지체계가 부족해 정서적 어려움을 경험할 수 있다(이용주 외, 2020). 따라서 아동과 부모 모두 심리적인 제약과 박탈감을 느낄 수 있다.

3) 한부모가족 아동보호서비스의 내용

우리나라 한부모가족을 위한 보호서비스는 한부모가족지원법, 초중등교육법, 양육비 이행확보 및 지원에 관한 법률 등에 근거해 제공하고 있다. 이러한 보호서비스는 한부모가족이 가족기능을 유지하고 건강한 생활을 영위할 수 있도록 지원하는 것을 목적으로 한다.

표 8-3 한부모가족을 위한 보호서비스

종류		내용
생활지원	한부모가족 아동양육비 지원	한부모가족이나 조손가족이 가족의 기능을 유지하고 안정된 생활을 할 수 있도록 아동 양육비를 지원
	양육비 이행 원스톱 종합서비스	양육비를 받지 못해 어려움을 겪고 있는 한부모가족이 원활하게 양육비를 지급받을 수 있도록 지원
교육지원	한부모가족 자녀 교육비 지원	저소득 한부모가족 및 조손가족의 교육비(학비)를 지원
주거시설 지원	한부모가족 복지시설 지원	저소득 한부모가족의 안정을 위해 일정 기간 동안 주거를 지원

출처: 복지로 https://www.bokjiro.go.kr.

4) 한부모가족 아동보호서비스의 개선방향

현재의 보호서비스는 저소득층 한부모가족의 경제적 지원을 중심으로 이루어지고 있다. 경제적 지원뿐만 아니라 심리사회적 지원, 자립능력을 기르는 것까지 포함되어야 하며 이를 위해 다양한 프로그램 도입이 필요하다. 즉 한부모가족의 기능을 강화하고 한부모 개인의 욕구를 충족시키면서 아동과 가정의 욕구를 지원하는 서비스와 프로그램이 필요하다(이용주 외, 2020).

(1) 양육 지원

양육에 초점을 둔 서비스가 강화될 필요가 있다. 현재 한부모가족의 양육서비스는 양육비 지원에 중점을 두고 있다. 한부모와 아동이 함께 시간을 보내고 아동의 발달을 지원하는 부모역할을 수행할 수 있도록 부모양육역량을 강화하고 질높은 돌봄서비스가 확대되어야 한다(황해익 외, 2016). 한부모가구의 유형이 더욱 소규모화되고 있는 추세에 맞추어, 돌봄체계를 안정적으로 구축하고 유지할 필요가 있다. 특히 미취학아동에 대한 보편적 보육 · 교육서비스가 확장된 것처럼 초등학생 아동을 위한 보편적 돌봄지원체계를 구축해나갈 필요가 있다.

또한 역할수행, 스트레스 관리, 부모자녀관계 형성 등에 대한 한부모 및 자녀를 대상으로 하는 프로그램을 마련하고 이러한 정보에 대한 접근성을 높일 수 있는 전문적인 전달체계를 마련할 필요가 있다.

(2) 경제적 지원

한부모의 취업률 자체는 상대적으로 높은 편이지만 평균 근로 · 사업소득은 202만 원 수준에 그치고 있으며, 취업 중인 한부모의 상당수는 일을 하고 있음에도 소득이 충분하지 않아 빈곤한 근로빈곤층(working poor)에 속해 있을 가능성이 높은 것으로 볼 수 있다. 그러나 2018년 최저임금이 비교적 큰 폭으로 인상(2017년에 비해 16.4% 인상)되면서 최저임금을 약간 웃도는 정도의 임금수준을 받을 가능성이 있는 한부모 취업자들 중 다수는 한부모가족 지원대상에서 탈락하는 데 대한 우려가 제기되고 있다(여성가족부, 2018). 한부모가족의 다수가 차상위, 차차상위 계층에 집중되어 있어 작은 제도 변경에도 쉽게 탈락할 수 있음을 고려할 때 소득구간을 넓혀서 저소득 한부모가족에 대한 지원을 안정화할 필요성이 제기된다(김은지 외, 2017).

또한 한부모가족의 지원 대상에 따라 필요한 서비스가 제공되어야 한다. 그동안 수적으로 우세한 모자가족의 요구에 초점을 두었으나 다양한 한부모가족의 특성에 적합한 실제적인 지원이 필요하다.

(3) 정서적 지원

한부모가족의 아동은 부모의 이혼이나 별거 등으로 심리적인 외상을 입을 수 있다. 이런 경우 아동의 발달단계에 따라 건강한 성장을 도모할 수 있도록 무력감이나 분노, 죄의식과 같은 감정을 다루어 줄 필요가 있다(김재환 외, 2021). 특히 어린 아동의 경우에는 변화한 환경에 잘 적응할 수 있도록 놀이치료나 가족치료를 활용할 수 있다. 한부모가족의 아동이 건강하고 행복한 생활을 영위하기 위해 심리적 안정과 적응을 지원하기 위한 노력이 필요하다. 또한 한부모가족의 부와 모 역시 발생배경에 따라 마음의 상처를 가지고 있을 수 있고, 홀로 자녀를 양육하고 미래를 계획해야 하는 부담감으로 인해 우울감을 경험할 수 있다. 지지체계를 잃은 한부모가족의 부와 모에게 가족치료와 상담 프로그램을 제공하고 이용 접근성을 높일 수 있는 방안을 마련해야 한다.

3. 조손가족

1) 조손가족의 개념과 유형

(1) 조손가족의 개념

조손가족은 조부모와 손자녀로 이루어진 가족을 통칭하는 개념으로 이혼, 유기, 행방불명, 실종, 사망, 경제적 사유 등으로 인해 부모로부터 사실상 부양을 받지 못하는 아동을 조부 또는 조모가 양육하는 가족을 말한다(여성가족부, 2021). 2005년 이후 "조손가족"이라는 용어가 보편화되어 한부모가족, 다문화가족 등과 함께 가족형태 중 하나로 여겨지고 있다.

(2) 조손가족의 유형

조손가족 실태조사에 따르면, 우리나라 조손가족의 절반 이상(53.2%)이 손자녀 친부모의 '이혼 및 재혼'에 의해 조부모가 손자녀를 양육하게 됨으로써 형성되었고, '부모의 가출이나 실종' 등에 의한 경우가 14.7%, '부모의 실직과 파산'(7.6%) 혹은 '부모의 취업'(6.7%) 등의 경제적 이유로 인해 손자녀를 양육하게 된 경우는 14.3%였으며, '부모의 질병과 사망' 등의 이유는 11.4%였다. 이런 현상은 우리나라의 이혼율이 해마다 증가하는 추세라는 점을 고려할 때, 향후 조손가족의 증가 가능성이 상대적으로 높을 수 있다는 점을 시사하고 있다(여성가족부, 2010).

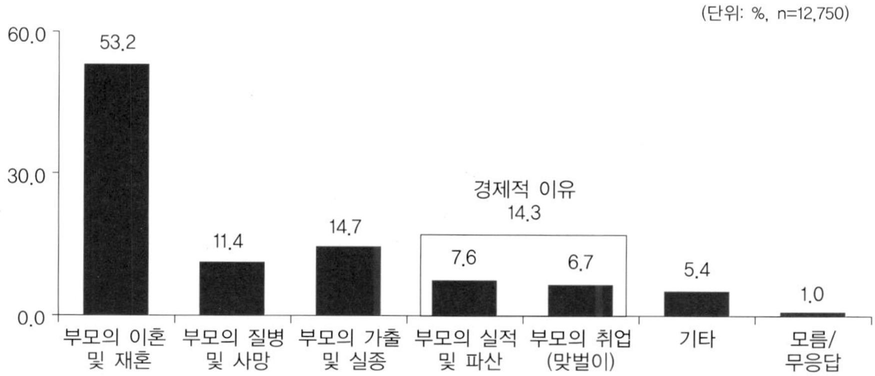

그림 8-11 손자녀 양육 이유

출처: 여성가족부(2010). 조손가족 실태조사보고서

현재의 조손가족은 손자녀의 양육권 일체를 조부모가 행사하는 구조화된 가족이다. 그러나 이와 더불어 맞벌이 부부의 증가나 잦은 근무지 이동 등으로 인해 안정적인 자녀 양육환경을 마련할 수 없는 가구가 증가한다면, 이들 가구의 자녀들이 조부모에 의해 양육될 개연성이 많다. 이런 점에서 비록 구조화된 조손가족은 아니라도 장기간 부모가 양육하지 못하고 조부모에게 위탁되는 아동이 증가할 수 있다. 그리고 이들 역시 현실적인 조손가족을 형성하게 될 것이란 점에서 조손가족의 증가는 앞으로도 더욱 가속화될 수 있다고 예상할 수 있다(여성가족부, 2010).

2) 조손가족의 실태

(1) 조손가족의 현황

2018년 기준 조부모와 미혼 손자녀로 구성된 총 가구 수는 11만 3,297가구이며, 총 가구원 수는 29만 8,038명으로 보고되고 있다. 이 중 조부모와 18세 미만 손자녀로 구성된 총 가구 수는 〈표 8-4〉에 제시된 것처럼 52,951가구이며, 총 가구원 수는 151,588명인 것으로 나타났다. 특히 조부 · 조모와 함께 거주하는 18세 미만 손자녀 가구 수는 28,997가구이며, 조부 또는 조모와 거주하는 가구 수는 23,954가구인 것으로 나타나 조부모와 함께 거주하는 경우가 조부 또는 조모와 함께 거주하는 경우보다 약간 많은 것으로 나타났다(허민숙, 2020).

표 8-4 조손가족 구성 현황

구분	계		조부모 + 미성년손자녀		조부 또는 조모 + 미성년손자녀	
	가구	가구원	가구	가구원	가구	가구원
2015	52,131	148,907	27,777	91,570	24,354	57,337
2016	51,155	146,317	27,662	91,104	23,493	55,213
2017	53,297	152,480	29,080	95,803	24,217	56,677
2018	52,951	151,588	28,997	95,739	23,954	55,849

주: 인구총조사 2018년 11월 1일 기준

출처: 통계청, 국회입법조사처 제출자료(2020.2.21.)

조손가족의 손자녀의 연령을 살펴보면, 5~9세가 18,076명으로 가장 많고, 10~14세가 15,715명, 0~4세가 14,216명, 15~17세가 11,176명의 순인 것으로 나타났다(허민숙, 2020).

표 8-5 조손가족 연령별 손자녀 현황 (단위: 년, 가구, 명)

구분	전체	0~4세	5~9세	10~14세	15~17세
2015	64,965	16,225	14,723	19,021	14,996
2016	60,297	14,672	15,392	16,748	13,485
2017	60,700	14,543	17,258	16,189	12,710
2018	59,183	14,216	18,076	15,715	11,176

주: 인구총조사 2018년 11월 1일 기준

출처: 통계청, 국회입법조사처 제출자료(2020.2.21.)

(2) 조손가족이 겪는 어려움

조손가족은 다양한 유형의 가족 중 가장 높은 취약성을 지니고 있다. 주양육자인 고연령 조부모의 충분치 못한 경제적 부양능력, 질병, 세대 간 격차 등으로 인해 조손가족의 아동은 적절하지 못한 양육환경에 놓일 우려가 있다(이명용, 김승희, 2014). 또한 조손가족의 조부모는 경제적 곤란과 손자녀 양육 등의 어려움을 겪을 우려가 높은 것으로 알려져 있다.

조손가족 실태조사에 따르면, 조손가족을 이루며 살아가는 과정에서 가장 어려운 점이 무엇인지 두 가지를 고르게 한 결과 응답자들이 가장 많이 지적한 것은 '경제적 어려움'으로 76.7%였다. 이들의 소득수준이 최저생계비 수준에 머문다는 점을 고려할 때 가장 시급한 것은 소득 증대라고 할 수 있으나 생계 책임자가 65세 이상의 노령으로 노동시장에서 소외될 수밖에 없는 상황이며, 손자녀들 역시 아직 본격적으로 생계를 담당할 연령에 이르지 못하고 있다는 점에서 이들의 향후 전망 역시 밝지 않다. 결국 이런 사정은 조손가족은 생활 개선을 사적 영역에서만 의존할 수 없고, 따라서 공적 지원이 절실한 계층이란 점을 부각시킨다. 또한 이들이 지적한 애로사항 중 두 번째로 많은 것은 '손자녀의 학업 및 장래에 대한 걱정'으로 53.7%였고, '자신들과 배우자의 건강'에 대한 걱정 역시 44.8%로 많았다.

실태조사 결과 집계된 이들의 요구사항은 조손가족의 어려움을 그대로 드러내고 있는데, 노동력 약화에 따른 경제적 어려움과 세대 차이 등으로 인한 손자녀 양육의 어려움, 그리고 노화과정에서 불가피한 건강 악화 등이 조손가족이 직면하는 대표적 난제로 등장한 것이다.

(복수응답, 단위: %, 응답자 n=12,750)

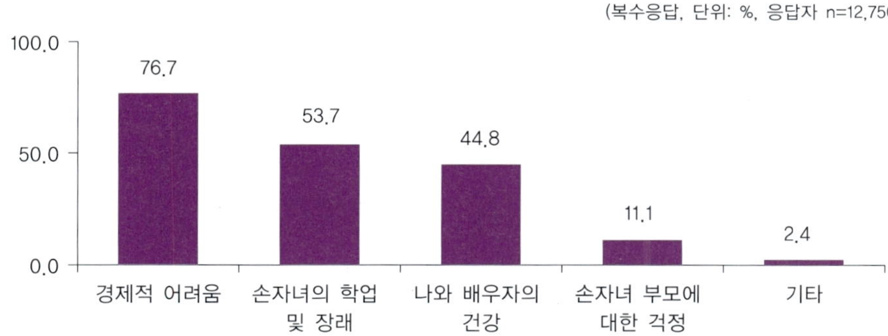

그림 8-12 조손가족 생활 애로사항

출처: 여성가족부(2010). 조손가족 실태조사보고서

① 경제적 어려움

현재 조손가족은 경제적 곤란 및 손자녀 양육 등의 어려움으로 인해 가장 높은 취약성을 가진 가족유형으로 고려되고 있다. 실제 조손가족 가구당 평균소득은 2,175만 원으로 전체 가구 평균소득인 4,883만 원의 45%에 불과하며, 취약계층으로 알려진 다문화가구(4,328만 원), 장애인가구(3,513만 원)보다도 낮은 수준인 것으로 보고되고 있다. 〈표 8-6〉에 제시된 것처럼, 2019년 기준 전년도 소득이 3,000~5,000만 원 미만인 조손가구는 42%, 1,000~3,000만 원 미만인 가구는 36.3%인 것으로 나타나 조손가구의 78.3%가 1,000~5,000만 원 미만 소득구간에 분포되어 있음을 알 수 있다.

표 8-6 조손가족 소득구간 분포 (단위: 년, %)

구분	1,000 만 원 미만	1,000~3,000 만 원 미만	3,000~5,000 만 원 미만	5,000~7,000 만 원 미만	7,000~10,000 만 원 미만	10,000 만 원 이상
2017	8.2	47.0	28.2	9.4	7.2	-
2018	9.2	46.6	23.6	7.6	11.1	1.9
2019	6.9	36.3	42.0	8.9	3.2	2.8

주) 인구총조사 2018년 11월 1일 기준
출처: 통계청, 한국은행, 금융감독원, 「가계금융복지조사-가구특성별 소득구간별 가구분포」, http://kosis.kr/statHtml/statHtml.do?orgId=101&tblId=DT_1HDAB03&conn_path=I2

② 손자녀 양육의 어려움

조손가족 실태조사에 따르면, 전체 응답자의 66.2%가 손자녀를 양육하며 부딪히게 되는 가장 어려운 문제로 '아이 양육(교육)에 따른 경제적 문제'를 언급하였고, 다음으로 11.5%가 '아이의 생활 및 학습지도 문제'를 어려운 사안으로 지적하였다. 실태조사에서 집계된 조손가족의 월평균 소득이 59.7만 원에 불과하고, 손자녀의 친부모로부터 정기적으로 양육비 지원을 받는 경우가 30%에도 미치지 못하는 상황에서 결국 손자녀의 양육(교육)비는 조부모의 노후생활에 큰 짐이 됨을 알 수 있다. 정부가 저소득층의 생활안정을 위해 다양한 지원을 하고 있으나, 조손가족이라는 특수성을 고려할 때, 조손가족의 손자녀 양육을 위한 보다 적극적인 조치가 요구되는 이유가 여기에 있다고 하겠다.

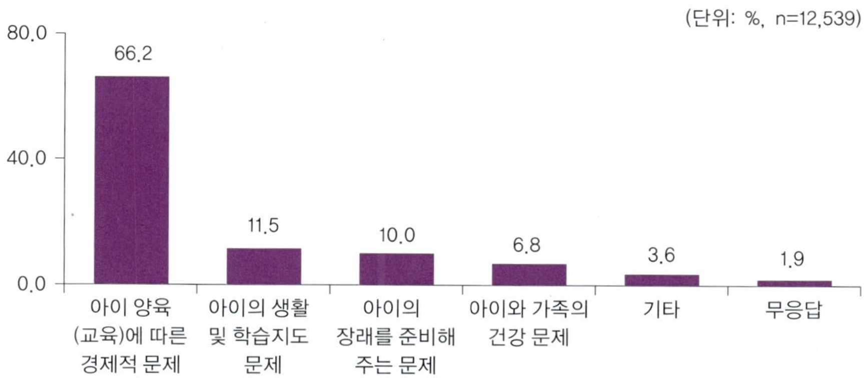

그림 8-13 손자녀 양육 애로사항

출처: 여성가족부(2010). 조손가족 실태조사보고서

③ 건강 문제

조손가족 실태조사에 따르면, 응답자 중 6개월 이상 만성질환을 앓고 있는 경우가 40.8%로 가장 많았고, 크고 작은 잦은 질병에 시달리는 경우가 33.1%, 질병으로 인해 건강하지 못한 경우가 73.9%에 달했으며, 나이에 비해 건강한 편이라는 응답은 16.9%로 상대적으로 매우 적었다. 이런 경향은 배우자의 경우에도 크게 다를 바 없어 질병으로 건강하지 못한 배우자는 68.7%로 '6개월 이상 만성질환자'가 37.9%, '크고 작은 잦은 잔병이 많은 배우자'가 30.8%였으며, '건강하다'는 응답은 23.2%에 불과하였다.

3) 조손가족 아동보호서비스의 내용

① 조손가족의 조모와 조부의 범위

조부 또는 조모 중 1인이 손자녀를 양육할 경우 지원하는 것이 원칙으로 조부와 조모가 함께 손자녀를 양육하는 경우에는 조부 또는 조모 중 1인이 심신장애 · 질병으로 장기간 근로능력을 상실하거나 조부 또는 조모 중 1인이 65세 이상이면 지원 가능하다(여성가족부, 2021).

② 지원 대상 아동의 범위

지원 대상 아동은 만 18세 미만의 자, 고등학교 또는 대학 등에 재학 중인 경우에는 만

22세 미만으로서, 병역법에 따른 병역의무를 이행하고 취학 중인 경우에는 병역의무를 이행한 기간을 가산한 연령 미만의 자를 말한다(한부모가족지원법 제4조 제5호).

조부 또는 조모가 다음의 사유로 부모로부터 부양을 받지 못하는 아동을 양육하는 경우 매년 여성가족부장관이 고시하는 소득기준에 부합하는 때에는 지원 대상이 된다(여성가족부, 2021).

- 아동의 부모가 사망하거나 생사가 분명하지 않은 경우
  ※ 생사가 분명하지 않은 경우란 실종신고 절차가 진행 중이거나, 관할 시 · 군 · 구청장이 가출 또는 행방불명 사실을 확인한 경우(거주불명등록자, 주민등록 직권말소 등)를 의미
- 아동의 부모가 정신 또는 신체의 장애 · 질병으로 장기간 근로(노동)능력을 상실하여 부양을 받을 수 없는 경우
- 아동의 부모가 6개월 이상 장기복역 등으로 인해 부양을 받을 수 없는 경우
- 아동의 부모가 이혼하거나 유기하여 부양을 받을 수 없는 경우
- 아동의 부모가 가정의 불화 등으로 가출하여 부모의 부양을 받을 수 없는 경우
- 그 밖에 부모가 실직 등으로 장기간 경제적 능력을 상실하여 부양을 받을 수 없는 경우
  ※ 부모의 소득인정액이 기준 중위소득 52%를 초과할 경우, 경제적 능력을 회복한 것으로 인정하여 지원 중지

③ 소득 기준

조손가족의 선정기준은 기준 중위소득 60% 이하, 복지급여 지급기준은 기준 중위소득 52% 이하이다.

표 8-7 2021년 한부모가족지원법 지원 대상 가구 소득인정액 기준 (단위: 원/월)

구분		2인	3인	4인	5인	6인
2021년 기준 중위소득		3,088,079	3,983,950	4,876,290	5,757,373	6,628,603
〈참고〉 생계급여수급자 (기준 중위소득 30%)		926,424	1,195,185	1,462,887	1,727,212	1,988,581
한부모 및 조손가족	기준 중위 소득 52%	1,605,801	2,071,654	2,535,671	2,993,834	3,446,874
	기준 중위 소득 60%	1,852,847	2,390,370	2,925,774	3,454,424	3,977,162

출처: 여성가족부(2021). 2021년 한부모가족지원사업 안내

표 8-8 조손가족을 위한 보호서비스

종류	지원 대상	선정기준	서비스 내용
한부모가족 아동양육비 지원	• 아동양육비: 지원대상자로 결정된 저소득 한부모가구의 만 18세 미만의 아동 • 추가아동양육비: 조손가족 및 만 25세 이상 미혼 한부모가족의 만 5세 이하 자녀 • 학용품비: 한부모가족(조손가족 포함)의 중학생 및 고등학생 자녀 • 생활보조금: 한부모가족 복지시설에 입소한 저소득 한부모가족(조손가족 포함)	• 복지급여: 기준 중위소득 52% 이하 한부모 및 조손가족 • 한부모가족증명서 발급: 기준 중위소득 60% 이하 한부모 및 조손가족(비급여)	• 아동양육비: 자녀 1인당 아동양육비 월 20만 원 지원 • 추가아동양육비: 조손가족 및 만 35세 이상 미혼 한부모가족의 만 5세 이하 아동 1인당 월 5만 원 • 학용품비: 자녀 1인당 연 8만 3,000원의 학용품비 지원 • 생활보조금: 가구당 월 5만 원 지원
가족역량 강화 지원	기준 중위소득 100% 이하 (손)자녀를 양육하는 한부모 · 조손가족 등 가족기능 및 역량 강화를 위해 지원이 필요한 가족을 지원	해당 가구의 건강보험료 본인부담금 합산액이 기준 중위소득 100% 이하 (손)자녀를 양육하는 한부모 · 조손가족 등 사업 대상 기준에 적합한 대상자 중에서 복합적인 문제를 가지고 있어 사례관리가 필요하다고 판단되는 가구를 지원	• 가족 기능 회복을 위한 상담과 교육 프로그램 등의 서비스를 제공 • 긴급위기 피해가족에 대한 상담 및 지원을 제공 • 저소득 한부모 · 조손가족 등에 대한 (손)자녀 학습 · 정서지원 및 생활도움 지원

출처: 복지로 https://www.bokjiro.go.kr/

4) 조손가족 아동보호서비스의 개선방향

조손가족은 경제적 자활능력이 없다는 점과 부모와 자녀 간의 유대 없이 세대 차이가 심한 조부모와 손자녀만으로 가족이 형성되고 있다는 점에서 일반 저소득층 가족이나 한부모가족과는 다른 상황에 처해 있다. 또한 앞으로도 조손가족은 하나의 새로운 가족유형으로서 일정 수준 지속적으로 증가할 것이 예상됨에도 불구하고 현재 우리나라는 조손가족과 관련된 정책이 한부모가족지원법 체계 내에서 운영되고 있어 보다 효과적인 조손가족 지원책 마련에 한계를 보이고 있다(여성가족부, 2010). 조부모에 대한 경제적 지원과 아동에 대한 지원 모두에 중점을 두어 체계적이고 장기적인 지원체계가 마련되어야 한다.

(1) 경제적 지원

우리나라의 조손가족은 경제적 자활능력을 갖추지 못해 외부의 지원에 전적으로 의지해야 하므로 아동수당, 양육수당 등 경제적 지원을 통해 조부모의 양육부담을 덜어 주어야 한다(김석준 외, 2018). 현행 복지지원체계 속에서 조손가족은 국민기초생활수급대상자 지원에 따라 가계 지원을 받고는 있으나, 일반 저소득층 가구를 기준으로 한 획일적인 지원 기준이 아니라 조손가족만의 특수성을 반영한 지원 기준이 필요하다.

(2) 상담 지원

조손가족의 아동은 부모에 대한 부정적 감정을 가지고 있고 이러한 감정이 해소되지 못하는 경우 공격적 행동으로 연결될 수 있다. 이러한 감정을 관리할 수 있도록 아동・청소년 상담을 지원해 주는 것이 필요하다(김석준 외, 2018). 또한 조손가족의 조부모는 신체적인 질병뿐만 아니라 아동 양육으로 인한 심리적인 어려움을 겪으므로 이러한 부분에 대한 상담 지원을 제공할 필요가 있다(이용주 외, 2020). 특히 손자녀의 양육 상담 및 조언을 조부모의 눈높이에 맞추어 제공하는 서비스가 마련되어야 한다.

(3) 교육적 지원

조손가족의 아동을 위해 아동의 발달 단계별로 체계적이고 종합적인 지원이 필요하다. 아동의 학습능력을 지원하기 위해 종합적인 진단을 통해 개별적인 특성을 파악하고 학습능력 향상을 위한 지원을 해야 한다(이용주 외, 2020). 현재 가족센터에서는 아동양육, 생활 및 학습지도, 학교적응을 지원하기 위해 다양한 프로그램을 운영하고 있다. 조손가족 아동의 건강한 발달과 학교적응을 지원하는 다양한 학습 및 문화 프로그램을 확대 제공할 필요가 있다(이재연 외, 2018). 또한 조손가족의 경우 필요한 복지서비스를 찾아 신청하는 과정에 어려움을 겪을 수 있으므로, 서비스 수요를 파악하고 조부모에게 필요한 양육 관련 정보 및 양육기술을 배울 수 있는 프로그램을 마련해 서비스를 연계하는 방안을 강구할 필요가 있다(허민숙, 2020).

4. 북한이탈주민가족

1) 북한이탈주민가족의 개념

북한이탈주민이란 북한에 주소 · 직계가족 · 배우자 · 직장 등을 두고 있는 사람으로 북한을 벗어난 후 외국의 국적을 취득하지 않은 사람(북한이탈주민의 보호 및 정착지원에 관한 법률 2조)을 의미한다. 북한이탈주민가족은 이주가정의 한 유형으로 보호, 교육, 취업, 주거, 의료, 생활보호 등을 지원하여 정착을 지원한다(통일부, 2017).

2) 북한이탈주민가족의 실태

(1) 북한이탈주민가족의 현황

통일부의 북한이탈주민 입국현황에 따르면 북한이탈주민은 1990년대 중반 북한의 식량사정 악화를 계기로 꾸준히 증가하기 시작하였다. 2002년 1,000명을 넘어선 이래 2006년에는 2,000명을 초과하였으며, 2007년 2월 북한이탈주민 총 입국자 수가 1만 명을 넘어섰고, 2010년 11월에는 2만 명, 2016년 11월에는 3만 명을 넘어섰다.

1998년도까지 국내 입국자는 947명에 불과했으나 지속적으로 증가하여 이후 3년간(1999~2001년) 1,043명이 입국하였고 2005년 이후 지속적으로 증가 추세를 유지하다 2012년 이후부터는 입국인원이 감소 추세이다. 특히 2020년은 코로나19로 인한 북중 국경통제 등의 영향으로 입국인원이 감소한 것으로 보인다. 또한 여성의 입국비율은 꾸준한 증가 추세를 보이다가 2002년을 기점으로 남성비율을 넘어서 전체 약 72%를 차지하고 있다. 연령대별 입국현황은 20대, 30대, 10대, 40대 순으로 나타났다.

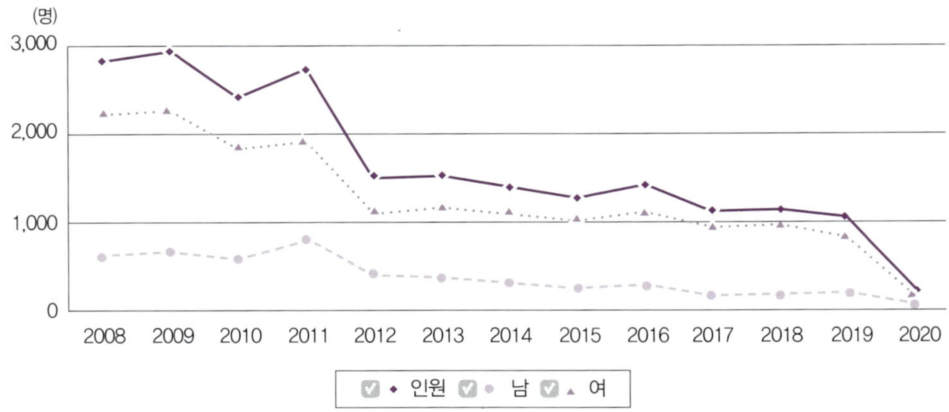

그림 8-14 북한이탈주민 입국현황

출처: e-나라지표 https://www.index.go.kr/potal/main/EachDtlPageDetail.do?idx_cd=1694

표 8-9 북한이탈주민 연령대별 입국현황(2020년)

구분	0~9세	10~19세	20~29세	30~39세	40~49세	50~59세	60세 이상	계
남	650	1,691	2,598	2,136	1,374	566	339	9,354
여	645	2,093	6,932	7,498	4,557	1,431	991	24,147
합계(명)	1,295	3,784	9,530	9,634	5,931	1,997	1,330	33,501

출처: 통일부 북한이탈주민 통계_20200331 https://www.data.go.kr

(2) 북한이탈주민가족이 겪는 어려움

① 경제적 어려움

북한이탈주민 정착실태조사에 따르면 경제적인 면에서 북한이탈주민은 경제활동참가율이 60.1%로 일반국민의 62.4%와 비교할 때 경제활동인구 비율이 낮고 비경제활동인구 비율이 높음을 알 수 있다. 고용률과 실업률 면에서도 일반국민은 60.4%와 3.1%를 나타내고 있지만, 북한이탈주민은 54.4%와 9.4%를 나타내 이들의 취업난과 실업문제를 보여준다.

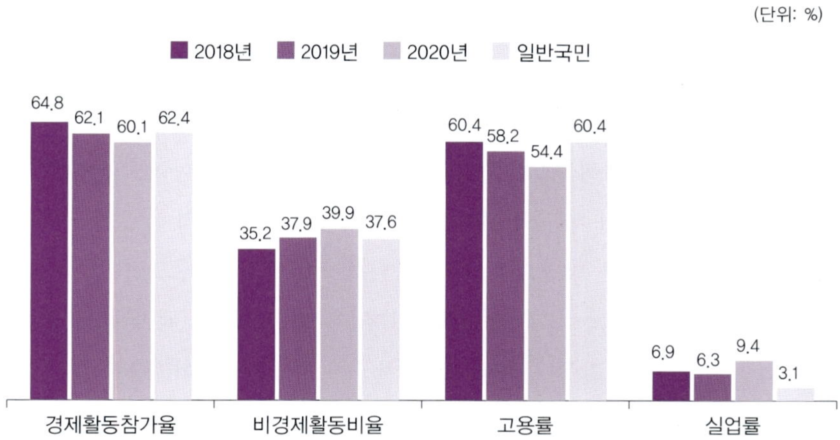

그림 8-15 주요 경제활동지표 변화

출처: 남북하나재단(2021). 북한이탈주민 정착실태조사

또한 임금근로자 최근 3개월 평균임금은 '200~300만 원 미만'이 40.1%로 가장 높고, 다음으로 '150~200만 원 미만'(24.2%), '300만 원 이상'(18.0%) 등의 순으로 나타났다. 임금근로자의 평균 월평균 임금(최근 3개월)은 216.1만 원으로, 2019년 대비 11.4만 원 높아진 반면, 일반국민 대비 52.0만 원 낮은 것으로 나타났다.

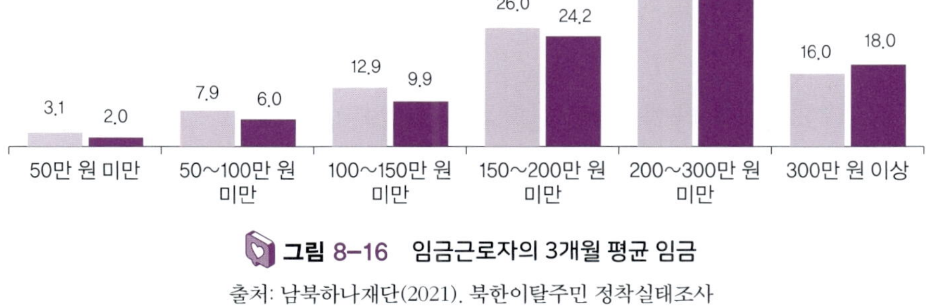

그림 8-16 임금근로자의 3개월 평균 임금

출처: 남북하나재단(2021). 북한이탈주민 정착실태조사

② 학교생활 적응문제

학업과 관련해 북한이탈주민의 자녀는 탈북과정에서 제대로 된 교육을 받을 기회를 놓친 경우가 많고, 교육체계나 교과과정, 교육내용 등의 차이로 인해 별도의 준비 없이는 교육과정을 따라가는 데 어려움을 겪는다. 교우관계 측면에서 북한이탈주민의 자녀는 북한에서 수학한 기간에 따라 편입학 학년이 결정되는데, 탈북과정에서 학습공백을 겪은 경우 자신의 나이보다 낮은 학년으로 배정되는 것이 일반적이다. 그런데 이러한 수학연령을 기준으로 편입학을 하는 경우 동생들과 수업을 받는다는 것에 대한 좌절감이나 열등감, 문화적 차이로 인한 갈등 등으로 인해 친구를 사귀는 데 어려움을 겪는다(이용주 외, 2020). 언어적인 측면에서 다른 다문화가족 아동과 비교할 때 언어문제는 거의 없을 것으로 생각되지만 외국어가 다량 섞여 있고 어투의 차이로 인해 대화를 나누는 것에 어려움을 보이기도 한다(김석준 외, 2018).

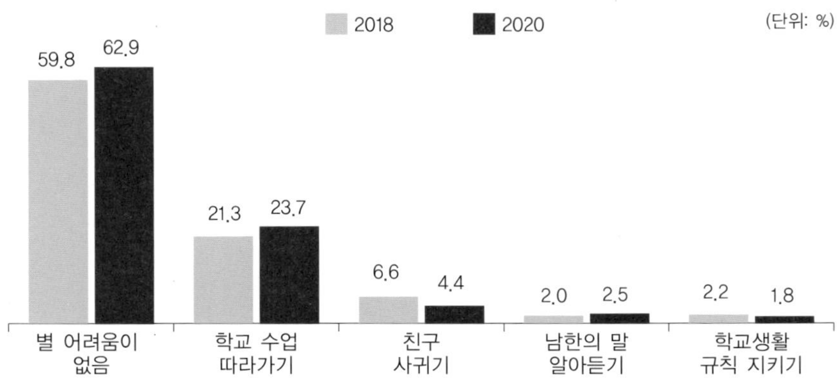

그림 8-17 학교생활 중 가장 어려운 점(상위 5순위만 표시)

출처: 남북하나재단(2020). 탈북청소년 실태조사

③ 심리적 어려움

북한이탈주민과 이들의 자녀들은 한국 사회 현실에 대해 정확하지 않은 정보를 갖게 된다. 따라서 탈북 이후 한국에 정착했을 때 기대와는 다른 현실에 좌절하거나 분노하는 모습을 보이게 된다(이용주 외, 2020). 특히 이들은 그동안 살아온 삶이나 체제와는 전혀 다른 한국에서의 삶에 적응하는 과정에서 정체성 혼란을 겪기도 하는데 이러한 심리적인 어려움이 적응에 부정적 영향을 미치게 된다. 또한 탈북 과정에서 경험한 부정적인 경험이 외상 후 스트레스 장애로 나타나거나 북한에 남은 가족에 대한 죄책감으로 인해 한국에서의 생활에 적응하는 데 어려움을 겪기도 한다(김석준 외, 2018).

3) 북한이탈주민가족 아동보호서비스의 내용

(1) 북한이탈주민가족 관련법

정부는 북한이탈주민들이 우리사회 일원으로 자립·자활 의지를 갖고 안정적으로 정착하도록 북한이탈주민의 보호 및 정착지원에 관한 법률(1997.1.14. 제정)에 따라 다양한 정책적 지원을 시행하였다. 2012년에는 북한이탈주민정착지원사무소(제2하나원) 시설을 확충하고, 교육프로그램으로 여성특화교육을 강화하고 심리안정 및 건강회복 지원을 강화하고자 노력하였고, 조속한 자립·자활을 지원하기 위해 북한이탈주민이 가장 큰 애로를 호소하는 취업문제 해결을 위해 노동부·기업 등과 유기적 협력관계를 구축하고 '북한이탈주민 일자리 창출 사업'을 진행하였다. 또한 북한이탈주민의 보호 및 정착지원에 관한 법률이 개정되어 2010년 9월 27일 시행되었는데, 이 법률은 북한이탈주민지원재단·북한이탈주민 예비학교 설립, 취업지원 강화방안 등의 내용이 포함되었다. 이후 북한이탈주민의 보호 및 정착지원에 관한 법률이 개정되어 2013년 8월, 2014년 1월, 2014년 5월 북한이탈주민 자산형성 지원, 취업·교육 등 실태조사 근거 마련, 기본계획(3년주기) 신설, 자산형성제도 도입 등이 추진되었다.

(2) 북한이탈주민가족 보호서비스

북한이탈주민가족이 이주해 새로운 생활과 문화에 적응할 수 있도록 지원하는 과정은 다음과 같다.

그림 8-18 북한이탈주민의 입국 및 정착 과정

출처: 통일부 https://www.unikorea.go.kr/

북한이탈주민가족을 위해 실행되고 있는 보호서비스는 다음과 같다.

표 8-10 북한이탈주민가족을 위한 보호서비스

종류	내용
북한이탈주민 의료비 지원	북한이탈주민의 안정적 국내 정착을 지원하기 위해 본인 부담 의료비를 지원
북한이탈주민 자립자활 지원	북한에서 남한으로 이주한 주민의 자립과 자활을 위해 취업과 창업을 돕고, 영농활동으로 정착할 수 있도록 지원
북한이탈주민 자산 형성 지원제도	북한이탈주민이 우리 사회에 안정적으로 정착할 수 있는 자산을 형성하도록 지원 (미래행복통장)
탈북학생 교육 지원	북한에서 남한으로 이주한 초등 · 중등 학생이 우리사회의 통합된 일원으로 적응하여 통일 미래의 맞춤형 인재로 성장할 수 있도록 지원
(북한이탈주민) 탈북청소년 교육지원	탈북청소년의 학교생활 적응 지원을 통해 대한민국의 건강한 구성원으로 자립할 수 있도록 지원
북한이탈주민 취업 지원	북한이탈주민의 채용 확대와 장기 근속, 안정된 직업을 장려하기 위하여 사업자와 북한이탈주민에게 취업장려금 등을 지원
북한이탈주민 사회보장 지원	북한에서 남한으로 이주한 주민의 안정적인 정착을 지원 (수급권자 범위의 특례)
북한이탈주민 정착금 지원	북한에서 이주한 주민의 경제적 자립과 자활의지를 높이기 위해 정착금과 주거지원금 등을 지원
북한이탈주민 주택 알선 지원	북한에서 이주한 주민이 안정적으로 정착하고 자립할 수 있도록 하나원의 교육을 수료한 후 주거 공간을 지원
북한이탈주민 상담 지원	북한에서 남한으로 이주한 주민이 지역사회에 잘 정착할 수 있도록 주택, 취업, 교육, 의료 등을 체계적으로 상담
북한이탈주민 교육비 지원	북한에서 남한으로 이주한 주민이 안정적인 정착기반을 마련하고 교육적 어려움을 해소할 수 있도록 교육비를 지원

출처: 복지로 https://www.bokjiro.go.kr/

4) 북한이탈주민가족 아동보호서비스의 개선방향

북한이탈주민 정착 실태조사에 따르면 더 나은 한국에서의 생활을 위해 필요한 지원으로 '취 · 창업지원'이 27.4%로 가장 높고, 다음으로 '의료지원'(17.3%), '주택문제 관련 지원'(13.1%) 등의 순으로 나타났다. 2019년 대비 '취 · 창업지원'은 0.4%p, '의료지원'은 0.1%p 낮아지고, '주택문제 관련 지원'은 2.9%p 높아졌다.

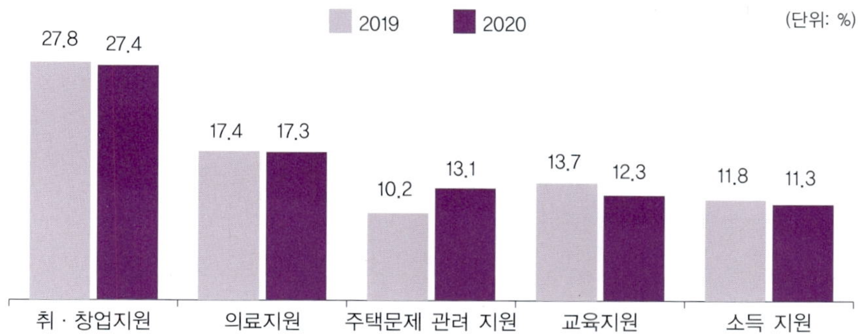

그림 8-19 더 나은 한국에서의 생활을 위해 필요한 지원(상위 5순위)

출처: 남북하나재단(2021). 2020 북한이탈주민 정착실태조사

(1) 경제적 지원

북한이탈주민의 안정적인 경제 기반 마련을 위해서는 사회적 기업 육성, 직업 훈련 강화 등이 마련되어야 한다(최성근, 2011). 북한이탈주민의 가장 비중이 높은 20~30대 청년층의 취업 증대를 위해 이들을 고용할 사회적 기업을 육성하고, 고용지원금을 확대해야 한다. 채용박람회 형식의 사회적 기업과 북한이탈주민의 정기적인 만남의 장을 주선함으로써 고용기회를 확대하는 정책도 고려해 봄직하다. 일자리의 개수만 확대하기보다는 북한이탈주민의 건강상태 및 근로능력에 맞는 맞춤형 일자리 개발이 필요하다. 단기간에 이뤄지는 직업훈련보다 훈련 기간을 연장하여 여러 가지 직업을 경험하고, 자신의 적성에 맞는 직업을 찾도록 직업훈련의 방향을 개선해나가야 한다.

(2) 교육적 지원

학교에서의 부적응은 이후 성인이 되었을 때 사회에서의 적응에도 영향을 미치므로 학교생활에서의 어려움을 지원해 줄 수 있는 교육적 지원이 필요하다(김석준 외, 2018).

지역사회에 기반을 둔 통합교육의 틀을 마련하기 위해 일반학교가 교육의 중심축으로 작동할 수밖에 없으나 일반학교는 부적응을 겪는 북한이탈주민가족의 자녀들을 지원하는 전담교사와 프로그램이 충분히 마련되지 있지 못하다(이용주 외, 2020). 일방적인 학교생활 적응 위주의 교육 및 지원은 북한이탈주민가족의 자녀들이 바람직한 자존감을 형성하는 데 방해요인으로 작용하여 이들의 성장과 발달에 부정적인 영향을 미칠 수 있다. 따라서 이들이 다양한 경험 위에 새로운 환경과 상호작용하며 자아실현을 해나갈 수 있도록 지원해야 한다. 또한 안정적인 취업기회를 제공하기 위한 교육지원제도의 확대 및 맞춤형 교육 프로그램 개발이 병행되어야 한다.

(3) 심리적 지원

북한이탈주민가족의 부모가 우리 사회와 문화에 대한 이해가 부족하여 자녀의 학업이나 진로 결정 시 적절한 지도를 하는 데 어려움이 있어 갈등이 깊어지기도 하므로 부모교육 및 가족상담을 통한 의식전환이 필요하다(이용주 외, 2020). 전문상담가가 개입해 가족 간의 적극적인 소통방식을 권장하고 실현해 부모 자녀 간의 관계를 원만하게 유지하는 것이 요구된다. 또한 탈북청소년들을 위한 건강캠프나 심층 면접을 통한 불안심리 치료 등을 추진할 필요가 있다.

더 알아보기

다문화 이해교육

여성가족부는 유아가 다문화에 대한 올바른 인식을 지닐 수 있도록 뽀로로를 활용한 유아용 온라인 교육 콘텐츠를 제작 및 배포하였다. 이는 유아용 영상 3편과 부모용 안내 영상 1편으로 구성되어 있는데, 유아용 영상은 뽀로로와 함께 다양한 친구를 만나 나라별 인사를 배우고 전통의상을 만들어보며 서로 다름에 대해 이해할 수 있는 내용을 다루고 있다.

참고문헌

김석준, 김현호, 박주현, 시옥진, 오선영, 이범석, 이화명, 정미현(2018). 아동권리와 복지. 양서원.

김은지, 최진희, 최현수, 성경(2017). 한부모가족 지원제도 개선방안 연구. 여성가족부.

김재환, 최진원, 곽미정(2021). 아동권리와 복지. 창지사.

남북하나재단(2020). 탈북청소년 실태조사.

남북하나재단(2021). 북한이탈주민 정착실태조사.

여성가족부(2010). 조손가족 실태조사보고서.

여성가족부(2018). 한부모가족 실태조사.

여성가족부(2019). 2018 전국다문화가족 실태조사 연구.

여성가족부(2021). 2021년 한부모가족사업안내.

이명용, 김승희(2014). 조손가정 조부모의 손자녀 양육유형에 따른 사회적 지원방안 모색. 한국가족복지학, 19(3), 551.

이소희, 유서현, 김일부(2020). 아동 먼저! 아동권리와 복지. 정민사.

이용주, 조숙영, 김정희(2020). 아동권리와 복지. 공동체.

이재연, 황옥경, 강현아, 서영숙, 이완정, 구은미, 정선아(2018). 아동권리와 복지. 창지사.

최성근(2011). 북한이탈주민 정착 실태와 개선 방안. 통일경제, 2, 66-79.

통계청 보도자료(2020). 2019 다문화 인구동태 통계.

통일부(2017). 북한이탈주민 정착지원 실무편람.

허민숙(2020). 조손가정 지원을 위한 미국의 내비게이터 프로그램 운영사례 및 시사점. 국회입법조사처 현안분석 134호.

황해익, 남미경, 서보순, 김병만(2016). 아동권리와 복지. 정민사.

통계청, 국회입법조사처 제출자료(2020.2.21.)

통계청, 한국은행, 금융감독원, 「가계금융복지조사-가구특성별 소득구간별 가구분포」, http://kosis.kr/statHtml/statHtml.do?orgId=101&tblId=DT_1HDAB03&conn_path=I2

e-나라지표 https://www.index.go.kr

공공데이터 포털 https://www.data.go.kr

국가법령센터 https://www.law.go.kr

다누리 www.liveinkorea.kr

대한민국 정책브리핑 www.korea.kr

복지로 https://www.bokjiro.go.kr

통일부 https://www.unikorea.go.kr

CHAPTER

09

장애아동 보호서비스

장애인은 기능이나 정신의 손상과는 관계없이 인간으로서의 존엄과 가치를 보장받는다는 점에서 장애인 대상 복지에 접근할 필요가 있다. 더 나아가 장애아동의 경우 장애를 조기 발견하여 성장 과정에서 필요한 보육, 의료, 교육, 재활서비스 등을 지원하여 기능장애가 심화되는 것을 예방하고, 사회 구성원으로 존중받고 통합될 수 있도록 지원할 필요가 있다. 본 장에서는 장애의 개념 및 정의, 장애아동 현황, 보호서비스를 살펴보고 앞으로의 개선방향에 대해 알아보고자 한다.

생각해 보기

우리나라는 2007년 「장애인차별금지 및 권리구제에 관한 법률」을 제정하고, 장애인에 대한 차별을 해소하기 위해 많은 노력을 기울이고 있다. 그럼에도 불구하고 장애인에 대한 차별 사례가 언론을 통해 끊임없이 보도되고 있다. 우리 주변에서 장애인이 차별을 받고 있는 사례를 찾아보고, 해결 방안을 고민해보자.

1. 장애의 개념 및 정의

「장애인복지법」에 따르면 장애인에 대한 정의는 "신체적, 정신적 장애로 오랫동안 일상생활이나 사회생활에서 상당한 제약을 받는 자"를 의미한다. 구체적으로 신체적 장애는 주요 외부 신체 기능의 장애, 내부기관의 장애를 의미하고, 정신적 장애는 발달장애 또는 정신질환으로 발생하는 장애를 의미한다. 1989년 장애인복지법 제정 당시에는 지체장애, 시각장애, 청각장애, 언어장애, 정신지체장애 등 5가지 장애 유형만 법적 장애인으로 인정되었으나 2000년 10개 유형, 2003년 15개 유형으로 확대되었다. 장애의 심한 정도에 대해 종전에는 1급에서 6급까지 6개의 장애등급으로 구분하였으나, 장애등급제가 폐지(2019. 7. 1. 시행)됨에 따라 장애의 정도가 심한 장애, 장애의 정도가 심하지 않은 장애로만 구분된다. 현행 장애인복지법 시행령 제2조 [별표1] 의 장애 유형 및 기준은 다음과 같다.

장애인복지법 제2조(장애인의 정의 등)

- "장애인"이란 신체적 · 정신적 장애로 오랫동안 일상생활이나 사회생활에서 상당한 제약을 받는 자를 말한다.
- 이 법을 적용받는 장애인은 제1항에 따른 장애인 중 다음 각 호의 어느 하나에 해당하는 장애가 있는 자로서 대통령령으로 정하는 장애의 종류 및 기준에 해당하는 자를 말한다.
  - "신체적 장애"란 주요 외부 신체 기능의 장애, 내부기관의 장애 등을 말한다.
  - "정신적 장애"란 발달장애 또는 정신질환으로 발생하는 장애를 말한다.

표 9-1 장애인복지법 시행령 제2조 [별표1] 장애의 종류 및 기준에 따른 장애인

구분			기준
신체적 장애	외부 신체 기능의 장애	지체장애	절단장애, 관절장애, 지체기능장애, 변형 등의 장애
		뇌병변장애	뇌의 손상으로 인한 복합적인 장애
		시각장애	시력장애, 시야결손장애
		청각장애	청력장애, 평형기능장애
		언어장애	청력장애, 평형기능장애
		안면장애	안면부의 추상, 함몰, 비후 등 변형으로 인한 장애

구분			기준
	내부 기관의 장애	신장장애	투석치료 중이거나 신장을 이식 받은 경우
		심장장애	일상생활이 현저히 제한되는 심장기능 이상
		호흡기장애	일상생활이 현저히 제한되는 만성 · 중증의 호흡기 기능 이상
		간장애	일상생활이 현저히 제한되는 만성 · 중증의 간 기능 이상
		장루 · 요루 장애	일상생활이 현저히 제한되는 장루 · 요루
		뇌전증장애	일상생활이 현저히 제한되는 만성 · 중증의 뇌전증
정신적 장애	발달장애	지적장애	지능지수가 70 이하인 경우
		자폐성장애	소아청소년 자폐 등 자폐성 장애
	정신장애	정신장애	조현병, 조현정동장애, 양극성정동장애, 재발성우울장애

출처: 보건복지부(2021). 2021년 장애인복지 사업안내(Ⅰ)

장애아동이란 「장애아동복지지원법」 제2조에 따르면 18세 미만의 사람 중 「장애인복지법」에 따라 등록한 장애인을 말한다. 다만, 6세 미만의 아동으로서 장애가 있다고 보건복지부장관이 별도로 인정하는 사람을 포함한다.

2. 장애아동 현황

1) 연도별 장애아동 현황

(1) 연도별 장애아동 및 장애영유아 현황

2020년 말 기준으로 전체 아동인구(7,710,946명) 대비 장애아동 인구(75,482명)는 0.98%로 나타났다. 장애영유아의 경우 전체 영유아 아동인구(2,121,390명) 대비 장애영유아 인구(9,729명)는 0.46%로 나타났다. 연도별로 장애아동 및 장애영유아 인구 수 추이를 살펴보면, 감소 추이를 보이다가 장애아동의 경우 2017년 이후, 장애영유아의 경우 2014년 이후 계속 증가하고 있다. 출산율이 낮아지면서 전체 아동 및 영유아 수는 감소하

표 9-2 연도별 장애아동 인구 및 전체 아동인구 대비 비율

연도	전체 아동 수	장애 등록 아동 수	비율	전체 영유아 수	장애 등록 영유아 수	비율
2011	9,921,012	78,186	0.79	2,777,209	7,933	0.29
2012	9,691,876	76,191	0.79	2,816,103	7,886	0.28
2013	9,431,699	74,617	0.79	2,769,255	7,442	0.27
2014	9,186,841	73,195	0.80	2,741,835	7,657	0.28
2015	8,961,805	72,583	0.81	2,739,901	8,122	0.30
2016	8,736,051	72,139	0.83	2,680,088	8,598	0.32
2017	8,480,447	72,260	0.85	2,568,516	8,983	0.35
2018	8,176,335	72,618	0.89	2,415,349	9,175	0.38
2019	7,928,907	74,362	0.94	2,285,605	9,679	0.42
2020	7,701,707	75,482	0.98	2,121,390	9,729	0.46

출처: 박창현, 김근진, 김경희, 정유나(2021). 장애아동 관련 실태조사 및 종합적 지원체계 구축방안 연구. 육아정책연구소

는 데 반해 장애아동 및 장애영유아 수는 증가하는 추세를 보여, 전체 아동 인구 대비 장애아동 인구 비율과 전체 영유아 인구 대비 장애영유아 인구 비율이 2014년부터 지속적으로 증가하고 있다.

(2) 장애유형별 장애아동 및 장애영유아 현황

장애유형별 장애아동 현황을 살펴보면, 지적장애가 47.1%로 가장 많았고 자폐성 장애 20.5%, 뇌병변장애 13.2% 순이었다. 성별로는 남성 장애아동은 66.2%, 여성 장애아동 33.8%로, 남성 장애인이 두 배 정도 많은 것으로 나타났고, 연령별로는 0~13세가 70.4%, 14~17세는 29.6%였다.

표 9-3 장애유형별 장애아동 현황 (단위: 명, %)

구분	전체	지체	뇌병변	시각	청각	언어	지적	자폐성	정신	신장	심장	호흡기	간	안면	장루 요루	뇌전증
계	75,482 (100.0)	2,843 (3.8)	9,964 (13.2)	2,125 (2.8)	3,855 (5.1)	4,486 (5.9)	35,517 (47.1)	15,454 (20.5)	15 (0.0)	188 (0.2)	269 (0.4)	46 (0.1)	388 (0.5)	37 (0.0)	75 (0.1)	220 (0.3)
남	49,936 (66.2)	1,616 (56.8)	1,211 (12.2)	2,062 (97.0)	3,136 (81.3)	22,920 (510.9)	5,671 (16.0)	12,669 (82.0)	6 (40.0)	109 (58.0)	161 (59.9)	30 (65.2)	159 (41.0)	15 (40.5)	42 (56.0)	129 (58.6)
여	25,546 (33.8)	1,227 (43.2)	914 (9.2)	1,793 (94.4)	1,350 (35.0)	12,597 (280.8)	4,293 (12.1)	2,785 (18.0)	9 (60.0)	79 (42.0)	108 (40.1)	16 (34.8)	229 (59.0)	22 (59.5)	33 (44.0)	91 (41.4)
0~13세	53,133 (70.4)	1,567 (55.1)	1,312 (13.2)	2,835 (133.4)	4,225 (109.6)	22,529 (502.2)	7,697 (21.7)	12,201 (79.0)	1 (6.7)	99 (52.7)	155 (57.6)	32 (69.6)	281 (72.4)	15 (40.5)	47 (62.7)	137 (62.3)
14~17세	22,349 (29.6)	1,276 (44.9)	813 (8.2)	1,020 (48.0)	261 (6.8)	12,988 (289.5)	2,267 (6.4)	3,253 (21.0)	14 (93.3)	89 (47.3)	114 (42.4)	14 (30.4)	107 (27.6)	22 (59.5)	28 (37.3)	83 (37.7)

2020.12월 말 기준
출처: 김현지, 김용진, 오윤지, 김태용, 이혜수(2021). 2021 장애통계연보. 한국장애인개발원

장애유형별 장애영유아 현황을 살펴보면, 0~5세 영유아의 장애 유형으로는 뇌병변이 30.4%(2,961명)로 가장 높은 비율을 차지하였으며, 다음으로 언어장애 18.6%(1,811명), 지적장애 18.6%(1,807명), 자폐성 장애 15.6% (1,519명), 청각장애 9.3%(908명), 지체장애 3.3%(323명), 시각장애 2.3%(223명) 순이었다.

표 9-4 장애유형별 장애영유아 현황 (단위: 명, %)

구분	지체	시각	청각	언어	지적	뇌병변	자폐성	신장	심장	호흡기	간	안면	장루 요루	뇌전증	합계
영아	67	49	341	0	68	748	21	9	3	4	19	2	1	1	1,333
유아	256	174	567	1,811	1,739	2,213	1,498	12	29	4	60	1	13	19	8,396
(0~5세 기준) 전체	323	223	908	1,811	1,807	2,961	1,519	21	32	8	79	3	14	20	9,729
(0~5세 기준) 비율	3.3	2.3	9.3	18.6	18.6	30.4	15.6	0.2	0.3	0.1	0.8	0.0	0.1	0.2	100

2020. 12월 말 기준
주: 1) 정신장애는 0명이므로 표에서 제외
2) 영아(만 0~2세), 유아(만 3~5세)를 의미함
출처: 박창현, 김근진, 김경희, 정유나(2021). 장애아동 관련 실태조사 및 종합적 지원체계 구축방안 연구. 육아정책연구소

2) 장애영유아의 보육 및 교육 현황

(1) 장애인 교육 수준

전체 인구와 장애 인구의 대졸 이상 비율은 매년 증가하고 있는 편인데, 장애인의 교육 수준은 2020년 기준 중졸 이하가 56.7%로 가장 높았으며, 고등학교 30.0%, 대졸 이상 13.3% 순이었다. 반면 전체인구의 교육 수준은 대졸 이상이 39.0%로 가장 높고, 고졸이 37.8%, 중졸 이하 23.2% 순으로, 전체인구의 교육 수준과 비교했을 때 장애 인구의 교육 수준이 상대적으로 낮은 편임을 알 수 있다.

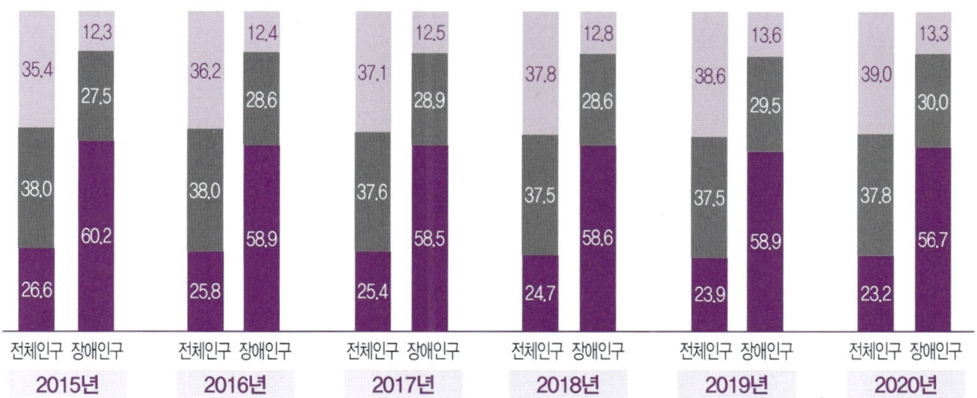

그림 9-1 전체인구 대비 장애인구의 교육수준 현황

출처: 김현지, 김용진, 오윤지, 김태용, 이혜수(2021). 2021 장애통계연보. 한국장애인개발원

(2) 장애아동의 보육 및 교육기관 이용 현황

한국장애인개발원(2019)의 장애인 삶 패널조사에 따르면 장애영유아 총 7,976명 중 73.7%는 기관 재원 중이었지만 26.2%는 기관을 다니지 않는 것으로 나타났다. 성별로 살펴보면 남아 5,094명 중 20.5%는 기관 이용을 하지 않았고, 여아는 2,882명 중 36.5%가 기관을 다니지 않는 것으로 나타나 남아보다는 여아의 비율이 높았다. 장애유형별로는 중증도 장애영유아의 29.9%, 경증도 장애영유아의 21.7%가 기관을 다니지 않는 것으로

나타났다.

표 9-5 2019년 장애영유아의 기관(어린이집/ 유치원) 이용 현황 (단위: 명, %)

구분		보육시설/유치원		
		다니고 있음	다니지 않음	추정 수
전체	소계	7,767(73.7)	209(26.3)	7,976
성별	남아	4,050(79.5)	1,044(20.5)	5,094
	여아	1,830(83.7)	1,052(36.5)	2,882
장애유형	지체	636(83.7)	124(16.3)	763
	뇌병변	1,343(58.3)	961(41.7)	2,304
	시각	219(60.2)	145(39.8)	364
	청각/언어	2,314(76.4)	715(23.6)	3,029
	지적/자폐성	1,174(93.8)	78(6.2)	1,252
	내부/안면	211(72.9)	79(27.1)	290
장애정도별	중증도	3,108(70.1)	1,326(29.9)	4,434
	경증도	2,773(78.3)	769(21.7)	3,542

※정신장애는 0이므로 표에서 제외
출처: 한국장애인개발원(2019). 장애인 삶 패널조사

어린이집 또는 유치원을 다니지 않는 이유로는 공통적으로 너무 어려서라는 이유가 47.6%로 가장 높게 나타났고, 기타 이유가 15.9%, 집 주변에 원하는 시설이 없어서가 12.1%, 정보 부족으로 인해서라는 응답이 9.4% 순으로 나타났다.

표 9-6 2019년 어린이집/유치원에 다니지 않는 이유 (단위: 명, %)

구분	추정 수	정보 부족으로 인해	비용 부담 때문에	시설을 믿지 못해서	대안(홈스쿨)이 있어서	집 주변에 원하는 시설이 없어서	너무 어려서	기타
전체	2,095	197 (9.4)	142 (6.8)	124 (5.9)	46 (2.2)	254 (12.2)	997 (47.6)	333 (15.9)
남아	1,043	136 (13.0)	59 (5.7)	72 (6.9)	19 (1.8)	75 (7.2)	525 (50.3)	157 (15.1)
여아	1,053	53 (5.9)	83 (7.9)	53 (5.0)	27 (2.6)	180 (17.1)	473 (44.9)	175 (16.6)

출처: 한국장애인개발원(2019). 장애인 삶 패널조사

2020년 보육통계에 따른 보육기관별 장애영유아 현황을 살펴보면, 총 12,229명의 장애영유아가 어린이집에 다니고 있었다. 기관별로는 일반 어린이집에는 1,064명, 장애아 전문 어린이집에는 6,206명, 장애아 통합 어린이집에는 4,959명의 장애영유아가 재원하고 있었다.

표 9-7 장애영유아의 어린이집 이용 현황 (단위: 명)

일반 어린이집	특수보육어린이집			총계
	장애아 전문 어린이집	장애아 통합 어린이집	소계	
1,064	6,206	4,959	11,165	12,229

주: 1) 아동자격이 '(영유아, 누리, 방과후) 장애아'인 아동임
2) 장애아 전문 어린이집의 경우, 정부 인건비 지원 및 미지원 어린이집의 장애아동 수임
출처: 박창현, 김근진, 김경희, 정유나(2021). 장애아동 관련 실태조사 및 종합적 지원체계 구축방안 연구. 육아정책연구소

연도별 특수보육어린이집 현황을 살펴보면 장애아전문 어린이집 및 장애아통합 어린이집 모두 2011년부터 2020년까지 10년 동안 꾸준히 증가하는 것으로 나타났다. 장애아 전문 어린이집의 경우 2011년 169개소에서 2020년 177개소로 10년 동안 8개소 증가하

표 9-8 연도별 특수보육 어린이집 현황 (단위: 개소)

구분	2011	2012	2013	2014	2015	2016	2017	2018	2019	2020
장애아 전문 어린이집	169	171	172	174	175	177	178	177	176	177
장애아 통합 어린이집	815	836	867	872	899	911	946	1,000	1,100	1,211
계	984	1,007	1,039	1,046	1,074	1,088	1,124	1,177	1,276	1,388

출처: e-나라지표(2020). 장애아 전문 · 통합 어린이집 현황

였고, 장애아통합 어린이집의 경우 2011년 815개소에서 2020년 1,211개소로 396개소 증가한 것으로 나타났다.

3) 장애아동의 보육 및 교육 요구

한국보건사회연구원(2021)의 2020 장애인 실태조사 자료에 따르면, 향후 보육 · 교육 시 가장 필요한 지원으로 27.0%가 발달재활서비스 확대를 꼽았고, 다음으로 특수교육 보조인력 증원(19.7%)이 높게 나타났다. 구체적으로 장애영유아는 특수교육 보조인력 증원, 초등학교 연령대 장애아동은 발달재활서비스 확대, 중학교 연령대 이상 장애아동은 특수교육 보조인력 증원 욕구가 높았다.

표 9-8 향후 보육·교육 시 가장 필요한 것 (단위: %)

구분	2017년	2020년	연령별		
			만 6세 이하	만 7~13세	만 14~25세
장애아 전문어린이집 확대	20.8	5.3	13.1	5.6	2.6
장애아동 발달재활서비스 확대	19.9	27.0	19.8	34.0	18.4
교육도구나 기자재 사용 시 편리성 확보	3.4	4.5	9.4	5.3	1.9
교사의 전문성 확보	9.4	8.7	11.3	7.5	9.7
특수교육 보조인력 증원	12.4	19.7	29.8	18.4	18.6

구분	2017년	2020년	연령별		
			만 6세 이하	만 7~13세	만 14~25세
교사 및 교육기관의 확대	7.4	4.7	8.3	5.4	2.6
학교내 편의시설 확대	2.5	3.9	0.0	2.4	7.1
등하교 편리성 지원	3.8	4.1	6.6	4.0	3.6
교육에 대한 충분한 정보 제공	8.0	5.0	0.0	5.6	5.7
고등교육 지원 강화	3.0	4.1	0.0	0.9	10.2
부모교육 상담 지원 확대	1.1	1.5	0.0	1.3	2.2
교육비 부담 감소	8.4	7.6	1.7	7.9	9.0
기타	–	3.9	0.0	1.6	8.4
계	100.0	100.0	100.0	100.0	100.0

출처: 한국보건사회연구원(2021. 4). 2020년 장애인 실태조사 참고자료

4) 장애아동가족의 특성

장애아동가족의 특성에 대해서는 다른 두 가지 관점이 제시되고 있다(김미옥, 2001, 정옥분, 정순화, 손화의, 김경은, 2012). 먼저 장애아동가족이 높은 스트레스와 갈등을 경험하는 것으로 보는 관점이다. 많은 장애아동가족은 장애아동 출생으로 인하여 상실감, 충격, 부인, 슬픔, 분노 등을 경험한다. 이러한 감정은 장애아동의 성장에 따라 새로운 발달 과업이 주어질 때마다 반복적으로 발생한다. 또한 장애아동가족은 장애의 장기화 특성으로 인하여 만성적인 슬픔이 지속되는 무기력한 정서 상태에 빠지기도 한다. 그 결과 장애아동 부모는 무력감 · 부적절감 등을 경험하며, 이로 인해 낮은 자기 효능감 · 자존감 등을 가질 수 있다. 또한 장애아동가족은 경제적 부담, 실제로 존재하거나 부모가 느끼는 오명, 식사와 목욕 및 신변 처리와 같은 특별한 도움을 요구하는 데서 오는 육체적 · 시간적 부담, 친지들과 이웃들로부터의 고립, 부모의 수면 및 여가 시간 부족, 아동의 문제행동을 다루는 것의 어려움, 집안일을 하는 데 필요한 시간 부족 등의 어려움을 겪는다. 이 외에도 평소에 누구나 경험하는 미래에 대한 불안감이 장애아동 출생을 계기로 더욱 증

가된다(Mori, 1983).

특히 부부관계가 취약한 경우, 장애아동 출생은 가족 갈등의 원인으로 작용한다(Tayler, 1983). 예컨대 부부 중 한 사람이 장애아동을 과잉보호하면서 배우자와 갈등적인 삼각관계를 형성하거나 장애아동과 조부모 세대가 연합하면서 어머니를 무능력한 사람으로 낙인 찍는 등의 가족 갈등이 나타날 수 있다. 그중에서도 형제자매 간 갈등은 가장 흔한 유형으로, 이는 장애아동이 가족 자원을 독점하는 경향과 관련이 있다. 형제자매들은 때로 장애형제자매를 돌보는 부모의 역할을 수행하도록 기대되는 경우가 많으며, 장애형제자매에 대한 부정적인 감정을 표현하지 못함으로써 내적 갈등을 경험하거나 문제행동을 하는 경우가 있고, 이와는 반대로 모범생증후군model child syndrome을 보이기도 한다.

한편 이와는 상반되는 관점에서 장애아동 가족이 높은 가족 스트레스와 가족 갈등 등의 부적응적 양상만을 보이는 것은 아니다. 장애아동가족 중에는 오히려 장애를 수용하고 극복하는 과정에서 가족 간의 결속력과 응집력이 강해짐으로써 비장애아동가족에 비해 더 높은 가족 연대감을 경험하기도 한다. 즉 자녀의 장애에도 불구하고 가족은 결속력이 높아지고, 이전에 비해 더 친밀해지며, 자녀의 장애에 성공적으로 적응하고 그 기능도 잘 수행할 수 있다는 것이다.

이에 최근 연구들은 장애아동가족으로 하여금 이러한 적응성을 높여주는 요인이 무엇인지에 대해 초점을 맞추고 있다. 그중 대표적인 개념이 가족탄력성family resilience이다. 가족탄력성이란 위기상황에 직면하여 가족이 보다 적응적이 되도록 하는 가족의 특징, 차원, 속성을 의미하는 것이다(McCubbin, 1988). 이는 장애아동 출생이라는 고위험에 직면하여도 가족의 탄력성 여부에 따라 가족적응은 상이한 형태로 나타날 수 있음을 시사해준다. 이러한 가족탄력성 개념을 장애인복지 실천에 적용할 경우 무엇이 문제인가라는 결점 시각에서 벗어나 현재 가족이 가지고 있는 강점은 무엇인가, 혹은 어떠한 지원을 통하여 장애아동 가족의 적응을 향상시킬 수 있는가라는 관점으로 보게 한다(Olsen 외, 1999).

3. 장애아동 보호서비스의 내용

1) 장애아동의 교육권 보호를 위한 법률

장애아동의 교육권을 보호하는 대표적인 법적 근거는 「장애인 등에 대한 특수교육법」이다. 이 법 제2조에 따르면, 특수교육이란 특수교육대상자의 교육적 요구를 충족시키기 위하여 특성에 적합한 교육과정 및 제2호에 따른 특수교육 관련 서비스 제공을 통하여 이루어지는 교육을 말한다.

우선 특수교육대상자란 교육장 또는 교육감이 다음의 어느 하나에 해당하는 사람 중 특수교육이 필요하다고 진단・평가하여 선정된 자를 의미한다(동법 제2조 제3호 및 제15조). 여기서 특수교육 관련 서비스란 특수교육대상자의 교육을 효율적으로 실시하기 위하여 필요한 인적・물적 자원을 제공하는 서비스로서 상담지원・가족지원・치료지원・보조인력지원・보조공학기기지원・학습보조기기지원・통학지원 및 정보접근지원 등을 말한다.

동법 제4조에 따르면, 각 급 학교의 장長은 장애를 이유로 입학을 거부하는 등의 차별 행위를 해서는 안 되며, 제3조에 의거하여 만 3세 미만의 장애 영아에게는 무상교육을, 만 3세~17세 장애 유・아동은 유치원・초등학교・중학교 및 고등학교 과정을 의무적으로 이수할 수 있도록 해야 함을 밝히고 있다.

특수교육대상자(장애인 등에 대한 특수교육법 제15조)

시각장애, 청각장애, 지적장애, 지체장애, 정서・행동장애, 자폐성장애(이와 관련된 장애 포함), 의사소통장애, 학습장애, 건강장애, 발달지체, 그 밖에 대통령령으로 정하는 장애

2) 장애아동의 복지 지원을 위한 법률

장애아동의 복지를 지원하는 대표적인 법은 「장애아동복지지원법」 및 「발달장애인 권리 보장 및 지원에 관한 법률」이다.

우선 「장애아동복지지원법」 제6조 및 「발달장애인 권리 보장 및 지원에 관한 법률」 제4조는 장애아동 지원에 대한 국가와 지방자치단체의 의무에 관해 규정하고 있다.

구체적으로 「장애아동복지지원법」 제12조는 시장 · 군수 · 구청장이 장애의 유무를 조기에 발견하기 위하여 선별검사를 실시할 수 있도록 규정하고, 「발달장애인 권리 보장 및 지원에 관한 법률」 제23조는 국가와 지방자치단체의 조기진단 및 개입에 대해 규정한다.

또한 장애아동 복지 지원 업무 수행을 위하여 「장애아동복지지원법」 제8조는 보건복지부 장관이 중앙 장애아동지원센터를, 제9조는 특별자치도지사 · 시장 · 군수 · 구청장이 지역 장애아동지원센터를 설치 · 운영할 수 있도록 규정하고 있다. 발달장애인에 대한 통합적 지원체계를 마련하기 위하여 「발달장애인 권리 보장 및 지원에 관한 법률」 제33조는 보건복지부 장관은 중앙 발달장애인지원센터를, 시 · 도지사는 지역 발달장애인지원센터를 설치하도록 규정한다. 장애아동 복지서비스에 대해서는 「장애아동복지지원법」 및 「발달장애인 권리 보장 및 지원에 관한 법률」에 개인별 지원계획 수립, 발달재활서비스 지원, 장애영유아의 어린이집 우선 이용 및 보육료 지원, 장애아동 가족의 일상적인 양육부담을 경감하고 보호자의 정상적인 사회활동을 돕기 위한 돌봄 및 일시적 휴식지원 서비스, 심리상담서비스 및 교육, 정보제공 등 보호자 및 가족에 대한 지원을 규정하고 있다.

최근 「장애아동복지지원법」에 국가와 지방자치단체는 보호 대상 장애아동에 대한 가정위탁이 활성화될 수 있도록 보호 대상 장애아동을 가정위탁 하고자 하는 가정을 발굴하고 가정위탁 보호 대상 장애아동 및 위탁가정 부모에 대한 지원 등 필요한 정책을 강구하여야 한다는 조항을 신설(2021. 8. 17.)하였다. 즉 보호 대상 장애아동이 대규모 시설보호에 집중되는 것을 개선하여 가정과 같은 형태에서 보호받을 수 있도록 정책을 마련하고 있다.

3) 장애인 거주시설의 운영

장애인 거주시설은 장애유형별 거주시설, 중증장애인 거주시설, 장애영유아 거주시설, 장애인 단기거주시설, 장애인 공동생활가정으로 구분된다. 2020년 12월 말 기준 총 1,539개소에서 29,086명이 생활하고 있는데, 그 중 장애영유아 거주시설의 경우 9개소에

표 9-9 장애인 거주시설의 종류

구분	내용
장애유형별 거주시설	장애유형이 같거나 또는 유사한 장애를 가진 사람들에게 주거 · 일상생활 · 지역사회생활 등의 서비스를 제공하는 시설 – 지체 · 뇌병변장애인 거주시설, 시각장애인 거주시설, 청각 · 언어장애인 거주시설, 지적 · 자폐성장애인 거주시설
중증장애인 거주시설	장애의 정도가 심하여 항상 도움이 필요한 사람을 입소하게 하여 상담 · 치료 또는 요양서비스를 제공하는 시설
장애영유아 거주시설	6세 미만의 장애영유아를 입소 또는 통원하게 하여 보호함과 동시에 그 재활에 필요한 의료 · 교육 · 심리 · 사회 등 재활서비스를 제공하는 시설
장애인 단기거주시설	장애인에게 일정기간 주거 · 일상생활 · 지역사회재활 등을 제공하고 아울러 장애인을 돌보는 보호자의 단기간 휴식을 제공하는 시설
장애인 공동생활가정	지역사회 내 일반 주택을 이용하여 장애인들이 스스로 사회에 적응하도록 가정생활 · 사회활동 등의 자립생활을 지원하는 시설

서 361명이 생활하고 있다. 2012년부터 장애인거주시설이 급격히 증가하였는데, 이는 최근 장애인 단기보호시설과 장애인공동생활가정이 증가하는 추세를 보이고 있기 때문이다. 시설유형별로 살펴보면, 장애인 공동생활가정이 754개소로 가장 많고, 지적장애 거주시설 317개소, 중증장애인 거주시설 251개소, 장애인 단기보호시설 157개소 순이다(김현지, 김용진, 오윤지, 김태용, 이혜수, 2021).

4) 장애아동수당

장애아동수당은 장애아동 보호자의 경제적 생활 수준 및 장애아동의 장애 정도를 고려하여 장애로 인한 추가적 비용을 보전해 주기 위해 매월 일정 금액을 수당으로 지급하는 사회보장제도이다. 장애아동수당은 만 18세 미만의 등록 장애인으로 생계 · 의료 · 주거 · 교육급여 수급자 및 차상위계층에게 신청일 기준 장애등급이 1~6급 장애아동에게 지원된다. 중증장애인은 장애인연금법상 중증장애인에 해당하는 사람으로 종전 1, 2급과 3급 중복장애인이고, 경증장애인은 장애인연금법상 중증장애인에 해당하지 않는 사람으로 종전 3~6급 장애인이다(보건복지부, 2021).

표 9-10 장애아동수당 지원내용(2022년 기준)

구분	중증장애아동수당	경증장애아동수당
생계급여, 의료급여 수급자	월 22만 원	월 11만 원
주거급여, 교육급여 수급자, 차상위계층	월 17만 원	월 11만 원
보장시설 수급자(생계급여, 의료급여 수급자)	월 9만 원	월 3만 원

출처: 보건복지부 홈페이지

5) 장애아동 발달재활서비스 사업

발달재활서비스 사업은 성장기 장애아동의 인지, 의사소통, 적응행동, 감각 · 운동 등의 정신적 · 감각적 기능 향상과 행동발달을 위해 적절한 발달재활서비스 지원 및 정보를 제공하고, 높은 발달재활서비스 비용으로 인한 장애아동 양육가족의 경제적 부담을 경감하는 것을 목적으로 한다. 서비스 대상 및 내용은 다음과 같다.

표 9-11 발달재활서비스의 대상과 서비스 내용

구분	내용
대상	• 연령 : 만 18세 미만 장애아동 • 장애유형 : 시각 · 청각 · 언어 · 지적 · 자폐성 · 뇌병변 장애아동 • 소득기준 : 기준 중위소득 180% 이하(소득별 차등 지원) 소득기준이 기준 중위소득 180% 초과하는 경우에도 장애아동 2명 이상 가구, 부모 중 1명 이상이 중증장애인(1급, 2급 및 3급 중복장애)인 가정에 대하여 지원이 필요하다고 시 · 군 · 구청장이 인정하는 경우에는 예산범위 월 12만 원 범위 내에서 지원할 수 있음 • 기타 요건: 「장애인복지법」상 등록장애아동 다만, 만 6세 미만 영유아의 경우 시각 · 청각 · 언어 · 지적 · 자폐성 · 뇌병변 장애가 예견되어 발달재활서비스가 필요하다고 인정한 검사자료로 대체 가능
서비스 내용	• 언어 · 청능 · 미술심리재활 · 음악재활 · 행동 · 놀이심리 · 재활심리 · 감각발달재활 · 운동발달재활 · 심리운동 등 발달재활서비스 제공

출처: 보건복지부(2021). 2021년 장애아동 가족지원 사업안내

지원금액은 소득기준에 따라 차이가 있고, 국민행복카드를 활용하여 바우처 결제를 하는 방식으로 지원이 된다. 기초생활수급자의 경우 월 22만 원, 차상위계층은 월 20만

원, 차상위 초과 기준 중위소득 65% 이하 가구는 월 18만 원, 기준 중위소득 65% 초과 120% 이하는 월 16만 원, 기준 중위소득 120% 초과 180% 이하는 월 14만 원이 지원된다. 발달재활서비스 예산은 2010년 42,779백만 원에서 2020년 88.999백만 원으로, 제공기관은 2010년 801개소에서 2020년 2,197개소로, 이용자는 2010년 28,313명에서 2020년 60,410명으로 해마다 꾸준히 증가하고 있다(김현지, 김용진, 오윤지, 김태용, 이혜수, 2021).

6) 언어발달지원 사업

언어발달지원 사업은 감각적 장애 부모의 자녀에게 필요한 언어발달지원 서비스를 제공하여 아동의 건강한 성장지원 및 장애가족의 자체 역량을 강화하는 것을 목적으로 한다. 서비스 대상 및 내용은 다음과 같다.

표 9-12 언어발달지원 사업의 대상과 서비스 내용

구분	내용
서비스 대상	• 자격기준 : 만 12세 미만 비장애아동(한쪽 부모 및 조손가정의 한쪽 조부모가 시각 · 청각 · 언어 · 지적 · 자폐성 · 뇌병변 등록장애인) 양쪽 부모 및 조손가정의 양쪽 조부모가 시각 · 청각 · 언어 · 지적 · 자폐성 · 뇌병변 등록장애인인 경우 우선 지원 • 소득기준 : 기준 중위소득 120% 이하(소득별 차등지원)
서비스 내용	• 언어발달진단 서비스 • 언어재활, 청능재활 등 언어재활서비스 및 독서지도, 수어지도 '논술지도', '학습지도' 등 교과목 수업 불가, 학습지를 사용한 지도 불가

출처: 보건복지부(2021). 2021년 장애아동 가족지원 사업안내

지원금액은 소득기준에 따라 차이가 있고, 국민행복카드를 활용하여 바우처 결제를 하는 방식으로 지원이 된다. 기초생활수급자의 경우 월 22만 원, 차상위계층은 월 20만 원, 차상위 초과 기준 중위소득 65% 이하 가구는 월 18만 원, 기준 중위소득 65% 초과 120% 이하는 월 16만 원이 지원된다. 2020년 기준으로 전체 예산 796백만 원이었고, 668

개의 제공기관이 있으며, 연간 323명이 서비스를 이용하였다(김현지, 김용진, 오윤지, 김태용, 이혜수, 2021).

7) 장애아가족 양육지원 사업

장애아가족 양육지원 사업은 양육자의 상시적인 돌봄 부담으로 비장애 형제자매 등 다른 가족원에게 필요한 가족 기능이 제대로 수행되지 못하는 데 따른 가족갈등 문제가 발생하고 있고, 기존 장애인 정책이 장애 당사자를 중심으로 하고 있어 장애아 가족을 위한 지원 시책의 필요성에 따라 도입되었다. 장애아가족 양육지원 사업은 장애아동 가족의 일상적인 양육부담을 경감하고 보호자의 사회활동을 돕기 위하여 돌봄 및 일시적 휴식 지원 서비스 제공하는 것을 목적으로 한다.

장애아 가족 양육지원사업 지원현황을 살펴보면 예산은 2010년 1,570백만 원에서 2020년 20,873백만 원으로, 활동하고 있는 돌보미의 수는 2010년 282명에서 2020년 2,608명으로, 이용 인원은 2010년 714명에서 2020년 3,907명으로 해마다 꾸준히 증가하고 있다(김현지, 김용진, 오윤지, 김태용, 이혜수, 2021).

(1) 돌봄서비스

만 18세 미만의 「장애인복지법」상 등록 장애 정도가 심한 장애아와 생계·주거를 같이 하는 기준 중위소득 120% 이하 가정을 대상으로 양육자의 질병, 사회활동 등 일시적 돌봄서비스 필요시 일정한 교육과정을 수료한 돌보미를 파견하여, 아동의 가정 또는 돌보미 가정에서 돌봄서비스를 제공한다. 아동 1인당 연 720시간 범위 내, 월 120시간 이내 지원을 원칙으로 한다.

(2) 휴식지원 프로그램

소득기준 상관없이 만 18세 미만의 모든 장애아 가족으로 돌봄서비스를 받지 않는 가정도 참여 가능하며, 돌봄서비스를 받는 가정을 우선 지원한다. 지원 내용으로는 가족관계 회복 및 돌봄노동 분담을 위해 장애아가족 문화·교육프로그램, 휴식 박람회, 가족 캠프 등 휴식지원 프로그램, 돌보미를 통한 장애아가족 상담서비스, 생활지도 제공 및 자조모임 결성지원 등을 통해 양육의 어려움 경감, 정보 공유 프로그램, 그리고 가족상담(치료) 프로그램, 가족교육 프로그램(부모교육, 비장애형제자매교육, 가족관계 개선 등) 등이 있다.

4. 장애아동 보호서비스의 개선방향

장애아동 가족들은 자녀가 성장함에 따라 양육과 보육, 교육, 치료, 정보 습득 등의 측면에서 지속적으로 어려움을 겪고 있다. 장애아동 보호서비스의 개선방향을 살펴보면 다음과 같다(박창현, 김근진, 김경희, 정유나, 2021).

1) 장애아동 조기 발견 체계 구축

영유아의 장애 위험 요인을 조기에 발견하여 중재를 지원하는 것은 장애 위험요인을 제거하여 아동의 장애를 예방하는 효과와 함께 2차 장애 발생을 예방하는 효과도 가져오게 된다. 반면 장애의 발견이 늦어질 경우 아동의 발달과업을 수행하지 못함으로써 발달지연이 가중된다.

이처럼 조기 발견의 중요성은 국내·외 많은 연구에서 강조되고 있지만 조기 발견이 어려운 주요 원인은 부모의 초기 인식이 늦어지게 되어 장애 진단까지 오랜 시간이 소요되거나, 의사가 예후를 보고 추후 진단을 권유하거나, 부모가 장애가 개선될 것이라고 판단하는 것 등이 대표적이다. 물론 아동기 발달 지연은 장애가 아닌 일시적 지연의 가능성도 있기 때문에 하나의 증상으로 장애 진단을 내리기에는 어려움이 있다. 그러나 장애 위험이 있는 영유아 조기발견의 지연으로 인해 적절한 중재 시기를 놓치는 경우 그 예후는 좋지 않다.

그동안 정부는 생애주기별 건강검진(만 0~5세 영유아 시기 총 7회의 영유아건강검진, 만 6세~18세의 아동청소년 시기 총 4회의 학생 정서행동특성검사), 장애아동발재활서비스 등을 통해 장애아동 조기 발견을 지원하고 있으나 결국 부모가 자녀의 장애를 인지하고 진단 및 치료를 해야 한다는 점에서 한계가 있다. 이에 부모가 조기에 장애를 인식할 수 있도록 홍보와 교육이 이루어져야 하지만 장기적으로는 부모가 조기에 인식하지 못하더라도 정부가 아동의 장애 위험요인을 찾아낼 수 있는 체계가 구축되어야 한다. 최근 여러 분야에서 빅데이터, 인공지능 등을 통해 위험 요소를 가지고 있는 대상을 선제적으로 발견하고 지원하는 체계가 구축되고 있다. 이를 장애아동 조기 발견에도 적극 활용할 필요가 있는데, 병원 등 아동이 이용하게 되는 기관에서 장애의 위험요인을 최대한 빨리 발견하고 부모에게 관련 정보를 제공하는 보다 체계적인 시스템 마련이 요구된다.

2) 장애아동을 위한 보육 · 교육기관의 확충

「장애인차별금지법」과 「특수교육법」에 근거하여 교육책임자는 장애인의 입학 지원 및 입학을 거부할 수 없고, 전학을 강요할 수 없으며, 장애인이 당해 교육기관으로 전학하는 것을 거절해서도 안 된다. 특정 수업이나 실험 · 실습, 현장견학, 수학여행 등 학습을 포함한 모든 교내외 활동에서 장애를 이유로 장애인의 참여를 제한 · 배제 · 거부해서도 안 되고, 장애인의 능력과 특성에 맞는 진로 교육 및 정보를 제공해야 한다. 장애학생은 법률에 근거하여 일반학생과 똑같이 집 앞 가까운 학교에 다닐 수 있다.

하지만 현실적으로 장애인의 교육 수준은 중졸 이하가 절반 이상을 차지하고, 고등학교 졸업이 30% 정도를 차지하는 등 전체 인구의 교육수준과 비교했을 때, 장애인구의 교육수준이 낮은 편이다. 연령별로 살펴보면, 우선 장애유아는 의무교육대상자임에도 불구하고 교육권을 침해받고 있다. 접근성이 높은 주변의 사립유치원의 경우, 특수학급이 설치되지 않아 특수교사가 없는 상황이기 때문에 실질적으로 효과적인 통합학급 운영이 어렵다. 장애영유아를 돌보는 통합 · 전문 어린이집은 기관 수도 부족하고, 많은 장애전문 또는 장애통합 어린이집에서는 유아 특수교사, 장애영유아를 위한 보육교사가 원활하게 배치되지 않아 장애영유아에게 양질의 보육 · 교육을 제공하는 데 어려움을 겪고 있다.

그간 장애학생은 특수학교 부족으로 인해 비장애학생에 비해 교육권을 제대로 보장받지 못했다. 특수학교에 다닌다 해도 거리가 멀어 통학하는 데 1시간 이상 소요되는 경우가 적지 않고, 과밀학급으로 운영되는 경우도 많다. 뿐만 아니라 지역의 발전을 위한다는 명분을 내세우면서 장애인을 위한 특수학교 건립을 반대하는 현상이 적잖게 발생한다. 특수학급의 경우 2021년 12,042개의 특수학급이 설치 운영되고 있는데, 초등학교가

6,330개로 가장 많았고, 중학교 2,518개, 고등학교 1,966개 순이었다. 2016년 미국 교육부 발표 자료에 따르면 미국의 경우 특수교육 대상 장애 학생의 94.7%가 일반 학급에서 교육을 받는다.

따라서 영유아기부터 장애아동들이 집에서 가까운 어린이집, 유치원, 초중고 학교를 이용할 수 있도록 보육·교육 기관 확충이 이루어져야 하고, 장애 유형에 맞는 편의시설이나 교육서비스를 지원함으로써 장애 여부와 상관없이 균등하고 공정한 교육기회를 보장해야 할 것이다. 또한 장애특성을 고려한 특수교육 및 통합교육 지원 내실화를 통해 장애아동들이 생애단계별 맞춤형 교육으로 사회구성원으로 통합될 수 있도록 해야 한다.

3) 장애인 거주시설의 소규모 및 전문성 확대

2020년 말 기준으로 약 3만 명의 장애인이 장애인 거주시설에서 생활하고 있다. 우리나라는 1970년대부터 장애인 거주시설이 주로 대규모 시설 형태로 설치되어 왔고, 그 '폐쇄성'으로 인해 폭행 및 인권침해 등의 사회문제가 지속적으로 발생하고 있다. 즉 시설 거주 장애인들이 가정과 지역사회로부터 고립되어 정상적인 일상생활을 영위하지 못할 뿐만 아니라 최소한의 '삶의 질' 확보조차 어렵다는 지적이 있다. 이에 정부는 2011년 「장애인복지법」 개정에 따라 신축 장애인 거주시설은 30인을 초과할 수 없다고 규정하고 있으나, 기존 30인 이상 대규모 시설을 30인 이하 소규모 시설로 전환·개편해야 한다는 규정은 없는 실정이다. 이에 여전히 절반 이상의 장애인이 31인 이상의 대규모 거주시설에서 생활하고 있다.

장애인은 비장애인과 마찬가지로 인권과 자율성을 가진 존재이다. 이에 대규모 시설에서 지역사회로부터 단절·폐쇄되어 사생활을 침해받고 거주 생활공간을 확보하지 못한 채 획일적으로 관리·통제되어서는 안 된다. 장애인 스스로도 일시적으로 가정에서 벗어나서 살아갈 수밖에 없다면, 소규모 거주시설을 압도적으로 선호하는 것으로 실태조사 결과 드러났다(이만우, 김은표, 2017). 따라서 기존 대규모 시설들을 소규모로 전환하는 것과 더불어 장애 정도 및 독립 생활 수준 등에 따라 선택할 수 있는 공동생활가정의 다양한 모델을 개발하고, 공동생활가정 종사자에 대한 근무환경 개선 및 예산 추가 확보를 통해 공동생활가정의 활성화가 필요하다.

표 9-13 장애인 거주시설 규모 현황(2020)

시설 유형	시설 규모	시설 수		이용 인원	
		개소	비율	현원	비율
장애유형별 시설	30인 이하	350	55.7%	8,214	33.6%
	31~99인	251	40.0%	12,457	50.9%
	100인 이상	27	4.3%	3,809	15.6%
	소계	628	100.0%	24,480	100.0%
단기 거주시설	30인 이하	157	100.0%	1,734	100.0%
	31~99인	0	0.0%	0	0.0%
	100인 이상	0	0.0%	0	0.0%
	소계	157	100.0%	1,734	100.0%
공동생활가정	30인 이하	754	100.0%	2,872	100.0%
	31~99인	0	0.0%	0	0.0%
	100인 이상	0	0.0%	0	0.0%
	소계	754	100.0%	2,872	100.0%
계	30인 이하	1,261	81.9%	12,820	44.1%
	31~99인	251	16.3%	12,457	42.8%
	100인 이상	27	1.8%	3,809	13.1%
	계	1,539	100.0%	29,086	100.0%

출처: 김현지, 김용진, 오윤지, 김태용, 이혜수(2021). 장애통계연보. 한국장애인개발원

4) 의료 및 재활 서비스 개선

장애아동의 특성상 지속적으로 재활치료가 필요하나 장거리를 이동해서 치료를 받는 경우가 많아 거주지역을 기반으로 한 치료 지원이 시급한 상황이다. 이에 우선 수요가 높은 지역을 중심으로 권역별 공공어린이재활병원을 설립・운영함으로써 거주지역에서 체계적인 재활서비스를 제공해야 하겠다.

또한 장애아동 대상 체계적 맞춤형 건강관리 서비스 제공이 필요한데, 장애아동 건강평가 및 교육, 상담 등 맞춤형 서비스를 제공하는 건강주치의 서비스 제공과 장애인 치과 부족으로 치과 이용이 어려운 장애아동을 위한 치과 치료 공공인프라 및 진료비 지원 강화, 치과 주치의 사업 확대 등이 필요하다. 또한 장애아동 재활지원을 위해 발달재활서비스 지원범위(장애유형, 제공영역, 지원금액, 사용처)를 확대하고, 발달재활서비스의 질적 수준에 대한 관리 강화를 통해 재활치료의 수준을 향상시킬 필요가 있다.

5) 소득보장의 확대

장애인 가구의 소득 수준은 비장애인 가구의 소득 수준에 비해 상당히 낮은 수준이다. 구체적으로 2020년 장애인 가구 경상소득은 4,246만 원으로 전체 가구 5,924만 원의 71.7% 수준에 불과하다. 장애인 가구의 근로소득은 경상소득의 49.2%, 공적 이전소득은 19.6%를 차지하고 있는 반면에, 전체 가구는 각각 64.0%, 7.7% 수준이다. 이는 장애인 가구가 전체 가구에 비해 공적 지원이 상대적으로 많으며, 노동시장에서 열악한 현실에 처해 있음을 보여준다.

한편, 장애인가족은 장애로 인해 의료비, 보호 간병비, 치료비 등 추가비용을 부담하고 있다. 장애아동가족의 경우 부모 중 한 사람은 자녀 돌봄을 전담해야 하는 상황으로 맞벌

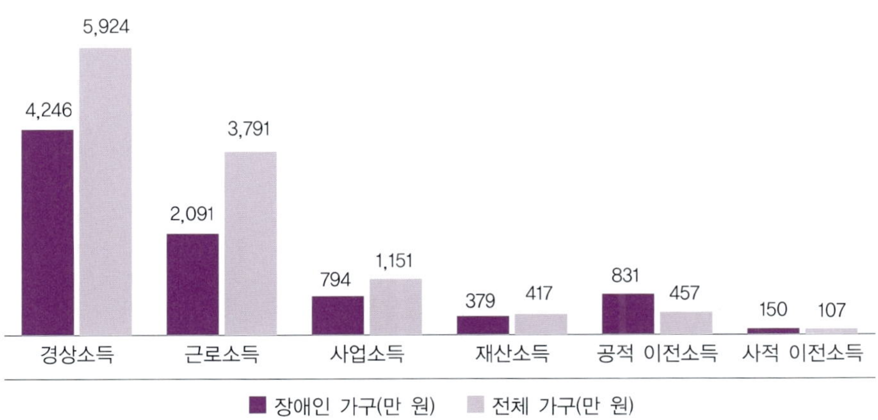

그림 9-2 장애인 가구 및 전체 가구의 소득원천별 연평균 가구소득 비교(2020)

출처: 김현지, 김용진, 오윤지, 김태용, 이혜수(2021). 장애통계연보. 한국장애인개발원

이 또한 여의치 않은 실정이다. 따라서 장애아동 교육, 치료, 재활 비용에 대한 국가적 지원이 보다 확대되어야 하겠고, 더 나아가서는 장애아동에 대한 고등교육 기회 및 직업 교육 확대를 통해 사회 및 경제 활동을 할 수 있도록 지원해야 할 것이다.

6) 장애에 대한 차별 개선 및 장애아동권리 증진

유엔아동권리협약 제23조에는 "장애아동의 존엄성이 보장되고 자립이 촉진되며, 적극적 사회참여가 조장되는 여건 속에서 충분히 품위 있는 생활을 누려야 함"을 명시하고 있다. 이에 우리나라도 2007년「장애인차별금지 및 권리구제 등에 관한 법률」을 제정하여 사회 저변에 깔려 있는 장애인에 대한 차별적 요소를 개선하기 위해 노력하고 있다. 그러나 장애인 및 비장애인 모두 해당 법률에 대한 인지도가 낮다. 또한 생활에서도 많은 장애인이 장애가 있다는 이유로 차별받고 있다고 느끼고 있으며 학교 입학이나 전학, 학교생활 등의 교육현장과 결혼, 취업 및 직장생활에서 차별이 있는 것으로 보고되고 있다. 따라서「장애인차별금지 및 권리구제에 대한 법률」에 대한 지속적인 홍보 및 교육이 필요하다. 한편 장애인에 대한 사회적 수용도가 변화되고 있다고는 하지만 정신적 장애인에 대한 사회적 인식과 태도는 쉽게 변하지 않고 있다. 즉 발달장애인과 정신장애인은 신체장애인에 비해 차별에 더욱 취약한 대상이므로 이들에게 적합한 차별 예방 및 권리옹호 교육을 강화할 필요가 있다.

더 알아보기 1

장애아동의 '놀 권리'는 어디로? '무장애 통합 놀이터' 필요해

장애아동이 안전하게 놀 수 있는 놀이터가 있을까? 장애아동들이 놀기에 일반 놀이터는 위험하다. 장애아동과 비장애아동이 함께 놀 수 있는 시설인 무장애 통합 놀이터의 존재를 알게 되었지만, 보도에 따르면 전국 약 6만 개의 놀이터 중 통합놀이터의 개수는 약 10개 내외다. 모든 장애아동들이 이용하기엔 턱없이 부족하다.

'무장애 통합 놀이터'란 장애아동도 놀 수 있는 장애물이 없는 열린 놀이공간이다. 장애와 비장애의 '사회적 통합'이라는 의미가 있다. 장애아동이 안전하게 놀기 위한 시설이지만 비장애아동도 안전한 시설에서 놀 수 있고, 어릴 때부터 비장애아동이 장애아동과 함께 살아가는 법과 배려하는 방법을 배울 수 있다는 장점이 있다. 무장애 통합 놀이터에 있는 장애아동을 위한 놀이기구에는 휠체어를 타고도 이용할 수 있도록 만들어진 '단차가 없는 회전무대', '누워서 탈 수 있는 그네', 경사로를 설치해 '휠체어가 드나들 수 있는 미끄럼틀' 등이 있다.

무장애 통합 놀이터에 대한 사람들의 생각을 알아보기 위해 기자는 지난 7일부터 7일간 SNS와 설문지를 통해 익명으로 설문조사를 진행했다. 설문조사에는 총 275명이 참여했는데, 이 중 '무장애 통합 놀이터'에 대해 들어본 적이 있습니까?'라는 질문에 대한 대답으로는 '들어본 적 없다' 270명(98.2%), '들어본 적 있다' 5명(1.8%)으로 들어본 적 없다는 대답이 압도적으로 많았다. '들어본 적 있다'라고 대답한 사람들이 알게 된 경로로는 '직업이 장애아동과 관련되어 있어서', '아동학을 전공하고 있어 강의 중에 들었다' 등이 있었다. 또한 '무장애 통합 놀이터의 개수가 더 늘어나야 한다고 생각하십니까?'라는 질문에 대한 대답으로는 전체 275명 중 '예' 242명(88%), '잘 모르겠다' 31명(11.3%) '아니오' 2명(0.7%) 순으로 나타났다.

양천공원에 있는 "쿵쾅쿵쾅 꿈마루 놀이터"

우리나라 전체 인구 중 장애인의 인구 수는 약 259만 명(2018 보건복지부, 장애인 현황)으로 그 수는 점점 증가하고 있다. 「장애인 차별 금지 및 권리 구제에 관한 법률」에서는 장애아동이 모든 생활 영역에서 차별받지 않아야 한다고 명시되어 있지만, 일반 놀이터는 장애아동에게 하나의 차별이 될 수 있다. 장애아동의 놀 권리를 위한 무장애 통합 놀이터의 더 많은 확산이 필요할 것으로 보인다.

출처: 오마이뉴스(2019.08.16.). 장애아동의 '놀 권리'는 어디로? '무장애 통합 놀이터' 필요해(http://www.ohmynews.com/NWS_Web/View/at_pg.aspx?CNTN_CD=A0002562440)

더 알아보기 2

일상 속 피해야 할 장애인 차별 용어

Question	Answer
'정신지체'라는 말을 써도 되나요?	정신지체(Mental Retardation)라는 말은 Retard(모자라다, 지연시키다)라는 부정적 의미를 담고 있어요. 2007년 10월부터 장애인복지법에 의해 '지적장애인'으로 바뀌었습니다.
'장애우'라는 말을 써도 되나요?	벗 '우'자를 쓰는 장애우는 좋은 말 같지만 들여다보면 오히려 장애인을 불편하게 하는 말입니다. 장애인을 일방적으로 도와주어야 할 사람이라는 인식을 주고, 장애우가 ~친구로 지칭되는 만큼 장애인 자신을 말하는 상황을 더 불편하게 만들 뿐입니다. 장애우 대신 '장애인'이라는 말을 꼭 쓰도록 해요.
'벙어리 장갑'이란 말을 써도 되나요?	오랫동안 굳어져 온 표현에는 장애인을 낮춰 부르는 단어들이 있습니다. 눈 뜬 장님, 꿀 먹은 벙어리, 벙어리장갑 등이 대표적입니다. 벙어리장갑은 실생활에 자주 쓰이는 물건이니만큼 표현에 더욱 조심해야 하겠습니다. 실제 장애인을 비하하려는 의도가 없다 하더라도 가능하면 순화된 표현인 '손모아장갑'이라고 해주세요.
'정상인'이란 말을 써도 되나요?	장애인에 대한 잘못된 인식은 반대말을 '정상인'이라고 표현하는 데서부터 시작됩니다. 장애인이 아닌 사람을 지칭할 때는 '비장애인'이란 말을 사용하여 모두를 배려하도록 해요.
'불구자'라는 말을 써도 되나요?	근래에는 거의 쓰이지 않지만, 여전히 남아있는 표현입니다. 불구라는 말을 풀이하면 다 갖추지 못한 사람이라는 부정적인 의미를 담고 있어요. 따라서 '지체장애인'이란 순화어를 쓰는 것이 좋아요.

출처: 한국장애인고용공단 공식 블로그(https://m.blog.naver.com/PostView.naver?isHttpsRedirect=true&blogId=kead1&logNo=221498600260)

참고문헌

김미옥(2001). 장애아동가족의 적응과 아동의 사회적 능력에 관한 연구・가족탄력성(Family Resilience)의 효과를 중심으로. 이화여자대학교 대학원 박사학위논문.

김현지, 김용진, 오윤지, 김태용, 이혜수(2021). 2021 장애통계연보. 한국장애인개발원.

박창현, 김근진, 김경희, 정유나(2021). 장애아동 관련 실태조사 및 종합적 지원체계 구축방안 연구. 육아정책연구소.

보건복지부(2021). 2021년 장애아동 가족지원 사업안내.

보건복지부(2021). 2021년 장애인복지 사업안내(Ⅰ).

보건복지부(2021). 2021년 장애인연금 사업안내.

이만우, 김은표(2017). 장애인거주시설 소규모화 정책의 개선방안. 국회입법조사처.

정옥분, 정순화, 손화의, 김경은(2012). 아동복지론. 학지사.

한국보건사회연구원(2021.4.). 2020년 장애인 실태조사_참고자료.

한국장애인개발원(2019). 장애아동 조기발견 모델개발 연구.

한국장애인개발원(2019). 장애인삶 패널조사.

오마이뉴스(2019.08.16.). 장애아동의 '놀 권리'는 어디로? '무장애 통합 놀이터' 필요해(http://www.ohmynews.com/NWS_Web/View/at_pg.aspx?CNTN_CD=A0002562440)

e-나라지표(2020). 장애아전문, 통합 어린이집 현황.

McCubbin, H. I., & McCubbin, M. A.(1988). Typologies of resilient families: Emerging

Mori, A. A.(1983). Early intervention techniques for the practitioner, Families of Children with Special Needs. Rockville, Md: Aspen Publishers, Inc.

Olsen, S. F., Marshall, E. S., Mandleco, B. L., & Allred, K. W.(1999). Support, communication, and hardiness in families with children with disabilities. Jjournal of Family Nursing, 5, 275-291.

Taylor, S. E.(1983). Adjustment to threatening events: A theory of cognitive adaptation. American Psychologist, 38(11), 1161-1173.

CHAPTER

10

학대피해아동 보호서비스

아동학대는 신체적 손상뿐만 아니라 자아존중감과 타인에 대한 신뢰감 상실 등 아동의 성장과 발달에 치명적인 해를 미친다. 이후 성인이 되어서도 건강한 사회생활에 부정적으로 작용할 수 있다는 점에서 사회적 문제로 다루어 예방해야 한다. 본 장에서는 아동학대의 정의, 현황, 관련 법령 및 보호서비스를 살펴보고 앞으로의 개선방향에 대해 알아보고자 한다.

생각해 보기

다음 영상을 보고, 아동학대에 대한 사회적 관심의 필요성에 대해 생각해보자.

https://www.youtube.com/watch?v=Q8aF4tsKaVs

출처: 대한민국 경찰청 유튜브. 다시는 일어나서는 안 될 끔찍한 실화(우리 곁의 아동학대)

1. 아동학대의 개념 및 유형

아동학대는 "아동의 권리와 자유가 침해 또는 박탈당하거나 개인, 제도 및 사회가 아동의 발달을 저해하는 행위 또는 방임하는 상태"를 의미한다(Gil, 1975). 구체적으로 아동복지법(제3조 제7호)에 따른 아동학대 정의는 "보호자를 포함한 성인이 아동의 건강 또는 복지를 해치거나 정상적 발달을 저해할 수 있는 신체적 · 정신적 · 성적 폭력이나 가혹행위를 하는 것과 아동의 보호자가 아동을 유기하거나 방임하는 것"을 말하는데, 이때 아동은 만 18세 미만인 사람을 의미한다. 구체적으로 아동학대는 신체학대, 정서학대, 성학대, 방임으로 구분된다.

1) 신체학대

신체학대는 우발적인 사고가 아닌 상황에서, 의도적으로 아동의 건강 · 복지를 해치거나 정상적 발달을 저해할 수 있는 신체적 폭력 또는 가혹행위를 포함한다. 특히 36개월 이하의 영아에게 가해진 체벌은 어떠한 상황에서도 학대로 판단한다.

신체학대의 예

- 직접적으로 신체에 가해지는 행위
  - 손, 발 등으로 때림, 꼬집고 물어뜯는 행위, 조르고 비트는 행위, 할퀴는 행위 등
- 도구를 사용하여 신체를 가해하는 행위
  - 도구로 때림, 흉기 및 뾰족한 도구로 찌름 등
- 신체에 유해한 물질로 신체에 가해지는 행위
  - 화학물질 혹은 약물 등으로 신체에 상해를 입히는 행위, 화상을 입힘 등
- 완력을 사용하여 신체를 위협하는 행위 등
  - 강하게 흔듦, 신체 부위 묶음, 벽에 밀어붙임, 떠밀고 움켜잡음, 아동 던짐, 몸을 거꾸로 매닮, 물에 빠뜨림 등

신체적 징후	행동적 징후
• 사고로 보기에는 설명하기 어려운 신체적 상처 • 사용된 도구(다리미 등)의 모양이 그대로 나타나는 상처 • 비슷한 크기의 반복적으로 긁힌 상처 • 발생 및 회복에 시간 차가 있는 상처, 치유 단계가 다른 여러 부위의 골절 • 담뱃불 자국, 뜨거운 물에 덴 화상 자국 • 긁히거나 물린 자국에 의한 상처, 영유아에게 발견된 붉게 긁힌 상처 • 겨드랑이, 팔뚝 안쪽, 허벅지 안쪽 등 다치기 어려운 부위의 상처 • 신체적 상흔으로 자주 병원을 가는 경우	• 어른과의 접촉 회피 • 다른 아동이 울 때 공포를 나타냄 • 공격적이거나 위축된 극단적 행동 • 부모에 대한 두려움 • 집에 가는 것을 두려워함 • 위험에 대한 지속적인 경계

* 출처: 보건복지부, 경찰청(2021). 아동학대 유관기관 공동업무수행지침을 재구성

2) 정서학대

정서학대는 아동의 건강 · 복지를 해치거나 정상적 발달을 저해할 수 있는 정신적 폭력 또는 가혹행위를 포함한다.

정서학대의 예

- 언어 폭력행위
  - 소리 지름, 무시 또는 모욕, 원망적 · 거부적 · 적대적 · 경멸적 언어폭력, 아동에게 시설 등에 버리겠다고 반복적으로 위협하는 행위 등
- 정서적 위협
  - 공포 분위기 조성, 좁은 공간에 혼자 가둬둠, 집 밖으로 쫓아냄, 미성년자 출입금지 업소에 지속적으로 아동들을 데리고 다니는 행위, 가정폭력에 노출시킴, 잠을 재우지 않거나 다른 아동을 학대하도록 강요하는 행위 등
- 아동에 대한 비현실적인 기대를 강요하는 행위
  - 돈을 벌어오라며 위협, 아동의 연령에 적절하지 않은 과도한 과업이나 행동 요구 등
- 형제나 친구 등과 비교 · 차별 · 편애 · 왕따시키는 행위 등

신체적 징후	행동적 징후
• 발달 지연 및 성장장애 • 신체 발달 저하	• 특정 물건을 계속 빨고 있거나 물어 뜯음 • 행동장애(반사회적, 파괴적 행동장애) • 신경성 기질 장애(놀이장애) • 정신신경성 반응(히스테리, 강박, 공포) • 언어장애 • 극단행동, 과잉행동, 자살 시도 • 실수에 대한 과잉 반응 • 부모와의 접촉에 대한 두려움

출처: 보건복지부, 경찰청(2021). 아동학대 유관기관 공동업무수행지침을 재구성

3) 성학대

성학대는 아동의 건강・복지를 해치거나 정상적 발달을 저해할 수 있는 성적 폭력 또는 성적 가혹행위를 포함한다.

성학대의 예

- 자신의 성적 만족을 위해 아동을 관찰하거나 아동에게 성적인 노출을 하는 행위
  - 옷을 벗기거나 벗겨서 관찰하는 등의 관음적 행위, 성관계 장면 노출, 나체 및 성기 노출, 자위행위 노출 및 강요, 음란물을 보여주는 행위 등
- 아동을 성적으로 추행하는 행위
- 아동에게 유사성행위를 하는 행위
- 성교를 하는 행위
- 성매매를 시키거나 성매매를 매개하는 행위 등

신체적 징후	행동적 징후
• 성병 감염 및 임신, 회음부의 통증과 가려움 • 질에 생긴 상처나 긁힌 자국 또는 홍진 • 찢기거나 손실된 처녀막, 요도염, 생식기의 대상포진 • 항문 주변의 멍이나 찰과상, 항문 괄약근의 손상	• 나이에 맞지 않는 성적 행동, 해박하고 조숙한 성지식 • 명백하게 성적인 묘사를 한 그림 • 타인, 동물, 장난감을 대상을 하는 성적인 상호관계 • 위축, 환상, 유아적 퇴행 행동, 저조한 학업수행 • 충동성, 산만함, 주의집중 장애, 비행, 가출, 범죄행위, 자살시도 • 우울, 불안, 수면장애, 사회관계 단절, 외상 후 스트레스 장애, 섭식장애 • 특정 유형의 사람들 또는 성에 대한 두려움

출처: 보건복지부, 경찰청(2021). 아동학대 유관기관 공동업무수행지침을 재구성

4) 방임

방임은 아동의 보호자가 아동을 유기하거나 방임하는 행위로, 물리적 방임, 교육적 방임, 의료적 방임, 유기로 구분될 수 있다.

방임의 예

- 물리적 방임: 기본적 의식주를 제공하지 않음, 위험과 상해로부터 아동을 보호하지 않음, 불결한 환경 및 위험 상황에 아동 방치, 아동을 병원에 입원시키고 사라짐 등
- 교육적 방임: 정당한 사유 없이 의무교육을 제공하지 않음, 무단결석을 허용하거나 지도하지 않는 등 아동의 교육적 욕구 및 의무에 대한 방치행위 등
- 의료적 방임: 필요한 의료적 처치 거부 등
- 유기: 아동을 보호하지 않고 버림, 시설 근처에 버리고 감, 친족에게 연락하지 않고 무작정 친족 거주지 근처에 아동을 두고 사라지는 등의 행위 등

신체적 징후	행동적 징후
• 발달지연 및 성장장애 • 비위생적인 신체상태 • 예방접종과 의학적 치료 불이행으로 인한 건강상태 불량 • 아동에게 악취가 지속적으로 나는 경우	• 계절에 맞지 않는 부적절한 옷차림 • 음식을 구걸하거나 훔침 • 비행 또는 도벽 • 학교에 일찍 등교하고 집에 늦게 귀가함 • 지속적인 피로 또는 불안정감 호소 • 수업 중 조는 태도 • 잦은 결석

출처: 보건복지부, 경찰청(2021). 아동학대 유관기관 공동업무수행지침을 재구성

2. 아동학대 현황

1) 아동학대 신고접수 현황

아동학대 신고접수는 매년 증가하고 있으며, 아동학대 신고 중 아동학대 의심사례가 차지하는 비중도 2016년부터 87% 이상을 차지하며 높은 수치를 보이고 있다. 2020년의

표 10-1 연도별 신고접수 건수

연도	아동학대 신고접수	아동학대 의심사례	아동학대 판정사례	일반상담	신고접수 전년 대비 증가율
2016년	29,674	25,878	18,700	3,604	
2017년	34,169	30,923	22,367	2,951	15.1
2018년	36,417	33,532	24,604	2,464	6.6
2019년	41,389	38,380	30,045	2,560	13.7
2020년	42,251	38,929	30,905	2,761	2.1

경우 전년 대비 신고접수 건수가 2.1% 증가하였고 전체 아동학대 신고 건수 중 92.1%가 아동학대 의심사례였다.

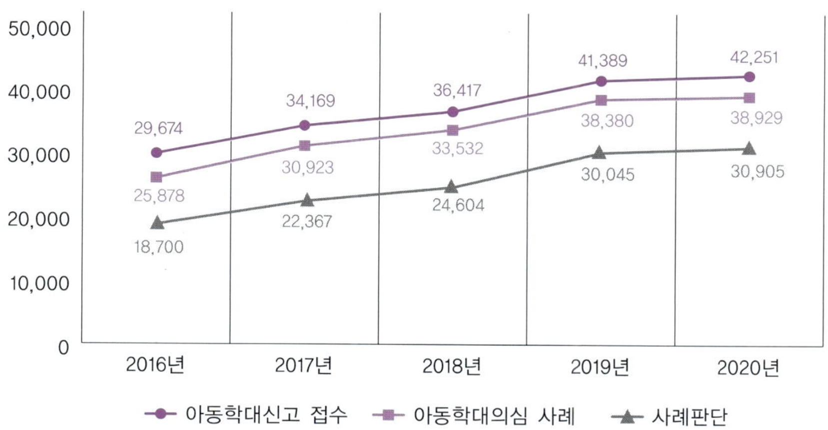

출처: 보건복지부(2021). 2020 아동학대 주요통계

2) 학대피해아동 발견율

추계 아동 인구(만 0~17세)를 기준으로 인구 1,000명당 피해아동 발견율을 산출하여 연도별로 비교한 결과 2016년부터 2020년까지 추계 아동 인구는 꾸준히 감소하는 반면 아동학대 사례가 증가하면서 피해아동 발견율이 꾸준히 증가 추세를 보이고 있다. 2020

(단위: 명, 건, %)

구분 \ 연도	2016년	2017년	2018년	2019년	2020년
추계아동인구* (만 0~17세)	8,694,953	8,467,386	8,255,490	7,888,218	7,678,893
아동학대사례	18,700	22,367	24,604	30,045	30,905
피해아동 발견율	2.15	2.64	2.98	3.81	4.02

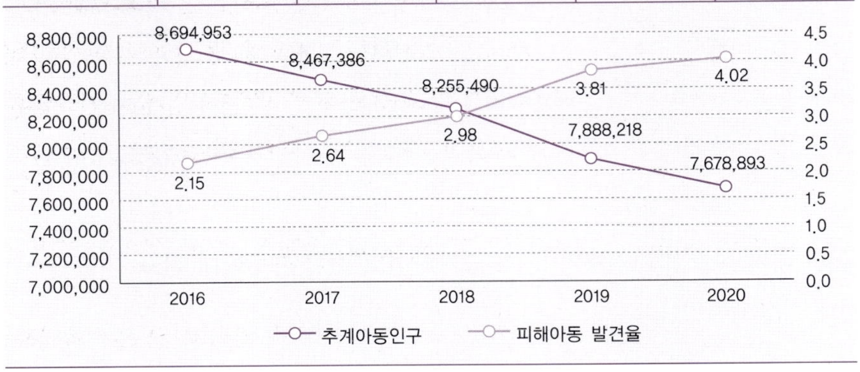

그림 10-1 연도별 학대피해아동 발견율

출처: 보건복지부(2021). 2020 아동학대 주요통계

년의 경우 약 4만 2천 건이 아동학대로 신고되었고, 그중 약 3만 9백 건이 학대로 판정되었으며, 아동학대 발견율은 4.02%로 계속 증가 추세를 보였다. 하지만 미국, 호주의 경우 9%의 피해아동 발견율이 보고되고 있어, 우리나라는 이에 비해 절반 이하 수준을 보이고 있다.

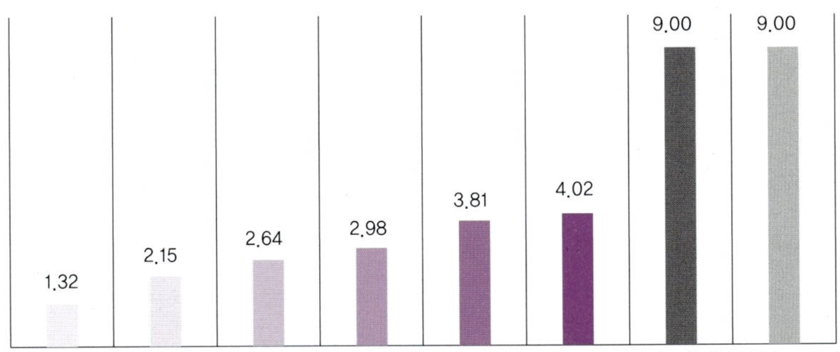

그림 10-2 국내외 학대피해아동 발견율

출처: 관계부처 합동(2020.7.29.). 아동·청소년 학대 방지대책(안)

3) 아동학대 사례 유형

중복학대를 별도로 분류하여 아동학대 사례 유형을 연도별로 살펴보면, 2016년부터 중복학대와 정서학대가 가장 높게 나타났다. 정서학대는 2016년부터 2020년까지 계속해서 증가하고 있으며, 5개년 연속 중복학대에 이어 두 번째로 높은 비율을 차지했다.

(단위: 건, %)

학대 유형 / 연도	신체학대		정서학대		성학대		방임		중복학대		계	
2016년	2,715	(14.5)	3,588	(19.2)	493	(2.6	2,924	(15.6)	8,980	(48.0)	18,700	(100.0)
2017년	3,285	(14.7)	4,728	(21.1)	692	(3.1	2,787	(12.5)	10,875	(48.6)	22,367	(100.0)
2018년	3,436	(14.0)	5,862	(23.8)	910	(3.7	2,604	(10.6)	11,792	(47.9)	24,604	(100.0)
2019년	4,179	(13.9)	7,622	(25.4)	883	(2.9	2,885	(9.6)	14,476	(48.2)	30,045	(100.0)
2020년	3,807	(12.3)	8,732	(28.3)	695	(2.2	2,737	(8.9)	14,934	(48.3)	30,905	(100.0)

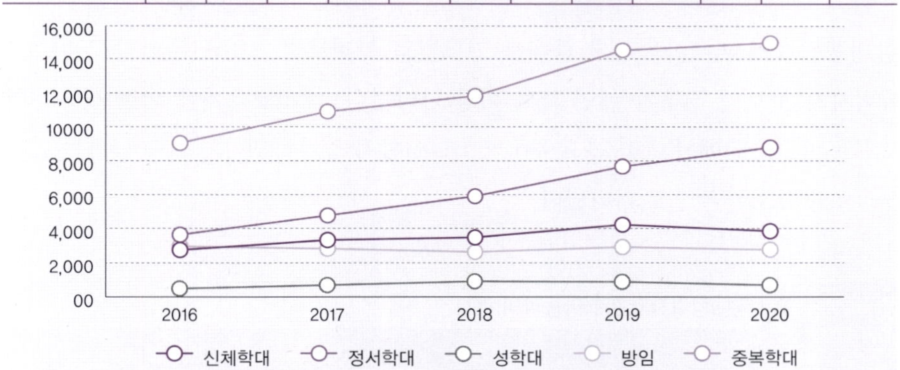

그림 10-3 아동학대 사례 유형

출처: 보건복지부(2021). 2020 아동학대 주요통계

4) 피해아동의 성별과 연령

2020년 아동학대로 판단된 30,905건 중 남아가 15,815건(51.2%), 여아가 15,090건(48.8%)으로 피해아동은 남아가 더 많은 것으로 나타났다. 한편, 2020년 피해아동 연령의 경우, 중학생에 해당하는 만 13~15세가 7,077건(22.9%)으로 가장 큰 비중을 차지하였고, 그 다음으로는 만 10~12세가 6,957건(22.5%), 만 7~9세가 6,016건(19.5%)으로 나타났다.

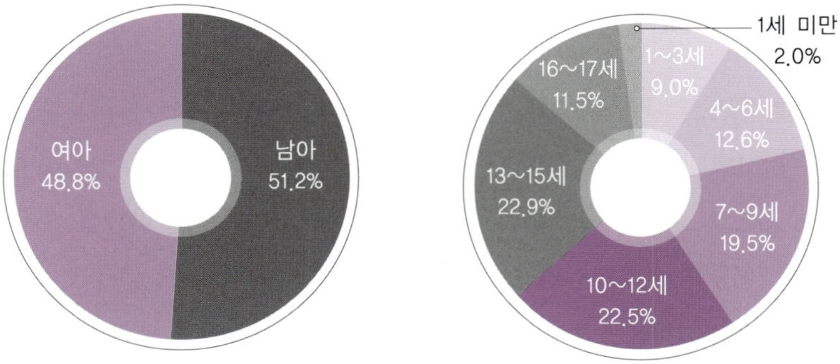

출처: 보건복지부(2021). 2020 아동학대 주요통계

5) 학대행위자와 피해아동과의 관계

학대행위자와 피해아동과의 관계를 연도별로 살펴보면 2016년부터 2020년까지 학대행위자가 부모인 경우가 매년 75% 이상 나타났다. 대리양육자에 의한 학대는 2016년 2,173건(11.6%)에서 2019년 4,986건(16.6%)까지 증가하였다가 2020년에는 2,930건(9.5%)으로 감소한 것으로 나타났다.

표 10-5 학대행위자와 피해아동과의 관계

구분		2016	2017	2018	2019	2020
부모	친부, 친모	76.1	73.3	73.5	72.3	79.0
	계부모, 양부모	4.4	3.5	3.4	3.3	3.1
	소계	80.5	76.8	76.9	75.6	82.1
친인척		4.3	4.8	4.5	4.4	5.4
대리양육자		11.6	14.9	15.9	16.6	9.5
타인		1.1	1.3	1.5	2.2	1.8
기타 및 파악 불가		2.6	2.2	1.2	1.2	1.2

출처: 보건복지부(2021). 2020 아동학대 주요통계

6) 학대행위자의 성별 및 연령

2020년 아동학대로 판단된 30,905건 중 학대행위자의 성별은 남성 17,145건(55.5%), 여성 13,760건(44.5%)으로 남성이 여성에 비해 더 높게 보고되었다. 한편 학대행위자 연령의 경우, 40대가 14,286건(46.2%)으로 가장 많았으며, 다음으로는 30대 8,133건(26.3%), 50대 4,446건(14.4%), 20대 2,517건(8.1%), 60대 911건(2.9%) 순으로 나타났다.

출처: 보건복지부(2021). 2020 아동학대 주요통계

7) 신고자 유형

연도별 아동학대 신고의무자에 의한 신고는 2018년 9,151건(27.3%), 2019년 8,836건(23.0%)으로 다소 감소하였으나 2020년 10,973건(28.2%)으로 다시 증가하였다. 신고의무자 유형을 세부적으로 살펴보면 초·중·고교직원이 가장 많은 아동학대 의심사례를 신고하는 것으로 나타났다. 2016년 3,978건(15.4%), 2020년 3,805건(9.8%)으로 5개년 연속 신고의무자 중 신고비율이 가장 높게 나타났다. 비신고의무자 직군의 신고 분포를 살펴보면 2016년부터 지속적으로 부모가 높게 나타났으며, 아동 본인이 신고한 비율도 지속적으로 증가하여 2020년에는 5,533건(14.2%)으로 나타났다.

우리나라의 신고의무자 신고 비율은 미국 65.7%(2017년), 호주 77%(2017년), 일본 68%(2015) 에 비해 낮은 수준이다. 신고의무자의 신고 활성화를 도모하고, 발견이 어려운 영아에 대해서는 직접 가정 방문 등을 통해 적극적으로 아동학대 위험사례를 발굴할 필요가 있다.

표 10-6 연도별 신고자 유형

구분	2016	2017	2018	2019	2020
신고의무자	32.0	28.6	27.3	23.0	28.2
비신고의무자	68.0	71.4	72.7	77.0	71.8

출처: 보건복지부(2021). 2020 아동학대 주요통계

8) 학대피해아동 보호상황

2020년 학대피해아동 30,905건 중 원가정보호가 지속된 경우가 25,916건(83.9%)으로 가장 많았고, 분리조치된 경우 3,926건(12.7%), 가정복귀된 경우는 798건(2.6%)으로 나타났다.

표 10-7 2020년 학대피해아동 보호상황

피해아동상황	상세조치		2020	
원가정보호	최초	최종		
	원가정보호 유지		25,916	(83.9)
가정복귀	최초	최종		
	원가정보호	가정복귀	82	(0.3)
	분리조치	가정복귀	680	(20.2)
	기타	가정복귀	36	(0.1)
	소계		798	(2.6)
분리조치	최초	최종		
	분리조치 유지		2,381	(7.7)
	원가정보호	분리조치	445	(1.4)
	분리조치	분리조치	1,085	(3.5)
	기타	분리조치	15	(0.0)
	소계		3,926	(12.7)

피해아동상황	상세조치	2020	
	기타	175	(0.6)
	사망	90	(0.3)
	계	30,905	(100.0)

출처: 보건복지부(2021). 2020 아동학대 주요통계

학대피해아동쉼터는 학대행위자로부터 피해아동을 분리하여 안전하게 보호하는 곳으로 피해아동에게 숙식뿐 아니라 생활지원과 상담 및 치료, 교육 등을 제공하고 있다. 2020년 전국 총 75개의 학대피해아동쉼터에서 총 368명의 아동이 보호를 받고 있다. 이는 학대를 당해도 아동들이 가해자를 피해서 갈 수 있는 곳이 턱없이 부족한 현실을 보여준다.

표 10-8 학대피해아동쉼터의 보호아동 현황

구분	시설 수	종사자 수	정원	수용 인원			아동 현황							
				계	남	여	계	미취학		초등재	중재	고재	대재	기타
								0~3세	3~6세					
계	75	376	506	368	159	209	368	12	57	187	70	37	2	3

출처: 보건복지부(2021). 2021년도 공동생활가정(그룹홈) 현황(2020.12.31.)

3. 학대피해아동 보호서비스의 내용

1) 미국 아동학대 관련 법의 역사

미국의 경우 국가가 아동학대 문제에 적극적으로 개입한 역사가 길다. 1874년 메리 엘렌(Mary Ellen)이라는 아동이 위탁부모에 의해 지속적으로 학대를 받다가 이웃의 관심으로 구조된 사건이 발생하였다. 그런데 당시에는 구제할 법이 없어 미국 동물학대방지협회에 의해 보호받게 되었다. 이 사건을 계기로 아동학대에 대한 인식이 제고되면서 아동

학대에 대한 사회의 개입과 예방, 아동 인권 옹호를 다루는 정책과 제도가 생겼다. 1962년에 소아과 의사였던 헨리 켐프Henry Kempe와 동료들이 학술지에 피학대아동증후군The Battered Child syndrome을 자세히 다루면서 1960년대와 1970년대에 아동학대에 대한 전 국가적인 관심을 일으켰다. 이후 1974년 아동학대 법안인 「Child Abuse Prevention and Treatment Act CAPTA」를 제정하여 학대 및 방임의 위험에 놓인 모든 아동에 대한 국가의 공식적 책임을 확실히 했다. CAPTA는 아동학대 신고 의무화, 의무교육과 치료지원, 연구기금 제공을 골자로 하는데, 이 때문에 아동학대가 의심되는 경우 교육기관의 교직원과 병원 관계자들은 무조건 신고를 할 의무가 있다.

2) 우리나라 아동학대 관련 법의 역사

우리나라의 경우 아동학대 예방사업을 국가의 책임으로 명시하고 법 개정을 통해 학대피해아동 보호를 위한 근거를 마련한 것은 2000년부터이다. 1998년 친부와 계모의 구타와 학대로 누나는 굶겨 죽여 집 앞마당에 묻고, 동생은 뼈만 앙상하게 남은 모습으로 발견되어 충격을 주었다. 또한 1999년 부모의 잘못된 믿음으로 인해 병원 치료를 거부당한 채 방치되어 죽음만 기다리고 있던 아이가 발견된 사건이 사회적으로 큰 이슈가 되었다. 이 두 사건을 계기로 2000년「아동복지법」을 개정해 아동학대에 대한 정의, 처벌 근거, 관련 기관에 대한 법적 근거를 마련하였다. 하지만 아동학대라는 특수한 문제에 대한 개입에는 고도의 전문성이 필요함에도 정부가 충분히 준비되지 못한 상황에서 아동학대 예방사업이 시작되면서 실제적으로 민간위탁을 통해 운영되는 아동보호전문기관에서 아동학대 관련 사업을 전담하는 구조였다. 그러나 공공서비스의 성격을 지닌 아동보호서비스를 민간기관에서 전담함에 따라 현장 조사 시 요구되는 공권력의 부재, 학대행위자의 서비스 거부, 아동보호전문기관 종사자들의 신변안전 위협 등 많은 문제들이 있었다(이봉주, 김기현, 안재진, 2015).

이후 2013년 울산 아동학대 사망사건과 칠곡군 아동학대 사망사건이 발단이 되어 2014년 9월 29일「아동학대 범죄의 처벌 등에 관한 특례법(약칭 아동학대처벌법)」 제정과 아동복지법 개정의 변화를 가져왔다. 이에 우리나라 피해아동 보호는「아동복지법」과

「아동학대범죄의 처벌 등에 관한 특례법(약칭: 아동학대처벌법)」에 근거해서 이루어지고 있다.

아동학대 관련 주요 법적 근거

- 「아동복지법」 및 동법 시행령
  아동학대예방과 관련한 기본법으로 국가, 광역 · 기초 지방자치단체, 아동권리보장원의 아동학대 예방 및 대응체계 구축 의무에 대해 규정
- 「아동학대범죄의 처벌 등에 관한 특례법」(약칭: 아동학대처벌법)
  아동학대범죄의 처벌 및 처리절차, 피해아동 보호제도, 아동학대행위자에 대한 보호절차에 대해 규정

3) 아동학대 담당 기관

아동학대 담당 업무는 아동권리보장원, 시도/시군구, 아동보호전문기관에서 담당하고 있다. 종전의 중앙아동보호전문기관은 아동복지법 개정(2019.7.16. 시행)에 따라 아동권리보장원으로 통합되었고, 지역아동보호전문기관은 아동보호전문기관으로 명칭이 변경되었다. 또한 아동보호전문기관이 아동학대 신고접수, 조사 및 개입, 사례관리 등의 아동학대 사업 전반을 수행하였으나 아동복지법 개정 · 시행(2020.10.1)으로 국가 책임을 강화하였다. 즉 지방자치단체가 피해아동 발견 및 보호와 관련하여 아동학대 신고 접수, 현장조사 및 응급보호, 피해아동 · 피해아동의 가족 및 아동학대행위자에 대한 상담 및 조사 등 관할 구역의 아동학대 대응에 관해 전반적인 책임을 갖게 되었다(아동복지법 제22조 제3항). 이에 시군구 내 아동학대 전담공무원을 배치하여 현장조사 · 응급조치 시행 및 관련 조치에 대해 총괄하게 하고, 아동보호전문기관은 사례관리 기능을 강화하였다. 단, 현장출동 시, 지방자치단체의 요청에 따라 아동보호전문기관의 직원은 아동보호 및 사례 관리를 위해 아동학대 전담공무원의 조사에 참여할 수 있도록 하였다(아동학대처벌법 제11조).

아동권리보장원	시도/시군구	아동보호전문기관 (2020년 12월 기준 71개소 운영)
• 아동학대 예방과 방지를 위한 업무 • 아동보호전문기관 지원 • 아동학대 예방사업과 관련된 연구 및 자료 발간 • 효율적인 아동학대 예방사업을 위한 연계체계 구축 • 아동학대 예방사업을 위한 프로그램 개발 및 평가 • 아동보호전문기관 직원 직무교육 • 아동학대 예방 관련 교육 및 홍보	시도/시군구에 배치된 “아동학대 전담공무원”이 아래의 업무를 실시 • 신고접수 • 현장 출동 및 조사, 응급 보호 • 피해아동 및 가족, 행위자에 대한 상담 및 조사 • 피해아동 보호계획 수립	• 피해아동 가족 및 아동학대 행위자를 위한 상담, 치료 및 교육(사례관리계획 수립 및 시행) • 아동학대 예방교육 및 홍보 • 피해아동 가정의 사후관리 • 아동학대 예방사업 관련 업무

4) 아동학대 대응체계

112 혹은 아동학대 전담공무원에게 아동학대 의심 신고가 접수되면 아동학대 전담공무원과 경찰이 함께 현장에 출동하여 조사를 진행하게 된다.

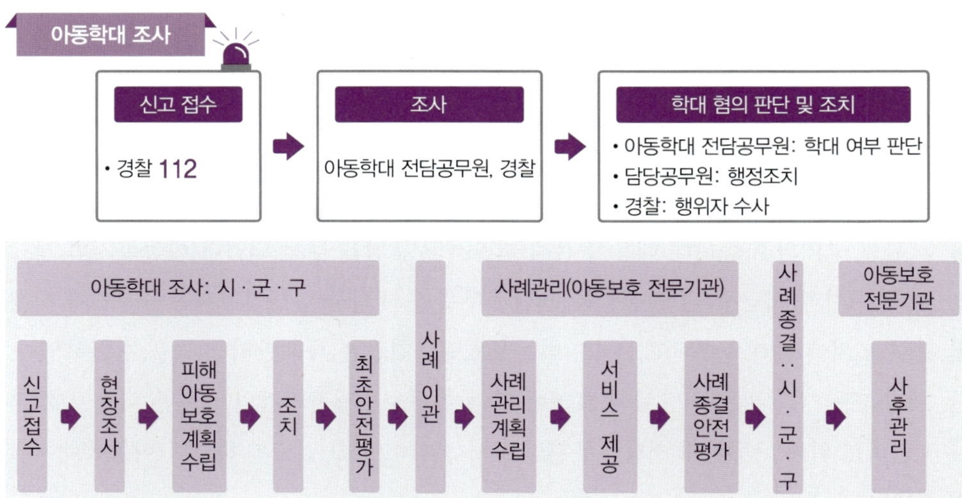

그림 10-4 아동학대 사례 개입과정

출처: 김영주(2020). 아동학대 피해아동보호시스템의 문제점 및 개선방향. 국회입법조사처 아동학대 대응체계의 과제와 개선방향

5) 아동학대 발견 및 신고

(1) 아동학대 신고의무자 규정

누구든지 아동학대 범죄를 알게 된 경우나 의심이 있는 경우에는 시도 및 시군구, 또는 수사기관에 신고할 수 있다(아동학대처벌법 제10조 제1항). 또한 다음의 신고의무자에 해당하는 사람은 직무를 수행하면서 아동학대 범죄를 알게 된 경우나 의심이 있는 경우에는 시도 및 시군구, 수사기관에 즉시 신고하여야 한다(아동학대처벌법 제10조 제2항). 이와 같이 모든 국민은 아동학대 신고의 의무가 있지만, 특별히 직무상 아동학대 범죄를 인지할 가능성이 높은 직군에게 아동학대 범죄의 신고 의무를 부여하고 있다.

아동학대 신고의무자가 아동학대 사실을 알고도 정당한 사유 없이 신고의무를 불이행할 경우 과태료가 부과되고, 아동학대 신고자는 아동학대 범죄 신고 등의 이유로 불이익을 받지 않도록 규정되어 있다(아동학대처벌법 제10조의2). 또한 신고의무자는 매년 1시간 이상 신고의무자교육을 이수해야 한다(아동복지법 제 26조). 한편 아동학대 신고의무자가 보호하는 아동에 대하여 아동학대 범죄를 범한 때에는 2분의 1까지 가중처벌을 받게 된다(아동학대처벌법 제7조). 아동학대 신고의무자는 다음과 같이 25개 직군에 종사하는 사람들이고, 보육교직원 역시 아동학대 신고의무자에 해당된다.

- 「아동복지법」 제10조의2에 따른 아동권리보장원(이하 "아동권리보장원"이라 한다) 및 가정위탁지원센터의 장과 그 종사자
- 아동복지시설의 장과 그 종사자(아동보호전문기관의 장과 그 종사자는 제외한다)
- 「아동복지법」 제13조에 따른 아동복지전담공무원
- 「가정폭력방지 및 피해자보호 등에 관한 법률」 제5조에 따른 가정폭력 관련 상담소 및 같은 법 제7조의2에 따른 가정폭력피해자 보호시설의 장과 그 종사자
- 「건강가정기본법」 제35조에 따른 건강가정지원센터의 장과 그 종사자
- 「다문화가족지원법」 제12조에 따른 다문화가족지원센터의 장과 그 종사자
- 「사회보장급여의 이용 · 제공 및 수급권자 발굴에 관한 법률」 제43조에 따른 사회복지전담공무원 및 「사회복지사업법」 제34조에 따른 사회복지시설의 장과 그 종사자
- 「성매매방지 및 피해자보호 등에 관한 법률」 제9조에 따른 지원시설 및 같은 법 제17조에 따른 성매매피해상담소의 장과 그 종사자

- 「성폭력방지 및 피해자보호 등에 관한 법률」 제10조에 따른 성폭력피해상담소, 같은 법 제12조에 따른 성폭력피해자보호시설의 장과 그 종사자 및 같은 법 제18조에 따른 성폭력피해자통합지원센터의 장과 그 종사자
- 「119구조 · 구급에 관한 법률」 제2조 제4호에 따른 119구급대의 대원
- 「응급의료에 관한 법률」 제2조 제7호에 따른 응급의료기관 등에 종사하는 응급구조사
- 「영유아보육법」 제7조에 따른 육아종합지원센터의 장과 그 종사자 및 제10조에 따른 어린이집의 원장 등 보육교직원
- 「유아교육법」 제2조 제2호에 따른 유치원의 장과 그 종사자
- 아동보호전문기관의 장과 그 종사자
- 「의료법」 제3조 제1항에 따른 의료기관의 장과 그 의료기관에 종사하는 의료인 및 의료기사
- 「장애인복지법」 제58조에 따른 장애인복지시설의 장과 그 종사자로서 시설에서 장애아동에 대한 상담 · 치료 · 훈련 또는 요양 업무를 수행하는 사람
- 「정신건강증진 및 정신질환자 복지서비스 지원에 관한 법률」 제3조 제3호에 따른 정신건강복지센터, 같은 조 제5호에 따른 정신의료기관, 같은 조 제6호에 따른 정신요양시설 및 같은 조 제7호에 따른 정신재활시설의 장과 그 종사자
- 「청소년기본법」 제3조 제6호에 따른 청소년시설 및 같은 조 제8호에 따른 청소년단체의 장과 그 종사자
- 「청소년 보호법」 제35조에 따른 청소년 보호 · 재활센터의 장과 그 종사자
- 「초 · 중등교육법」 제2조에 따른 학교의 장과 그 종사자
- 「한부모가족지원법」 제19조에 따른 한부모가족복지시설의 장과 그 종사자
- 「학원의 설립 · 운영 및 과외교습에 관한 법률」 제6조에 따른 학원의 운영자 · 강사 · 직원 및 같은 법 제14조에 따른 교습소의 교습자 · 직원
- 「아이돌봄 지원법」 제2조 제4호에 따른 아이돌보미
- 「아동복지법」 제37조에 따른 취약계층 아동에 대한 통합서비스 지원 수행인력
- 「입양특례법」 제20조에 따른 입양기관의 장과 그 종사자

(2) 아동학대 징후 알아차리기

보육교직원은 아동학대 신고의무자로서 민감하게 아동의 아동학대 징후를 알아차려야 하는데, 아동학대 상황이 의심스러울 때, 다음의 '아동학대 징후 체크리스트'를 활용해 볼 수 있다. 다음 문항 중 1개 문항 이상 "예" 라고 체크된 경우, 아동학대를 의심해 볼 수 있는 상황이므로, 아동학대가 의심되면 아동학대 신고전화 112로 반드시 신고해야 한다.

표 10-9 아동학대 징후 체크리스트

구분	내용	체크란	
1	사고로 보기에는 미심쩍은 멍이나 상처가 발생한다.	□ 예	□ 아니오
2	상처 및 상흔에 대한 아동 혹은 보호자의 설명이 불명확하다.	□ 예	□ 아니오
3	보호자가 아동이 매를 맞고 자라야 한다는 생각을 갖고 있거나 체벌을 사용한다.	□ 예	□ 아니오
4	아동이 보호자에게 언어적, 정서적 위협을 당한다.	□ 예	□ 아니오
5	아동이 보호자에게 감금, 억제, 기타 가학적인 행위를 당한다.	□ 예	□ 아니오
6	기아, 영양실조, 적절하지 못한 영양섭취를 보인다.	□ 예	□ 아니오
7	계절에 맞지 않는 옷, 청결하지 못한 외모를 보인다.	□ 예	□ 아니오
8	불결한 환경이나 위험한 상태로부터 아동을 보호하지 않고 방치한다.	□ 예	□ 아니오
9	성학대로 의심될만한 질환, 신체적 흔적이 있다.	□ 예	□ 아니오
10	성인의 성적 행동을 모방하는 행동을 나타낸다.	□ 예	□ 아니오
11	자주 결석하거나 결석에 대한 사유가 불명확하다.	□ 예	□ 아니오
12	아동에게 필요한 의료적 처치 혹은 예방접종을 실시하지 않는다.	□ 예	□ 아니오
13	보호자에 대한 거부감과 두려움을 보이고, 집(보호기관)으로 돌아가는 것에 대해 두려워한다.	□ 예	□ 아니오
14	아동이 매우 공격적이거나 위축된 모습 등의 극단적인 행동을 한다.	□ 예	□ 아니오

출처: 보건복지부 · 중앙아동보호전문기관(2016). 아동학대 징후 체크리스트

(3) 아동학대 신고 시 주의사항

아동학대를 발견한 경우 다음의 사항에 유의하여 아동학대를 신고한다.

- 아동학대의 유형 및 징후를 확인한다. 학대를 의심할 수 있는 상처나 징후가 있을 경우 보호자에게 질문하여 설명을 들어본다.
- 아동학대 상황을 증빙할 수 있는 자료를 확보한다.
  - 증거 사진, 동영상 등을 확보한다.
  - 성 학대의 경우 증거 확보를 위해 씻기거나 옷을 갈아입히지 않는다.

- 피해아동의 안전 및 보호가 최우선되어야 하며, 응급상황 시 병원으로 즉시 이송 후 신고한다.
  - 피해아동이 불안에 빠지지 않도록 일상적으로 대한다.
  - 피해아동의 정보가 노출되지 않도록 주의한다.
  - 피해아동에게 치료적 개입이 필요하거나 응급상황 발생 시 병원으로 즉시 이송 후 신고한다.
- 신고자 정보가 누설되지 않도록 요구하고, 본인도 주의한다.
  - 신고인의 인적사항 또는 신고인임을 미루어 알 수 있는 사실을 알린 경우 3년 이하의 징역이나 3천만 원 이하의 벌금에 처해진다(아동학대처벌법 제62조 2항).
  - 아동학대(의심) 신고사례에 대해 언론인터뷰 요청이 있더라도 독단적으로 응해서는 안 되며, 언론보도로 신고자와 피해자 모두에게 2차 피해가 발생하지 않도록 언론 대응 창구를 원장 등 최소 인원으로 한정한다.
- 영유아의 진술이 오염되지 않도록 하며, 수사에 협조한다.
  - 영유아의 진술이 오염되지 않도록 보육교직원이 직접 상담하지 않고, 전문가가 상담하도록 한다.
  - 신고 후에도 지속적으로 수사기관, 아동학대 전담공무원, 아동보호전문기관과 적극적으로 협조한다.

6) 학대피해아동 사례관리 및 심리치료서비스 지원

(1) 아동학대 후유증

아동학대로 가족이 해체된 경우 피학대아동은 다음에 또 어떤 일이 일어날 것인가에 대한 염려와 정서적 불안으로 전전긍긍하게 된다. 가족과의 분리로 인한 상실감을 경험한 아동은 매우 슬퍼하고 외로워한다. 또한 가정이 파괴되고 자기가 학대를 받는 것이 학대 가해자인 부모나 보호자 때문이 아니라 자기 자신의 잘못이나 결점 때문이라고 생각함으로써 학대의 책임을 가해자에게 돌리지 못하고 자신의 탓으로 돌리는 왜곡된 죄책감에 시달리기도 한다.

아동학대의 후유증은 매우 다양하다. 아동의 억압 또는 격한 감정은 치료하기 힘든 우울증을 유발하기도 하며 피해아동은 자신이 관심의 대상이 될 수 없다거나 자신의 안전 및 보호가 불필요하다고 믿게 되는 경우가 많아서 생명에 위협을 주는 위험한 모험을 시도하기도 한다.

무엇보다도 학대받은 아동은 가해자인 부모나 보호자로부터의 신뢰 상실로 자신을 돕고 지지해줄 수 있는 사람과의 대인관계 형성에 자신감을 갖지 못한다. 학대로부터 자신을 보호하기 위해 성인이나 다른 아동과의 접촉을 회피하기 때문에 사회적으로 고립되기 쉽다. 또한 일상생활에서도 가해자에 대한 공포감과 언제 또 학대를 당할지 모르는 불안감에 극도로 예민해지거나 두려운 상태에 처하게 된다. 수시로 뺨이나 머리를 구타당한 신체적 학대를 경험한 아동은 쉽게 입을 벌리거나 닫는 것에 어려움을 호소하기도 하며, 지속적으로 정서적 학대를 받은 아동은 언어발달 지체로 인해 다른 사람들과의 원만한 의사소통을 하지 못하는 경우도 있다.

(2) 학대피해아동을 위한 심리치료 서비스

아동의 심리적 발달 측면에서 학대는 애착형성과 정서적 발달에 치명적인 영향을 주기도 한다. 이와 같은 아동학대의 후유증을 치료하기 위해 놀이치료 및 미술치료, 그리고 자존감 회복을 위한 다양한 치료기술이 시도되고 있다.

학대피해아동에 대한 사후관리는 아동보호전문기관에서 아동을 가정에서 분리해 치료하고 심각한 경우가 아니면 가정으로 복귀시키고 전문상담원이 가정방문 등을 통해 지속적으로 관리를 하고 있다. 그러나 심각한 아동학대 사례의 경우에는 긴급 격리보호를 하며 가해부모 또는 가해자에 대해 형사고발 조치를 취한다. 가정으로부터 격리된 아동은 일정 기간 공동생활가정이나 가정위탁보호를 받게 되며 전문가들의 치료를 받고

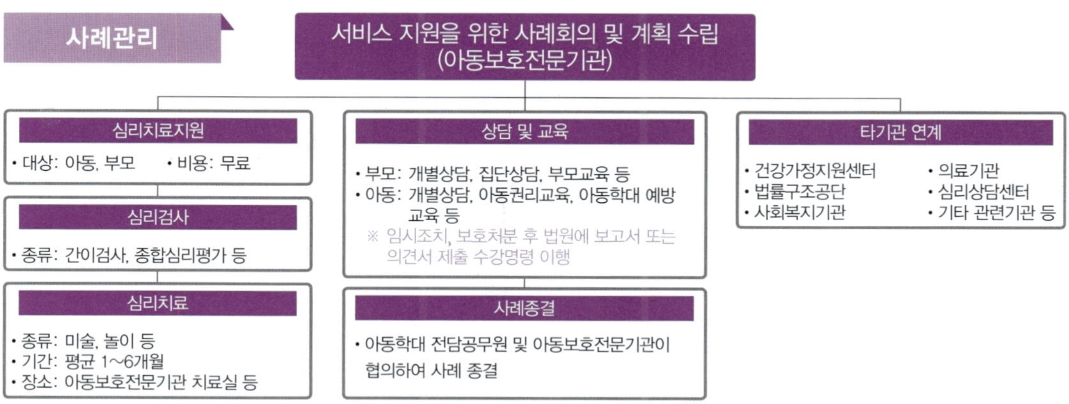

그림 10–5 학대피해아동 보호서비스의 내용

출처: 보건복지부, 아동권리보장원(2021). 아동학대 신고의무자가 꼭 알아야 하는 아동학대 예방요령

원가정으로 복귀하게 된다. 아동학대는 무엇보다 예방이 우선되어야 하나 이미 학대를 경험한 아동을 그대로 방치하는 것은 사회적 방임이며 학대받은 아동에게는 그 예후를 가늠할 수 없는 치명적인 결과를 초래할 수도 있기 때문에 아동학대는 조기에 치료되어야 한다.

4. 학대피해아동을 위한 보호서비스의 개선방향

1) 아동학대에 대한 인식의 개선

아동학대 예방을 위해서는 아동학대에 대한 사회·문화적 인식의 변화가 필요하다. 최근 아동학대 사건이 사회적 관심을 받으면서 아동을 국가나 사회에서 보호해야 할 존재로 인식하고 아동학대를 바라보는 국민들의 수준이 점차 높아지고 있다. 그러나 일부에서 자녀는 부모의 소유물이며, 자녀의 체벌은 부모의 당연한 권리이자 의무로 여겨 훈육을 빙자한 아동학대가 여전히 발생하고 있다.

1958년 민법 제정 이후 유지되어 온 민법 제915조 징계권 조항, 즉 "친권자는 그 자를 보호 또는 교양하기 위하여 필요한 징계를 할 수 있고, 법원의 허가를 얻어 감화 또는 교정기관에 위탁할 수 있다"는 조항이 삭제되어 2021년 1월 26일부터 훈육적 처벌을 포함한 모든 징계를 명시적으로 금지하였다. 해당 조항이 자녀에 대한 부모의 체벌이나 가혹한 훈육을 허용하는 근거로 오인되어 아동학대로 이어진다는 지적이 많았기 때문이다. 물론 해당 조항의 삭제가 바로 아동학대 감소에 직결되지는 않겠지만, 아동학대 인식 개선에 시사하는 바가 크다. 부모의 자녀 체벌을 용인하는 사회적 인식 개선을 위해 모든 국민을 대상으로 하는 교육 및 홍보가 보다 활발하게 실시되어야 하겠다.

2) 신고 의무자에서 신고의무 국민으로 확대

아동학대 대응의 선결과제는 피해아동 발견율을 높이는 것이다. 즉 드러나지 않으면 개입이 이루어질 수 없기 때문에 아동학대 사각지대를 줄일 수 있는 신고의 중요성은 아무리 강조해도 지나치지 않은 사안이다. 우리나라 학대피해아동 발견율이 지속적으로 상승하고 있는 것은 여전히 발견되지 않고 있는 잠재적 아동학대 사례가 있음을 의미한다. 따라서 아동학대 대응의 일차적 과제인 신고접수 확대를 위해 아동학대에 대한 사회 일반의 인식을 제고하고 신고의무자 중심의 신고의무를 모든 국민으로 확대하는 방안을 검토할 필요가 있다.

또한 아동학대 신고에 대한 추상적인 수준의 홍보나 교육보다는 도움 과정과 방법을 인지하도록 하는 구체적인 내용의 홍보나 교육이 개인의 신고 가능성을 높일 수 있다(고혜인, 김성봉, 2019). 즉 '왜' 아동학대를 신고해야 하는가에 대한 추상적인 질문에 대한 교육 또는 홍보보다는 '어떻게' 아동학대를 신고하는가에 대한 실질적인 교육이나 홍보가 아동학대 신고에 대한 심리적 거리감을 감소시켜 아동학대 신고를 확대하는 데 기여할 수 있다.

3) 분리보호를 위한 인프라 확충

분리보호 조치를 해야 하는 상황에서 시설의 부족으로 원가정보호 조치가 이루어질 경우 재학대 등 아동을 심각한 위험에 처하게 할 가능성이 있다. 이에 분리보호를 위한 인프라 확충은 학대피해아동 보호에 있어서 기본적인 요건이라 할 수 있다. 하지만 학대피해아동쉼터(2020.12월 기준 75개소)의 수도 부족하고 쉼터별 수용인원이 매우 부족한 실정이다. 쉼터로 입소하지 못한 학대피해아동은 보육원 등 다른 시설로 유입되어 쉼터에서 제공받을 수 있는 심리치료 등을 받을 수 없는 현실이다(조선일보, 2021.1.19.). 또한 전국적으로 설치 시설 수의 편차가 큰 편으로, 학대피해아동의 원가정 복귀로 인한 재학대 가능성을 최소화하기 위해 지역별로 고른 시설 확충이 시급하다. 더불어 학대피해아동에 대한 보다 세밀한 접근을 위하여 아동의 성별, 연령, 장애 유무별 욕구에 따른 시설이 요구된다.

4) 아동보호전문기관의 증설 및 심리치료서비스 강화

아동보호전문기관은 아동복지법 제45조에 의거 시도 및 시군구에 1개소 이상 두도록 명시하고 있으나 2020년 말 기준 71개소만 설치되어 있어 법적 기준을 충족시키지 못하고 있다. 아울러 기관 1개소당 담당하는 인구를 비교하여 보았을 때에도 아동보호전문기관 설치가 충분하지 않다. 즉 일본은 인구 50만 명에 평균 1개소, 미국펜실베니아 주는 아동인구 10만 명에 1개소를 하도록 기준을 마련하고 있다. 그러나 우리나라의 경우 인구 약 151만 명, 아동인구 약 28만 명에 1개소가 설치된 지역도 있다(굿네이버스, 2017). 아동보호전문기관 증설은 학대피해아동 보호를 위한 접근성 확보와 서비스 제공의 충분성을 위해 반드시 필요하다. 또한 학대피해아동에 대한 보호서비스와 관련하여 아동보호전문기관 및 전담의료기관 지정·운영을 통해 심리치료를 보다 강화해야 하겠다.

더 알아보기

우리는 왜 때리고 맞는 것에 익숙할까

대학에서 폭력에 대해 강의할 때 이야기다. 어떤 경우에도 때리거나 소리치지 않고도 부모가 자식을 양육하거나, 교사가 학생을 교육할 수 있다는 필자의 말에 나이 지긋한 늦깎이 학생이 긴 메일을 보내왔다. 요약하자면, 그는 교회 부설 어린이집을 운영하는 원장인데 강의를 듣고 많이 반성하였으며 돌아가자마자 교사들과 의논하여 어린이집에 있는 회초리들을 모두 부숴 없앴다는 이야기였다.

왜 우리는 때리고 맞는 것에 익숙할까. 중학생, 고등학생, 대학생들을 모두 가르쳐본 필자는 이 물음에 대해 깊이 천착해본 적이 있다. 의외로 그 해답은 간단명료하다. 많은 사람이 어린 시절부터 때리고 맞는 것에 노출되어있기 때문이다.

아동기에 보호자로부터 받은 가정폭력 피해 경험에 관한 조사(2019, 가정폭력실태조사) 결과를 살펴보면 체벌에 비교적 관대하고 허용적인 우리의 문화가 여실히 나타난다.'회초리로 손바닥이나 종아리를 때렸다(42.9%)'는 응답이 가장 높게 나타났는데, 이는 남성응답자(46.7%)의 절반, 여성응답자(39.1%)도 1/3이 넘는 수치다. '손으로 때리거나 발로 찼다(19.6%)', '허리띠 몽둥이 등 맞으면 다칠 수 있는 물건으로 때렸다(4.8%)' 등도 있었다. 신체적 폭력 외에 '욕설이나 무시하는 말 등 심한 말을 하였다(27.4%)', '어른과 함께 있어야 할 상황임에도 혼자 있게 하였다(4.9%)', '식사를 제때 잘 챙겨주지 않거나, 진료가 필요한데도 병원에 데려가지 않았다(2.5%)' 등 정서적 폭력과 방임에 해당하는 사례도 나타났다.

한편, 2020년 아동권리 인식도 조사 결과를 살펴보면, 성인과 아동 모두 "국가는 성폭력이나 성학대, 성매매 및 기타 성적인 목적으로 신체를 촬영하는 등의 행위로부터 아동을 보호할 책임이 있다", "국가는 학대나 폭력, 전쟁이나 강제 노동 등으로 이동이 고통을 당했을 경우 신체적, 심리적 회복을 지원할 의무가 있다", "국가는 아동이 부적절하거나 강압적인 방법에 의해 다른 지역이나 다른 나라로 이동(예: 유괴, 인신매매 등)되지 않도록 보호할 책임이 있다" 등에서 인식도가 높다. 인식도(평균:성인 85.19, 아동 88.18)에 비해 체감도(평균:성인 65.88, 아동 75.84)는 낮게 나타났는데, "우리나라 아동은 절대로 폭력과 학대를 겪지 않고 있다", "우리나라 아동은 어떤 상황에도 차별받지 않고 있다" 등의 항목에서 더 낮았다.

사랑받으며 성장해야 할 아이들이 그 누구보다도 자신을 보호해야 할 부모와 형제, 교사와 친구 등 지근거리에 있는 사람들로부터 폭력을 경험한다. 아이들은 어린 시절의 폭력 가해 혹은 피해 경험을 통해 다시 폭력을 학습한다. 뿐만 아니라 사회 도처에는 간접적으로 폭력을 경험할 수 있는 매체가 넘쳐난다.

가정폭력에 대해 사회적 민감도가 높아지고 있음에도 불구하고 아직 '폭력'에 관대한 태도를 취하는 사람들이 상당수 존재한다. 폭력에서 쉽게 벗어나지 못하는 경우 그 원인을 피해자 개인의 의지로 돌리는 인식도 여전히 남아있는 것을 보면, 유아기부터 비폭력적 의사소통과 폭력에 대한 대처 등 인식개선 교육이 얼마나 중요한지 알 수 있다. 관련 연구들에서도 아동권리 교육과 아동권리 인식도 간의 상관관계가 높게 나타난다. 즉, 아동권리 교육 경험이 있는 응답자일수록 아동권리 인식 수준이 높다는 것이다. 이는 코로나19와 같은 상황에서도 비대면 교육이 활성화될 수 있도록 정책을 강화할 필요가 있음을 시사한다. 사랑을 많이 받고 자란 사람이 사랑을 많이 줄 수 있다는 말처럼 폭력 또한 마찬가지다. 빈곤만이 아니라 폭력 또한 대물림된다.

출처: 김미현(2021). 우리는 왜 때리고 맞는 것에 익숙할까. 서울시복지재단 복지이슈 투데이 2021년 4월호

참고문헌

고혜인, 김성봉(2019). 아동학대 신고의도에 영향을 미치는 요인 탐색: 학대유형과 성별의 상호작용, 아동학대 신고에 대한 해석수준. 감성과학, 22(2), 3−16.

관계부처 합동(2020.7.29.). 아동 · 청소년 학대 방지대책(안)

김미현(2021). 우리는 왜 때리고 맞는 것에 익숙할까. 서울시복지재단 복지이슈 투데이 2021년 4월호

김영주(2020). 아동학대 피해아동보호시스템의 문제점 및 개선방향. 국회입법조사처 아동학대 대응 체계의 과제와 개선방향.

박선권(2020). 아동학대 대응체계의 과제와 개선방향 · 아동보호전문기관을 중심으로. 국회입법조사처 입법정책보고서(Vol. 51)

보건복지부(2021). 2020 아동학대 주요통계.

보건복지부(2021). 2021년도 공동생활가정(그룹홈) 현황(2020.12.31.현황).

보건복지부, 경찰청(2021). 아동학대 유관기관 공동업무수행지침.

보건복지부, 아동권리보장원(2021). 아동학대 신고의무자가 꼭 알아야 하는 아동학대 예방요령.

보건복지부, 한국보육진흥원(2021). 어린이집 아동학대 예방 및 대응 매뉴얼.

보건복지부 · 중앙아동보호전문기관(2016). 아동학대 징후 체크리스트.

이봉주, 김기현, 안재진(2015). "아동학대 예방 및 보호를 위한 아동보호체계의 개선방안 연구: 아동보호전문기관의 기능과 역할을 중심으로". 굿네이버스 · 서울대학교 산학협력단.

정해린, 이봉주, 이순기(2018). 학대피해아동 보호체계의 공공성 강화를 위한 전략과 과제에 대한 델파이 조사 연구. 입법과 정책, 10(2), 429−450.

조선일보(2021.1.19.). 아동학대는 자꾸 느는데… 쉼터 들어가기 '바늘구멍'(https://www.chosun.com/special/future100/fu_general/2021/01/19/ZZTMC5OC65DVREVOXWH64WJFSU)

Gil, D. G (1975). Unraveling child abuse. American Journal of Orthopsychiatry, 45(3), 346−356.

CHAPTER

11

시설아동 보호서비스

시설보호는 오랫동안 아동복지사업의 핵심 분야였으나 시설보호의 여러 한계점으로 유엔아동권리아동위원회에서 시설보호 중심의 아동복지 환경을 개선하라는 권고를 받고 있는 실정이다. 하지만 우리나라는 가정보호가 활성화될 수 있는 여건이 마련되지 못해 여전히 시설보호에 의존할 수밖에 없는 상황이다. 본 장에서는 시설아동 보호의 역사와 현황, 보호서비스를 살펴보고 앞으로의 개선방향에 대해 알아보고자 한다.

생각해 보기

내가 살고 있는 지역의 아동복지시설을 찾아보자. 예전에는 고아원이라고 불렸지만, 부모가 없는 고아만 보호하는 것이 아니기 때문에 현재는 다양한 시설명을 사용하고 있다. 가장 관심이 가는 아동복지시설의 홈페이지를 통해 운영 현황과 복지 서비스를 알아보도록 하자.

1. 시설아동 보호의 역사와 목적

시설아동 보호는 한국전쟁과 빈곤 상황 속에서 전쟁고아들의 수용과 보호라는 사회적 필요에 의해 급증하게 되었다. 1961년 생활보호법과 아동복리법이 제정된 이후 아동복지시설은 제도적 시설로 인식되면서 시설 수와 시설보호 아동 수가 증가하였다. 1960년 시설 수는 542개소였고, 시설에서 보호되는 아동은 60,504명이나 되었다. 또한 시설 규모가 커지면서 시설 내의 단체생활 규범은 이후 아동의 인권, 정서 및 발달장애 등의 부작용을 초래하였다는 비판을 받게 되었다.

1960년대 이후 국외입양의 증가, 1970년대 이후 외원기관의 철수, 1980년대의 출산조절정책의 영향으로 아동복지시설과 시설보호 아동의 수가 감소하였다. 1980년 아동복리법이 아동복지법으로 전면 개정되면서, 아동복지시설을 아동상담소, 영아시설, 육아시설, 아동일시보호시설, 아동직업보도시설 등 11개로 분류하였다. 이후 시설보호 아동의 구성이 변화하였는데, 종전에는 부모가 없는 고아나 미아가 그 대상이었다면 이후 가족구조의 변화, 가족의 기능 및 역할 변화 등과 더불어 1997년 외환위기로 가족해체가 증가하면서 부모가 있음에도 빈곤, 학대 등으로 인한 시설보호아동이 증가하였다.

2000년대에는 우리나라 아동복지정책에 큰 변화가 있었는데, 2000년 아동복지법 개정으로 인해 아동의 법적 권리가 확대되고, 아동보호전문기관이 설치되었으며, 대규모 집단수용시설 위주의 보호로부터 소규모 가정형태 보호로의 전환이 강조되었다. 이에 2003년 가정위탁지원센터가 설치되고, 새로운 보호 형태로 공동생활가정이 2004년 아동복지법상 아동복지시설의 종류로 신설되었다(보건복지부, 2021).

이처럼 과거 아동복지시설의 역할은 고아들을 집단으로 보호하는 것이었으나 근래에는 보호 대상 아동의 대부분이 학대나 빈곤, 가정 해체 등으로 발생하기 때문에 수용 및 보호를 넘어 보다 전문적인 개입을 통해서 아동의 문제를 치료하고 건강한 발달과 사회생활 적응을 돕는 역할이 강조되고 있다. 구체적으로 아동복지시설은 아동복지법 제50조에 따라 설치된 시설로, 보호 대상 아동을 건전한 사회인으로 자랄 수 있도록 보호조치하기 전 일시적으로 보호하거나 가정복귀, 입양, 가정위탁이 어려운 아동을 보호 및 양육하고, 아동복지시설을 퇴소한 사람에게 취업준비기간 또는 취업 후 일정 기간 동안 보호함으로써 자립을 지원하는 것을 목적으로 한다.

2. 아동복지시설의 종류

아동복지시설의 종류는 그 유형과 역할에 따라 크게 '생활 중심 시설'과 '치료 · 훈련 중심 시설'로 구분할 수 있다. '생활 중심 시설'은 일상생활을 목적으로 하는 시설로서, 아동양육시설과 공동생활가정이 해당된다. '치료 · 훈련 중심 시설'은 일시보호, 치료, 자립 등이 가능하도록 전문적인 서비스 제공을 목적으로 하는 시설로서, 아동일시보호시설, 아동보호치료시설, 자립지원시설이 해당된다. 구체적으로 각 시설 종류별 보호 내용을 살펴보면 다음과 같다.

표 11-1 아동복지시설의 종류

구분		내용
생활 중심 시설	아동양육시설	보호대상아동을 입소시켜 보호, 양육 및 취업훈련, 자립지원 서비스 등을 제공하는 것을 목적으로 하는 시설
	공동생활가정	보호대상아동에게 가정과 같은 주거여건과 보호, 양육, 자립지원서비스를 제공하는 것을 목적으로 하는 시설 ※ '97년부터 시범사업 실시, 「아동복지법」 상 아동복지시설 종류에 공동생활가정 추가('04.1월)
치료 훈련 중심 시설	아동일시 보호시설	보호대상아동을 일시보호하고 아동에 대한 향후의 양육대책 수립 및 보호조치를 행하는 것을 목적으로 하는 시설
	아동보호 치료시설	아동에게 보호 및 치료 서비스를 제공하는 다음 각 목의 시설 – 불량행위를 하거나 불량행위를 할 우려가 있는 아동으로서 보호자가 없거나 친권자나 후견인이 입소를 신청한 아동 – 가정법원, 지방법원소년부지원에서 보호위탁된 19세 미만인 사람을 입소시켜 치료와 선도를 통하여 건전한 사회인으로 육성하는 것을 목적으로 하는 시설 * 소년법 제32조 1항 6호 처분 아동: 10세 이상 19세 미만의 소년에 대하여 6개월의 기간을 정하여(단, 1회에 한하여 6개월 연장 가능) 아동복지법에 따른 복지시설이나 그 밖의 소년보호시설에 감호 위탁하는 처분을 말함 – 정서적 · 행동적 장애로 인하여 어려움을 겪고 있는 아동 또는 학대로 인하여 부모로부터 일시 격리되어 치료받을 필요가 있는 아동을 보호 · 치료하는 시설
	자립지원시설	아동복지시설에서 퇴소한 사람에게 취업준비기간 또는 취업 후 일정 기간 동안 보호함으로써 자립을 지원하는 것을 목적으로 하는 시설
아동상담소		아동과 그 가족의 문제에 관한 상담, 치료, 예방 및 연구 등을 목적으로 하는 시설

출처: 보건복지부(2021). 아동분야 사업안내(1권)

1) 공동생활가정

공동생활가정은 대규모 집단시설 위주의 보호에서 소규모 가정형태 보호로의 전환을 강조하면서 보다 적절한 보호 형태로 인식되고 있다. 공동생활가정의 시설기준은 전용면적 82m² 이상 주택형 숙사로 단독주택, 공동주택 모두 가능하다. 설치 장소는 50m 주위에 소년 유해업소가 없는 곳이어야 한다. 보호 아동의 수는 5명을 기준으로 하되 7명 이내가 가능하다. 종사자는 시설장 1인과 보육사 1인 이상을 배치해야 하는데, 보육사 배치기준은 아동양육시설과 동일하게 아동 연령에 따른 배치기준을 적용하며, 보호 아동의 입・퇴소 절차 역시 시설아동의 입・퇴소 절차와 동일하다. 공동생활가정은 가정과 같은 주거 환경에서 아동이 개별적인 특성에 맞추어 보호, 양육 서비스를 제공할 수 있는 소규모 가정 형태 보호시설이라는 것이 장점이다. 또한 가정 형태로 지역사회에 위치하고 있어 시설아동이라는 낙인화를 예방할 수 있고, 생활 속에서 자연스럽게 인간관계를 맺음으로써 사회적응력도 높아지고 건강한 사회구성원으로 성장할 수 있도록 지원한다는 점에서 대규모 시설보호의 대안으로 여겨지고 있다. 공동생활가정에서의 운영 프로그램은 〈표 11-2〉와 같다.

그림 11-1 (사)한국아동청소년그룹협의회 홈페이지 및 공동생활가정 관련 뉴스

출처: (사)한국아동청소년그룹홈협의회(http://www.grouphome.kr)

표 11-2 공동생활가정의 운영 프로그램 예시

영역	프로그램

아동청소년의 자립능력 향상	• 아동청소년의 발달론적 관점에서의 특성 이해
	• 아동의 특성과 능력에 맞는 개별화된 서비스 제공
	  – 아동의 강점을 이해하고 과제 해결 중심 접근
	• 아동의 학령에 맞는 개별적인 연차적 자립 계획 수립
	  – 매년 아동의 욕구를 점검하여 수정

원가족과의 관계 회복	• 가족 방문 또는 전화, 문자, 편지, 카드 등 지속적인 관계 유지 노력 연 1회 이상 • 가족참여 프로그램(가족캠프 등) 연 1회 이상 실시 • 관련기관 및 단체 등과 연계하여 부모교육 등 연 1회 이상 실시
학교와 관계 형성	• 학교교사와 정기적이고 지속적인 상담, 정보 공유, 학교행사 참여 – 분기 1회 이상 아동생활 상황에 대해 교류한 기록 보유
지역내 자원 활용	• 지역 내 관공서, 민간 자원 등 자원 연계 • 자원봉사 및 후원기관과 관계 형성

출처: 보건복지부(2021). 아동분야 사업안내(1권)

2) 자립지원시설

다른 시설들이 만 18세 미만의 아동을 보호대상으로 하는 데 반해 자립지원시설은 보호 대상에서 차이가 있다.

표 11-3 자립지원시설의 보호 대상

입소 대상	입소 기간
• 보호종료 아동 중 취업 중인 사람(우선) • 보호종료 아동 중 취업 준비 중인 24세 이하인 사람 • 보호종료 아동 중 24세 이하의 기초생활보장수급자	• 24세 이하까지 이용 가능 • 입소 후 보호기간은 1년 이내로 하며, 필요시 연장 가능

3. 시설아동 보호 현황

1) 보호 대상 아동의 발생 원인과 조치 현황

가정에서 보호, 양육되지 못해 국가 및 사회의 도움이 필요한 아동, 즉 보호 대상 아동의 수는 출산율 감소에 따라 매년 감소하고 있다. 보호 대상 아동이 발생하는 원인은 아동학대, 부모빈곤 및 실직, 부모사망, 부모질병, 부모이혼의 사유가 대부분을 차지한다. 보호 대상 아동의 보호조치 현황을 살펴보면 여전히 60~70% 정도의 아동들이 시설에서 보호를 받고 있고, 가정위탁이 약 30% 정도이고, 입양은 소수에 불과한 현실이다.

표 11-4 보호 대상 아동의 발생 원인

발생 원인	2011	2012	2013	2014	2015	2016	2017	2018	2019	2020
학대, 부모빈곤, 실직 등*	3,928	3,944	3,668	2,965	2,866	3,139	2,778	2,726	2,865	3,006
비행, 가출, 부랑	741	708	512	508	360	314	227	231	473	468
미혼부모, 혼외자	2,515	1,989	1,534	1,226	930	855	847	623	464	466
유기	218	235	285	282	321	264	261	320	237	169
미아	81	50	21	13	26	11	12	18	8	11
합계	7,483	6,926	6,020	4,994	4,503	4,583	4,125	3,918	4,047	4,120

* 학대, 부모빈곤, 실직 등= 아동학대+부모빈곤 · 실직+부모사망+부모질병+부모이혼 등

출처: e-나라지표(http://www.index.go.kr/potal/main/EachDtlPageDetail.do?idx_cd=1421)
보건복지부(2021). 2020년 보호대상아동 현황 보고

표 11-5 보호 대상 아동의 보호조치 현황

구분	2011	2012	2013	2014	2015	2016	2017	2018	2019	2020
합계	7,483	6,926	6,020	4,994	4,503	4,583	4,125	3,918	4,047	4,120
시설보호*	3,752 (50%)	3,748 (54%)	3,257 (54%)	2,900 (58%)	2,682 (60%)	2,887 (63%)	2,421 (59%)	2,449 (63%)	2,739 (68%)	2,727 (66%)
가정위탁 (입양 전 위탁 포함)	2,350 (31%)	2,289 (33%)	2,265 (38%)	1,688 (34%)	1,582 (35%)	1,447 (32%)	1,417 (34%)	1,294 (33%)	1,199 (30%)	1,305 (32%)

구분	2011	2012	2013	2014	2015	2016	2017	2018	2019	2020
입양	1,253 (17%)	772 (11%)	478 (8%)	393 (8%)	239 (5%)	243 (5%)	285 (7%)	174 (4%)	104 (3%)	88 (2%)
소년소녀가정	128	117	20	13	0	6	2	1	5	0

※시설보호 = 아동양육시설 등 +일시보호시설+장애아동시설+공동생활가정

출처: 보건복지부(2021). 2020년 보호대상아동 현황 보고

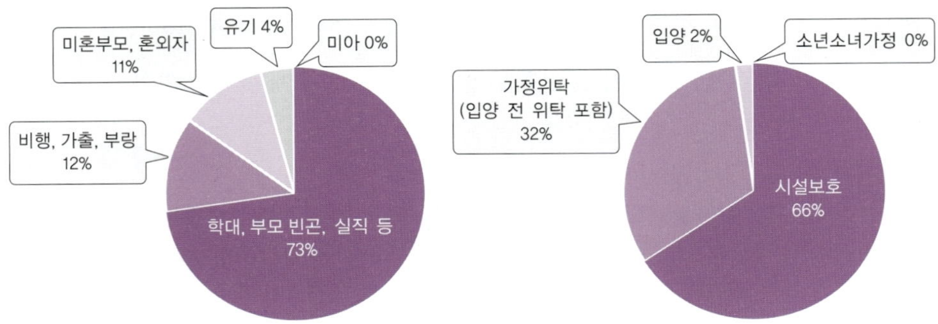

그림 11-2 2020년 보호 대상 아동의 발생 원인과 보호조치 현황

2) 보호 대상 아동의 보호 절차

보호 대상 아동이 발생하게 되면, 다음의 절차에 따라 보호조치가 이루어지는데, 아동복지시설 입소는 발생 원인이 어떠하든지 간에 일단 각 시도의 아동상담소를 통해 결정된다. 아동은 아동상담소(서울의 경우 아동복지센터)에서 개별상담을 통해 입소의 적합성을 결정하여 입소 판정이 이루어지면 관련 서류를 제출하고 생활관에 입소하여 일시보호를 받게 된다. 일시보호를 받는 동안 각종 상담, 심리검사, 건강진단, 학습지도 및 생활지도를 받게 된다.

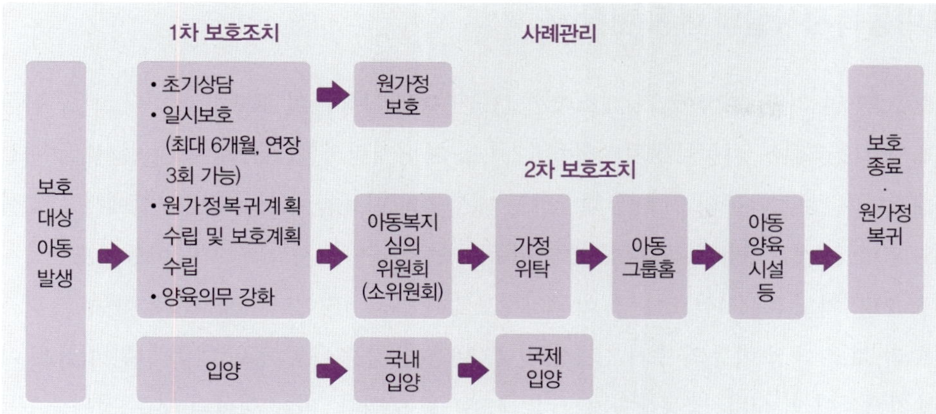

그림 11-3 보호 대상 아동 보호체계

출처: 보건복지부(2021). 아동분야 사업안내(1권)

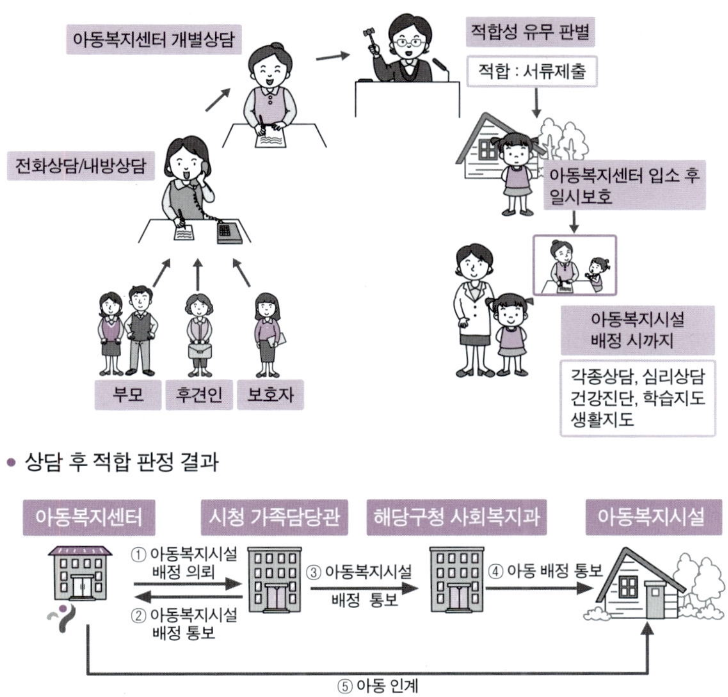

그림 11-4 보호 대상 아동의 시설보호 입소 절차(서울시)

출처: 서울특별시 아동복지센터 홈페이지-입소처리도(https://child.seoul.go.kr/archives/55)

3) 아동복지시설의 아동 현황

2020년 말 기준, 전국에 274개소에서 11,356명의 아동들이 보호받고 있다. 그중 아동양육시설 237개소, 아동보호치료시설 12개소, 자립지원시설 15개소, 아동일시보호시설 10개소이다. 보호아동의 91%에 해당하는 대부분의 아동들이 아동양육시설에서 보호를 받고 있다. 시설 1개당 평균 보호 대상 아동 수는 아동양육시설 43.7명, 아동보호치료시설 36.3명, 자립지원시설 16.9명, 아동일시보호시설 31.5명이다. 출산율 및 아동 수 감소에 따라 보호 대상 아동의 수가 감소하여 2020년 말 기준 아동 정원 대비 현원 비율은 아동복지시설이 약 68%, 공동생활가정이 약 78% 수준이다. 이에 시설의 낮은 정원충족률은 시설의 운영과 기능 변화의 필요성을 시사한다.

표 11-6 아동복지시설의 아동 현황

구분	계(현원)		양육시설		아동보호 치료시설		자립지원 시설		일시보호 시설		아동 상담소	전용 시설	개인 양육시설	
	시설	인원	시설	인원	시설	인원	시설	인원	시설	인원			시설	인원
계	274	11,356	237	10,352	12	436	15	253	10	315	10	3	12	54

출처: 보건복지부(2021). 2021년도 아동복지시설 현황(2020년 12월 31일 현재)

표 11-7 아동복지시설 아동의 성별, 연령별 현황

구분	시설 수	종사자 수	정원	입소 인원			취학 아동							
				계	남	여	계	미 취 학		초등재	중재	고재	대재	기타
								0~3세 미만	3~6세 미만					
계	274	6,565	16,540	11,356	6,386	4,970	11,356	929	1,822	3,600	1,921	2,194	568	322

출처: 보건복지부(2021). 2021년도 아동복지시설 현황(2020년 12월 31일 현재)

표 11-8 공동생활가정 아동의 성별, 연령별 현황

구분	시설 수	종사자 수	정원	입소 인원			취학 아동							
				계	남	여	계	미취학		초등재	중재	고재	대재	기타
								0~3세 미만	3~6세 미만					
계	520	1,504	3,552	2,758	1,527	1,231	2,758	63	261	945	628	644	180	37

※ 학대피해아동쉼터를 제외한 일반 공동생활가정 현황임

출처: 보건복지부(2021). 2021년도 공동생활가정(그룹홈) 현황(2020년 12월 31일 현재)

4) 시설보호 아동의 특성

보호 대상 아동이 부모로부터 분리되는 상황이 발생하는 이유는 미혼모, 아동의 가출, 학대, 부모사망, 이혼, 빈곤 등의 경험이며, 이러한 경험 후에 자신의 생활환경으로부터 분리되는 또 다른 충격을 겪게 된다. 원가족과 함께 생활하기 어렵거나 분리된 아동들은 입양, 가정위탁보호, 시설보호 등의 서비스를 받게 되지만 대부분 자신의 의지나 선택과는 관계없는 상황에서 원가족 및 익숙한 환경으로부터의 분리를 경험하게 된다. 이와 같은 환경의 변화와 양육자로부터의 분리는 아동들에게 일반아동과는 다른 경험을 하게 되며 매우 심각한 스트레스 상황을 야기한다. 결과적으로 아동에게 시설보호 상황에 놓이게 되는 경험은 정서 · 행동발달뿐만 아니라 인지발달 등 여러 가지 부적응적인 결과를 경험하게 될 가능성을 높인다.

한편 시설보호를 받는 아동들의 대부분은 시설에 오기 전부터 적절하지 못한 돌봄이나 양육을 제공받았을 확률이 높다. 즉 아동들은 시설에서의 보호를 받기 이전부터 이미 학대, 방임, 빈곤, 폭력, 감정적 박탈 등의 문제를 경험했을 가능성이 높으며 생애 초기 발달과정에서의 이러한 경험들은 아동의 정서나 행동에 문제를 일으키는 위험 요소가 될 수 있다.

또한 아동이 생활하는 시설환경은 대규모 집단생활로 원활하게 정서적 교류를 하거나 성인 또는 보호자와의 충분한 애착 형성 및 애정을 받기 어려우며 아동의 심리적 · 사회

적 욕구를 충족시킬 만한 자원이 부족하기 때문에 아동에게 부정적인 영향을 미칠 가능성이 높다(경기도가족여성연구원, 2016).

이에, 전문적 치료를 필요로 하는 아동이 증가하고 있다. 즉 학대 등으로 인해 행동 문제, 성격장애, 발달 지연 등의 문제가 있는 아동의 비율이 아동복지시설 내에 증가하고 있다. 한국아동복지협회(2018)에서 아동복지시설 보호아동 중 문제 행동을 보이는 아동의 실태를 조사한 결과, 시설 입소 아동 대부분이 전문적인 치료를 필요로 하는 학대 관련 아동인 것으로 나타났다. 그리고 아동복지시설 아동의 69.9%가 ADHD(주의력 결핍 과잉행동 장애), PTSD(외상 후 스트레스 장애), 우울증, 학습장애, 분노조절장애, 품행장애, 말더듬(언어장애) 등의 증상을 보이는 것으로 나타났다. 따라서 시설보호는 더 이상 최소한의 보호를 위한 기관이 아니라 아동의 치료와 건강한 발달을 지원하는 기관으로 그 역할과 기능이 강화되어야 하겠다.

4. 아동복지시설 종사자의 기준

1) 종사자의 자격기준

아동복지시설에는 시설장, 사무국장, 생활복지사, 상담지도원, 자립지원 전담요원, 보육사 등을 배치한다. 아동복지시설에서 아동을 보호, 양육하는 종사자는 부모와 같은 역할을 하기 때문에 종사자의 전문성과 자질은 양육의 질을 결정하는 중요 요인이다. 이에 국가는 아동복지시설의 양육 환경을 개선하고자 2012년 8월 5일부터 종사자 자격기준을 강화하여 좀더 엄격한 자격요건을 요구하고 있다(아동복지법시행령 별표 12). 이 중 시설장과 보육사의 자격요건을 살펴보면 다음과 같다. 우선 시설장은 사회복지사 2급 이상 자격 취득 후 아동과 관련된 사회복지사업에 3년 이상 또는 사회복지사업에 5년 이상 종사한 경력이 있는 사람으로 강화되었고, 보육사의 경우 종전('12.8.4 이전) 고등학교 또는 이와 동등 이상의 학력이 있다고 인정되는 사람에서 사회복지사 3급 이상 자격이 있는 사람으로 자격 요건이 강화되었다.

표 11-9 개정 전후 아동복지시설 종사자 자격기준

직종	종전	현행	적용 시기	
			기존 종사자	신규 종사자
시설장	사회복지사 3급 이상 자격을 가진 사람	사회복지사 2급 이상 자격 취득 후 아동과 관련된 사회복지사업에 3년 이상 또는 사회복지사업에 5년 이상 종사한 경력이 있는 사람	'18. 9. 1.	'12. 8. 5.
보육사	고등학교 또는 이와 동등 이상의 학력이 있는 사람	사회복지사 3급 이상 자격이 있는 사람	'18. 9. 1.	'12. 8. 5.

2) 종사자의 배치기준

보육사(생활지도원)의 배치기준은 아동 연령에 따라 차이가 있다. 구체적으로 0~2세까지 아동 2명당 보육사 1명, 3~6세까지 아동 5명당 보육사 1명, 7세 이상 아동 7명당 보육사 1명을 배치해야 한다. 이는 아동양육시설, 아동치료시설, 아동일시보호시설, 공동생활가정 등에 적용된다. 모든 종사자는 연 1회 이상 반드시 아동 관련 성폭력 예방, 안전, 아동학대 예방, 아동권리교육, ADHD, 약물 오남용 방지 등 교육을 이수해야 한다.

아동복지시설도 근로기준법 개정에 따라 주 52시간 근무제가 도입되었고, 4조 3교대 제도가 2021년 7월부터 시행되었다. 보육사(생활지도원) 인력이 부족한데다 보육사의 잦은 근무 변경은 아동에게 심리적 · 정서적으로 혼란을 경험하도록 할 우려가 있어, 이에 대한 적절한 대처가 필요한 상황이다.

5. 시설아동 보호서비스의 내용

1) 아동복지시설 아동 치료재활 서비스

국가는 2012년부터 심리 · 정서 · 인지 · 행동상의 어려움이 있는 시설보호 아동의 문제행동 개선을 통해 아동의 전인적 성장을 도모하고자 맞춤형 치료재활 서비스를 추진하

표 11-10 아동복지시설 아동 치료재활서비스 내용

구분		내용
대상		• 아동양육시설, 공동생활가정, 아동보호치료시설 보호 아동
대상 선정		• 신청 아동 전원에게 사전 심리검사를 실시하여 대상자를 선정하고, 이후 선정된 아동은 종합심리검사를 추가로 실시하여 맞춤형 치료재활서비스를 지원함
2단계	종합 심리검사	• 웩슬러 지능검사, 문장완성 검사, 그림 검사, 로샤 검사, 아동용 종합 주의력 검사, 다면적 인성검사 등
		• 놀이치료, 미술치료, 심리상담, 언어치료, 인지치료, 음악치료 등
통합사례 관리 프로그램		• 심리치료의 효과를 높이기 위하여, 건강관리(운동 등), 학습, 문화 · 여가, 주 양육자와의 관계 증진, 경제교육 등의 프로그램도 같이 지원

고 있다. 2020년까지 약 8,000명의 아동들에게 서비스를 제공하였으며, 참여 아동의 자아 존중감 및 사회성이 향상되고, 도벽 및 공격적 행동이 감소하는 등 긍정적인 성과를 거두었다. 매년 사업비 및 대상을 확대하여 서비스를 지원하고 있으며 아동권리보장원에서 수행하고 있다.

2) 자립 지원 프로그램

(1) 자립 준비 교육

자립은 일반가정에서 자라는 아동에게도 쉽지 않은 과제이며, 대체로 일생 동안 지속적으로 성취하게 된다. 일반가정 아동은 성인기에 도달했음에도 자립하지 못하면 부모나 가족의 보호를 받으며 자립이 지연될 수 있다. 하지만 시설보호 아동의 경우 자립준비도와 상관없이 생물학적 나이에 기초하여 보호가 종료되고, 일반가정 아동보다 일찍 자립할 것을 요구받는다. 따라서 시설보호 아동은 일반가정 아동보다 장기적 계획에 기초하여 체계적으로 자립을 준비함으로써, 순조롭게 보호생활에서 자립생활로 전환하도록 지원할 필요가 있다.

이에 국가에서는 자립지원센터를 설립하고, 시설에 자립지원 전담요원을 배치하는 등 시설입소 단계부터 아동발달 단계에 따른(미취학 · 초 · 중 · 고 · 대학) 자립준비 교육 프

로그램을 운영하고 있다. 자립지원 전담요원은 양육시설, 공동생활가정, 위탁가정에서 보호되고 있는 동안 체계적 자립 준비와 만 18세 이상 보호 종료 이후 5년 이내의 기간 동안 안정적인 사회적응을 도움으로써, 보호 대상 아동이 성인기 자립생활을 할 수 있도록 지원하는 직무를 수행한다. 자립준비 교육의 내용으로는 일상생활기술, 자기보호기술, 지역사회 자원활용 기술, 돈 관리 기술, 사회적 기술, 진로탐색 및 취업기술, 직장생활기술, 다시 집 떠나기 등의 8대 영역을 포함한다.

표 11-11 자립 준비 교육의 내용

구분	내용
일상생활 기술	• 자립에 필요한 일상생활능력 향상을 돕기 위한 교육: 세탁, 청소, 예의범절, 요리하기 등
자기보호 기술	• 건강하게 자신을 돌보며 건전한 생활을 영위하기 위한 교육: 개인위생관리, 응급처치방법, 성교육, 스트레스 다스리기 등
지역사회 자원활용 기술	• 나에게 필요한 지역사회의 다양한 자원을 활용할 수 있도록 돕기 위한 교육: 지역 내 활용 가능한 서비스, 사회자원 방문조사 및 활용
돈 관리 기술	• 미래의 경제문제에 대하여 합리적인 경제적 의사결정을 돕기 위한 교육: 교육을 통한 올바른 경제관념 형성, 효율적인 용돈관리 기술
사회적 기술	• 원만한 대인관계 형성을 돕기 위한 교육: 긍정적인 대인관계 기술 습득, 효과적인 의사소통 기술 등
진로탐색 및 취업 기술	• 미래에 대한 목표를 설정하고 계획하여 진학 및 취업준비를 돕기 위한 교육: 적성검사를 통한 상급학교 진학 및 직업탐색
직장생활 기술	• 사회 초년생이 알아야 하는 정보와 취업 후 안정적인 직장 유지를 위한 직장예절 교육: 이력서 작성법, 면접방법, 대처방법 등 직장생활기술 등
다시 집 떠나기	• 퇴소 후 자립을 위한 준비를 점검하고 돕기 위한 교육: 집구하기, 계약, 이사 등의 거주지 마련 방법 등

출처: 보건복지부(2021). 아동분야 사업안내(1권)

표 11-12 자립지원 표준화 프로그램

Ready? 프로그램 구성

- Ready? Action! 프로그램은
  미취학~보호 종료 전까지 아동의 단계 · 학년 · 수준별로 적정한 교육을 실행하여 보호 종료 후 안정적인 자립생활을 할 수 있도록 지원하는 프로그램
- Ready? : 미취학~보호 종료 전까지, 보호 종료 후 대비 자립 준비 프로그램
- Action! : 보호 종료 후 자립생활 정착까지 사례관리 · 필요 서비스 지원 프로그램
- Ready? 프로그램은 기본 4단계(미취학~초등 2년, 초등 3~6년, 중학생, 고1~보호 종료 전)로 구분하여 연령 · 수준별로 적정 프로그램 운영

- Ready? 프로그램 구성(자립준비 프로그램 8대 영역)

일상생활 기술	자기보호 기술
지역사회 자원활용 기술	돈관리 기술
사회적 기술	진로탐색 및 취업 기술
직장생활 기술	다시 집 떠나기

입소 → 연령별 자립지원 프로그램 실행 (8대 영역) → 자립지원 계획 수립 (만 15세 이상) → 연령별 자립지원 프로그램 실행 (8대 영역) → 자립준비 평가

Ready? 미취학부터 보호 종료 전까지 자립준비 프로그램

Level 1	Level 2	Level 3	Level 4
미취학~초2	초3~초6	중1~중3	고1~보호 종료 전
• 기초학습지도 • 독서지도 • 원가정 유대 강화 • 집단프로그램	• 심리정서 지원 • 학습지도 • 경제교육	• 진로적성 검사 • 자립예비사정 및 계획 • 자립준비척도	• 자립사정 • 취업 및 진학상담 • 자립준비척도
1. 일상생활 기술 2. 자기보호 기술 3. 지역사회 자원활용 기술 5. 사회적 기술	1. 일상생활 기술 2. 자기보호 기술 4. 돈관리 기술 5. 사회적 기술 6. 진로탐색 및 취업 기술	1. 일상생활 기술 2. 자기보호 기술 3. 지역사회 자원활용 기술 4. 돈관리 기술 5. 사회적 기술 6. 진로탐색 및 취업 기술	1. 일상생활 기술 2. 자기보호 기술 3. 지역사회 자원활용 기술 4. 돈관리 기술 5. 사회적 기술 6. 진로탐색 및 취업 기술 7. 직장생활 기술 8. 다시 집 떠나기

출처: 보건복지부, 아동권리보장원(2020). 2021 자립지원 업무 매뉴얼
보건복지부(2021). 아동분야 사업안내(2권)

(2) 자립 정착금 및 자립 수당

만 18세 이상의 보호 종료 아동이 자립 정착을 통해 안정적으로 사회에 진출할 수 있도록 돕기 위해 정부에서는 자립정착금을 지원한다. 지방이양사업으로 지역마다 금액이 차이가 있는데, 보건복지부에서는 아동 1인당 500만 원 이상을 지급하도록 규정하고 있다.

또한 아동양육시설, 공동생활가정, 아동보호치료시설, 아동일시보호시설 등의 아동복지시설 보호 종료 5년 이내의 사람들에게 경제적 부담을 완화하고 안정적으로 사회에 정착할 수 있도록 돕기 위해 매월 30만 원의 자립수당을 지원하고 있다. 또한 대학을 진학하는 경우 대학진학자금으로 아동 1인당 500만 원 이상을 지급하도록 하고 있다.

6. 시설아동 보호서비스의 개선방향

1) 내실화된 원가정 복귀 프로그램 마련 및 운영

아동복지법 제4조 제3항은 "국가와 지방자치단체는 아동이 태어난 가정에서 성장할 수 있도록 지원하고, 아동이 태어난 가정에서 성장할 수 없을 때에는 가정과 유사한 환경에서 성장할 수 있도록 조치하며, 아동을 가정에서 분리하여 보호할 경우에는 신속히 가정으로 복귀할 수 있도록 지원하여야 한다"라고 명시하여 '원가족 보호원칙'을 강조하고 있다. 하지만 그동안 아동이 원가족과 분리가 된 이후에는 주로 아동을 양육하는 것에만 관심을 가져왔다. 원가족에 대한 지원이나 원가족의 자립 그리고 아동의 원가족 복귀에 대한 정책적 지원이 부재하다 보니 한 번 보호체계에 유입되면 영구적으로 분리가 되거나 가족과 단절되어 버리는 문제가 발생한다. 즉 시설보호는 원가정 복귀를 위한 '일시적인 보호'임에도 대부분의 아동들이 보호 종료 연령에 도달할 때까지 장기간 시설보호를 받고 있어 내실화된 원가정 복귀 프로그램 마련 및 운영이 필요하다(이정림, 최정원, 최윤경, 2019; 임성은, 2020).

2) 공동생활가정 및 가정위탁 등을 통한 가정형 보호 확대

보호 대상 아동에 대한 사회적 보호는 원가정 양육에 가장 가까운 가정보호를 우선 제공하고 시설보호는 최소화하도록 제안한 유엔아동권리위원회의 권고에도 불구하고 우리나라는 가정보호가 활성화될 수 있는 여건이 마련되지 못해 여전히 시설보호에 의존할 수밖에 없는 상황이다. 장기간 동안의 대규모 집단보호는 개별화된 보호서비스 제공의 한계로 인해 아동 발달 지연과 가족 관계 회복 및 원가정 복귀가 어려워지는 문제점이 지속적으로 제기되고 있다. 따라서 대규모 집단 보호의 대안으로서 가정형 주거 환경에서 생활하는 공동생활가정, 일정 수준의 자격을 갖춘 전문 위탁가정을 통한 아동보호정책이 보다 적극적으로 추진되어야 하겠다.

3) 시설보호의 전문성 강화

아동수용 보호 중심의 아동복지시설은 정서, 행동문제가 있는 아동들을 위한 전문치료 중심의 시설로 전환될 필요가 있다. 즉 연령, 특별한 치료나 보호의 필요 여부, 보호 기간 등 다양한 아동의 특성을 반영한 아동보호가 가능하도록 시설의 기능을 세분화 · 전문화해야 한다(임성은, 2020). 즉 아동의 입소 이유가 복잡해지고, 입소 이전에 가정 해체 및 학대 등으로 심리적 어려움을 가지고 있는 아동에 대해 단순한 보호를 넘어서 전문적이고 체계적인 도움을 줄 수 있어야 하겠다.

4) 아동보호의 지역 편차 해소

지방이양사업의 특성상 예산으로 인해 지역별 시설 공급 및 서비스 제공에 '격차'가 발생하고 있다. 아동양육시설과 공동생활가정으로의 쏠림이 심하고, 아동보호치료시설, 자립지원시설, 아동일시보호시설은 미설치 지역이 많다. 기초지자체가 아동복지시설 사업 운영비를 책임지므로 해당 지자체 외의 지역에서 발생한 보호아동에 대해서는 지자체 내 보호시설에 입소하는 것이 제한된다. 따라서 기초 단위가 아닌 광역 시 · 도 차원에서 예산을 총괄 관리하여 최소한 광역 단위에서라도 지역을 불문하고 아동보호가 보장될 수 있도록 해야 하며, 나아가 장기적으로 아동의 가정외 보호는 국고보조사업으로 전환해 거주 지역에 상관없이 아동보호의 '형평성'을 보장해야 한다.

5) 아동복지시설 종사자의 전문성 및 처우 개선

아동복지시설에서 상담, 치료, 자립 지원 등 보다 전문적인 서비스를 하기 위해서는 종사자 자격기준이 강화되어야 하고, 종사자 역량 강화를 위해서는 종사자 교육·훈련이 체계적으로 제공될 필요가 있다. 또한 영유아를 돌보고 있는 아동보호시설의 종사자가 행복하게 일할 수 없으면 그 대가는 돌봄을 받는 영유아에게로 돌아갈 수밖에 없다. 아동보호시설의 운영비와 종사자 인건비가 지자체가 지원하는 구조로 가는 한 지원 비용의 개선은 어려울 수밖에 없다. 현재의 아동복지시설 종사자 인건비 등의 개선을 위해서는 지자체 비용 대신 국비로 전환하거나 국비에 일부 지자체 비용을 추가하여 운영하는 방식으로 변경되어야 한다. 아동복지시설 종사자 중에서 공동생활가정 종사자의 처우가 가장 열악한 것으로 나타나(이정림, 최정원, 최윤경, 2019), 공동생활가정의 운영 지원 및 종사자 처우 개선이 더욱 시급하다.

더 알아보기 1

보호 종료 청소년: 보호 종료는 새로운 보호의 시작이다

보호 대상 아동은 부모의 학대, 사망, 빈곤 등의 사유로 원가정에서 보호할 수 없을 때 아동양육시설, 공동생활가정이나 위탁가정에서 보호된다. 그러나 이들은 만 18세가 되면 보호 종료 청소년이 되어 홀로 세상에 나와야 한다. 매년 약 2,500명의 보호 종료 청소년이 발생하는데, 쉼터에서 퇴소하는 청소년을 합치면 그 수는 더 늘어난다. 만 18세에 바로 자립할 수 있는 청소년이 얼마나 있을까. 부모에게 충분한 지원을 받아도 어려울 이 과업을 보호 종료 청소년은 국가로부터 강요받는다. 이들은 충분한 직업훈련과 교육을 받을 기회가 적으며, 실업, 주거문제, 사회관계망 부족 등 경제, 사회, 심리적 역경을 경험할 가능성이 상대적으로 높다. 제대로 준비되지 않고 생활이 불안정한 상태에서 자립으로 내몰리다 보니 보호 종료 5년 내에 기초생활보장 수급자가 되거나 심지어 노숙자로 전락하는 경우도 있다. 보호 종료는 더 이상 이들에게 무관심해도 된다는 것이 아니다. 보호시작의 책임은 부모에게 있지만, 보호 종료의 책임은 국가에 있으므로 새로운 단계의 보호가 시작되어야 한다.

우선, 보호 종료 연령에 대한 재논의가 필요하다. 아무리 생각해도 18세 퇴소기준은 청소년 발달이나 자립준비 측면에 비추어볼 때 너무 이르다. 취업이 지연되면서 자립 시기가 점점 늦춰지는 최근 현실에서 개인마다 자립준비 수준이나 보호 종료 이후 계획이 모두 상이한데도 불구하고 만 18세를 보호 종료 연령으로 일률적으로 규정하는 것은 바람직하지 않다. 아동복지법을 개정해 보호 종료 연령을 상향하거나 전이(transition) 시기를 만들어 단계적으로 자립이 진행될 수 있도록 관리할 필요가 있다. 또한, 보호 종료 청소년에게 삶의 위기나 재도약이 필요한 시점에 두 번째 기회(second chance)를 제공해야 한다. 가족 지원이라는 1차적 안전망이 없는 이들은 실패를 경험삼아 다시 일어나기가 쉽지 않다. 준비되지 않은 자립으로 우여곡절을 겪은 보호 종료 청소년이 다시 진로를 변경하거나 재도전할 수 있는 기회가 주어져야 한다.

다행히 최근 보호 종료 청소년에 대한 관심이 커지면서 자립정착금, 자립수당 등 지원정책이 강화되고 있다. 하지만 가족 지원을 받으며 수 년에 걸쳐 자립을 준비할 수 있는 일반청소년과 달리 보호 종료 청소년은 단시간 안에 자원이 부족한 상황에서 자립을 준비해야 한다. 게다가 학대나 방임 등 아동기 부정적 생애경험(adverse childhood experience)으로 인해 심리정서 문제를 겪는 보호 종료 청소년이 많지만, 심리상담에 대한 접근성이 낮기 때문에 자립은 더 요원하다. 따라서 무료 심리상담제도를 마련하여 이들이 편하게 심리정서적 지원을 받을 수 있게 해야 한다. 또한, 자립정착금, 자립수당, 경제교육, 심리정서적 지원 등을 분절적 방식 아니라 통합서비스로 제공하고, 세심한 개별 사례관리를 통해 맞춤형 자립을 지원하는 것이 바람직하다. 이를 위해서는 자립지원 전담요원의 역할이 매우 중요하다.

대부분의 국민들은 보호 종료 청소년 지원에는 찬성하지만 일들을 지원하는 전문인력에 대한 처우 문제에는 무지하거나 인색한 경우가 많다. 보호 종료 청소년 지원을 담당하는 인력인 자립지원 전담요원은 보통 시설(보육원)당 1명씩 배치된다. 매년 대상이 누적되는 점을 고려하면, 전담요원 1명이 약 100명 이상의 청소년을 관리해야 한다. 현재 여건으로는 적절한 도움을 제공하기 어렵다. 보호 종료 청소년에게는 물질적 지원과 더불어 언제나 도움을 요청할 수 있는 편안한 어른이 필요한데, 절대적으로 부족한 인력으로는 보호 종료 청소년에게 체계적인 지원을 하는 것은 매우 어려운 상황이다. 전담요원이 충분히 배치된다면 파편화되어 있는 지원을 개별 청소년에게 맞게 맞춤형으로 제공할 수 있다. 따라서 제한된 자원을 더 효율적으로 활용하기 위해서도 적절한 인력을 확보하는 것이 매우 중요하다.

마지막으로 자립의 개념이 변화해야 한다. 자립은 누구에게도 의존하지 않게 하는 것이 아니라 누구든 힘들면 도움을 요청할 수 있게 만들어야 가능하다. 보호 종료 청소년도 예외가 아니다. 자립은 아무 도움 없이 홀로 서는 것이 아니라 많은 사람과의 관계와 도움 속에서 건강하게 의존하여 더불어 살아가는 법을 배우는 것이다. 꼭 필요할 때 서로에게 손을 내밀어 줄 수 있는 사회에서 보호 종료 청소년이 건강하게 자립할 수 있는 토대가 만들어지기를 바란다.

출처: 서울시복지재단. 복지이슈 Today 100호(2021년 7월호) 중 정익중의 글

더 알아보기 2

자립기술평가 만 15~17세용 도구

자립준비 정도를 알아보기 위한 질문입니다. 현재 자신의 상태에 "√" 표 하세요.

A. 일상생활 기술	전혀 그렇지 않다	그렇지 않다	그렇다	매우 그렇다
1. 영양성분을 고려한 식사준비를 계획할 수 있다.	①	②	③	④
2. 식품을 구매할 때 제조일자와 유통기한을 확인한다.	①	②	③	④
3. 조리법에 따라서 음식을 조리할 수 있다.	①	②	③	④
4. 음식에 따른 보관방법(냉장, 냉동 등)을 알고 있다.	①	②	③	④
5. 식사준비 시에 적절하게 주방기구를 사용하고, 사용한 후 주방기구를 깨끗하게 정리정돈 할 수 있다.	①	②	③	④
6. 집안청소(화장실, 침실, 가스레인지 등)를 할 수 있고, 방 정리정돈 (책상, 서랍, 옷장 등) 상태를 유지할 수 있다.	①	②	③	④
7. 분리수거 방법에 따라 (쓰레기 재활용, 음식물 등) 처리할 수 있다.	①	②	③	④
8. 세탁기 사용법에 따라 내 옷을 세탁할 수 있다.	①	②	③	④

B. 자기보호 기술	전혀 그렇지 않다	그렇지 않다	그렇다	매우 그렇다
1. 성(性)적 행동에 따른 위험성 및 피임방법에 대해 알고 있다.	①	②	③	④
2. 위험에 처했을 때 남에게 도움을 요청할 수 있고, 비상연락처 (119, 112 등)를 알고 있다.	①	②	③	④
3. 담배, 술, 약물 등을 누군가 권유했을 때 거절할 수 있다.	①	②	③	④
4. 내가 아플 때 해당하는 병원에 찾아갈 수 있다.	①	②	③	④

C. 지역사회 자원활용 기술	전혀 그렇지 않다	그렇지 않다	그렇다	매우 그렇다
1. 처음 가는 곳을 주위 사람에게 묻거나 인터넷을 통해 찾아갈 수 있다.	①	②	③	④
2. 다른 지역을 찾아갈 때 버스, 기차, 전철 등의 이용방법을 알고 있다.	①	②	③	④
3. 목적지까지 지하철 혹은 버스 노선표를 보고 찾아갈 수 있다.	①	②	③	④
4. 내가 살고 있는 지역의 활용 가능한 자원(예를 들어, 도서관, 병원, 문화시설, 은행 등)이 어디에 있는지 알고 있다.	①	②	③	④
5. 공공기관(주민센터, 시군구청 등)에 방문해서 필요한 문서를 발급받을 수 있다	①	②	③	④

D. 돈관리 기술	전혀 그렇지 않다	그렇지 않다	그렇다	매우 그렇다
1. 공과금과 납부방법(자동이체, 지로방식 등)에 대해 알고 있다.	①	②	③	④
2. 휴대폰과 신용카드를 쓸 경우 이용요금을 기한 내에 내야 하는 책임을 알고 있다.	①	②	③	④
3. 자립을 위한 저축금액(디딤씨앗통장, 후원금, 용돈 등)을 파악하고 있다.	①	②	③	④
4. 저축액(디딤씨앗통장, 후원금, 용돈 등)의 구체적인 사용 용도에 대해 계획하고 있다.	①	②	③	④
5. 19세부터 건강보험 납부의무가 있다는 것을 알고 있다.	①	②	③	④

E. 사회적 기술	전혀 그렇지 않다	그렇지 않다	그렇다	매우 그렇다
1. 나의 생각이나 감정을 다른 사람에게 명확하게 표현할 수 있다.	①	②	③	④
2. 나에 대한 충고를 화내지 않고 들을 수 있다.	①	②	③	④

3. 대인관계를 맺는 데 어려움이 없다.	①	②	③	④
4. 다른 사람과 갈등이 있을 때 해결할 수 있는 방법이 있다.	①	②	③	④
5. 필요할 때 남에게 도움을 요청할 수 있다.	①	②	③	④
6. 타인의 요청을 기분 상하지 않게 거절할 수 있다.	①	②	③	④
7. 내가 위험에 처했을 때 나를 도와줄 수 있는 사람이 있고, 그 사람의 연락처도 알고 있다.	①	②	③	④

F. 진로탐색	전혀 그렇지 않다	그렇지 않다	그렇다	매우 그렇다
1. 나는 5년 후, 내가 희망하는 삶의 모습을 구체적으로 가지고 있다.	①	②	③	④
2. 나의 관심과 특기적성을 파악하고 있다.	①	②	③	④
3. 나의 꿈을 구체화하기 위해 나름대로의 계획을 가지고 있다.	①	②	③	④
4. 관심 있는 진학이나 취업정보를 찾아보고 정기적으로 점검한다.	①	②	③	④
5. 내가 원하는 진학이나 취업을 하기 위해 필요한 학력과 자격을 알고 있다.	①	②	③	④
6. 내가 원하는 직업을 갖기 위해 어떤 교육과 훈련이 필요한지 알고 있다.	①	②	③	④
7. 진학이나 취업을 위해 필요한 비용을 알고 있다. (예 등록금, 학원비, 자격증취득비, 교육비용 등)	①	②	③	④

※ 점수 계산하기: '일상생활기술' 영역의 총 8문항의 점수에서 얻을 수 있는 최대 점수가 32점(8문항 × 4점)인데 아동이 얻은 점수가 18점이라면 18 ÷ 32 × 100 = 56점이다. 즉 '일상생활 기술' 영역의 전체 점수는 56점이다.

※ 자립기술 평가점수의 기준은 상중하로 분류: 상: 75~100, 중: 50~74, 하: 25~49

출처: 보건복지부, 아동권리보장원(2020). 2021 자립지원 업무 매뉴얼

참고문헌

경기도가족여성연구원(2016). 아동복지시설 입소아동의 정서적 안정을 위한 지원 연구.

보건복지부(2021). 2020년 보호대상아동 현황 보고.

보건복지부(2021). 2021년도 공동생활가정(그룹홈) 현황(2020년 12월 31일 현재).

보건복지부(2021). 2021년도 아동복지시설 현황(2020년 12월 31일 현재).

보건복지부(2021). 아동분야 사업안내(1권).

보건복지부(2021). 아동분야 사업안내(2권).

보건복지부, 아동권리보장원(2020). 2021 자립지원 업무 매뉴얼.

서울특별시 아동복지센터 홈페이지: 입소처리도(https://child.seoul.go.kr/archives/55)

이정림 · 최정원 · 최윤경(2019). 돌봄취약계층 맞춤형 육아지원 방안(Ⅴ): 아동보호시설 영유아 양육 실태 및 지원 방안. 육아정책연구소.

임성은(2020). 보호대상아동의 특성 및 정책 환경 변화에 따른 아동복지시설 기능 전환의 방향성. 보건 · 복지 Issue & Focus, 394, 1-12.

정익중(2021). 보호종료청소년: 보호 종료는 새로운 보호의 시작이다. 서울시복지대단 복지이슈 투데이 100호(2021년 7월호).

e-나라지표(http://www.index.go.kr/potal/main/EachDtlPageDetail.do?idx_cd=1421)

CHAPTER

12

입양 및 가정위탁 보호서비스

모든 아동은 가정에서 양육되어야 한다는 아동복지의 기본 이념과 아동 이익의 최우선 측면에 비추어볼 때 가정 보호 형태의 일환인 입양과 가정위탁은 보호 대상 아동을 보호, 양육하는 가장 바람직한 형태이다. 본 장에서는 입양과 가정위탁의 정의, 역사, 현황, 관련 법령 및 보호서비스, 그리고 각 사업의 문제점 및 개선방향에 대해 알아보고자 한다.

생각해 보기

다음 영상을 보고, 입양가정의 관점에서 입양에 대해 생각해보자.

입양가족의 과거 사진 함께 보기

https://www.youtube.com/watch?v=oLO48FiSnaU

1. 입양아동 보호서비스

1) 입양의 개념 및 역사

(1) 입양의 개념

입양adoption은 생물학적 과정이 아닌 법적·사회적 과정을 통해 부모-자녀 관계를 형성하는 것을 의미한다. 즉 입양은 아동의 친생부모가 아동을 양육할 수 없을 때 아동에게 영구적인 대리 가정을 제공하여 혈연관계가 아닌 성인-자녀 사이에 새로운 친자관계를 맺는 법률 행위로서, 입양 부모와 입양아동은 생물학적인 부모-자녀 관계와 동등한 권리, 의무, 자격을 갖게 된다.

(2) 입양의 역사

우리나라 입양의 역사는 고려시대부터 시작되었으며, 당시에는 가족의 대를 잇기 위한 양자 입양이 대부분이었다. 현대적 의미의 입양은 한국전쟁 이후 본격화되었는데, 1950년대에는 혼혈아동과 전쟁고아 대상의 국외 입양이 주를 이루었다. 1955년 홀트아동복지회 창립자인 해리 홀트가 8명의 한국 아동을 한꺼번에 입양한 것을 계기로 특히 혼혈아동의 경우 혈연 위주의 한국 사회의 전통으로 인하여 국내에서 보호되지 못하고 대부분 미국으로 입양되었다.

1960년대 정부는 시설수용 아동 수를 줄이고 시설보호에서 가정보호 중심의 아동보호 정책으로 전환하기 위하여 고아입양특례법을 제정하고 고아들을 대상으로 국외 입양을 공식적으로 추진하였다. 그러나 이 법은 제1조 "본 법은 외국인이 대한민국 국민인 고아를 양자로 함에 있어서 간이한 조치를 취함으로써 고아의 복리증진을 도모함을 목적으로 한다"에서 볼 수 있듯이, 보호 대상 아동의 복리를 실현하려는 목적으로 제정된 것이 아니라 가능한 많은 수의 보호 대상 아동을 신속하게 국외로 입양시키려는 목적이 있었다(김상용, 2009).

1970년대에는「입양특례법(1976년)」이 제정되면서 국외 입양의 단계적인 축소와 국내 입양을 활성화하기 위한 노력이 이루어졌다. 그러나 1970년대에도 여전히 국외 입양이 큰 폭으로 증가하였다. 다만 1970년대에 들어와서는 입양아동 중 전쟁 고아 및 혼혈아동의 수는 감소한 반면, 미혼모에게 출생한 아동과 가정불화와 경제적 빈곤으로 인해 발생한 보호 대상 아동의 수가 증가하기 시작하였다.

1980년대에는 국외 입양이 전면 개방되었다가 1986년 아시안 게임과 1988년 올림픽 게임 전 후로 OECD 회원국 중 유일하게 국외 입양을 보내는 국가로 '고아수출국'이라는 오명을 얻으며 국가 위신을 실추시켰다는 지적을 받았다. 또한 1991년 비준한 유엔아동권리협약에 따라 유엔아동권리위원회에서 국외 입양 의존에 대한 개선 권고를 받은 바 있다. 이에 정부는 1990년대 중반에 "국외 입양 전면 중단계획"을 발표하여 국외 입양을 단계적으로 축소하고 국내 입양을 확대하는 방향으로 정책을 전환하였다.

1995년 입양특례법을 보완하여「입양촉진 및 절차에 관한 특례법」으로 전면 개정하면서 국내 입양 활성화를 위한 입양아동에 대한 복지정책을 마련하고, 입양아동의 권익 보호 및 건전한 양육을 위해 필요한 지원을 국가가 책임지도록 정부 시책이 변화되었다. 또한 2000년대 이후 가정위탁제도를 도입하는 한편, 국내 입양 활성화 정책을 모색하였다. 현재는 국외 입양을 추진하려면 국내 입양 추진이 5개월 이상 경과한 후에야 가능하다. 그러나 국내 입양 활성화를 위해 홍보 및 다양한 지원 정책들이 마련되고 있음에도 비밀 위주의 입양 관행, 혈연을 중시하는 보수적 가족관으로 인해 활성화되지 못하고 있으며, 국외 입양은 정체현상을 보이고 있다.

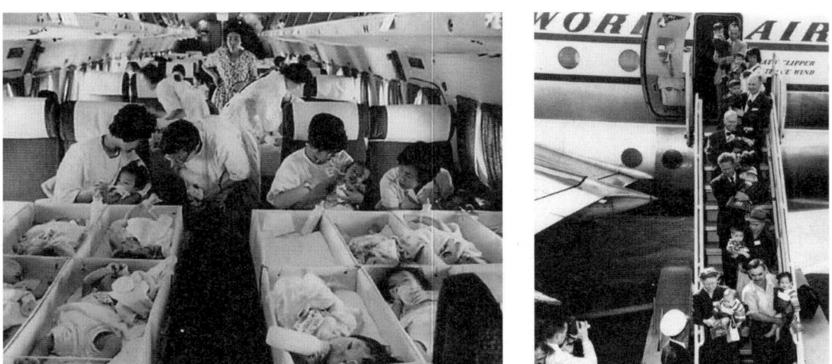

그림 12-1 1950년대 전세기를 통한 국외 입양

출처: 행정안전부 국가기록원 제공(https://www.archives.go.kr)

우리나라 입양사업의 기본방향은 다음과 같다(보건복지부, 2021)

- 태어난 가정에서 양육하기 어려운 경우 아동의 최상의 이익을 위해 입양・가정위탁 등 가정보호 지원
- 보호 대상 아동에 대해 시설보호보다는 가정보호(입양 등) 조치가 우선될 수 있도록 지자체 협조 필요
- 국내 입양을 우선으로 하며 국외 입양을 차선책으로 추진
- 입양가정 및 아동에 대한 사후관리 강화
- 입양가정에 대한 경제적・제도적 지원을 통한 국내 입양 활성화
- 혈연 중심의 가족문화, 비밀입양 위주의 입양문화 개선을 위한 대국민 홍보 강화

2) 입양의 구성요소

(1) 입양아동

입양아동은 만 18세 미만으로「입양특례법」에 따라 입양된 아동을 말한다. 아동이 입양되기 위해서는 친부모의 동의를 받아야 하며, 친부모가 친권상실 선고를 받은 경우 후견인의 동의가 있어야 한다. 그리고 13세 이상인 아동을 입양하고자 할 때에는 추가로 본인의 동의가 있어야 한다.

입양아동의 발생 원인은 시대별로 차이가 있다. 1950년대는 주로 혼혈아, 전쟁고아, 유기아가 대부분이었으며 1970년대까지는 빈곤으로 인한 입양이 많은 수를 차지하였다. 그러나 1970년대 후반부터 미혼모의 아동이 증가하여 1980년대부터 현재까지 미혼모의 아동이 가장 큰 비율을 차지하게 되었다. 최근 3년간의 통계를 살펴보면, 국내외 입양 모두 미혼모 아동이 대부분이었다. 국외 입양의 경우 미혼모 아동이 절대적인 비율을 차지하는 데 반해, 국내 입양의 경우 유기아동(14.6%)과 가족해체 등(2.3%)의 원인도 나타났다.

표 12-1 입양 대상 아동의 발생원인 (단위 : 명)

연도	국내 입양				국외 입양			
	계	미혼모 아동	유기 아동	가족해체 등	계	미혼모 아동	유기 아동	가족해체 등
2018	378	315 (83.3%)	47 (12.5%)	16 (4.2%)	303	302 (99.7%)	–	1 (0.3%)
2019	387	329 (85.0%)	51 (13.2%)	7 (1.8%)	317	317 (100%)	–	– –
2020	260	216 (83.1%)	38 (14.6%)	6 (2.3%)	232	231 (99.6%)	–	1 (0.4%)

출처: 보건복지부 보도자료(2021.5.11.)

(2) 입양부모

「입양특례법」 제10조 및 동법 시행규칙 제4조에 의하면 입양부모는 다음 요건을 갖추어야 한다.

- 양자를 부양함에 충분한 재산이 있을 것
- 양자에 대하여 종교의 자유를 인정하고 사회의 구성원으로서 그에 상응한 양육과 교육을 할 수 있을 것
- 양친이 될 사람이 아동학대 · 가정폭력 · 성폭력 · 마약 등의 범죄나 알코올 등 약물중독의 경력이 없을 것
- 양친이 될 사람이 대한민국 국민이 아닌 경우 해당 국가의 법에 의하여 양친이 될 수 있는 자격이 있을 것
- 그 밖에 양자가 될 사람의 복지를 위하여 다음의 필요한 요건을 갖출 것: 25세 이상으로서 양자가 될 사람과의 나이 차이가 60세 미만인 자로 하되, 양친이 될 자가 대한민국 국민이 아닌 경우에는 25세 이상 45세 미만이어야 함
- 양자가 될 아동이 복리에 반하는 직업이나 그 밖에 인권침해의 우려가 있는 직업에 종사하지 아니할 것
- 양친이 되려는 사람은 입양의 성립 전에 입양기관 등으로부터 보건복지부령으로 정하는 소정의 교육을 마칠 것

입양부모는 입양 성립 전에 입양기관이 하는 필수교육을 받아야 하며, 가정법원에 입

양허가 신청 시 '양친교육 이수 증명서'를 제출해야 한다. 즉 모든 예비입양부모는 기본교육 10시간(입양기관 주관)을 필수적으로 이수해야 하는데, 기본교육은 입양에 대한 인식과 이해 증진을 돕고 입양 후 입양부모와 아동 간의 안정된 애착관계를 형성할 수 있도록 지지하는 데 그 목적이 있다. 구체적인 교육 내용은 다음과 같다.

주제	내용	강의 방법
입양의 이해	• 입양의 개념과 유형 • 입양의 효과 및 절차 • 입양을 고려하게 된 배경 및 입양의 의미 • 입양 후 가정의 변화	강의
입양아동의 심리 및 정서	• 입양 삼자의 이해 • 입양아동의 발달과 가족의 적응 • 입양 말하기 • 친생부모 및 가족찾기	강의, 조별 활동
자녀 양육방법	• 아동발달의 이해(입양에 따른 아동 발달단계별 변화) • 아동의 기질과 부모의 양육행동 • 영아기 발달특성과 부모역할 • 영유아를 존중하는 양육방법 • 아동기에 발생할 수 있는 어려움 • 아동권리보장교육 • 아동학대예방교육	강의, 활동
입양가정 지원 및 사후 서비스	• 입양가정 지원 • 입양 사후 서비스 • 입양정보 공개 청구제도	강의, 질의응답
사례 발표	• 사례 발표(입양인, 입양부모) 및 친생부모 이해	사례 발표

출처: 보건복지부(2021). 2021 입양실무 매뉴얼

예비입양부모는 필수는 아니지만, 선택사항으로 심화교육 10시간(아동권리보장원 주관)을 받을 수 있다. 교육 대상은 만 1세 이상의 아동(연장아) 또는 장애아를 입양하는 경우, 기존에 자녀가 있거나 재입양하는 경우, 한부모 가정 등이 해당한다. 교육 내용으로는 연장아・장애아 등 특수욕구 입양아동의 이해, 입양부모의 역할・어려움 및 문제해결방법, 타 입양가정 사례발표 등 예비입양부모 특성에 맞는 맞춤형 교육이 다루어진다.

입양아동의 입양 시기에 따라 겪을 수 있는 어려움과 이를 지원하기 위한 입양부모의

역할을 살펴보면 다음과 같다.

입양 시기	내용
영아기 입양 (생후~18개월 미만)	• 뇌의 성장이 급격히 이루어져 지적능력과 언어능력이 발달하며 양육자와 애착을 형성하는 시기임 • 아이를 입양 전 주 양육자와 분리하고 입양 부모에게 인계하는 과정을 더 신중하고 조심스럽게 진행할 필요가 있음 • 입양 부모는 아동을 가정에 데려오기 전, 아동이 입양 전에 살던 친숙한 환경에서 우유를 먹이거나 기저귀를 가는 등 아동을 돌보는 행동을 함으로써, 아동이 급격한 변화를 느끼지 않게 주의해야 함
걸음마기 입양 (18~36개월 미만)	• 걸음마기 아동은 자신과 엄마가 독립된 존재임을 알기 때문에 '분리'의 상황 그 자체를 뚜렷이 인식할 수 있음. 입양 전 양육자에 관한 기억이 있고 그 양육자와 어떤 형태로든 애착 관계를 형성한 상황이기 때문에 입양될 때 기존 양육자를 잃는 것에 두려움을 느끼며, 그 두려움이 실제 현실이 된 것에 큰 충격을 받음 • 인지 능력과 언어 수준은 입양을 이해하거나 표현하기에 미흡해서, 부모가 입양 사실을 알려준다고 하더라도 그 의미를 이해할 수 없고 자신이 다른 아동들과 다른 방식으로 부모-자녀 관계를 이루었다는 사실을 깨닫지 못함 • 걸음마기 아동의 가족 적응은 다른 나이의 아동보다 더 어려울 수 있으며, 이 시기 아동을 입양하는 부모의 양육 스트레스도 높은 편임 • 이 시기 아동에게 가장 필요한 것은 '따뜻함'이며, 부모의 애정을 확인하는 것임. 입양아동은 부모가 화났을 때도 여전히 자신을 사랑한다는 사실을 확인하기를 원함
유아기 입양 (3~8세 미만)	• 입양아동은 '자기가 누구를 닮았는지?', '생부모는 어떤 사람인지?', '어떻게 태어났는지?' 등을 질문하기 시작하는데 질문에 대한 답변을 듣더라도 입양이 무엇을 의미하는지는 완벽하게 이해하기 어려움 • 자기 때문에 친생부모가 떠났다고 생각하면서, 자신은 항상 나쁜 일을 일으킨다는 믿음을 일반화할 가능성이 있음. 이 시기 입양아동에게 어떤 식으로든 창피를 주지 않는 것이 특히 중요하고, 아동의 외모와 행동을 자주 칭찬함으로써 아동이 자신을 좋게 생각하게 돕는 것도 바람직한 방법임 • 만 6세 이상 아동은 모든 아이가 출산을 통해 세상에 태어나지만, 가족 구성원이 되는 것은 출산뿐 아니라 입양을 통해서도 이루어진다는 사실을 인지하며, 아동이 입양되려면 먼저 생부모가 그들을 포기해야 한다는 사실을 자연스럽게 알게 됨. 입양아동은 입양을 통해 가족을 얻은 동시에, 다른 하나의 가족을 잃었다는 사실을 깨달으면서 복잡한 감정을 느낌

입양 시기	내용
학령기 입양 (8~14세 미만)	• 새로운 가족, 새로운 학교 등 새로운 것들을 얻게 되면서 잃어버리는 것에 관한 슬픔이 다른 시기 아동보다 클 수 있음 • 입양으로 새로운 가족을 얻었지만 동시이 다른 가족을 잃었다는 사실을 알고 깊은 상실감을 느낌 • 영구적인 줄 알았던 가족이 깨어질 수도 있음을 알게 되면서, 자신이 입양 가정에서 다시 버려질지 모른다는 두려움을 느낌 • 입양아동이 반항 행동을 하는 것은 자신이 생부모에게 버려진 이유라고 생각하는 행동을 재연함으로써 입양 부모의 인내심을 시험하는 것으로 이해할 수 있음 • 반대로 입양아동은 버림받을 수 있다는 두려움 때문에 감정 표현을 억제한 채 내성적이고 고분고분한 아이로 행동하기도 함. 이런 경우 아동은 문제를 겪지 않는 것처럼 보일 수 있으므로 주의할 필요가 있음 • 입양 부모는 언제든지 아동과 이야기 나눌 수 있음을 전달하고 아동이 이야기할 준비가 되면 개방적인 대화를 통해 입양에 대한 궁금증과 호기심을 해결하게 도와야 함
청소년기 입양 (14~18세 미만)	• 청소년기 아동을 입양할 때는 입양 전부터 입양에 관해 충분히 이야기를 나누는 것이 무엇보다 중요함

출처: 아동권리보장원 홈페이지(https://www.kadoption.or.kr/after/nurse_info_2.jsp) 내용 재구성

(3) 친부모

친부모는 입양아동의 생물학적 부모로서 합법적인 결혼 절차를 거친 부모와 그렇지 않은 혼외 부모로 구분될 수 있다.

3) 국내 입양 절차

국내 입양의 절차는 다음과 같은 순서로 진행된다.

보호 대상 아동 발생

- 친생부모: 입양숙려기간(일주일) 준수
  - 양육에 관한 정보, 사회적응서비스, 정부지원정보 제공

▼

입양 동의 전 상담

- (지자체/입양기관) 친생부모 및 양자 될 사람(요보호아동)에게 입양의 동의, 입양의 효과 및 파양, 입양정보공개청구 등 충분한 상담 제공

▼

입양 동의

- (친생부모) 입양 결정 후 입양동의서 작성
  **아동이 13세 이상인 경우 아동의 입양동의를 받아야 함

▼

아동 인수 및 보호

- (지자체) 입양 대상 아동 확인서 발급
- (입양기관) 아동배경보고서 및 아동카드 작성, 아동 인수일로부터 2주 이내 입양정보통합관리시스템(ACMS)에 아동정보 등록

예비양부모 입양 신청

- 전화, 내방 등 개별 및 부부상담 진행(입양기관)
- 법 제10조(양친이 될 자격 등) 충족

▼

양친가정 조사

- 양친가정 조사신청서 제출
- 가정조사 실시(2회)
- 범죄경력 및 아동학대 사례 판단이력 조회
- 예비양부모 교육: 보건복지부령으로 정하는 소정의 교육 이수(양친교육이수증명서 발급)

▼

양친가정조사서 발급

- 입양특례법 시행규칙 제8조 제2항에 따른 양친가정조사서(별지 7호) 발급

▼ ▼

결연

- 국내 입양 우선 추진(5개월/ACMS 활용)
- 양친 될 자와 입양 대상 아동 결연

▼

법원허가제

- 양자가 될 사람의 등록기준지 또는 주소지 관할 가정법원에 신청
  - 구비서류: 입양허가신청서, 입양동의서, 사건본인서류(기본증명서, 가족관계증명서, 주민등록등본), 입양대상아동 확인서, 청구인서류(기본증명서, 혼인관계증명서, 가족관계증명서, 주민등록등본), 양친교육이수증명서, 범죄경력조회 회신서, 양친가정조사서
- 가정법원의 인용심판 확정으로 입양효력 발생

▼

국내 입양

- 친양자입양 신고(가정법원의 허가서 첨부)

▼

사후서비스 제공

- (입양기관)입양 성립 후, 1년 동안 사후관리 제공
  - 가정방문, 아동발달상태 등 관찰, 아동과 부모 관계 관찰, 가정환경 확인 등
  - 입양기관 관할 아동보호전담요원은 입양기관의 사후관리 이행상황 모니터링 진행

그림 12-2 국내 입양 흐름도

출처: 보건복지부(2021). 2021 입양실무 매뉴얼 내용 재구성

(1) 입양숙려기간

입양숙려제는 입양동의가 아동의 출생일로부터 1주일(숙려기간)이 지난 후에 이루어져야 하며, 숙려기간 동안에는 친생부모가 아동을 보호하는 것을 원칙으로 함을 의미한다. 이는 친생부모(특히 미혼모)의 입양 결정이 출산 전 또는 출산 직후에 이루어지는 것으로 인한 문제점을 예방하고자 하는 목적이다. 친생부모가 출산 후 아동과 최소 1주일을 보내면서 아동과 부모 자신의 미래에 대해 숙고하고, 입양 또는 양육의 결정이 옳은지에 대해 다시 한 번 생각할 수 있는 시간을 확보해준다는 점에서 의미가 있다.

(2) 양친가정조사

예비 입양부모가 조사기관(양친이 될 사람의 거주지 관할 시장 · 군수 · 구청장, 입양기관의 장)에 양친가정조사 신청서를 제출하면, 조사기관은 가정조사를 실시하고 입양적격 여부를 결정, 신청인에게 양친가정조사서를 발급하게 된다. 가정조사는 직장 · 이웃 · 가정 등을 2회 이상 직접 방문하여 실시하되 적어도 1회 이상은 미리 알리지 않고 방문 조사해야 한다. 가정조사에서는 입양에 대한 태도와 동기, 양친이 될 자의 혼인생활 및 기타 가족상황, 양친이 될 자의 현재 수입 및 재산 상태, 양친이 될 자의 인격 · 품성 및 종교관, 기타 입양부모로서의 자질과 자격을 검증한다. 부부상담, 개별상담, 자녀가 있는 경우 자녀 상담, 동거가족이 있는 경우 동거가족 상담을 진행한다.

(3) 가정법원 허가

예비 입양부모는 양자가 될 사람의 등록기준지 또는 주소지의 가정법원(또는 가정법원 지원)에 입양허가 신청서 및 구비서류를 제출하여 가정법원의 허가를 받아야 한다.

(4) 친양자 입양 신고 및 입양아동 인도

입양된 아동은 「민법」상 친양자와 동일한 지위를 가지게 되는데, 양친 또는 양자는 가정법원의 허가서를 첨부하여 「가족관계의 등록 등에 관한 법률」이 정하는 바에 따라 친양자 입양 신고를 하여야 한다. 법원이 입양을 허가한 경우, 보장시설의 장 또는 입양기관의 장은 입양아동과 그에 관한 기록 및 소유물품을 양친이 될 사람에게 인도하고, 소재지 관할 시장·군수·구청장에 아동 인도 결과를 보고하도록 되어 있다.

(5) 사후관리 제공

입양기관의 장은 입양이 성립된 후 1년 동안 양친과 양자의 상호적응을 위하여 사후관리를 하여야 하는데, 사후관리 내용은 양친과 양자의 상호적응상태에 관한 관찰 및 이에 필요한 서비스, 입양가정에서의 아동 양육에 필요한 정보의 제공, 입양가정이 수시로 상담할 수 있는 창구의 개설 및 상담요원의 배치 등이 해당된다.

4) 입양 현황

우리나라는 국외 입양을 중심으로 입양이 이루어졌으며, 국내 입양은 혈연 중심 전통에 부딪혀 매우 부진하였다. 그 결과 2020년 현재까지 249,220명의 아동이 입양이 되었는데, 국외 입양이 67.4%로 압도적으로 높은 비율을 차지한다. 연도별 현황을 살펴보면 2006년까지는 국외 입양이 높은 비율을 차지하다가 정부의 국내 입양 우선 추진 정책에 따라 2007년 처음으로 국내 입양의 비율이 국외 입양의 비율을 앞지르게 되었다.

표 12-4 국내·외 입양아동 현황

구분	계	2010년 이전	2011	2012	2013	2014	2015	2016	2017	2018	2019	2020
계	249,220	238,105	2,464	1,880	922	1,172	1,057	880	863	681	704	492
국내	81,124 (32.6%)	74,409 (31.0%)	1,548 (62.8%)	1,125 (59.8%)	686 (74.4%)	637 (54.4%)	683 (64.6%)	546 (62.0%)	465 (53.9%)	378 (55.5%)	387 (55.0%)	260 (52.9%)
국외	168,096 (67.4%)	163,696 (69.0%)	916 (37.2%)	755 (40.2%)	236 (25.6%)	535 (45.6%)	374 (35.4%)	334 (38.0%)	398 (46.1%)	303 (44.5%)	317 (45.0%)	232 (47.1%)

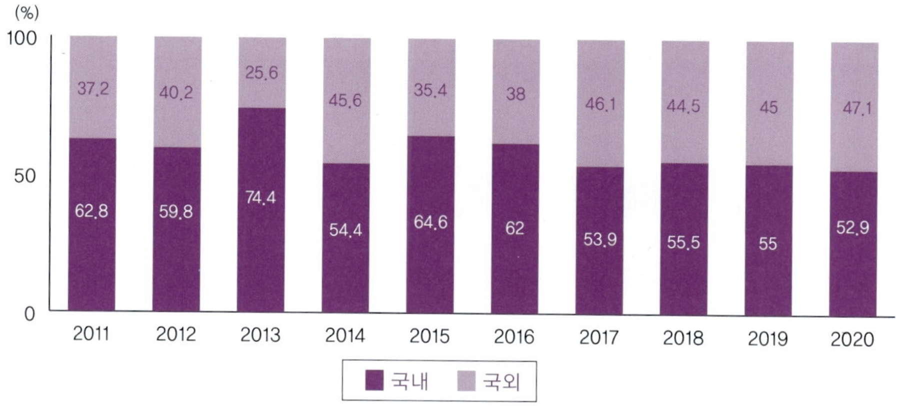

그림 12-3 국내·외 입양아동 비율

출처: 보건복지부 보도자료(2021.5.11.)

국외 입양은 2020년의 경우 미국이 67.2%로 가장 많았고, 캐나다(8.2%), 스웨덴(7.8%), 호주(7.3%) 중심으로 이루어졌다.

표 12-5 국외 입양국가 현황 (단위 : 명)

연도	계	미국	스웨덴	캐나다	노르웨이	호주	룩셈부르크	덴마크	프랑스	이탈리아	영국	독일
2018	303	188 (62.0%)	28 (9.2%)	22 (7.3%)	19 (6.3%)	14 (4.6%)	5 (1.7%)	7 (2.3%)	7 (2.3%)	12 (4.0%)	0 (0.0%)	1 (0.3%)
2019	317	232 (73.2%)	13 (4.1%)	23 (7.3%)	12 (3.8%)	10 (3.2%)	3 (0.9%)	3 (0.9%)	5 (1.6%)	15 (4.7%)	1 (0.3%)	0 (0.0%)
2020	232	156 (67.2%)	18 (7.8%)	19 (8.2%)	7 (3.0%)	17 (7.3%)	1 (0.4%)	3 (1.3%)	2 (0.9%)	9 (3.9%)	0 (0.0%)	0 (0.0%)

출처: 보건복지부 보도자료(2021.5.11.)

국내 입양은 아동의 최선의 이익이나 욕구 중심이 아닌 입양부모가 선호하는 조건을 중심으로 아동이 입양되었는데, 여아, 1세 미만의 영아, 비장애아동 중심으로 선별적 입양이 명확하게 나타난다. 구체적으로 2020년 국내 입양은 여아의 비중이 65.4%로 높고, 연령별로는 3개월~1세 미만 아동이 60.4%로 가장 높게 나타난다. 남아를 기피하는 성향은 우리나라의 전통적 가족문화에 기인한 가계계승 또는 재산상속 등의 과정에서 발생할

표 12-6 국내 · 외 입양 성별, 연령 현황

(단위: 명)

연도	국내 입양							국외 입양					
	계	성별		연령				계	성별		연령		
		남	여	3월 미만	3월~1세 미만	1~3세 미만	3세 이상		남	여	1세 미만	1~3세 미만	3세 이상
2018	378	110 (29.1%)	268 (70.9%)	3 (0.8%)	246 (65.1%)	88 (23.3%)	41 (10.8%)	303	221 (72.9%)	82 (27.1%)	0 (0.0%)	294 (97.0%)	9 (3.0%)
2019	387	125 (32.3%)	262 (67.7%)	6 (1.6%)	270 (69.8%)	83 (21.4%)	28 (7.2%)	317	233 (73.5%)	84 (26.5%)	0 (0.0%)	303 (95.6%)	14 (4.4%)
2020	260	90 (34.6%)	170 (65.4%)	0 (0.0%)	157 (60.4%)	80 (30.8%)	23 (8.8%)	232	192 (82.8%)	40 (17.2%)	0 (0.0%)	225 (97.0%)	7 (3.0%)

출처: 보건복지부 보도자료(2021.5.11.)

수 있는 갈등이나 문제 등을 우려하기 때문으로 이해된다.

5) 입양 관련 법령 및 입양아동을 위한 복지서비스

(1) 입양특례법

우리나라 입양 관련 법률의 시초는 1952년에 수립된 「후생시설운영요령」인데, 이는 한국전쟁 때 고아들을 수용한 시설을 지도하고 감독하기 위한 규정이었다. 그 이후 1961년 「고아입양특례법」이 제정되었는데, 이는 외국인이 우리나라 고아를 입양하는 절차를 간소화하기 위함이었다. 1976년 국내 입양을 권장하기 위하여 입양 절차를 간소화한 「입양특례법」을 제정하였는데, 이때부터 '고아'라는 표현을 쓰지 않음으로써 고아가 아닌 아동도 입양될 수 있도록 하였다.

「입양특례법」은 1995년 「입양촉진및절차에관한특례법」으로 명칭을 변경하고 전문 개정되었다. 국내 입양 활성화를 목적으로 양부모의 자격조건 강화, 사전교육 및 사후관리, 장애아동 양육보조금 지급 시행 등의 내용을 포함하였다. 2011년 「입양촉진및절차에관한특례법」은 「입양특례법」으로 법명을 변경하고, 입양절차 전반에 국가의 관리감독 의무를 강화하기 위해 '입양숙려제', '가정법원 허가제', '양부모 자격 강화와 입양아동에 대

한 친생자 지위 부여' 등을 새롭게 포함하였다.

1952년 "후생시설운영요령" 수립
1961년 「보호시설에있는고아의후견인직무에관한법률」, 「고아입양특례법」 제정
1976년 「입양특례법」(법률 제2977호) 제정
1995년 「입양촉진및절차에관한특례법」(법률 제4913호)
2011년 「입양촉진및절차에관한특례법」(법률 제11007호)을 「입양특례법」으로 제명 변경

표 12-7 입양특례법의 주요 내용

구분	조문	내용
국내 입양 우선 추진제 도입	제7조 제8조	• 입양의뢰된 아동은 국내 입양을 우선으로 추진하며, 국외 입양을 차선책으로 추진 • 국가는 국외 입양을 줄여나가는 노력을 해야 함
양친 될 자의 자격 강화	제10조	• 아동학대 · 가정폭력 · 성폭력 · 마약 등의 범죄나 알코올 등 약물중독의 경력이 없을 것 조항 신설 • 입양 성립 전 보건복지부령으로 정하는 소정의 교육 이수 조항 신설
입양허가제 및 친양자 제도 도입	제11조 제14조 제15조	• 국내 · 외 입양 모두 가정법원의 허가를 받아 입양을 진행해야 하며, 입양의 효력은 가정법원의 인용 심판 확정 시로 변경됨 • 입양이 확정되면 입양아동은 친생부모와의 관계 단절 및 양부모의 혼인 중 출생자로서의 효력을 갖게 됨
입양 동의 관련 규정 정비	제12조 제13조	• 친생부모의 입양 동의는 아동의 출생일로부터 1주일이 지난 후 가능하며, 입양 동의와 관련한 어떠한 금전 · 재산상의 이익, 그 밖에 반대급부를 주고받거나 주고받을 것을 약속해서는 안 됨 • 입양기관은 친생부모의 입양 동의 전에 아동양육에 따라 지원되는 사항 및 입양의 법률적 효력에 대한 충분한 상담을 해야 함 • 입양될 아동 본인의 동의가 필요한 연령을 15세에서 13세로 하향 조정함
입양정보 공개제도의 도입	제36조	• 입양정보 공개 청구 제도가 새롭게 도입되어, 양자가 된 자는 아동권리보장원 또는 입양 기관이 보유하고 있는 입양정보의 공개를 요청할 수 있음 • 이때, 공개 청구 대상이 되는 입양정보가 친생부모의 인적사항에 관한 것일 때에는 친생부모의 동의가 있어야만 정보를 공개할 수 있음
입양기관의 의무 강화	제20조	• 국내입양우선추진제 시행, 양친 될 자 및 친생부모 등에 대한 교육과 상담 의무화, 입양 정보공개청구권 제도 도입 등 입양기관 의무규정 신설 • 사후관리 강화를 통한 아동 복리 실현을 위해 보건복지부장관에게 국적취득 보고 의무, 국외 입양 시 아동을 국내에서 인도 의무, 입양기관 종사자 보수교육 의무에 관한 규정 신설

구분	조문	내용
양육보조금 확대	제35조	• 국가 또는 지방자치단체가 법에 따라 입양된 아동의 가정에 지급할 수 있는 양육보조금 대상 아동 연령을 만 17세 미만에서 만 18세 미만까지로 지원 대상 확대

출처: 보건복지부(2021). 2021 입양실무 매뉴얼

(2) 헤이그 국제아동입양협약

「국제입양 관련 아동보호와 협력에 관한 협약The Convention on the Protection of Children and Cooperation in respect of Intercountry Adoption, (이하 헤이그 국제아동입양협약)」은 아동 최선의 이익 보장을 위해 원가정 보호를 강조하고, 국제 입양으로 국가를 이동하는 아동의 인권을 보호하고 입양에 의한 유괴・인신매매 방지를 위한 국제입양의 절차와 요건을 규정하기 위해 1993년 5월 29일 헤이그국제사법회의에서 채택하고, 1995년 5월 1일 발효한 다자간 협약이다. 이는 현재 101개국이 당사국으로 국외 입양과 관련하여 가장 구속력을 갖는 국제협약이다. 우리나라는 입양아동 안전 및 권익보호를 위해 2013년 헤이그국제아동입양협약에 서명하였으나 아직 비준을 하지 못한 상황이다. 비준을 위해서 추가적 입법과 제도 보완을 위해 노력하고 있는데, 협약에 비준하기 위해서는 무엇보다 입양업무를 민간의 입양기관이 담당하고 있는 현행 제도를 보완하여 국외 입양을 담당하는 중앙당국을 지정하고 국가 차원에서 입양 절차에 직접 관여할 수 있는 제도 마련이 시급하다.

(3) 입양 관련 기관

입양업무를 담당하는 중앙기관이 부재하다가 2009년 보건복지부 산하기관으로 중앙입양정보원이 설립되고 2012년 중앙입양원으로 기관명이 바뀌었다. 중앙입양원에서는 입양문화 확산, 입양 데이터 구축 및 입양가족 지원 등 입양 분야 중앙기관으로서의 역할을 담당했다. 이후 2019년 아동권리보장원이 설립됨에 따라 아동권리보장원에서 입양아동・가족정보 및 친가족 찾기에 필요한 통합데이터베이스 구축 및 연계, 국내・외 입양정책 및 서비스에 관한 조사・연구, 입양 관련 국제협력 업무 등 사업을 수행하고 있다. 직접적으로 입양부모와 입양아동을 연계하는 등 입양업무를 담당하는 기관은 〈표 12-8〉과 같다.

표 12-8 입양기관 현황

구분	기관명	비고
국내, 국외 입양	홀트아동복지회	보건복지부 허가기관
	대한사회복지회	
	동방사회복지회	
국내 입양	성가정입양원	
	한국사회봉사회	
	광주영아일시보호소	시도 허가기관
	자비아동입양위탁소	
	꽃동네 천사의 집	
	한빛국내입양상담소	
	제주국내입양센터	

* 한국사회봉사회: 입양알선 업무 중단, 한빛국내입양상담소: 휴업
출처: 보건복지부(2021). 2021년 아동 분야 사업안내

(4) 입양아동을 위한 복지서비스 현황

국내 입양 가정에 대한 정부의 지원정책은 〈표 12-9〉와 같다.

표 12-9 입양가정 지원정책

구분	내용
입양수수료 지원	• 입양알선에 소요되는 인건비, 아동양육비(위탁모비용 포함), 입양알선 절차에 소요되는 비용, 입양기관의 운영비 및 홍보비, 사후관리비 등 입양알선에 실제로 드는 비용(복지부 허가기관 270만 원, 시·도 허가기관 100만 원) 지원
양육수당	• 입양아동 양육수당 월 20만 원 지원
입양축하금	• 아동양육 초기부담 완화를 위해 입양 시 200만 원의 입양축하금 지급
장애아동	• 장애 입양아동 양육보조금 지원 – 장애의 정도가 심한 장애인(기존 장애등급 1급 ~ 3급) 62만 7천 원 – 장애의 정도가 심하지 않은 장애인 등(기존 장애등급 4급 ~ 6급) 그 외 지원대상 55만 1천 원 • 장애입양아동 의료비 지원: 연간 260만 원 한도 내 의료비 지원
의료급여	• 1종으로 지정하여 의료비 지원
심리치료 지원	• 입양아동 심리치료비 지원: 월 20만 원 한도

출처: 아동권리보장원 홈페이지(https://www.kadoption.or.kr/counsel/counsel_adopt_process.jsp)

6) 입양아동 보호서비스의 개선방향

(1) 적극적인 국내 입양 추진

국외 입양의 문제점은 국내외 다양한 연구 결과와 언론보도를 통해 잘 알려져 있다. 국외 입양은 서로 다른 인종 또는 민족이 자녀와 부모 관계로 연결되어 아동이 유아기부터 외형적인 차이점을 확인하면서 성장하게 된다. 따라서 성장과정에서 자아정체감의 혼돈을 경험하게 되며, 자신의 입양 배경 및 친생가족으로부터 버림받은 상실감, 입양 부모로부터 또다시 버림받을 수 있다는 두려움 등 다양한 갈등을 경험하게 된다. 이로 인해 일부 입양인은 가족, 또래집단, 지역사회에서 부적응을 경험할 수 있다(김유경 외, 2010). 국외 입양은 단순히 선진국으로 진입하기 위해 한국의 불명예스러운 이미지를 벗는 차원에서 접근할 문제가 아니다. 자국에서 발생한 보호 대상 아동에 대한 보호는 국가 및 사회의 책임이자 의무이며, 국외 입양은 아동의 인권, 타문화와 새로운 가족과의 적응 및 갈등의 문제, 민족 정체성의 문제와 직결된다고 할 수 있다. 또한 출산율의 저하와 고령화 사회의 도래라는 우리 사회의 현실에서 중요한 인적 자원의 해외 유출이라는 점에서도 국외 입양은 축소될 필요가 있다(김유경, 임성은, 2011).

(2) 세분화된 미혼모 정책 마련

국내외 입양아동의 발생 원인 중 미혼모 출생 아동의 비율이 가장 높다. 따라서 입양 정책은 미혼모 정책과 밀접하게 관련되어 있다. 미혼 임산부 중에서 자녀 양육을 희망하는 비율이 증가하고 있고, 재정적 지원이 있다면 아동을 양육하겠다는 비율도 점차 증가하고 있다. 아동권리 측면에서 모든 아동은 부모에 의하여 양육받을 권리가 있으므로 우선적으로 미혼모 중심의 원가정 보호가 이루어져야 하겠다. 양육 미혼모는 불안정한 주거생활 및 부채 그리고 최저생계비 이하의 소득수준으로 경제적 여건이 어려운 것으로 파악되었고, 부모 및 주변인과의 관계 단절로 사회적 지지층이 취약한 것으로 나타났다. 자녀양육 시 어려움으로는 양육비용 부담, 일과 양육의 병행 및 양육시간 부족 등이었다. 이와 같이 미혼모의 자녀양육 욕구는 증가하고 있으나 양육 여건의 미흡 및 생활 기반의 불안정 등으로 많은 미혼모들이 자녀 양육을 포기하거나 양육상의 어려움을 경험하고 있다. 따라서 아동이 자신이 태어난 가정에서 일차적으로 양육될 수 있도록 직접 양육을 결정한 미혼모, 미혼부에 대한 실질적인 지원 확대가 필요하다.

(3) 입양부모의 부모됨 과정에 대한 지원 강화

현재 예비입양부모의 입양 신청 후, 입양부모교육 및 양친자격조사가 이루어진다. 즉 지자체나 입양기관에서 양친자격조사를 실시하여 보고서를 작성하고, 가정조사와 상담 시 입양에 대한 태도와 입양동기, 가족상황, 수입 및 재산상태, 알코올 등 약물중독 여부와 건강상태, 인격·품성 및 종교관 등을 조사한다. 하지만 현행 입양부모교육은 일반적인 자녀양육과 입양가정으로서 특별한 이슈를 모두 다루기에 그 시간과 내용이 부족한 실정이다. 특히 입양아동은 일반아동과 생애 초기경험이 다르다는 차이점이 있고, 입양부모는 임신·출산 과정을 입양으로 대체하였다는 점에서 또 다른 접근이 필요하다(배윤진, 김아름, 송신영, 권지성, 2016). 따라서 입양부모교육 프로그램을 질적·양적으로 보완하고, 예비입양부모의 특성(난임, 친생자녀 유무 등)과 아동의 특성(연령, 장애 여부 등)을 고려한 프로그램이 마련되어야 하겠다. 또한 양친자격조사 시 실제 자녀양육이나 가치관에 대하여 구체적으로 다루고 있지 않은데, 개별적인 상담과 검사를 통해 예비 입양부모의 부모됨parenting 과정을 확인해야 하겠다.

(4) 입양가정 사후관리 내실화

「입양특례법」 제25조 제1항에서는 입양기관의 장은 입양이 성립된 후 1년 동안 양친과 양자의 상호적응을 위하여 사후관리를 하도록 정하고 있다. 사후관리는 지속적으로 이루어지되 1년간은 의무적으로 이행하는 것을 원칙으로 하고, 1년 내 4회 이상, 4회 중 최소 두 번은 가정방문 후 사후관리보고서를 작성하도록 한다. 가정방문 시 아동과 양부모의 관계, 아동의 발달이나 적응상태, 가정환경을 파악하며 특수한 욕구를 지닌 아동의 경우 더 세심한 관심을 가지고 관리하도록 하고 있다. 하지만 1년 내 4회, 특히 가정방문 2회로 아동의 적응 수준을 판단하기에는 부족할 수 있고 전화와 서류상의 관리는 형식적일 수 있다. 따라서 가정방문을 4~6회로 늘리고 입양가정의 생활을 면밀히 파악하는 등 입양가족과 아동 간의 상호적응과 아동의 정체감 확립을 위해서 형식적이고 단편적인 사후관리에서 탈피하여 체계적이고 내실화된 사후관리 시스템이 요구된다.

(5) 입양문화 개선 및 입양가정 지원 확대

바람직한 입양문화 정착을 위하여 입양인식 개선이 체계적으로 이루어져야 한다. 우리나라의 입양문화는 뿌리 깊은 혈연주의와 선별적 입양 등 아동 중심 입양보다는 입양부모 중심 입양이 이루어지고 있는 현실이다. 이에 국내 입양이 정체 수준에 머물고 있어 바람직한 입양문화 정착을 위하여 입양인식 개선이 필요하다. 조금씩 입양에 대한 편견이 개선되면서 최근에는 입양 사실을 공개하는 가족이 늘어나고 입양도 가족 형성의 다양한 방식 중의 하나라는 인식이 증가하고 있다. 이처럼 입양가족을 다양한 가족의 하나의 형태로 수용하려는 노력이 모색되어야 할 것이다. 또한 입양 촉진 및 입양가족의 양육부담 완화를 위해서 현실적으로 재정지원이 확대되어야 할 것이다.

2. 가정위탁 보호서비스

1) 가정위탁보호의 개념과 역사

(1) 가정위탁보호의 개념

가정위탁보호란 보호자가 일시적 또는 장기적으로 아동을 양육할 수 없거나 양육하기에 적절하지 못할 때, 아동의 성장 발달을 위하여 다른 가정에서 일정한 기간 대리 양육하도록 하는 제도이다. 가정위탁 보호의 궁극적인 목적은 가정으로부터 일탈된 아동이 가정적인 분위기에서 건강하게 성장하도록 보호하며 가능한 빠른 시일 내에 보호자에게로 돌아가도록 돕는 데 있다. 가정위탁의 대상은 18세 미만의 아동(만 18세 이상인 경우에도 고등학교 재학 중인 아동은 포함)으로서 보호자가 없거나 보호자로부터 이탈된 아동, 아동을 학대하는 경우 등 그 보호자가 아동을 양육하기에 적당하지 아니하거나 능력이 없는 경우의 아동이 포함된다.

(2) 가정위탁보호의 역사

과거에는 보호를 필요로 하는 아동을 위한 대책으로서 시설보호가 중심이 되었으나 시설보호가 아동의 성격 발달이나 행동에 미치는 여러 가지 문제로 인하여 미국이나 영국 등 대부분의 서구 사회에서는 이미 오래 전부터 시설보호 대신 가정위탁보호를 실시해오고 있다. 우리나라에서 가정위탁보호제도가 처음 시도된 것은 1960년대 입양기관에서 아동이 입양가기 전까지 일시적으로 아동을 위탁보호하던 제도였다.

부모가 일시적으로 양육할 수 없는 아동을 일정 기간 보호하는 방법으로서의 진정한 의미의 가정위탁보호는 1985년 시범사업을 통해 시작되었다. 그러나 시범사업은 위탁아동이나 위탁가정에 대한 충분한 재정적 지원이나 행정적 뒷받침 부족으로 더 이상 확대되지 못하였고, 우리나라에서는 가정위탁보호가 힘든 것으로 생각하게 되는 계기가 되었다. 이에 정부는 시설보호가 적절하지 않은 아동을 대상으로 소년소녀가정세대라는 제도를 만들어서 운영하였는데, 이는 보호 대상 아동이 성인의 적절한 보호와 양육 없이 학업과 가정생활을 하도록 함으로써 심리적 · 사회적 어려움을 방치한다는 지적이 야기되었다. 또한 유엔아동권리위원회로부터 대리가정보호 서비스의 미비, 소년소녀가정제도의 불합리성이 지적되었다. 이에 정부는 2000년도 1월 아동복지법을 개정하면서 가정위탁제도에 대한 내용을 보다 구체화하게 되었고 2003년부터는 전국에 17개소의 가정위탁지원센터를 설치하여 운영하기 시작했다.

2) 가정위탁보호의 대상 및 유형

(1) 가정위탁보호 대상 아동

가족위탁보호 대상 아동은 아동복지법 제3조에 따라 18세 미만의 아동으로서 보호자가 없거나 보호자로부터 이탈된 아동, 아동을 학대하는 경우 등 그 보호자가 아동을 양육하기에 적당하지 아니하거나 능력이 없는 경우의 아동을 포함한다. 이때 2세 이하(36개월 미만) 아동은 가정위탁으로 우선 배치하도록 규정한다.

(2) 가정위탁보호의 유형

가정위탁보호의 유형은 종전에는 일반가정위탁, 대리양육가정위탁, 친인척가정위탁으로 구분되었는데, 2021년 6월 30일 시행된 아동복지법 시행령 제14조에 따라 일반가정위탁보호, 전문가정위탁보호, 일시가정위탁보호로 그 유형 구분이 달라졌다.

표 12-10 가정위탁보호의 유형

구분	내용	비고
일반 가정위탁보호	전문가정위탁보호에 해당하지 않는 보호 대상 아동을 보호·양육하는 것을 목적으로 하는 가정위탁보호	'21.6.30. 이전에 시·도지사 또는 시장·군수·구청장에 의하여 대리양육*, 친인척 위탁**으로 결정된 자는 일반가정위탁으로 간주
전문 가정위탁보호	피해아동, 2세 이하 아동 등으로서 특별한 보호가 필요한 보호 대상 아동을 전문적으로 보호·양육하는 것을 목적으로 하는 가정위탁보호	학대피해아동, 2세 이하(36개월 미만) 아동, 장애아동, 종합심리검사 결과 경계선지능으로 진단받은 아동 등
일시 가정위탁보호	보호 대상 아동을 일시 위탁하여 보호·양육하는 것을 목적으로 하는 가정위탁보호	–

* 대리양육: 친조부모, 외조부모에 의한 양육
** 친인척 위탁: 친조부모, 외조부모를 제외한 친인척에 의한 양육(민법에 의한 8촌 이내의 혈족 등에 의한 양육)
출처: 보건복지부(2021). 2021 아동분야사업안내(1)

① 일반가정위탁(공통기준) 선정기준

일반가정위탁은 다음 요건의 기준을 모두 충족하고, 위탁부모 중 1인 이상이 일반가정위탁 부모교육을 이수해야 한다.

선정 기준	
선정 기준	• 위탁아동을 양육하기에 적합한 수준의 소득이 있을 것 • 위탁아동에 대하여 종교의 자유를 인정하고 건전한 사회구성원으로 자랄 수 있도록 양육과 교육을 할 수 있을 것 (종교시설(교회, 사찰 등의 본당과 부속 건물을 말함)을 주거지로 삼아 생활하는 종교인은 가정위탁 보호의 취지와 맞지 않으므로 위탁부모가 될 수 없음) • 위탁부모의 연령이 각각 25세 이상으로 위탁아동과의 나이 차이가 60세 미만일 것 (다만, 시·도지사, 시장·군수·구청장이 위탁아동을 건전하게 양육하기에 위탁가정의 환경이 적합하다고 인정하는 경우에는 가능) • 자녀가 없거나 18세 미만의 자녀가 위탁아동을 포함하여 4명 이내일 것 • 위탁부모 및 위탁가정에 거주하는 사람 중 성범죄, 가정폭력, 아동학대, 마약·알코올·약물 중독, 정신질환 등의 전력이 있는 사람이 없을 것

교육 이수	• 가정위탁을 희망하는 사람(위탁부모 중 1명 이상)은 반드시 기본 5시간 이상 위탁부모 양성교육 이수 필요 • 가정위탁을 하고 있는 위탁부모(1명 이상)는 반드시 매년 5시간 이상의 보수교육 이수 필요 – 위탁양육에 대한 이해, 위탁아동의 특성, 좋은 부모의 역할 등을 교육

② 전문가정위탁 선정기준(추가 선정기준)

일반가정위탁(공통 기준) 각 기준을 충족하고 위탁부모 중 1인 이상이 전문가정위탁 부모교육을 이수하고 다음 요건 중 어느 하나의 기준을 충족해야 한다.

선정 기준	• 위탁부모 경험이 3년 이상일 것 • 다음의 어느 하나에 해당하는 자격을 갖출 것 –「사회복지사업법 시행령」제2조 제1항에 따른 사회복지사 –「영유아보육법」제21조 제2항에 따른 보육교사 –「유아교육법」제22조 제2항에 따른 교사 –「초 · 중등교육법」제21조 제2항에 따른 교사 –「의료법」제2조 제1항에 따른 의료인 –「청소년 기본법」제22조 제1항에 따른 청소년상담사 –「고등교육법」제2조에 따른 학교 또는「평생교육법」제32조 제1항 · 제33조 제3항에 따라 교육부장관의 인가를 받아 전문대학 · 대학졸업자와 동등한 학력 · 학위가 인정되는 평생교육시설에서 심리 관련 학과를 졸업한 사람으로서 해당 분야의 경력이 3년 이상인 사람 • 기타 학대피해아동, 장애아동, 경계선 지능아동 중 어느 하나에 관한 교육과정을 이수하였거나 그 동안의 활동상황이나 경험에 비추어볼 때 전문위탁부모로서 적합하다고 시 · 도지사, 시 · 군 · 구청장이 인정한 자
교육 이수	• 전문가정위탁을 희망하는 사람(위탁부모 중 1명 이상)은 반드시 20시간 이상 전문위탁부모 양성교육 이수 필요 – 배우자가 있는 경우 배우자는 최소 5시간 이상 교육 이수 필요 • 전문위탁부모는 반드시 매년 5시간 이상의 전문가정위탁 보수교육 이수 필요

③ 일시가정위탁 선정기준

일반가정위탁(공통 기준) 각 기준을 충족하고, 시장 · 군수 · 구청장의 일시위탁부모 선정 결과 통보일이 일시가정위탁 의뢰일로부터 1년 이내인 것을 의미한다. 교육이수 요건은 일반가정위탁과 동일하다.

(3) 가정위탁보호의 절차

가정위탁보호는 〈그림 12-4〉와 같은 절차로 진행된다.

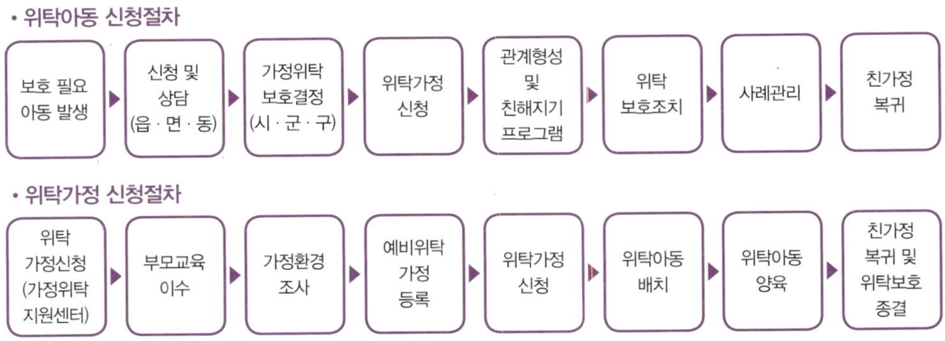

그림 12-4 가정위탁보호의 절차

출처: 아동권리보장원 홈페이지 내용 수정

https://www.ncrc.or.kr/ncrc/cm/cntnts/cntntsView.do?mi=1280&cntntsId=1247

3) 가정위탁보호의 현황

2020년 위탁유형 현황을 살펴보면, 대리양육(조부모, 외조부모) 64.4%%, 친인척(8촌 이내) 25.9%, 일반가정위탁 9.7%로 위탁아동의 90% 이상을 대리양육, 친인척에 의존하고 있다. 양육여건이 다소 양호한 일반위탁가정 비율이 2016년(7.7%) 이후 소폭 증가하고 있으나, 미국 등 선진국에 비해 아직 저조한 수준이다(미국 47%, 영국 83%, 일본 76%, 아동권리보장원, 2020b).

또한 가정위탁 보호기간이 6년(아동권리보장원, 2020a)으로 나타나 미국의 가정위탁 보호기간이 평균 약 20개월(Children's Bureau, 2019)인 것과 비교하여, 우리나라 가정위탁 보호가 장기화되는 경향이 있음을 알 수 있다.

표 12-11 연도별 가정위탁보호 현황

연도	구분	계	대리양육가정	친인척위탁가정	일반위탁가정
2016	세대 수	10,197(100%)	6,642(65.1%)	2,773(27.2%)	782(7.7%)
	아동 수	12,896	8,578	3,348	970
2017	세대 수	9,575(100%)	6,207(64.8%)	2,605(27.2%)	763(8.0%)
	아동 수	11,983	7,950	3,100	933
2018	세대 수	8,955(100%)	5,831(65.1%)	2,357(26.3%)	767(8.6%)
	아동 수	11,141	7,426	2,801	914
2019	세대 수	8,359(100%)	5,442(65.1%)	2,167(25.9%)	750(9.0%)
	아동 수	10,384	6,905	2,572	907
2020	세대 수	8,001(100%)	5,155(64.4%)	2,069(25.9%)	777(9.7%)
	아동 수	9,923	6,542	2,447	934

출처: e-나라지표

4) 가정위탁 관련 법령 및 가정위탁 보호서비스의 내용

(1) 법령 및 가정위탁보호 관련 기관

가정위탁보호는 별도로 제정된 가정위탁 보호법이 없기 때문에 아동복지법, 국민기초생활보장법, 의료급여법에 명시된 조항에 근거한다.

아동복지법에 명시된 바와 같이 가정위탁보호 관련 업무는 아동권리보장원과 전국 16개 시도에 설치된 지역가정위탁지원센터 17개소에서 담당하고 있다. 지역가정위탁지원센터는 위탁가정을 선발하고 위탁부모교육, 아동배치 후 아동이 위탁가정에 잘 적응하도록 지원하며, 아동의 친가정 복귀와 자립을 돕는 업무를 한다.

표 12-12 아동복지법에 명시된 가정위탁 관련 조항

조항	내용
제3조 (정의)	6. "가정위탁"이란 보호 대상 아동의 보호를 위하여 성범죄, 가정폭력, 아동학대, 정신질환 등의 전력이 없는 보건복지부령으로 정하는 기준에 적합한 가정에 보호 대상 아동을 일정 기간 위탁하는 것을 말한다.

조항	내용
제10조의 2 (아동권리보장원의 설립 운영)	7. 가정위탁사업 활성화 등을 위한 제48조 제6항 각 호의 업무 〈48조 제6항〉 ⑥ 보장원은 가정위탁사업의 활성화 등을 위하여 다음 업무를 수행 1. 가정위탁지원센터에 대한 지원 2. 효과적인 가정위탁사업을 위한 지역 간 연계체계 구축 3. 가정위탁사업과 관련된 연구 및 자료 발간 4. 가정위탁사업을 위한 프로그램의 개발 및 평가 5. 상담원에 대한 교육 등 가정위탁에 관한 교육 및 홍보 6. 가정위탁사업을 위한 정보기반 구축 및 정보 제공 7. 그 밖에 대통령령으로 정하는 가정위탁사업과 관련된 업무
제48조 (가정위탁지원센터의 설치 등)	② 지방자치단체는 보호 대상 아동에 대한 가정위탁사업을 활성화하기 위하여 시 · 도 및 시 · 군 · 구에 가정위탁지원센터를 둔다.
제49조 (가정위탁지원센터의 업무)	1. 가정위탁사업의 홍보 및 가정위탁을 하고자 하는 가정의 발굴 2. 가정위탁을 하고자 하는 가정에 대한 조사 및 가정위탁 대상 아동에 대한 상담 3. 가정위탁을 하고자 하는 사람과 위탁가정 부모에 대한 교육 4. 위탁가정의 사례관리 5. 친부모 가정으로의 복귀 지원 6. 가정위탁 아동의 자립계획 및 사례관리 7. 관할 구역 내 가정위탁 관련 정보 제공 8. 그 밖에 대통령령으로 정하는 가정위탁과 관련된 업무

(2) 가정위탁보호아동을 위한 복지서비스 현황

가정위탁보호아동에 대한 정부의 지원은 다음과 같다. 18세 이상의 가정위탁보호 종료아동의 경우 시설보호 종료아동과 동일하게 자립정착금(500만 원 이상), 자립수당(매월 30만 원, 3년 이내), 대학진학금(500만 원 이상)을 지원받는다.

표 12-13 가정위탁보호 지원정책

구분	내용
양육보조금	• 아동 1인당 양육보조금 월 30~50만 원 이상 차등지원(지방 이양) 권고 – 만 7세 미만: 월 30만 원 이상 – 만 7세 ~ 만 13세 미만: 월 40만 원 이상 – 만 13세 이상: 월 50만 원

구분	내용
전문아동보호비	• 지원대상: 전문위탁모 • 지원내용: 아동 1인당 월 100만 원 이상 지급 권고
일시위탁보호비	• 지원대상: 일시위탁모 • 지원내용: 일 3만 원 이상 지급(지방 이양) 권고
아동용품 구입비	• 대상 및 내용: 신규 책정 위탁가정, 위탁 가정당 100만 원 지급 권고 • 용도: 초기 아동 적응 및 양육 물품 구입 등 소요비용
상해보험 가입비	• 가정위탁아동 상해보험 가입, 보험료 1인당 연 68,500원 이내
심리검사치료비	• 지원내역: 위탁아동의 심리정서치료비, 검사비, 교통비 • 지원금액: 심리정서치료비(월 20만 원 이내), 심리검사비 20만 원(1회), 교통비(월 2만 원 이내)

출처: 보건복지부(2021). 2021 아동 분야 사업안내

(3) 가정위탁 6대 과제

보건복지부와 아동권리보장원은 보호대상아동의 선先 가정형 보호를 위해 가정위탁 보호율을 2024년 37%로 상향하는 목표로 "가정위탁 6대 과제"를 발표(2020년 5월) 하는 등 가정위탁의 활성화를 위해 노력하고 있다. 가정위탁 6대 과제는 다음과 같다.

보호대상아동의 가정보호를 위한

가정위탁 6대 과제

(2024년까지 가정위탁보호율 37%까지 확대)

1 예비 일반위탁부모 확대
- 보호필요아동에 대한 가정위탁보호 활성화를 위해 일반위탁부모 확대

2 위탁가정의 지원 현실화
- 아동용품 구입비 기준 신설
- 위탁아동 양육보조금 연령별 차등지원

3 전문가정위탁제도 도입 및 전국적 확대 · 시행
- 전문가정위탁제도 법제화 추진 및 지원기준 마련

4 법률지원서비스 강화
- 후견인제도 활성화
- 법률구조지원 강화 (한국가정법률상담소 연계, 법률심판 지원)

5 친가정(부모) 복귀 지원
- 위탁아동 – 부모 간 면접교섭권을 형제자매 등 가족까지 확대
- 친가정 복귀 프로그램 강화 및 친부모 – 아동 교류 프로그램, 운영 개발

6 가정위탁 인프라 확충
- 가정위탁지원센터 분소 설치 추진
- 부족한 인력 충원 유도

그림 12–5 가정위탁 6대 과제

출처: 아동권리보장원(2020). 아동권리 이슈 브리프(2020 Vol.2)

5) 가정위탁보호서비스의 개선방향

(1) 가정위탁보호에 대한 사회적 인식 개선 및 위탁부모 인력풀 확보

가정위탁은 가정이라는 환경에서 보호가 이루어질 수 있고 아동의 심리사회적 발달에 부정적인 영향을 미치는 시설보호의 문제를 예방할 수 있는 장점이 있어(정익중, 우석진, 강현아, 전종설, 이정애, 2012) 더 확대가 필요한 아동보호체계이다. 하지만 가정위탁에 대한 사회적 인식과 홍보 부족, 다른 가정의 아동을 장기적으로 보호해야 한다는 부담 등은 새로운 위탁부모의 유입을 어렵게 하는 장애요인이 되고 있다. 또한 친권으로 인한 양육 권리 불분명과 역할에 대한 법적 규정 미비, 책임 문제, 주변의 시선과 낮은 사회적 인식 등은 위탁가정 발굴에 어려움을 준다(오정수, 정익중, 2018).

한편 아동복지시설과 공동생활가정 종사자의 경우 사회복지사, 상담사 등 아동청소년 대상 관련 교육을 받고 자격증을 취득한 전문가 중심으로 아동보호가 이루어지지만, 가정위탁은 위탁아동의 조부모, 친인척 등 가족구성원이나 혹은 일반가정 중에서 가정위탁에 관심을 가지고 위탁을 희망하는 위탁부모에 한해 이루어지고 있는 만큼, 위탁부모의 자격에 대한 논란이 꾸준히 제기되어 왔다. 더욱이 가정위탁 내에서도 대리양육가정위탁, 친인척가정위탁은 일반가정위탁에 비하여 보호자의 연령이 높고 건강이 좋지 않으며, 아동보호를 위한 자원이 적은 경향을 보이는데, 이는 장·단기적으로 위탁아동에 대한 관심과 수용성에 영향을 미치고 아동의 정서와 공격성 등 행동에도 영향을 미치는 요인으로 설명되기도 한다.

이와 같이 한정된 위탁가정 공급은 위탁아동의 배치와 보호의 질적 수준에도 영향을 미칠 수밖에 없다. 따라서 가정위탁 보호에 대한 사회적 인식을 제고하고, 가정위탁보호를 활성화하기 위해서는 정부 주도의 적극적이고 지속적인 홍보를 통해 위탁부모 인력풀 확보가 필요하다.

(2) 전문가정위탁 발굴 및 확대

해외에서는 가정위탁의 여러 유형 중에서 전문가정위탁에 대한 효과성 검증과 지원이 비교적 활발하게 진행되고 있다. 전문가정위탁은 학대·방임에 노출된 아동들이 보이는 정서적 · 행동적 문제의 안정화와 장애 등 특수한 욕구를 가진 아동에 대한 돌봄 가능을 높이고, 가정위탁 중도 포기의 위험성을 줄이는 데 효과적이다. 우리나라에서도 아동복지법 시행령 개정을 통해 2021년 6월부터 '피해아동, 2세 이하 아동 등으로서 특별한 보호가 필요한 보호 대상 아동을 전문적으로 보호, 양육'하는 것을 목적으로 하는 전문가정위탁 보호 유형을 신설하였다. 하지만 법적으로 명시되었을 뿐, 아직 실질적인 운영과 관리는 이루어지지 않는 상황이다. 현재의 가정위탁은 특수욕구를 가진 아동을 돌보는 데 한계를 가지므로 전문성을 갖춘 전문위탁가정을 발굴, 확대하기 위해 많은 노력을 기울여야 하겠다.

(3) 위탁가정에 대한 지원 확대

가정위탁보호 확대의 장애물로 부족한 예산 지원을 꼽을 수 있다. 가정위탁제도는 지방이양 사업이다. 양육보조금, 전문아동보호비, 아동용품구입비는 보건복지부 권고로 지자체가 100% 부담하고, 상해보험료, 심리치료비는 보건복지부가 국고로 지원한다. 하지만 지방자치단체의 재정자립도 및 관심에 따라 상승폭이 더딘 데다 지자체별로 지원규모에 편차가 크다. 따라서 가정위탁보호의 활성화를 위해서는 위탁가정의 경제적 부담을 덜어줄 수 있도록 양육보조금, 전문아동보호비, 아동용품구입비 등의 권고기준을 각 지자체가 제대로 이행할 수 있도록 국가지원과 개입이 필요하다.

(4) 친가정 복귀를 위한 지원 강화

가정위탁보호사업은 아동을 일정기간 위탁, 보호하다가 궁극적으로는 친가정 복구를 목표로 하고 있다. 아무리 위탁가정 환경이 좋아도 친부모에게서 자라는 것이 보다 적절하기 때문이다. 그런데 실제로 가정위탁보호 이후 친가정 복귀는 매우 저조한 수준이다. 즉 우리나라에서는 가정위탁이 본래의 취지인 일시보호 기능을 하기보다는 시설보호와 같이 만 18세 미만까지 보호하는 일이 되는 경우가 대부분이다. 이는 가정위탁보호 서비스가 위탁가정과 위탁아동에게만 집중하고, 친가정이 배제되기 때문이다. 따라서 아동이 빠른 시일 내 친가정에 복귀할 수 있도록 친부모의 경제활동 및 자녀양육에 대한 역량 강화, 친부모와의 재결합 프로그램의 활성화 등을 통해 친부모를 지원하는 정책이 보다 적극적으로 추진되어야 하겠다.

더 알아보기

위탁가정 2/3가 '친권' 존재…'긴급 후견인' 인정해야

https://www.youtube.com/watch?v=0q5-bxAZsoo

위탁 가정들이 '친권' 때문에 어려움을 겪는 경우가 많습니다.

[기자]
우리 나라는 '친권'을 상당히 강력하고, 광범위한 권리로 인정하고 있습니다. '법정 대리 권한'이라고 하는데 통장 개설, 보험금 청구, 휴대전화 같은 통신계약, 병원진료 동의, 이런 게 다 부모의 권리입니다. 어떤 위탁가정은 친부가 아이 통장을 개설해서 1,300만 원을 출금해 갔고요. 자녀 명의 휴대폰을 담보로 빚을 내는 경우도 있습니다. 돈 문제뿐 아니라 수술을 해야 하는데 친권자 동의가 없어 힘든 사례도 있었습니다.

[앵커]
실제 아이를 키우지 않으면서 이 친권을 남용하는 걸 막는 제도도 있지 않습니까?

[기자]
친권을 제한하거나 상실하도록 청구할 수는 있습니다. 아동복지기관이나 학교장이 지자체장이나 검사에게 친권 제한을 요청하면 법원에 청구가 되고요. 결정이 나면 30일 이내에 요청기관에 통보가 가는 방식입니다. 이걸 거친 후에 위탁가정은 다시 법정대리인 자격을 받는 까다로운 절차를 거쳐야 합니다.

[앵커]
아이들은 하루가 다르게 자라고 있습니다. 이런 문제들, 좀 서둘러 해결할 수 있는 방법은 없을까요?

[기자]
우리나라처럼 아이의 모든 권리를 부모에게 위임하는 경우는 선진국 중엔 찾아보기 힘듭니다. 미국의 경우 아동이 가정 외 보호를 받으면 친권이 일시적으로 제한되고요. 위탁가정이 일상적인 의료 혜택이나 교육에 관한 결정 등을 할 수 있도록 정부가 권한을 부여합니다. 우리도 최소한 아동이 누려야 할 것들을 보호할 장치가 필요하다는 지적인데요. 전문가 얘기 들어보시죠.

[제철웅/한양대 법학전문대학원 교수]
국가가 아동한테 (복지를) 제공하는 것이지 부모한테 제공하는 게 아니잖아요. 아동의 권리입니다. 그러니까 전달체계를 마련하는 일은 국가의 책임입니다.

문제해결 기간이 길어질수록 피해를 입는 건 결국 아이들입니다. 국회에서 긴급 후견인 제도가 논의 중이라고 하는데, 법안이 마련될지 지켜보겠습니다.

출처: KBS뉴스(2021.09.10.)

참고문헌

김다은(2018). 입양숙려제도의 도입과정에 관한 연구: 정책옹호연합모형의 적용. 서울대학교 대학원 석사학위논문.

김상용(2009).『입양촉진 및 절차에 관한 특례법』의 개선방향. 가족법연구, 23(2), 217-256.

김유경, 임성은(2011). 해외입양 줄이기 종합대책 연구. 보건복지부 · 중앙입양정보원 · 한국보건사회연구원. 정책보고서. No. 2011-14.

김유경, 변미희, 임성은(2010) 국내입양 실태와 정책방안 연구. 한국보건사회연구원. 정책보고서. 2010-30-11.

김재민(2016). 한국의 해외입양 정책 연구 -국가기록물과 언론보도를 중심으로-. 성공회대학교 대학원 박사학위논문.

배윤진, 김아름, 송신영, 권지성(2016). 돌봄 취약계층 맞춤형 육아지원 방안(II): 입양아동을 중심으로. 육아정책연구소.

보건복지부 보도자료(2021.5.11.). "첫 만남은 달라도, 함께 걸어갈 우리 가족"-「제16회 입양의 날」기념행사 개최 (5.11.) -.

보건복지부(2021). 2021 입양실무 매뉴얼.

보건복지부(2021). 2021년 아동분야 사업안내.

아동권리보장원(2020a). 2019 가정위탁 보호현황. 서울: 아동권리보장원.

아동권리보장원(2020b). 아동권리이슈 브리프(2020 Vol.2). p. 28~35.

오정수, 정익중(2018). 아동복지론. 학지사.

이삼돌(2008). 해외입양과 한국민족주의: 한국대중문화에 나타난 해외입양과 입양 한국인의 모습. 뿌리의 집 옮김. 소나무.

정옥희(2012). 한국 입양정책의 형성과정에 관한 연구 : 국내입양정책의 변화를 중심으로. 광주대학교 박사학위논문.

정익중, 우석진, 강현아, 전종설, 이정애(2012). 그룹홈과 아동양육시설의 운영성과에 영향을 미치는 요인 : Blinder-Oaxaca 분해를 중심으로. 아동학회지, 33(4), 107-127.

중앙가정위탁지원센터(2019). 2019 가정위탁아동 패널연구.

행정안전부 국가기록원 제공(https://www.archives.go.kr)

아동권리보장원 홈페이지(https://www.kadoption.or.kr/after/nurse_info_2.jsp)

CHAPTER

13

아동권리와 복지의 전망과 과제

모든 아동이 행복하고 건강하게 성장할 수 있도록 지원하는 아동복지정책의 중요성이 점차 커지고 있으며, 기존의 보호가 필요한 아동을 대상으로 한 선별적 정책에서 모든 아동의 권리를 반영하고 대변하는 보편적 정책으로 변화하고 있다. 그러나 보편적 정책의 확대와 더불어 기존 취약계층 아동 및 국가의 보호를 받고 있는 아동을 보다 적극적으로 포용하려는 정부의 정책 또한 그 중요성이 커지고 있다. 본 장에서는 모든 아동과 취약계층 및 위기아동 대상의 아동권리와 복지정책이 나아가야 할 방향에 대해 살펴보고자 한다.

생각해 보기

최근 키즈 유튜브 시장이 급성장하면서 조회 수를 높이기 위해 아동에게 무리한 행동을 하도록 하거나 아동학대 소지가 있는 영상을 게재하는 등 키즈 유튜버는 아동학대 위험에 고스란히 노출되어 있다. 키즈 유튜버를 보호하기 위한 방안에는 무엇이 있을지 생각해보자.

1. 아동의 삶의 질 향상 및 현재의 행복 보장

무엇보다 아동의 삶의 질을 높이기 위한 적극적인 투자가 필요하다. 유엔아동권리위원회는 한국이 높은 경제 발전 수준에 비해 아동권리를 보장하기 위한 사회적 분야의 자원배분이 미진하다고 지적하였다. 한국은 세계 여러 나라들 중에서도 소득 수준에 비해 아동의 행복도가 매우 낮은 편인데, 이는 국가가 경제 수준에 비해 아동의 '삶의 질'을 위한 투자에 소극적임을 보여주는 것이다.

아동에게는 좋은 교육뿐만 아니라 좋은 여가도 필요하다. 유엔아동권리위원회는 한국의 아동들이 극심한 경쟁체제 속에서 학업에 대한 스트레스와 신체적·정신적 건강 문제로 즐거운 여가와 문화를 즐기지 못한다는 것을 지적하였다. 이는 한국 아동이 여가, 문화 및 오락에 대한 아동의 권리를 보장받지 못하고 있다는 것을 의미한다. 한국 아동은 다른 국가 아동에 비해 가족생활과 학교생활에 대한 만족도가 낮고, 이는 낮은 주관적 행복감과 관련이 있다. 아동의 행복한 삶을 위해서는 가정에서 부모와 함께 보내는 질 높은 시간, 그리고 친구들과의 놀이, 안전한 학교 등을 보장하는 사회정책적 노력이 필요하다는 점을 시사한다.

그동안 한국 사회는 아동을 미래의 주역으로 성장시킨다는 점에만 초점을 맞추어 양육하고 교육해 왔다. 그러나 미래를 준비하는 기간만으로의 아동기가 만들어낸 극심한 경쟁체제와 지나친 사교육 투자는 아동기에 좋은 사람과 행복한 시간을 보낼 수 있는 여유를 빼앗아 갔다. 즉, 준비하는 기간만으로의 아동기가 아동에게 '행복한 미래'를 선물한다고 하면서 정작 아동에게 가장 중요한 '행복한 현재'를 희생시키고 있는 것이다. 우리 사회가 이제 아동에 대해 준비하는 기간well-becoming의 패러다임에서 아동기 그 자체의 웰빙well-being의 패러다임으로 전환해야 할 때가 되었다.

2. 다양한 배경의 아동에 대한 존중 및 편견 개선

헌법 제11조에서 모든 국민은 법 앞에 평등하며 누구든지 성별, 종교 또는 사회적 신분에 의해 정치적·경제적·사회적·문화적 차별을 받지 않는다는 것을 명시하고 있다. 하지만 장애 아동, 한부모가족 아동, 다문화가족 아동, 이주가족 아동 등 다양한 배경을 가진 아동에 대한 사회적 편견과 차별이 여전히 존재하며, 이들 아동에 대한 사회적 수용성은 높지 않은 상황이다.

예를 들어 2017년 장애인 실태조사에 의하면 장애인 당사자가 경험하는 차별인식은 34.8%로 나타났으며, 2018년 한부모가족 실태조사에 의하면 한부모가족의 약 17.2%가 학교나 어린이집에서 차별을 경험하고 있는 것으로 나타났다. 2018년 국민 다문화 수용성 조사에 따르면 일반 국민의 다문화 수용성은 2015년 53.95점에서 2018년 52.81점으로 다소 하락한 것으로 나타났다. 또한 다문화지향성, 난민 및 세계 문제에 대한 태도, 다문화사회 관련 인식 수준 역시 2015년에 비해 전반적으로 하락한 것으로 나타났다(김이선 외, 2019).

따라서 사회적 인식 개선을 통해 다양한 배경을 가진 아동에 대한 우리 사회의 수용성을 증대할 필요가 있다. 이에 우선 관련법의 실효성을 검토할 필요성 있다. 「다문화가족지원법」의 경우 다문화가족에 대한 이해 증진을 위한 홍보영상의 제작과 배포, 교육기관 교원들에 대한 다문화 이해 교육・연수의 실시, 다문화 아동・청소년의 학교생활 적응 지원 및 방과후 교육 프로그램 지원, 교육현장에서 다문화 아동・청소년에 대한 차별 발생 시 필요 조치의 책임소재 명시 등의 내용을 포함하고 있다. 장애아동 가족, 한부모 가족 관련 지원법에도 이와 같이 다양한 배경을 가진 아동 및 가족 관련 홍보, 교육, 책임소재 등과 같은 구체적이고 실현가능성이 높은 규정을 마련할 필요가 있다.

또한 관련 전문가 및 일반인 대상 교육을 확대하고 의무화할 필요가 있다. 현재 「한부모가족지원법」은 한부모가족 관련 업무에 종사하는 공무원의 한부모가족에 대한 이해증진과 전문성 향상을 위한 교육을 실시할 수 있음을 규정하고 있으나 이는 권고사항에 그치고 있으며, 공무원 외의 다른 전문가는 교육에서 제외되고 있다. 따라서 공무원을 포함한 한부모가족 지원 관련 업무에 종사하는 전문가집단(예: 각 학급에 종사하는 교사)에 대한 교육을 의무화할 필요가 있다.

한편, 「장애인복지법」에는 국가, 지자체, 학생, 공무원, 근로자, 그 밖의 일반 국민 등을 대상으로 장애인에 대한 인식개선을 위한 공익광고 등 홍보사업을 실시하도록 하고 있다. 이에 따라 보건복지부의 장애인식 개선교육의 대상은 유아부터 실시하도록 되어 있으며, 교육부에서도 연 2회 의무적으로 장애인식교육을 받도록 하고 있으나 강제성이 없는 실정이다. 따라서 유아부터 청소년까지 다양한 배경을 가진 아동 및 가족에 대한 인식개선교육을 정기적으로 실시하고, 공무원을 포함한 관련 종사자의 경우 연 1회 이상 의무교육을 실시하도록 법적 기반 마련이 필요하다. 더불어 이와 같은 교육의 효과성을 위해 전문교육 콘텐츠 및 플랫폼 개발과 전문강사를 양성함으로써 교육의 접근성과 교육 내용의 질적 수준을 향상시킬 필요가 있다.

3. 아동의 기본생활 보장을 위한 통합적 소득지원체계 구축

아동권리협약에서는 아동의 생존과 발달을 보장하고, 모든 아동은 사회보장제도의 혜택을 받을 권리가 있음을 명시하고 있다. 따라서 모든 아동이 최소한의 생존권과 발달권을 보장받을 수 있도록 아동에 대한 통합적 소득지원체계를 구축해야 한다. 아동 관련 소득보장제도의 하나로 보편적 아동수당제도가 있다. 아동수당은 부모의 사회적·경제적 상황과 관계없이 아동의 생존과 발달을 일정 부분 국가가 지원함으로써 아동의 최소한의 생존권을 보장하기 위한 사회보장제도이다. 현재 만 8세 미만의 아동이 있는 모든 가구를 대상으로 아동 1인당 월 10만 원의 수당을 지급하고 있다. 아동수당이 모든 아동의 기본적인 생존과 건강한 발달 등 기본권을 보장하기 위한 제도라는 점에서 스스로 생존을 책임지기 어려운 만 18세 미만의 모든 아동에게까지 그 대상을 확대할 필요성이 있다.

외국의 경우, 의무교육기간 또는 최소 노동연령에 해당하는 만 16~18세까지 지급하는 것이 일반적이다. 한편, 아동수당은 아동별로 동일한 급여를 제공하기보다는 가구 내 아동 수가 증가함에 따라 아동수당 금액이 많아지도록 다자녀가구에 보다 많은 혜택이 주어지도록 해서 출산장려책으로서 기능하도록 할 수 있다. 예를 들어 스웨덴의 경우 보편적 아동수당에 더하여 두 자녀 이상 가구에는 대가족보조금large family supplement을 추가 지급하고 있으며, 자녀 수가 증가함에 따라 보조 금액도 점진적으로 증가하도록 설계하여 다자녀 가구에 보다 많은 지원을 하고 있다.

따라서 우리도 이제 빈곤 아동, 한부모가족 아동, 장애 아동 등 취약계층 아동에 대한 선별적 급여가 아동의 건강한 성장과 발달을 위해 적정한 수준인지 검토할 필요가 있다. 즉 취약 가정에 지급되는 선별적 현금성 급여가 아동권리협약 제27조의 모든 아동의 적절한 생활 수준을 보장하기에 적합한지 검토하고 급여의 적정성을 확보할 필요가 있다. 특히, 쪽방, 판잣집, 비닐하우스 등 최저 주거기준에 미달하는 열악한 주거환경에서 생활하는 아동의 주거권을 확보하여 최소한의 아동의 생존과 발달을 보장해야 하겠다. 위탁가정 아동의 양육비 지원금액, 저소득 한부모가족에 지원되는 아동양육비 등이 적정한지, 지자체별로 지역 간 격차가 발생하는지 등의 형평성 문제도 종합적으로 검토할 필요가 있다.

4. 학대로부터 안전한 환경 조성

매년 심각한 아동학대 사건이 잇달아 발생함에 따라 아동이 안전한 환경에서 성장할 수 있도록 아동학대 예방 사업의 근본적인 문제점 검토와 대책 마련이 필요하다. 약 20년간 아동학대 신고 및 학대 판정은 10배 이상 증가하였고, 사망사건 등 학대 피해 정도 또한 매우 심각하다. 최근 민법 제915조 징계권 조항이 폐지되었으나, 여전히 체벌이 가정 내 훈육방법의 일환이라는 잘못된 인식이 사회 전반에 팽배해 있다는 점은 아동학대의 위험요인이 된다. 아동복지법, 아동학대 범죄의 처벌 등에 관한 특례법을 통해 처벌 규정이 강화되었음에도 불구하고, 여전히 학대행위자에 대한 고소·고발 조치나 법원판결 사례가 전체 학대 건수의 약 10%에 불과하고, 법원판결도 성학대 등 일부 사례를 제외하면 가벼운 벌금형이 대부분을 차지하고 있다. 경미한 학대의 경우 재발 방지를 위해 적극적인 사례관리의 필요성이 있으나 부모교육 이수 명령 또는 가해자 사후관리 미비로 재학대 발생이 높은 편이다.

무엇보다 아동학대 발견율을 높이기 위한 대책이 필요한다. e아동행복지원시스템, 영유아건강검진 등을 활용하여 위험이 발견된 아동과 가족은 반드시 가정방문을 하도록 강제화할 필요가 있는데, e아동행복지원시스템은 빅데이터가 쌓일 시간이 필요하여 연령이 낮은 경우 고위험 영유아 발견에 취약할 수밖에 없는 구조이다. 따라서 특히 만 2세 내 3번 이상 영유아건강검진을 하지 않은 경우 사회복지공무원이나 보건소의 가정방문 제도화가 필요하다. 또한 아동학대는 가정폭력과 높은 관련성을 보이고 있으나, 가정폭력

신고와 아동학대 조사의 자동 연계 서비스는 이루어지지 않고 있다. 여성가족부가 관리하는 가정폭력과 보건복지부가 관리하는 아동학대의 DB를 통합 관리하고, 정책 또한 통합적으로 운영될 필요가 있다. 가정폭력으로 신고되더라도 아동이 있으면 반드시 아동학대로 신고되도록 하고, 아동학대로 신고되더라도 가정폭력 이력이 있는지 확인해야 한다.

학대나 방임으로 인한 사망 사건에서 만 1세 미만 아동은 매우 취약하다. 우리나라는 출생등록이 전적으로 부모의 결정에 의존하는 출생신고 시스템이기 때문에 사각지대가 있을 가능성이 높다. 따라서 보편적 출생등록제를 도입함으로써 모든 아동이 출생과 함께 공공 시스템에 연계될 수 있도록 해야 하겠다. 보편적 출생등록제에는 외국인 출생등록제, 출생통보제, 보호출산제 등이 해당되는데, 우선 외국인 출생등록제 도입을 통해 외국인(특히 난민, 미등록 이주민 등)의 자녀가 국내에서 출생한 경우 그 출생 사실을 등록하도록 하여 모든 아동에 대해 공적으로 등록되어 보호받을 권리를 보장해야 한다. 또한 출생통보제는 의료기관이 출생하는 모든 아동을 누락 없이 국가기관 등에 통보하고, 이를 바탕으로 위기아동 발굴 및 보호체계를 강화하는 제도를 의미한다. 보호출산제는 출생통보제만 도입할 경우 의료기관의 출생 회피 등 부작용을 최소화하기 위한 방안으로, 어머니의 신원을 감춘 채 출산이 가능하도록 돕는 익명 출산제도이다.

더 나아가 아동사망사례조사팀child death review 운영이 필요하다. 아동학대 사망사건 중 다양한 기관이 관련된 핵심 사례의 경우 국가 차원에서 직접 철저한 진상조사를 진행하고, 18세 이하 모든 사망사건은 사후에 사례 조사를 실시할 필요가 있다. 미국, 호주, 뉴질랜드 등에서 아동사망사례조사팀을 운영하는데, 미국의 아동사망사례조사팀은 경찰관, 아동보호서비스 부서 담당자, 검사, 검시관, 공공보건 전문가, 소아과 또는 가정의학과 의사, 응급의료서비스 담당자가 핵심 구성원으로 포함되어 있다.

해외 선행연구를 비춰볼 때 부주의(감독 소홀)로 인한 아동 사망이 실제로는 발견한 사례보다 훨씬 많을 것으로 예상된다. 우리나라에서 부주의(감독 소홀)로 인한 사망의 경우 방임으로 규정짓지 않는 경우가 많아 학대로 보고되지 않을 가능성이 매우 높다. 우연한 사고사로 분류되는 많은 아동의 죽음은 사실 방임의 결과일 수 있으며, 성인의 감독이나 보호 없이 아동을 혼자 두는 행위가 아동의 안전과 복지에 얼마나 큰 위험을 초래할 수 있는지 대중에 대한 교육과 홍보가 필요하다.

5. 위기아동 및 가족지원서비스 강화

빈곤가족 아동, 다문화가족 아동, 한부모가족 아동 등 다양한 배경을 가진 아동은 일반아동과는 다른 욕구를 가지고 있다. 따라서 일반아동에 비해 인구학적 · 경제적 · 신체적 · 법적 등 다양한 측면에서 어려움을 겪고 있는 취약계층 위기 아동 · 가족 대상 지원 강화를 통해 대상아동 및 가족의 다면적 욕구에 적극적으로 대처함으로써 아동의 생존권과 발달권을 보장하기 위해 노력해야 한다.

우리나라 아동빈곤율은 점차 감소하고 있고 OECD 국가들 중에서도 상대적으로 낮은 빈곤율을 보이고 있다. 그러나 다차원적으로 측정한 빈곤상태는 OECD 국가 중 최하위에 속하고 있어 빈곤가족의 아동은 다양한 위험에 노출되고 있는 상황이다. 아동이 경험하는 빈곤이라는 경제적 · 물질적 결핍 상황은 아동의 건강한 성장 및 발달을 저해하는 위험 요소로 작용하는데, 특히 한부모, 조손가족의 경우 아동이 빈곤을 경험할 가능성이 더 크므로 가족 및 아동에 대한 적절한 소득보장과 대상자별 특성에 맞는 아동 · 가족 지원서비스가 필요하다.

다문화가족 아동은, 부모의 국제 결혼 이외에 외국인 근로자 자녀, 중도입국 아동, 난민가족 아동, 북한이탈주민 아동 등 다양한 배경을 가지고 있으며, 그에 따른 욕구도 다양하게 나타나므로 맞춤형 지원서비스가 필요하다. 중도입국 아동이나 난민 및 북한이탈 아동의 경우에는 언어 및 교육체계 등의 상이함으로 인해 학교 및 학업 적응이 쉽지 않고 정체성 혼란, 경제적 어려움, 사회적 차별 등을 경험하고 있다.

또한 난민 및 북한 주민의 자녀는 이주 과정에서 경험한 스트레스와 트라우마로 인해 신체적 · 심리적 건강이 취약할 가능성이 높다. 다문화가족 및 자녀를 지원하기 위한 대표적 서비스 제공기관은 '다문화가족지원센터'이나 주된 서비스 대상은 다문화가족지원법에 명시되어 있는 결혼이민자와 자녀에 한정되어 있다. 이에 비슷한 욕구를 가진 난민가족, 외국인근로자가족, 그 외 다른 이주배경의 가족은 이용에 어려움이 있다. 따라서 다문화가족지원센터 기능을 강화하여 다양한 이주배경 집단의 욕구에 대처할 수 있는 '전문기관'으로서의 기능 강화가 필요하다. 즉 외국인 배우자와 그 자녀를 중심으로 한 서비스에서 국내 거주 모든 이주 배경 가족 및 아동을 위한 서비스 제공이 필요하다.

한부모가족의 일 · 가족 양립을 지원하는 서비스 확대가 필요하다. 즉 한부모가족의 돌봄 공백을 최소화하고 일 · 가정 양립을 촉진하기 위해서는 육아휴직 및 가족돌봄휴직 제도에 한부모에 대한 별도 규정이 필요하다. 현재 한부모는 양부모가 누릴 수 있는 유급 모 · 부성보호 제도의 혜택을 절반 정도밖에 누릴 수 없다. 예를 들어 출산과 관련해서 양부모는 총 118주의 유급휴가를 사용할 수 있으나 남성 한부모와 여성 한부모는 65주와 52주만을 부여받고 있는 실정이다. 반면 주요 해외 국가의 육아휴직과 자녀돌봄휴가 제도는 한부모에게 양부모가 누릴 수 있는 혜택과 동일한 수준의 보호를 제공하고 있다. 따라서 우리나라도 육아휴직과 자녀돌봄휴가 제도에 한부모를 위한 별도의 규정을 마련함으로써 한부모에게 고용불안 없는 자녀양육 및 돌봄의 권리를 보장할 필요가 있다.

6. 장애아동 건강지원 및 가족지원서비스 강화

아동의 장애출현율은 전체 연령대의 장애인과 비교하면 높지는 않지만, 아동기에 선천적 또는 후천적으로 장애를 경험하는 경우 남은 생애 동안 장애 상태를 유지하게 되는 부담을 자신과 가족이 평생 안고 살아야 한다. 이에 소득, 교육 등 장애아동 지원서비스뿐 아니라 가족을 지원하는 서비스가 필요하다. 더불어 아동의 경우 지적장애나 자폐장애가 많이 발생하고, 장애유형별로 상이한 욕구를 가진다는 점에서 장애 특성에 따른 대책도 필요하겠다.

국가에서는 매년 장애인 건강검진기관 지정을 확대하고 있고, 2018년부터 중증장애인이 거주지 내 1인의 의사에게 만성질환, 일상적 질환 예방 및 관리 등 지속적 · 포괄적 건강관리서비스를 받는 제도인 장애인건강주치의 제도를 통해 장애인의 병원 이용의 편의성을 도모하고 있다. 그러나 교육을 받은 건강주치의 중 실제 활동하는 주치의는 일부에 불과하고, 장애인건강주치의 병원에 장애인 편의시설이 설치되어 있지 않아 장애인 접근성도 낮은 것으로 나타났다. 따라서 기존 건강주치의 제도를 보완하여 장애아동에 특화된 건강주치의 제도 개발이 필요하다. 또한 어린이재활병원과 어린이재활센터의 확충이 필요하다. 현재 운영 중인 어린이재활병원이 매년 큰 적자를 보고 있는 현실을 감안하여 건립뿐만 아니라 운영비 또한 현실적 수준의 국비 지원을 통해 운영의 안정성을 확보해야 하겠다.

우리나라는 상시적인 돌봄이 요구되는 장애아동가정의 돌봄 부담 경감을 위해 2007년부터 장애아 가족양육지원사업을 시행 중이다. 그러나 소득 기준 이하의 가정으로만 한정되어 대상자 범위가 좁고, 활동지원서비스 제공시간도 짧으며, 활동지원서비스 제공기관 수도 많지 않아 이용에 제한이 많다. 따라서 장애아동의 특성에 맞는 전문화된 돌봄서비스(예: 돌봄, 학습, 놀이 등)를 제공하도록 하고, 대상자 선정에 있어 소득기준을 완화하여 대상자 폭도 확대할 필요가 있다. 한편 휴식지원 프로그램의 경우 소득기준에 상관없이 만 18세 미만의 모든 장애아 가족을 대상으로 하고 있으나 돌봄서비스 이용 가정에 우선적으로 제공함으로써 상대적으로 소득이 높은 장애아동 가구의 경우 서비스에서 배제되는 현상이 발생하고 있다. 장애아동을 둔 가정의 경우 일반 가정에 비해 과도한 돌봄 부담으로 인해 경제적 · 신체적 · 정서적 어려움을 상시적으로 경험하고 있으며 가족구성원의 사회활동에도 심한 제약을 받고 있어 가족구성원의 휴식서비스가 필수적이다. 따라서 휴식지원프로그램의 대상을 보다 확대하고 가구의 특성에 따른 다양한 프로그램을 개발하여 제공할 필요가 있다.

7. 보호 대상 아동의 가정보호체계 구축 및 아동복지시설의 기능 전환

유엔아동권리위원회는 보호가 필요한 아동의 경우 '원가정 보호'를 원칙으로 하고, 불가피할 경우 가급적 원가정에 가장 가까운 '가정보호'를 대안양육의 형태로 우선 고려할 것을 권고하고 있다. 우리나라 아동복지법에서도 "국가와 지방자치단체는 아동이 태어난 가정에서 성장할 수 없을 때 가정과 유사한 환경에서 성장할 수 있도록 조치"해야 함을 명시하였다. 하지만 아직도 시설보호 중심으로 아동보호체계가 운영되고 있다. 따라서 아동보호체계를 개편하여 보호 대상 아동이 시설이 아닌 가정위탁이나 입양 등 가정적 환경에서 양육될 수 있도록 정부의 보다 적극적이고 책임감 있는 정책이 요구된다.

가정위탁의 경우 대부분 조부모, 친인척에 의존을 하고 있는 실정으로 일반가정위탁은 소수에 불과하고, 학대피해 아동이나 장애아동의 의료, 심리 및 정서 치료, 보호를 위한 전문가정위탁보호의 경우 명시만 되어 있을 뿐 활성화되지 못하고 있다. 위탁가정 선정 · 관리 · 감독을 가정위탁지원센터에서 담당하고 있는데, 가정위탁지원센터의 경우 소수의 인력이 다양한 업무를 맡고 있어 실제로 가정위탁에 대한 심층적인 상담이나 업무지원에 한계가 있다. 이에 가정위탁지원센터 운영인력 확보 및 종사자의 전문성 제고가 필요하다.

시설보호의 한계점이 지속적으로 제기되었지만 여전히 보호 대상 아동 중 많은 아동들이 아동복지시설에서 만 18세가 될 때까지 보호 · 양육되고 있다. 아동복지시설 중 양육시설이 대다수를 차지하고 양육시설은 주로 민간기관으로 운영되고 있어, 우리나라는 보호 대상 아동에 대한 보호 및 치료를 공적기관이 아닌 민간기관에 의존한다는 비판이 지속적으로 제기되었다. 이에 아동보호체계의 공적 책임 강화 요구와 함께 아동복지시설의 기능 전환에 대한 요구가 크다. 특히 고아나 미아보다는 부모가 있음에도 빈곤, 가정해체, 아동학대 및 가정폭력 등으로 시설보호를 받는 아동들이 늘어남에 따라 시설보호 아동 중 전문적 심리 · 정서 지원과 치료가 필요한 아동의 비율이 급증하고 있다는 보고가 있다.

따라서 아동복지시설은 단순한 아동보호에 머무르기보다는 전문적 치료서비스를 제공하는 기관으로 전환되어야 한다. 또한 인구 · 사회 · 경제적 여건 및 정책환경 변화를 반영하여 아동복지시설을 지역사회 중심 서비스 제공기관으로 역할을 전환하여, 지역사회 내의 다양한 인적 · 물적 자원과의 연계를 통해 모든 아동을 위한 아동보호서비스를 제공해야 한다. 예를 들면 아동복지시설에서 지역사회 내 아동을 위한 문화예술 프로그램, 심리 상담 및 치료 프로그램, 아동 일시보호 및 방과후 돌봄 프로그램 등을 운영하는 것이 가능하다.

제4차 산업혁명이 도래하였고, 미세먼지 등의 기후변화가 아동의 하루하루에 영향을 미치고 있다. 이에 우리 아동들이 살아갈 세상은 지금과는 완전히 다른 세상이 될 수도 있다. 4차 산업혁명과 같은 산업의 변화는 일자리의 변화 및 노동의 불안정성, 이동성을 증가시키고 소득불안정 및 빈곤위험을 높임으로써 삶의 불안정성이 커질 수 있다. 이에 사회 변화에도 흔들리지 않도록 아동 가구의 기본생활을 안정적으로 보장하기 위한 소득보장체계 구축이 필수적이라 할 수 있다. 또한 제4차 산업혁명은 직접적으로 아동의 전 생활공간에 걸쳐 사이버공간과 스마트 환경 비중의 확대에 영향을 미치며 아동의 학습, 놀이, 여가, 그리고 아동의 관계방식 전반에 변화를 야기할 수 있어, 변화하는 아동의 삶에 관심을 가질 필요가 있다.

미세먼지는 이미 야외활동의 제약, 건강상의 위해 등 아동의 삶과 생활 전반에 부정적인 영향을 미치고 있다. 하지만 미세먼지 정보의 확인 및 대처방식은 저연령, 고학력, 고소득일수록 관심이 높았으며, 특히 한부모, 저학력 부모의 경우 미세먼지 정보 확인 비율이 상대적으로 낮았다. 이처럼 변화하는 사회에서 일반 아동은 즉각적으로 대처하고 적응할 수 있지만, 위기 아동 및 보호 대상 아동은 보다 더 취약해질 수 있다. 따라서 미세먼지를 포함한 기후변화가 아동에게 어떠한 영향을 끼치고 있는지에 대한 다각적인 관심 및 지속적인 연구, 더불어 그 부정적 영향에 더 취약할 수 있는 아동 가구에 대한 현실적 지원 마련이 시급하다.

더 알아보기

1. 공개입양과 비밀입양

우리나라는 혈연 중심의 사회이기 때문에 공개입양보다는 비밀입양을 더 선호하는 경향이 있다. 공개입양이 왜 바람직한지 생각해보고, 공개입양을 장려하고 확대할 수 있는 방안을 고민해보자.

2. 어린이집 내 CCTV 설치

어린이집 내 아동학대를 예방하기 위한 방안으로 CCTV 설치가 의무화되었다. 아동의 안전이 최우선되어야 한다는 점에서 CCTV 설치를 찬성하는 입장이 많지만, 보육교사의 인권침해나 보육의 질 저하 문제로 인해 반대하는 입장 또한 존재한다. 어린이집 내 CCTV 설치는 꼭 필요한 것인지, 꼭 필요하다면 어떤 점을 보완하면 좋을지 생각해보자.

3. 실종아동 예방대책 및 개선방안

실종아동들은 대부분 발견하여 신속하고 안전하게 귀가시키고 있지만, 여전히 짧게는 1~2년, 길게는 20여 년이 지날 때까지 가정으로 돌아가지 못하는 실종아동이 존재한다. 실종아동 예방 및 발견을 위한 정책들에 대해 찾아보고 그 개선방안을 고민해보자.

참고문헌

류정희, 전진아, 임성은, 김성식, 김지경, 신나리, 정선영, 정익중, 최영, 정희선, 허은영(2019). 제2차 아동정책 기본계획 수립 연구. 보건복지부 · 보건사회연구원.

류정희, 이상정, 전진아, 박세경, 여유진, 이주연, 김지민, 송현종, 유민상, 이봉주(2019). 2018 아동종합실태조사. 한국보건사회연구원.

김이선, 최윤정, 윤지소, 이재경, 문희영, 이명진, 양계민(2019). 2018년 국민 다문화수용성 조사. 한국여성정책연구원.

찾아보기

ㄱ

가정 외 서비스 31
가정위탁 6대 과제 311
가정위탁보호 304
가족과정모델 124
가족구조의 변화 16
개발적 기능 36
건강가정기본법 98
고아입양특례법 298
공공부조 102
공동생활가정 263
교사의 말실수 144
국내 입양 294
기준 중위소득 118

ㄷ

다문화가족 169
대리보호 82
대리적 서비스 33
돌봄서비스 222
드림스타트 사업 133
디딤씨앗통장 137

ㅁ

무장애 통합 놀이터 229
무차별의 원칙 70
미시체계 21

ㅂ

방임 238
보완적 서비스 33
보육의 목적 145
보편성의 원칙 36
보편적 출생신고제도 80
보호소년 등의 처우에 관한 법률 96
보호 종료 278
브론펜브레너 20
브론펜브레너의 생태체계이론 모형 21
비개입주의 52

ㅅ

사회보험 101
사회서비스 102
사회 양극화 16
상대적 빈곤 120
새싹플랜 151
생존과 발달 보장의 원칙 70
생태체계이론 20
선별주의 36
성학대 237
소년법 96
슈어 스타트 지역프로그램 54
신데렐라법 44
신체학대 235

ㅇ

아동결핍지수 122
아동권리선언 45
아동급식카드 140
아동발달지원계좌 137
아동보호조치의 기본원칙 40
아동복리법 147
아동복지법 91
아동복지시설 262
아동복지의 정의 15
아동빈곤의 영향 경로 124
아동의 4대 권리 70
아동의 권리에 관한 제네바 선언 46
아동의 기본 권리 71
아동 의사 존중의 원칙 70
아동의 정의 13
아동 · 청소년의 성보호에 관한 법률 99
아동 · 청소년의 체벌 경험 81
아동 최선의 이익의 원칙 70
아동친화도시 87
아동통합서비스 지원 133
아동학대 235
아동학대 징후 251
아동학대특례법 80
아이사랑플랜 151
양친가정조사 295
어린이헌장 48
영양플러스 사업 136
영유아보육법 92, 146, 149
외체계 21
원가정 보호 38
유아교육진흥법 148
유엔아동권리선언 46
유엔아동권리협약 47
인권 감수성 158
입양 287
입양부모 290
입양숙려기간 295
입양숙려제 82
입양아동 289
입양특례법 96, 287, 299

ㅈ

자녀체벌금지법 80
자립기술평가 280
자립 준비 교육 273
자립지원시설 264
자립지원 표준화 프로그램 274
자립 지원 프로그램 272
장애아동수당 219
장애인 차별 용어 230
재가 서비스 31
전문성의 원칙 37
절대적 빈곤 119
정서학대 236
조손가족 184
주관적 빈곤 120
중간체계 21
지지적 서비스 32

ㅊ

청소년 기본법 95
청소년 보호법 95
최소개입주의 52
친가정 복귀 313

ㅌ

특별보호조치 85

ㅍ

포괄성의 원칙 37

ㅎ

학대피해아동쉼터 245
학대행위자 242
한부모가족 177
한부모가족지원법 94
헤드스타트 프로그램 51
헤이그 국제아동입양협약 300
헤이그협약 82
휴식지원 프로그램 222

저자 소개

민미희 서울대학교 대학원 아동학전공 박사
한국보육진흥원 팀장
현 서경대학교 아동학과 교수

김정민 서울대학교 대학원 아동학전공 박사
서울대학교 어린이보육지원센터 느티나무 어린이집 원장
현 대구가톨릭대학교 아동학과 교수

김지현 서울대학교 대학원 아동학전공 박사
서울대학교 생활과학대학 어린이집 원장
현 명지대학교 아동학과 교수

정현심 서울대학교 대학원 아동학전공 박사
서울대학교 어린이보육지원센터 백학 어린이집 원장
현 한국방송통신대학교 생활과학부 강의교수

아동권리와 복지

2022년 2월 28일 초판 인쇄
2022년 3월 5일 초판 발행

지은이 | 민미희 김정민 김지현 정현심
발행인 | 유제구
발행처 | 파워북
주 소 | 경기도 고양시 일산동구 호수로 358-25
동문타워2차 529호
전 화 | (02) 730-1412
F A X | (031) 908-1410
등 록 | 1997. 1. 31 제 2014-000067호

정가 20,000원
ISBN 978-89-8160-487-5 (93370)